当今之世，宜有大气量人，从哲学、伦理学入手，改造哲学，改造伦理学，根本上变换全国之思想。如此大纛一张，万夫走集；雷公一震，阴噎皆开，则沛乎不可御矣！
——毛泽东 1917 年 8 月致老师黎锦熙信

当代中国正经历着我国历史上最为广泛而深刻的社会变革，也正在进行着人类历史上最为宏大而独特的实践创新。这种前无古人的伟大实践，必将给理论创造、学术繁荣提供强大动力和广阔空间。这是一个需要理论而且一定能够产生理论的时代，这是一个需要思想而且一定能够产生思想的时代。

——中共中央总书记习近平（2016年5月17日在哲学社会科学工作座谈会上的讲话）

别了 西方经济学

构建命运共同体中国方案

欧阳君山 著

华龄出版社
HUALING PRESS

责任编辑：董　巍
责任印刷：李未圻

图书在版编目（CIP）数据

别了，西方经济学/欧阳君山著.—北京：华龄出版社，2019.9
ISBN 978-7-5169-1463-2

Ⅰ.①别…　Ⅱ.①欧…　Ⅲ.①西方经济学－研究　Ⅳ.①F0-08
中国版本图书馆 CIP 数据核字（2019）第 175218 号

书　　名：	别了，西方经济学
作　　者：	欧阳君山
出版发行：	华龄出版社
地　　址：	北京市东城区安定门外大街甲 57 号
邮　　编：	100011
电　　话：	010-58122241
传　　真：	010-84049572
网　　址：	http://www.hualingpress.com
印　　刷：	北京新华印刷有限公司
版　　次：	2020 年 10 月第 1 版
印　　次：	2021 年 6 月第 2 次印刷
开　　本：	710mm×1000mm　1/16
印　　张：	24.5
字　　数：	239 千字
定　　价：	95.80 元

版权所有·侵权必究
本书如有破损、缺页、装订错误，请与本社联系调换

自序
情到深处天地动[1]

内容提要

判断一个人的学问高低,最真实的硬指标不是专著、学历、职称,而写在每个人的脸上,这就是涵养与气象,尤其要察一个人的心气是否平实自信,如高度自信平和,神完气足,智深勇沉,知真矣,道得矣。学问首先成就的是学问者本人,实是解放自我,与天地往来,并万物同体,气质温婉,举止豁然,心神澄澈,得大自在。人是一个由内而外的整体,"内圣"必"外王","道成"化"肉身"。即便自然科学,目的也在于为人类安身立命。求知的终极表现是且只是胸怀博大,见且只见涵养高深,其他都是浮云!

---

[1] 本文主体写于2012年,是对之前注目礼启蒙工作一个回顾与总结,也是注目礼学说"别了,西方思想"系列著作的自序。

一、"人若不弃我，我定不弃人"

我把自己定位于推销员，不了解的人还以为讲谦虚。可在我看来——也属于"注目礼"的重要含义——你是什么固然重要，但让别人认知你是什么却很关键，有时候更加重要，故当推己及人，本质就是营销。有意结交过一些做销售的朋友，因为我感觉，营销不说是人生最根本的学问，至少也算最根本的学问之一。一般推销员是推销普通的产品，我在推销一种熟悉而又陌生的思想产品——注目礼学说。

正因为定位于推销员，所以我八方交游，尤其到北京后，有段时间经常赶会场子，"人若不弃我，我定不弃人"，并坚持"价值投资"，不为任何事生气，更不对任何人生气。**Why**？人家是我的顾客嘛，哪有商家对顾客生气的呢？别人还不能享受到咱们的好思想，那是他的遗憾呀，我上什么火？我这样想，也这样做。

二、"上帝无言，百鬼狰狞"

从到北京算起，注目礼学说的营销已近二十年，最深切的一个感受就是，推销首先不是"推"，更非"销"，而是要克服对方的情绪！由于我无权无势乃至无学历的"三无"背景，经常遭遇反推销，原本我去汇报思想，但现场情况往往是：别人在滔滔不绝，我在洗耳倾听。当然知道这是咋回事：注目礼嘛，人本能上想着的都是自己高明，当演员，其乐陶陶；别人稍逊风骚，做观众，注目致礼。实在讲，个人也乐意做观众，一者能养气凝神，二者也确实从旁观倾听中学到不少东西。有句话叫"上帝无言，百鬼狰狞"，我喜欢。

自然也不少领教过"倾倒"：一些人滔滔不绝下来，既无新鲜的货色，也无实质性内容，纯是"倾倒者"自以为高明。但即便这样，也觉得为倾倒者倾听是一桩贡献，有度人济世之功。"如果人人都献出一点爱"，固然是好，但事实上，只要人人能随时随地做观众听众，和谐社会庶几成矣。就此而言，我虽自认为推销员，但算有点不急的气度，似乎也没法子急，何况咱营销的是新思想，需要给全人类来一次"洗脑"，大抵"债多不愁，虱多不痒"之谓。

近些年来，或因为我的缄默——具体表现就是近乎罢言，好多年不写文章不发声——好几位身边的朋友对我的状态生疑，讶异于我为什么总是不为所动，恬然自安，像个没事人似的。实际上，很多年前，我曾专门撰文表明心志，借用孟子的话讲，"达则兼济天下，穷则独善其身"；[2] 借用《中庸》的话讲，"君子居易以俟命"。[3]

三、学风问题大于天

历史经验表明，一种新思想要走向社会，真正的难度常常不在于说理——注目礼更是简易得几乎不需要说——而在于说理时也必须进行注目礼的安抚，舒缓别人的情绪，消融对方的意气。如能融化对方的情绪意气，识见之障往往迎刃而解，甚至豁然开朗，所谓"静虚则明"；如不能融化对方的情绪意气，情势就会如爱因斯坦（Albert Einstein）所感慨的："要打破人的偏见，比崩解原子还难。"[4]

这得到科学史的佐证，事实上，更深沉的感慨就来自于爱因斯坦的伯乐——热力学第二定律发现者、量子物理学开创人、1918 年诺贝尔物理学奖得主普朗克（Max Planck）："按照我的意见，一个新的科学真理不能通过说服她的反对者而使其理论获胜，她的获胜主要归因于反对者终于死去，而熟悉她的新一代成长起来了。"这是普朗克基于亲身经历的感慨，可能因为刻骨铭心，并且表述犀利，后被称为"普朗克科学原理"。似乎有些愤愤不平，但谁能否认事实？早在 1878 年，普朗克就在博士论文中提出了热力学第二定律的新理念，但慕尼黑大学学位委员会的专家们一致反对，群起而攻之，怎能让普朗克不愤？[5]

普朗克原理彰显了学风问题之极端重要，坏的学风阻碍科学的进步，好的学风促进科学的发展。实际上，不只是科学史的佐证，在重大

---

[2] 《孟子·尽心上》。
[3] 《中庸》第 14 章。
[4] 原英文：It is harder to crack aprejudice than an atom。本书所提外国人姓名，正文一般使用通常的汉译简称，但在首次出现时以括弧加注外文姓名。
[5] 关于普朗克科学原理及普朗克的人生经历，请参阅《正直者的困境：作为德国科学发言人的马克斯·普朗克》（东方出版中心 1995 年版）。

历史转折关头，学风问题都首当其冲，因为沉疴积弊往往会表现为学风不正，甚至都首先因为学风不正。岂独"延安整风"，当代中国的改革开放，不也是在"实践是检验真理的唯一标准"的大讨论中揭幕？一定程度上，耶稣也是从改造学风而传道，以学风改造而布道。

这也正是我为什么长期以来强调涵养，一直呼吁端正学风，优良学风不仅促进思想的发展创新，也降低新思想走向社会的交易成本。尤其在哲学社会科学上，甚至可以说，学风本身就是大学问，学风本身就是真学问。一个人学风不好，很难想象在哲学社会科学上会有真正的造诣；即便有所造诣，也大抵知行不一。夫子道破"君子不重则不威，学则不固"，先贤挑明"深沉厚重是第一等资质"而"聪明才辩是第三等资质"，都强调了学风本身就是大学问、真学问。[6]

四、天地正气真学问

2006年6月，在中国制度经济学年会上，我挥霍宝贵的发言时间，讲了治学的"四要四不要"：

1. 要实事求是，不要形式主义；
2. 要独立思考，不要人云亦云；
3. 要生动活泼，不要面目可憎；
4. 要回归常识，不要故作高深。

2007年元月，在"大国崛起与文艺复兴"研讨会上，我截取宝贵的发言时间"跑题"，提出判断一个人学问上是否成熟的七大标准：

1. 看他是不是有穷根究底的锐气；
2. 看他是不是有海纳百川的胸怀；
3. 看他是不是有为而不争的淡定；
4. 看他是不是有温暖别人的情怀；

---

[6] 夫子的话出自于《论语·学而》，"三资质"说出自于明一代大儒吕坤著《呻吟语》。

5. 看他是不是有启发他人的柔情；
6. 看他是不是有百折不烦的耐心；
7. 看他是不是有心平气和的从容。

2007年4月，针对"思想创新"层出不穷、尤其草根学人动辄祭出新理论的现象，我又提出判断一种思想理论是否成熟的四大指标：

1. 看该理论是否逻辑简洁并通透；
2. 看该理论是否回归生活和常识；
3. 看该理论是否偏离历史与主流；
4. 看该理论基本概念属不属原创。

2007年6月，针对一些学人"乡愿"式的谦虚及奉劝我"别狂妄"的"忠告"，我提出识别真假谦虚的四个标准：

1. 看他能否倾听别人的话语；
2. 看他能否接受别人的炫摆；
3. 看他能否忍受别人的屈辱；
4. 看他能否引导别人的进步。

2007年10月，针对极其流行的"言必称希腊""言必称春秋"，我专门撰文《学问乃大丈夫事》，反对学问上的人格依附，认为真正的学问家当有"六经皆我注脚"的正气雄风，旗帜鲜明提出：

外国人能思想到的东西，中国人为什么就不能思想到呢？古代人能思想到的东西，现代人为什么就不能思想到呢？如某一种思想的确是我们根本就不能思想到的，必须进行人格依附，那该一种思想对我们有何意义？更重要的，该一种思想的提出者或创始人是不是人？如是人，为什么他能思想到而我们就思想不到？如不是人，他是谁？请给个答案！回答是：学问乃大丈夫事，真正的学问，返本归元，正本清源，天地正气！

2007年11月，被现实遭遇再次触动，我总结了"五莫五要"：

1. 莫蜻蜓点水，要沉潜究竟；
2. 莫论资看帽，要实事求是；
3. 莫风头主义，要宁静致远；
4. 莫私意自用，要虚怀若谷；
5. 莫山头主义，要五湖四海。

2010年2月，就房地产市场的纠结和"汇率"问题的闹剧，鉴于思想界的喧嚣、势利与不求甚解，我有点出离愤怒，撰文《世无英雄，竖子成名》，旗帜鲜明批评：

专家们之所以连篇累牍，是因为在基本理论层面欠缺火候，说白了，原本就不真懂。正因为不真懂，今日悟一事，明日悟一理，后天又开悟，大后天还可能豁然开悟，才华章一篇接一篇。其实呢？是在拿学术公器练笔！更有趣的是，专家学者们你推我搡，扭在一起，打成一团。外人旁观觉十分热闹，甚至以为这是学术繁荣。其实呢？两个字：胡闹！

2010年9月，针对人际关系中普遍存在的相轻，我特别撰写《"文人相轻"轻了谁》，没怎么照顾某些人的"面子"（注目礼的重要含义之一），明确写道：

岂独文人，人与人相轻是普遍现象。一般而言，你与什么样的人计较，或多或少，你也就是什么样的人。不客气讲，如果别人是王八，你可能就是乌龟，彼此彼此。更可怕的是，你是被你计较的人，但被你计较的人未必就是你心目中的样子——即别人可能并非王八，但你已经是乌龟了。

2012年初，针对某些人士动辄上纲上线，贴道德标签甚至派性标签，喜欢以阴谋析事论人的现象，我特别撰写《为什么"阴谋论"不可取》，后改题为《以道莅天下，其鬼不神》，批评以阴谋论为代表的上纲上线心态与思维：

无论什么关系的处理，一方面要洞悉其中的非理性甚至阴险，另一方面要难得糊涂，保持高度的信任，尽可能去理解和融合对方，这才是真正的英明强大。阴谋论看似智者的英明，实则愚者的晦暗；貌似强者的高调，实则弱者的自卑。"天下熙熙，皆为利来；天下攘攘，皆为利往。"任何的人际博弈都是利益的往来，原则上没有阴谋，谁都没有阴谋，高低在于能不能替对方想，胜负决于心中有没有光！

中共十八大后，我以注目礼学说对中华现代史及中国道路作出独特解释，一部分人开始怀疑我的学术动机，而且主要是"有罪推定"。2013年8月，我有的放矢作出回应，撰文《含蓄养深，浑厚养大——某为什么没有哭》，毫不客气写道：

某没有把任何人当对手，愿意对任何人服气，而非不服气。这不仅因为某在讲注目礼，深谙人人需要注目礼；更重要的是，某略读历史，深刻感觉人性上的恶是难以消除的，不走对立路线，而是尽可能在激发人性中的善上着力。某多次强调，真正的大智大勇，不是自以为比别人高明，而是把别人也带到高明。如果某也缺乏包容、引导和戒急用忍，像他们待某一样对他们，那某需要天天写文章骂娘。

2014年2月，针对动辄诛心的现象，我再次撰文《只有沉静的心，方有澄明的理》，对一个人要如何以己度人的问题作出一般性回答：

从心理学、认识论的逻辑讲，人能且只能以己度人。问题在于一般人往往以小人之心度君子之腹，而难以做到高眼看人，以君子之腹忖他人之

心。由于时风不古，不少人甚至一肚子坏水往别人身上泼，还洋洋得意。但实质上，一个人以小人之心度君子之腹，照见的只是他自己的小人模样。唯有高眼看人，才能逻辑严密，方是大圆宝镜。还是老百姓的话说得好："君子眼里有小人，小人眼里无君子。"一个人能自觉做到以君子之眼普视众生，庶几沉静矣，庶几严密矣，庶几度人矣，从而立于不败之地。[7]

这可能比较独特，因为绝大多数学人都在强调知识，一有场合就滔滔不绝，一有歧异就据理力争，略占上风就沾沾自喜，涵养的问题似乎不入法眼。一位朋友给我谈过这一点：君山，你一直在强调涵养的问题，这极其少见。但实际上，这也符合我的利益价值追求：如能端正学风，放下偏见成见执见，实事求是，返本归元，学人们都能自我发现注目礼，何劳予哉！

五、如何判断一个人的学问高低

2010 年 6 月，曾就注目礼的含义做过一小结，题目叫《一万年太短，直到永恒》，有学者阅后感言："君山，这几年我越想越感觉你的注目礼学说有道理，可惜的是，它未能为广大学者所接受。"并嘱我想一想这里的原因。极其重要的原因就是学风不正！一些人论学问道，根本不是扣学问本身，而是关心"下蛋的母鸡"出自哪个豪门，不仅看身份，而且关心后边的背景。

强调涵养不是不重视知识，更非不重视思考，绝非不追求真理，独独"做"起人来，心平气和，沉静悠游，八面玲珑，把江湖把戏搞到学问上来。我的意思是，有知识，必定有涵养；高一层知识，必定高一层涵养；深一层知识，必定深一层涵养——知识与涵养密不可分，不可重知轻养，更不能唯知弃养。

如何判断一个人学问高低呢？内在的学问是一个软指标，仁者见仁、智者见智，远近高低各不同。但外在表现会存在一个硬指标，不是职称有多么高、资历有多么深，不是论文有多少篇、著作有多少部，不

---

[7] 以上提到的发言或文章，大部分应该仍可在网上或"注目礼学说"公众号找到。

是头衔有多么牛、名气有多么响,尽管这一切都属于外在表现,而且的确是硬指标,但反映一个人内在高低最真实的硬指标就写在每个人的脸上——涵养与气象!

六、内圣外王,道成肉身

此中道理,一言以蔽之,就是内外合一,内在决定外在,外在反映内在,人是一个由内而外的整体。中华古典哲学对这一点毫不含糊,简洁明快曰"内圣外王"。简单讲,就是圣者必有王者气象,没有外王气象,就不是真正内圣,还需要再思考、再求知、再究竟。借用基督教的话语讲,内圣外王即"道成肉身"。

一代大儒程颐先生有句话说得更明白:"欲知得与不得,于心气上验之。思虑有得,中心悦豫,沛然有裕者,实得也。思虑有得,心气劳耗者,实未得也,强揣度耳。"[8] 意思就是,有没有学问,从心气是不是平实自信就足以判断,一个人如高度自信平和,神完气足,智深勇沉,知真矣,道得矣。

《中庸》云:"诚则明矣,明则诚矣。"[9] 归根到底,学问乃修身自诚之道,实为德也!大德才有大学问,德大方是大学问。说白了,学问首先成就的是学问者本人,实是解放自我,与天地往来,并万物同体,气质温婉,举止豁然,心神澄澈,得大自在。即便自然科学,目的也在于为人类安身立命,这应该也正是大科学家一个个最后都走向终极思考的原因。如果"究天人之际"下来仍是小肚鸡肠,不究也罢。

咋说?现假设人类已掌握无限能量的粒子加速器,乃至驾驭无限速度的宇宙飞船,把所谓的外在宇宙从微观到宏观都摸索了一通遍,想知道的全知道了,甚至不想知道的也知道了,那又怎样——如不切身心的话,不就宇宙如此这般吗?与尔何干!要害还是在于安身立命。求知的终极表现在且只在自我解放,是且只是胸怀博大,见且只见涵养高深,其他都是浮云!

---

[8] 《二程遗书》卷二上。
[9] 《中庸》第21章。

七、人类迫切需要新启蒙

纯粹从营销的角度讲，一个人缺乏涵养，就是发现真理，也完不成推销，由己及人。多位朋友看到我自称"思想推销员"，就问起注目礼学说销得如何。我有时候回答"还不太成功"，有时候回答"现在进行时"，但常常也冷不丁地补充一句："注目礼学说的崛起势不可当！"

有意思的是，一朋友曾当面给我掰过注目礼学说的命运："一种新思想最初提出来时，大家都不屑一顾，认为提出者不是白痴就是疯子；到一部分先觉者慢慢接受时，大家会趋之若鹜，看个新鲜；待全社会都议论时，很多人会说：注目礼，太简单了吧，没什么嘛，老子很久很久以前就想过呀！"反正我信了，注目礼的确太简单，近乎"小儿科"，在人类知识的全部概念中，没有比注目礼更简易的概念；在有史以来的全部理论中，没有比注目礼学说更简易的理论。[10]

或问：为什么如此自信？呼号"人类迫切需要新启蒙"，叫嚣"超越西方经济学"，[11]呐喊"中华文明重新站起来了"，抑或低吟"为人类苦难而悲伤"，可能都有点冠冕，更务实地讲，不是我自信，而是我相信你们，相信你们的真诚，相信你们的理性，相信你们的激情！

光明原在每个人的胸中，注目礼学说不过是个指引，诚愿每个人看到自己本有的光，如此而已！如要问：君山，你以"三无"身份推销新思想，遭遇白眼，咋办？答：已用实际行动作出回答，当白眼飘过来的时候，我逆风飞扬，仍坚定而温和对人注目致礼。再复斯言，那就是：

纵你千千冰结，奈我万丈豪情！

---

[10] 关于注目礼学说的简易性，请参阅本书第2章《先声：驾一驭万天下平》、第3章《工具：大道归———不能够循环自证》、第4章《无处不在："社会空气"注目礼》。
[11] 遵照习惯，本书所称"西方经济学"，不包括实质上也属于西方经济学的马克思政治经济学，实际上指"西方主流经济学"，所以有时候也称"主流经济学"，即本书所称的西方主流经济学、西方经济学、主流经济学是同等范畴含义。

目　录

自序　情到深处天地动……………………………………1

　　一、"人若不弃我，我定不弃人"
　　二、"上帝无言，百鬼狰狞"
　　三、学风问题大于天
　　四、天地正气真学问
　　五、如何判断一个人的学问高低
　　六、内圣外王，道成肉身
　　七、人类迫切需要新启蒙

引言　为人类求解命运共同体的中国方案………………27

　　一、睡狮已醒
　　二、西方想吃"后悔药"
　　三、历史第二次重演
　　四、史无前例的"世界工厂"
　　五、只要中国赢得中国
　　六、"历史的终结"被终结
　　七、"中国的奋斗就是人类的奋斗"
　　八、"中国之世界"悄悄来了
　　九、呼唤"中国方案"

第一篇　问题、工具、结论

第1章　问题：市场能否为所有人服务…………………40

　　一、"命运共同体之问"

二、市场冰与火：优配资源 VS 两极分化

三、"双轨制"的重重矛盾

四、"为富人造房"怎么就错

五、市场是整体的市场

六、更根本的是"市场中性"

第 2 章　先声：驾一驭万天下平 ································ 47

一、不可思议的宇宙

二、更不可思议的人

三、宇宙有可能本质上简单统一

四、科学建基于宇宙的简单统一

五、易的经方是真的经

六、认知就是以简驭繁

七、大道至简实为"大道归一"

八、巅峰体验：驾一驭万

九、大道归何"一"

第 3 章　工具：大道归一——不能够循环自证 ············ 56

一、旧瓶装新酒：注目礼

二、注目礼：不能够循环"自"证

三、照镜子：以"别人眼中之我"证"我"

四、"真传一句话，假道万卷书"

五、注目礼为何驾一驭万

六、大无大有，深入浅出

七、没有注目礼，万万不可以

第 4 章　无处不在："社会空气"注目礼 ······················ 70

一、"百姓日用注目礼而不知"

二、怀璧其罪注目礼

三、为什么叫"注目礼"

四、"注目"礼是中华古礼浴火重生

五、西方注目礼:"承认的斗争"

六、注目礼者,"对象性"也

七、自证非法="不是单个人所固有的抽象物"

八、毛主席深谙注目礼

第5章 结论:西方经济学不懂自由市场……79

一、三百年何惧之有

二、主流经济学"失灵"

三、主流伪自由主义

四、主流经济学的最荒唐

五、主流经济学为何颠三倒四

六、三百年的"干饭"加"软饭"

第二篇 市场的逻辑:限定系统内的自由

第6章 潜伏在"价高者得"下的投机……88

一、市场的逻辑首先是自由竞争

二、价高者得的基本来历

三、对价高者得的质疑

四、真实需求是价高者得的前提条件

五、投机会怎样搅局

第7章 投机在市场上会怎样自由发生……94

一、投机是扭曲资源配置的唯一力量

二、投机的识别为什么难

三、投机反成了"能干"

四、一个投机经典案例

五、投机让"劣币"自由驱逐"良币"

六、车展为何沦为"胸展"

七、主流经济学为什么不能界定投机

第8章 投机为什么不属于自由······100

一、事后判定为投机开门

二、有个流言叫"市场失灵"

三、"公地喜剧"VS"公地悲剧"

四、自由是有方向的自由

五、自由是有终点的自由

六、市场从"总量管制"开始

七、无管制，不自由

八、均衡为自由指引方向和目标

第9章 限定系统让投机自然消融······108

一、帕累托"最"优

二、限定系统是均衡的当然前提

三、"最"是限定系统内的最

四、不可或缺的限定系统

五、限定系统为何被疏忽

六、李自成为何前寇后王

七、"完全竞争市场"岂是假设

八、"完全竞争"成于限定系统

九、限定系统：不管制的管制

第 10 章　信息不对称令投机如鱼得水·················116

一、骗子如何把黄铜卖成黄金
二、"信息对称万万岁"
三、投机为何"打一枪换一个地方"
四、"骗子经济"从信息不对称中升起
五、"伸手不见五指"的楼市信息
六、泡沫是信息不对称的别名

第三篇　都是系统不限定惹的祸

第 11 章　房价是怎样非理性上涨的·················124

一、精准锁定属于商业常识
二、房价上涨有多大的自由
三、系统不限定如何被房地产商利用
四、系统不限定如何令房地产商"我为刀俎"
五、泡沫是无序抢购"抢"出来的
六、房价由低收入家庭决定
七、"上帝"不是空头尊称
八、价格的本色在于"群众路线"
九、楼市是"猪都能飞"的典型

第 12 章　投机经济是如何形成的·················134

一、房地产投机经济
二、谁说服务业不创造价值
三、警惕金融业的畸形繁荣
四、"结构"是怎样一个经济问题
五、谁来确定价值资源最优比

六、包装超配导致"三聚氰胺危机"
七、金融业是怎样坐大的
八、从微观问题到宏观危机
九、凯恩斯的"革命"
十、主流经济学的折腾
十一、为何靓女回家都老实卸妆

第13章　两极分化是怎样造成的……………………146
一、"拼爹资本主义"
二、两极分化为何引发经济危机
三、自由市场导致两极分化
四、主流经济学的破天漏洞：微宏悖反
五、为何不是能力不同导致分化
六、为何不是收入不同导致分化
七、不认同的权力防止分化
八、不认同的权力如何防止分化
九、系统不限定弱化不认同的权力
十、"金钱竞赛"是怎样的致命游戏
十一、孟获凭什么被七擒七纵
十二、资本剥夺不认同的基本人权
十三、自由市场原本命运共同体

第四篇　谁的限定系统

第14章　"我"才是"人"的抽象……………………160
一、谁来限定系统
二、亲历"我"自己的理论

三、社会科学为何盛行"阴谋论"

四、忘"我"思考是通病

五、社会科学的咒：自我解释

六、利益逻辑必须"所有者到位"

七、"所有者缺位"的西方思想

八、量化源于"我"本有限

九、"我"是每个人、所有人

十、世上其实没有"人"

第 15 章　市场选"我"优配资源·····170

一、"看不见的手"是怎样一个假设

二、计划体制为何被淘汰

三、规划的要害：谁来规划

四、市场为规划选秀

五、究竟是什么"看不见"

六、科斯发现了规划

七、"我"是市场优配资源的唯一

八、市场才是计划经济的"超级计算机"

九、"新计划经济"夸大其辞

第 16 章　"我"是自由的起点并终点·····178

一、自我约束是不是可能

二、"我"为什么自我约束

三、为何会有边际效应递减

四、"有限理性"：有限地理性

五、"有限理性"归于有限生理

六、交易费用揭示自由有限

七、系统原是自"我"限定

八、"我"是最后的边界

第 17 章　"我"是逻辑秩序的保障：以交易为例……………186

　　一、为什么会有本末先后
　　二、中西大不同：有"我"不"我"
　　三、真诚待人的虚与实
　　四、交易为什么会有成本
　　五、交易："百姓日用而不知"
　　六、宽泛化交易："自我交易"到"资源转移"
　　七、康芒斯破题：交易即人与人的关系
　　八、张五常深解：人与人为什么发生关系
　　九、交易费用："我"VS 别人的摩擦费用
　　十、交易费用即超越循环自证的费用
　　十一、经济学必须回归"我"

第五篇　政府的逻辑：为了整体利益

第 18 章　整体利益最大化才是市场均衡………………196

　　一、事不关己、高高挂起
　　二、一体两面：从限定系统到整体利益
　　三、个体利益最大化为何不代表均衡
　　四、个体利益最大化是有区间的
　　五、整体利益与个体利益一样真实
　　六、万物一体：整体利益颠扑不破
　　七、没有"悲剧"，焉知"公地"
　　八、"悲剧"乃"公地"之母
　　九、"负外部性"原是"负内部性"
　　十、消解负外部性：征税与协商
　　十一、资源优配走向大一统
　　十二、利益大一统：无分政经

第 19 章　大一统即整体利益归属落实到某唯一"我" ……205

一、源远流长"大一统"
二、化西入中：必须的
三、"公地"为何"悲剧"
四、产权清晰是如假包换的大一统
五、"所有者"之问：谁的整体利益
六、整体利益生性不可分割
七、"我们"是怎么一回事
八、"我的"才是"所有者到位"
九、私人企业的真名叫"大一统企业"

第 20 章　颠扑不破大一统 …………………………………213

一、对大一统的三大质疑
二、"一"者，日用而不知也
三、"一"乃任何人类组织的根本属性
四、"惟以一人治天下，岂以天下奉一人"
五、重新推敲公与私
六、"大公无私"实是"大公大私"
七、天下归"一"方有天下为"公"
八、一生二、二归一
九、谁来以天下为"己"任
十、"道"须有自己的"肉身"

第 21 章　自然选择大一统 …………………………………224

一、私人企业也姓"公"
二、"公权民授"是怎么来的
三、整体利益不是民授
四、"天"授整体利益

五、大一统是资源优配的自然
六、公权"天"授：自然选择
七、纸上谈兵：零成本"社会契约"
八、忘"我"思考致纸上谈兵
九、私产权原本也是公权力
十、起源问题辨析
十一、组织的本质：大一统

第22章 政府是市场优配资源的必然结果……………232

一、为什么委托代理不可避免
二、"封建"实是委托代理
三、宦官专权为什么反复扰民
四、政府原是国家大一统主体之唯一"大我"
五、政府与市场为何老打架
六、政府内生于自由市场

第23章 市场是国家整体利益最大化的最佳选择…………238

一、政府的利益是国家整体利益最大化
二、公权"异化"为何难以避免
三、如何防止公权"异化"
四、整体利益生性单一：必不可少
五、"举重"为何"若轻"
六、政府为什么会有边界
七、政府边界实是"我"的生理边界
八、政府天生垂拱而治的"范"
九、市场招标实现跃进
十、垂拱而成的改革开放
十一、市场是专门做事的

第 24 章　最优政府是"必不可少的善"……………………249

　　一、政府是自由市场的灵魂
　　二、政府不是民主的对立面
　　三、市场也是民主机制
　　四、政府为自由民主保驾护航
　　五、"必不可少的善"是政府本心
　　六、民主也是市场机制
　　七、"看不见"乃政府外形
　　八、毛主席尚"虚"

第 25 章　西式民主是怎样一个错误……………………257

　　一、政府为何成了民主对立面
　　二、专制是"若重举重"的政治幻觉
　　三、西式民主是如何兴起的
　　四、西式民主：整体利益民作主
　　五、西式民主之无厘头
　　六、摆不脱的"代理人困局"
　　七、没折扣的"多数人暴政"
　　八、民众主不了整体利益
　　九、民主怎样沦为民粹
　　十、限定系统内的微观民主才是真民主
　　十一、普选怎样沦为民粹游戏
　　十二、人类呼唤新启蒙：从民主切入

第 26 章　光明正大大一统……………………268

　　一、大一统天命不可违抗
　　二、美国联邦制力证大一统
　　三、美国联邦制只是"小一统"

四、美国总统制力证大一统

五、美国总统制只是"小一统"

六、美国参议院为何高于众议院

七、心神合一大一统

八、心神合一开启资源优配

第 27 章　低税率才是真民主·················276

一、朱元璋为何甘当"劳模"

二、"精民主"才是真民主

三、"大明"为何比"小宋"穷

四、专制其实是"害民先害己"

五、"反贪官不反皇帝"的来由

六、税率是个重大问题

七、"廉价政府"是民主的真谛

第 28 章　政府如何"大权独揽"·················283

一、同盟军谁：政府还是市场

二、"累死市场"

三、任：责任与放任的统一

四、"大权独揽"即政府掌握定义权

五、防止两极分化是政府头等大事

六、宏观调控：对整体利益"迟来的爱"

七、中国政府尚没有驾驭市场

八、旗帜鲜明节制资本

九、马克思为什么呼唤革命

十、驾驭资本是全球治理的重要难题

十一、中国政府迫切需要驾驭资本

第六篇　真自由市场：以楼市为例

第 29 章　真自由市场长什么样⋯⋯⋯⋯⋯⋯⋯⋯⋯⋯**298**

一、自由与限定的统一
二、市场与政府的统一
三、安全红线下的自由竞争
四、西方经济学认贼作父
五、"新自由主义"实伪自由主义
六、陈云的英明："笼子里的鸟"
七、中："有计划的商品经济"
八、市场建设从一"限"字开始

第 30 章　如何认清中国楼市的形势⋯⋯⋯⋯⋯⋯⋯⋯⋯**307**

一、红线下的市场运行：以楼市为例
二、中国楼市有没有泡沫
三、泡沫为何迟迟不破
四、敲骨吸髓的房价泡沫
五、房价泡沫化的重重恶果
六、泡沫膨胀的边界在哪
七、饥不择食：拉人头的"零首付"
八、勒到最紧：超高房租收入比

第 31 章　如何划定房价管制红线⋯⋯⋯⋯⋯⋯⋯⋯⋯⋯**314**

一、对房地产泡沫麻痹不得
二、政府为何费力不讨好
三、房地产业应获得多少资源配置
四、如何求解某一行业的价值均衡
五、如何判定资源最优配置的均衡

六、国际惯例为什么值得参照

七、房价收入比为何最靠谱

八、房价收入比多少为宜

九、北京房价管制红线怎么划

十、房价管制红线是楼市之魂

第 32 章　管制红线开启房地产商的自由 ································ 323

一、管制红线只是安全线

二、管制红线给出房地产商的自由

三、管制红线开启资源优配思维

四、市场为何总是"巧媳妇"的样

五、"经济适用住房"为何败北

六、楼市由房价管制红线而立

第 33 章　果断改变"价高者得"的招拍挂 ··························· 329

一、五大举措恢复房地产真市场

二、土地"招拍挂"何陋之有

三、"价高者得"断不是为高而高

四、地价管制红线怎么划

五、"地价房价比"多少为宜

六、北京的楼面地价怎么定

七、理直气壮限价"招拍挂"

八、"行业利润率"呼应限价"招拍挂"

第 34 章　坚决而逐步压缩房地产信贷 ································· 337

一、"一分钱"怎么挣脱了"一分货"

二、泡沫的膨胀实是信贷的膨胀

三、楼市信贷"休克疗法"不可取

四、信贷杠杆原本"特许权"

五、"调结构"从调配信贷开始

六、住房信贷定投低收入家庭

七、"认贷不认房"是怎样的"反动"

八、为什么必须禁止贷款多购

第35章　房价红线一抓就灵……………………344

一、如何划定其他管制红线

二、狙击房地产食利集团

三、房产税该不该收

四、均衡房价预期比房产税更关键

五、信息如何成了黑洞

六、信息为何成了黑洞

七、房价红线乃楼市定海神针

八、房价红线对治"两个说不清"

第36章　维护管制红线就是为人民服务……………351

一、有例可循的卷烟价格红线

二、"紧缩银根"必奏效

三、亡羊补牢的房地产贷款管理

四、房地产收入只是政府的小利

五、为人民服务：看护房价红线

六、西方经济学乃最大忽悠

七、别了，西方经济学

第七篇　中国为什么"能"

第37章　中国道路：实践出真自由市场 ……………… 360
一、诺奖级问题："读懂中国"
二、市场优配资源成就中国
三、大一统才是建构市场的前提
四、大一统是中华历史浩荡潮流
五、"一元化"让大一统浴火重生
六、改革开放后的经济增速为何更快
七、"总量管制下的交易"是市场一般模式
八、实践出真自由市场

第38章　问苍茫大地，谁主沉浮 ……………………… 368
一、国家"存在感"：国际"羡慕嫉妒恨"
二、难以避免的中美冷战
三、"陷阱"可跳，"负外部性"不能逃
四、有种优越感叫"山巅之光"
五、从大一统化解"挨骂"问题
六、大一统亦西方正理
七、"试看天地翻覆"
八、谁将"不战而胜"
九、"世上的光"：普天大道

附录　注目礼学说的逻辑链与常用词简释 ……………… 379

跋　学有本源，降维打击 ……………………………… 385

引 言
为人类求解命运共同体的中国方案

内容提要

睡狮已醒,地球人已不能阻挡中国的脚步。以中国的超大块头,只要中国赢得中国,就自然赢得全世界,国际贸易不过是中国内部规模效应的边际收入。但由于"只有一个地球"的刚性约束,在超级规模的中国面前,西方的现代化道路已然"此路不通"!西方吃不成"后悔药",中国也无须牢骚"和尚摸得,我摸不得",而当义无反顾为全人类奋斗,求解市场经济乃至社会制度的"中国方案",开创"中国之世界"。诺贝尔经济学奖得主罗纳德·科斯一语中的:"中国的奋斗就是人类的奋斗!"

一、睡狮已醒

2014年3月27日，在法国巴黎举行的中法建交50周年纪念大会上，中国国家主席习近平应邀发表演讲，有一句话令人印象格外深刻，不仅因为原话大有来头，更因为习主席推陈出新，从拿破仑（Napoléon Bonaparte）的话接着讲的，这就是："拿破仑说过，中国是一头沉睡的狮子，当这头睡狮醒来时，世界都会为之发抖。中国这头狮子已经醒了，但这是一只和平的、可亲的、文明的狮子。"[12]

睡狮的确醒了！在经历多年经济高速增长后，进入21世纪，中国更是喷薄而升，过五关、斩六将，GDP（国内生产总值）在2000年超越意大利，2005年超越法国，2006年超越英国，2007年超越德国，2010年超越日本，成为仅次于美国的全球第二大经济体。[13]"超英"早已是事实，"赶美"也近在眼前，虽不说触手可及，但多少倚马可待。

事实上，就在2010年，于被称为"最核心的物质生产部门"的制造业，中国已经赶超美国，成为全球第一制造大国。2011年3月，美国咨询机构IHS Global Insight发布报告称，2010年，中国占全球制造业产出的19.8%，高于美国的19.4%。英国牛津大学纳菲尔德学院的经济史学家艾伦（Robert Alle）评论说，中国重回制造业老大，标志着"经济史500年周期的结束"！[14]

此间有桩事值得一提，2013年3月29日，时任美国总统的奥巴马（Barack Obama）在迈阿密港口发表演说，主题是鼓励美国人使用"美国制造"。正当总统先生滔滔不绝时，一阵风吹落他身后起重机上的美国国旗，露出一幅中国品牌标志——ZPMC（振华）。是不是有力彰显：中国制造已经无处不在，藏都藏不住。

尽管之后的特朗普（Donald Trump）总统更加旦旦，誓言让美国制造业东山再起，但事实残酷无情，中国在持续挺进，美国在不断后退。数据显示，2018年，中国制造业产值达到4万亿美元，占全球制造业

---

[12] 2014年3月27日，习近平在中法建交50周年纪念大会上的讲话。
[13] 可参阅世界银行发布的历年各国GDP排名。
[14] 英国《金融时报》：《中国以微弱优势成为世界头号商品生产国》，新华网，2011年3月15日。

总产值的 28.37%；美国制造业产值约为 2.3 万亿美元，占全球制造业总产值的 16.65%，差距正在变成鸿沟。[15]

二、西方想吃"后悔药"

睡狮醒来，似乎让一些国家感到不安。这不是军事的威胁，作为和平的狮子，中国军事上更主要取自我防卫的守势；更不是文化的威胁，作为可亲的狮子，中国在文化上根本不具侵略性，一定意义上堪称国际和事佬。就军事尤其文化而言，与其说中国是狮子，不如说中国是大象，不属于肉食动物。不安首先来自于中国经济的和平挤压，而且不是哪一个国家，任何一个国家，只要参与全球贸易同台竞争，可能都会感受到中国强劲的经济挤压。

这已充分反映在世界贸易组织（WTO）的贸易救济调查上，按中国商务部发言人在 2016 年 7 月一次例行发布会上的说法，自 1995 年 WTO 成立至今，共有 48 个成员对中国发起各类贸易救济调查案件共 1149 起，占 WTO 全部案件总数的 32%。数据并显示，中国一直是贸易救济调查的最大目标国，已连续 21 年成为全球遭遇反倾销调查最多的国家，连续 10 年成为全球遭遇反补贴调查最多的国家。[16]

为什么中国在国际贸易中不受待见呢？按相关国家尤其是过去长期以来作为中国最大贸易伙伴、如今屈东盟和欧盟之后居第三的美国的说法，[17]因为中国不遵守 WTO 的规则，是所谓"麻烦制造者"。2011 年 11 月，时任总统奥巴马在夏威夷召开的亚洲太平洋经济合作组织（APEC）峰会上公开批评说："中国应该停止操弄国际规则，要像成年人那样行事！"[18]应该正因为如此，尽管中国加入 WTO 已 15 年之久，但至今不被包括美国在内的一大批国家承认为"市场经济国家"，而且美国还反对其他经济体认同中国的市场经济地位。

---

[15] 数据源自于联合国统计司网站——https://unstats.un.org
[16] 《WTO 成员对华贸易救济调查案件占总数 32%》，中国新闻网，2016 年 7 月 5 日。
[17] 权威数据显示，2020 年 1~8 月，中国与东盟贸易总值达到 4165.5 亿美元，东盟历史性地成为中国第一大贸易伙伴，形成中国与东盟互为第一大贸易伙伴的格局。
[18] 奥巴马 2011 年 11 月 13 日在夏威夷 APEC 峰会结束答记者问时的"怒吼"。

事实上，鉴于WTO对违规的处罚不具利益刚性，"带头大哥"美国已着手在世界贸易上另起炉灶，不仅签署了TPP即《跨太平洋战略经济伙伴关系协定》，而且大有以TPP取代WTO之势。尽管中国是太平洋沿岸最重要的国家之一，但被排除之外，美国甚至毫不讳言TPP就是为把中国排除在外而量身定制，总统奥巴马直抒胸臆："不能让中国等国家来书写全球经济规则！"[19]据称，英国《金融时报》对TPP的评论文章更是"打开窗子说亮话"："大家都后悔当年放中国进入了世贸组织！"哪里有"后悔药"买？！

三、历史第二次重演

平心而论，不排除有中国企业钻了WTO规则的空子，但美国以自由主义自居，认为自己在保护贸易自由，明摆着拉大旗作虎皮。类似的场景似曾相识，正发生在西方世界最初拉中国进入世界贸易体系的一个半世纪前！当年英国远涉重洋与中国贸易，却陷入严重的贸易逆差，白银大量流入中国，这简直是英国的耻辱。尽管中国当时能大量出口丝绸与茶叶，但不管怎样，英国是堂堂的工业国，在包括纺织品在内的制造业上对中国享有绝对优势，怎么会在贸易上输给一个农业国呢？

英国人认为是中国市场不够开放，于是发动罪恶的对华鸦片贸易，但仍然不能扭转对华贸易逆差之局。英国人又发动保护鸦片贸易的罪恶战争，通过《南京条约》《望厦条约》《黄埔条约》取得大量经济特权。这一度令英国人欣喜若狂，参加签订中英各项条约的全权代表璞鼎查（Henry Pottinger）向英国纺织品商人宣称，中国的市场"异常庞大，倾所有兰开夏纺织厂的出产，都不足供给他一省消费之用"，他甚至信心满满地表示，"一想到和三万万或四万万人进行贸易，大家好像全发了疯似的"。

但遭现实打脸，英国对华贸易逆差仍然继续扩大。1850年的逆差额度是4274880磅，但1856年达到8436072磅，短短几年差不多翻了一番。英国驻广州代办密切尔1852年报告说，"这好像是一个奇怪的

---

[19] 出自奥巴马2015年10月在12个泛太平洋国家就**TPP**达成基本协议之后所作评论。

结局"。[20]这不正仿佛是今天美国的反应吗？原本志在必得，孰料居于下风，于是就愤愤不平，于是就气急败坏，于是就另起炉灶——问题的症结实在于原有的优越感没了！

四、史无前例的"世界工厂"

为什么作为工业国的英国在贸易上会败给作为农业国的中国呢？除了农业国自然经济高度自给自足之外，重要原因也在于中国人勤劳。拿英国当时颇为自豪的纺织品来说，尽管英国已是工业化大生产，产量大、成本低，但长途运输到中国后对中国土布仍然缺乏价格优势。中国当时用手工业生产的土布，几乎不需要考虑劳动力成本。原因不仅在于中国劳动力充足，更重要的是，农民几乎可以把一年中除田间劳动之外的时间全部投入到土布生产中。

类似的场景可能正发生在当下的中国，区别仅在于，中国不再是农业国，已步入工业国的行列，而且城镇化率已近60%，产能不只是巨大，而且巨大到了可怕的程度！拿水泥来讲，数据显示，中国2011年至2012年短短两年生产的水泥，就与美国整个20世纪的水泥产量相当；另据中国水泥协会负责人证实，中国从2011年到2013年短短三年用掉的水泥高达64亿吨，超过美国整个20世纪44亿吨的水泥用量。[21]

只要各个国家不认为中国倾销，而且能支付中国认可的硬通货，全世界所需要的从鞋帽到衣服到手机到电脑到家电到汽车乃至也包括房屋在内的日常用品，中国几乎都能以一国之生产供应全世界。拿计算机来讲，有资料显示，2014年，中国共生产个人计算机2.862亿台，占世界PC产量的90.6%。[22]

如果说"世界工厂"，不同于人类历史上曾有过的其他世界工厂，中国是史无前例的超级世界工厂，拥有41个工业大类、207个工业中

---

[20] 关于英国人对中国市场的失落及相关数据，请参阅严中平主编《中国近代经济史1840—1894》（人民出版社2001年版）。
[21] 相关数据来源于美国地质调查局、中国国家统计局、《国际水泥评论》杂志。
[22] 数据来源于《环球时报》所转载的俄罗斯卫星网在2015年10月27日刊登的文章《十大"中国制造"》。

类、666 个工业小类，是全世界唯一拥有联合国产业分类中所列全部工业门类的国家，空前甚至绝后。[23]至于相应的人力资源优势，一时间更是其他国家难望项背。

即便非日常用品，中国产能也极其巨大。钢铁被称为"工业的骨架"，中国过去"以钢为纲"甚至"全民炼钢"，如今已是难以撼动的钢铁大国。2015 年，中国粗钢产量 8.04 亿吨，占全球钢铁产量的 49.54%，接近于其他所有国家的粗钢产量总和。应该正因为如此，2015 年中国钢铁产品遭遇 46 起贸易救济调查立案，占到国外对中国启动贸易救济调查总数的 46.9%，成为中国遭遇贸易救济调查最多的行业。[24]

五、只要中国赢得中国

产能巨大是中国的比较优势，就像金融是当下美国的比较优势。长期以来，就中国对美国的贸易顺差，美国不是从别的方面着手，总是拿汇率和金融说事。这彰显了美国对自身利益最大化的追求，也代表着美国对自身优长的把握。事实上，美国之所以在全球大力推行金融自由化，原因不只是冠冕堂皇的市场开放，症结更在于美国的国家利益及优长，美国玩金融及虚拟经济，不仅有本钱和基础，而且有历史和经验。

不少人认为美国动辄金融自由化，是美国玩阴谋。这可能有点上纲上线，就像人性的第一属性是自利一样，在国际竞争中，国家的第一属性也是自利，美国的行为应该还在正常的自利范畴，只要不强人所为，应该都属于国家利益的正当追求。就像金融构成美国的比较优势一样，产能巨大构成中国的比较优势，只要中国在国际贸易中不强买强卖，就不应被认为反倾销，更不能被认为破坏 WTO 规则。

2012 年 11 月，美联社刊发分析报道称，直到 2006 年，美国还被世界上 127 个国家视为最大贸易伙伴，中国的份额只有约 70 个；但仅仅 5 年过去，2011 年，中国被包括巴西和智利在内的 124 个国家视为最大贸易伙伴，美国的份额相应下降到 76 个。在国际贸易上，弹指一

---

[23]《我国是全世界唯一拥有全部工业门类的国家》，新华网，2019 年 9 月 20 日。
[24] 相关数据综合自中国钢铁协会、中国商务部及相关新闻报道。

挥间，美中此消彼长，东升西降，堪称天地翻覆。[25]

原因并非美国所指责的中国不遵守 WTO 规则，症结正在于中国的超级规模，不仅幅员辽阔，而且人口众多，构成世界上独一无二的超级市场。理论上讲，任何一种产品，只要中国能够生产和消费，就一定能够走向世界！而且在相当程度上，只要中国赢得中国，就必定赢得世界，就自然赢得世界，不需补贴，无意倾销，国际贸易甚至可归属为溢出效应，不过是中国顺手牵羊的边际收入。

就贸易竞争力而言，即便中国冠压群雄，也实在是自然而然。正符合西方经济学挂在嘴上的口头禅——资源优化配置，不冠压群雄反倒不正常，这应该正是中国迅速成长为"世界工厂"的内在必然。在西式市场经济模式下，如果贸易真正全球自由化，如果经济真正全球一体化，只要中国自己不出乱子，中国毫无疑问会成为中心——不仅是生产的中心，而且可以是消费的中心——中国之外恐怕得一律沦为边缘！

这并非中国雄心勃勃，要如何选样，盖别国一头，而只是规模效应的必然结果，从全球化看，正是资源优化配置的必然要求。美国前总统奥巴马所哀号的，正是美国中心地位的陨落，极其可能，这仅只是开始。尽管 TPP 已成明日黄花，但美国及西方国家类似 TPP 的套路应该不会停止。可不管如何，地球人都已经难以阻挡中国的脚步！

六、"历史的终结"被终结

如果说书写规则，不谦虚讲，全球经济规则或许只能由中国人来书写！这首先与别的因素无关，而就是由中国的超级规模决定。据 2010 年第六次人口普查登记，中国大陆总人口 13.4 亿，占世界人口总数 21%，超过发达国家（地区）的人口总和。由于对发达国家的界定不一，世界上有多少个发达国家的说法并不统一。通常指的是经济合作与发展组织中的 24 个成员国，但国际货币基金组织 2013 年公布的发达国家有 41 个。无论哪一种口径，发达国家的总人口，都没有达到 10 亿，远少

---

[25] 数据来源于美国《福布斯》网站 2014 年 10 月 15 日一篇对中国在美国"后院"拉美开展经济合作的评论，文章称："当美国沉睡时，中国征服了美国后院！"

于中国的人口。[26]

规模决非小事，举足轻重，有时候甚至一票否决。20世纪90年代爆发"苏东剧变"，时在美国国务院工作的日裔学者福山（Francis Fukuyama）先生抛出"历史的终结"，认为西方的自由民主已战胜包括法西斯主义和社会主义在内的历史性挑战，构成"人类统治的最后形态"甚至"人类意识形态进步的终点"。[27]但苏东剧变后一幕幕堪称壮烈的历史大戏相继上演，典型如"9·11事件"、2008年全球金融危机、2011年"占领华尔街"，也包括美国2020年遭遇的抗疫危机、总统大选风波和"国会山暴乱"，让历史的终结沦为笑谈。这就是不注重规模而闹笑话，即便整个"第一世界"歌舞升平，终究还是规模太小，甚至可能只是特殊的"树叶"，何以代表整个世界的"森林"？

七、"中国的奋斗就是人类的奋斗"

实质上，在超级规模的中国面前，西方的现代化道路，不只是捉襟见肘，而就是"此路不通"！美国第42任总统克林顿（William Clinton）曾尖锐指出："如果中国也像美国人一样使用汽车，大气层都得着火。"美国第44任总统奥巴马则明确重申："如果10多亿中国人口也过上与美国、澳大利亚同样的生活，那将是人类的悲剧和灾难，地球根本承受不了，全世界将陷入非常悲惨的境地。"[28]

这虽然可能激发"和尚摸得，我摸不得"的意气，但总统们的确实话实说，地球已经不堪人类的折腾。按温哥华大学生态学家里斯（Bill Rees）的计算，以美国人的资源消耗，人类还需要"区区"20个地球。[29]2019~2020年交替之际，人类一如既往熙熙攘攘，社会一如既往歌舞升平，突如其来的新冠病毒按下了"暂停键"，这是不是地球在作出强

---

[26] 根据权威资讯整理计算。
[27] [美]弗兰西斯·福山：《历史的终结》，远方出版社1998年版。
[28] 克林顿的话出处待考，但奥巴马的话是通过电视镜头昭告天下的。2010年4月15日，在即将出访澳大利亚前夕，奥巴马接受澳大利亚电视台专访，明确表示中国必须创新发展模式，地球已经不允许中国人过美国人那样的生活。
[29] 余谋昌：《文化新世纪》，东北林业大学出版社1996年版。

力提示：大自然对人类的折腾已经不堪忍受？[30]

近些年来，中国和美国试图构建新型大国关系，超越"修昔底德陷阱"。[31]美国方面可能口是心非，西方文化骨子里相信"一个槽子拴不住两个叫驴"；但以中华文明之"太极"智慧，政治层面完全能"一山容许二虎"。问题在于"只有一个地球"，资源约束是刚性的，生态危机也是刚性的，气候危机更是迫在眉睫地刚性，经济层面确实"一山难容二虎"——怎么办？

为了全人类乃至整个生态圈的共同未来，中国不能有"和尚摸得，我摸不得"的小家子气，而应该义无反顾为全人类奋斗，开万世太平。诺贝尔经济学奖得主科斯（Ronald Coase）一语中的："中国的奋斗就是人类的奋斗！中国的经验对全人类非常重要！"[32]

八、"中国之世界"悄悄来了

人类向何处去？中国向哪里奋斗？就像英国在鸦片战争前第一次拉中国进入世界贸易体系时过于自负一样，美国第二次拉中国加入世界贸易组织时也过于自负了，未曾仔细研判拉中国玩西式市场经济游戏的意义及后果，自以为能永居上风。作为享誉全球的"现代中国学之父"，费正清（John Fairbank）因熟读中华经史而深谙中华智慧，曾不无感慨地表示："中国既然有独一无二的过去，亦必将有独一无二的未来。"[33]另一位美国人似乎已感觉这不是预言，2016年春，在接受《大西洋》月刊专访时，美国前总统奥巴马表示："我们更害怕一个变弱、有覆败

---

[30] 人类与大自然的关系，长期以来众说纷纭，注目礼学说从基本面作出澄清，请参阅《别了，西方思想——构建命运共同体中国方案（下）》（以下正文和脚注中提及，统一简称《别了（下）》），乃《别了（下）》顺手牵羊而解决的重要问题。
[31] 所谓修昔底德陷阱，即守成大国与新兴大国的冲突难以避免，属于典型的西式思维。提出者是哈佛大学教授艾利森（Graham Allison），在著作《注定一战：中美能避免修昔底德陷阱吗》中总结道：1500年以来，人类经历了16次权力转移，即大国权威从一个守成大国转移到另一个新兴大国，有12次发生了战争，仅4次避免了战争。
[32] 2008年7月14日，98岁的科斯先生邀请一批中国经济学人赴美国芝加哥大学法学院召开"中国经济制度改革研讨会"，所引用的两句是老先生在致辞中的激情之语。
[33] John King Fairbank, *China: A New History*, The Belknap Press of Harvard University Press, 1992.（可参阅费正清著《中国新史》中文版序言）

之虞的中国，而不是一个成功、不断上升的中国。"[34]呵呵，你懂的！

在历史的脚步刚刚跨入20世纪的1901年，梁启超先生从中国与外界关系的角度论述了"三个中国"：从"中国之中国"到"亚洲之中国"以至于"世界之中国"。[35]但梁启超应该没想到，一百年后，"世界之中国"正大跨步向"中国之世界"反转。随着中国以超大块头崛起，并进入全球经济体系，西方的精英恍然有悟，"中国之世界"来了！

英国作家沃茨（Jonathan Watts）在《当十亿中国人跳起来》中提出了问题："跳起来"的中国会"拯救人类"，还是"让地球偏离轨道"？英国学者雅克（Martin Jacques）作出了回答："中国绝对不会走上西方民主化道路，只会选择一种不同于西方世界的发展模式；中国的崛起将改变的不仅仅是世界经济格局，还将彻底动摇我们的思维和生活方式。"[36]格局重塑正在发生，可醒来的狮子会怎样动摇西方的思维方式呢？

九、呼唤"中国方案"

极其可能，中国将首先动摇西方世界引以为傲的自由价值观！近现代以来，西方自以为创建了自由世界，并挟自由以令天下。但实际上，这是个天大的笑话！继"占领华尔街"运动呐喊"我们是那99%，你们也是（We are the 99%, and so are you）"之后，2016年初，国际扶贫组织乐施会（OXFAM）发布题为《1%人的经济》的报告，用详实的数据再次佐证了人类社会1∶99两极分化的现实，即当今世界最富有的1%的人比其他99%的人拥有的财富还要多，仅其中62名超级富豪的财富，即达到全球最贫困的一半人口也就是36亿人的全部财富之和！[37]

遵照西方主流经济学，自由市场之所以被选择被信奉被主义，是因为市场能够优化配置资源。可无论从哪个角度讲，两极分化都堪称最高级别的资源配置失衡和最大限度的资源配置扭曲，何优化之有？如果说

---

[34] 《奥巴马：中国积贫积弱才对美有利》，《环球时报》，2016年3月17日。
[35] 出自梁启超的文章《中国史叙论》，被收入《饮冰室合集》，可网上查阅。
[36] 请参阅雅克不同凡响的专著《当中国统治世界：中国的崛起和西方世界的衰落》（中信出版社2010年版）内容简介。
[37] 请参阅乐施会中国项目部网站（www.oxfam.org.cn）发布的《乐施会研究简报第210期：1%人的经济》。

自由，西式市场经济充其量算少数人、而且只是极少数人的自由，远不是真正的人类自由，为什么还一直被称颂为自由乃至自由主义呢？这不只是对自由的亵渎，更是对人类智慧的侮辱！

一种价值观及其模式，不管标榜什么内容，如果把绝大多数人晾在一边，毫无疑问不是久长之道。超越西方的自由价值及其体制机制，缔造"人类命运共同体"，已成为人类社会的当务之急！十八大以来，中共中央总书记习近平不知其数地甚至不厌其烦地强调"命运共同体"，[38]并以非同凡响的"中国自信"明确宣示："中国共产党人和中国人民完全有信心为人类对更好社会制度的探索提供中国方案。"[39]如果中国能首先在经济制度上为人类求解甚至打造作为命运共同体的自由市场，为人类社会破解两极分化之苦，岂不普天同庆？

这也是当下中国的迫切需要！改革开放后，中国向西方学习搞市场经济，给中国带来了经济高速增长，这一点毋庸置疑，没有市场经济，中国就不能为迅速成长全球第二大经济体。但西式市场经济也给中国带来重重经济社会危机，典型如两极分化、房地产泡沫、生态环境破坏、官场腐败、道德沦丧，这一点同样毋庸置疑，而且到了关系市场化改革本身前途命运的地步，典型如房地产领域早有"取消房地产市场"之呼。

应该正是在此情势下，中共十九大与时俱进指出："中国特色社会主义进入新时代，我国社会主要矛盾已经转化为人民日益增长的美好生活需要和不平衡不充分的发展之间的矛盾。"[40]这在相当程度上是针对天生就两极分化的西式市场经济而作出的新论断，与主义无关，与东风西风无关，与问题紧要，与矛盾紧要——中国迫切需要反省西式市场经济，不忘初心，追根溯源，返本归元，正本清源，为中华民族、也为人类求解并创建作为命运共同体的真市场！

---

[38] 这无疑是习近平新时代中国特色社会主义思想的重要内容，早在2015年底，就有记者统计，十八大以来，习近平总书记已至少70次提及"命运共同体"。
[39] 2016年7月1日，习近平在庆祝中国共产党成立95周年大会上的讲话。
[40] 2017年10月18日，习近平在中国共产党第十九次全国代表大会上的报告。

第一篇

问题、工具、结论

第1章
问题：市场能否为所有人服务

内容提要

一边是市场优化配置资源，一边是市场导致两极分化，主流经济学对此二者的并存及由此而来的"双轨制"心安理得。双轨制割裂市场，把原本作为一个整体的市场割裂成一少撮富人特有、而非所有人共享的市场，在某些领域甚至使市场丧失为大多数人配置资源的能力，岂不荒唐？即便市场是资源优配机制无疑，但如果市场毫无道义，只能够服务一小撮富人，绝大多数人被"相对剥夺"，原非"中性"，有什么理由不取消市场？市场是整体的市场，极其必要重新剖析市场配置资源的机制机理及其过程。

一、"命运共同体之问"

资源配置是经济学的原始问题，也是经济学的核心问题，简称经济学的"原核问题"，实质上也构成人类社会运转的原核问题。正因为经济学的原核问题是资源配置，市场与计划的分野不在别处，而就是作为两种不同的资源配置方式。按西方经济学的主流观点，就资源配置的效益而言，市场优于计划，市场机制是效率更高的经济机制。[41]这不仅被认为经受了理论逻辑的推敲，而且被认为经过了经验事实的证伪——从经济学的角度讲，苏联解体普遍被认为是对计划体制的证伪。时至今日，市场作为优化配置资源的方式，不只是西方经济学的主流观点，更近乎全球共识，经济上不奉行市场机制体制的国家屈指可数。

但就像市场优配资源得到举世公认一样，与市场随之而来的另一桩事实也得到举世公认，而且同样、甚至更加铁证如山，这就是贫富两极分化。用马克思的话讲，一极是财富的积累，一极是贫困的积累。[42]这不是马克思的独特看法，被称为"经济学之父"也就是为自由市场开先河的斯密（Adam Smith）即明确表示："哪里有巨大的财富，哪里就有巨大的不平等。"语气斩钉截铁："少数人的富有，必定是以多数人的贫困为前提的。"斯密甚至用数据具体表示："有一个巨富的人，同时至少必有 500 个穷人。"[43]从当今两极分化的现实看，这是个严重的低估，仅一辆巴士就能装下的 62 名超级富豪的财富即达到全球最贫困的一半人口的全部财富之和，"一毛"盖过"九牛"，何止 500∶1？

一边是市场优化配置资源，一边是市场导致两极分化，这里面是不是包含矛盾呢？如果不包含矛盾，即市场优配资源必然伴随两极分化，甚至必定导致两极分化，抑或说市场优配资源必须以两极分化为代价，公平与效率天生不可兼得，那毫无疑问，市场理论上难免被质疑甚至批评，实践中难免被批判甚至埋葬！不管什么，机制也好，体制也好，理

---

[41] 关于计划与市场的关系，注目礼学说作出了澄清厘定和全新论述，请参阅本书第 15 章《市场选"我"优配资源》。

[42] 《资本论》第 1 卷原话为："在一极是财富的积累，同时在另一极，即在把自己的产品作为资本来生产的阶级方面，是贫困、劳动折磨、受奴役、无知、粗野和道德堕落的积累。"

[43] [英]亚当·斯密：《国民财富的性质和原因的研究（上）》，商务印书馆 1972 年版。

论也罢，主义也罢，如不能适当代表绝大多数人的利益，甚至只能为极少数一部分人服务，岂人道之悖？亦天道之逆！吾不知其可也。

十八大以来，习近平总书记在大小场合无数次谈及"命运共同体"，虽然更主要是站在人性、人伦、人道的高度，更主要是基于社会现实和未来发展的角度，似乎并没有把命运共同体的话题直接与市场配置资源相提并论，但实质上也是给现行市场机制体制抛出了天问：作为人类社会运转的基本机制体制，市场如果天生就撕裂社会，与命运共同体相悖逆，道义何存？正当何有？纯粹技术上讲，资源优配又何在？

二、市场冰与火：优配资源 VS 两极分化

市场优化配置资源与市场导致两极分化之间，不仅存在矛盾，而且矛盾显而易见，两极分化正是最高级别的资源配置失衡和最大限度的资源配置扭曲，何优化之有？从更高的意义上讲，诚如江苏华西村带头人吴仁宝先生所说："家有黄金数吨，一天也只能吃三顿；豪华房子独占鳌头，一人也只占一个床位。"[44]财富过度聚集，属于地道的资源劣配甚至浪费，乃至人生意义的扭曲，何优化之有？两极分化堪称对市场优配资源最响亮的"打脸"，问题是主流经济学不能够化解市场优配资源与市场导致两极分化之间的尖锐矛盾，因而不愿意正视市场优配资源与市场导致两极分化之间的尖锐矛盾，只有熟视无睹，唯有掩耳盗铃，心安理得于市场优配资源与市场导致两极分化的"冰火相容"。

现实上的表现便是"双轨制"风行于世！所谓双轨制，简单讲，就是市场与计划的并行，构成市场一轨制的对立面，即在资源配置的问题上，被认为最能优配资源的市场并不足以一举摆平，还必须依赖于市场之外的手段，最主要者便是政府计划。在有相当历史纵深的市场经济体，一般性资源配置都是市场一轨完成，不需要政府以计划另行插手，但却留下一条大尾巴，典型莫过于住房资源配置上的双轨制，即在房地产市

---

[44] 此话后边还有引用，是江苏省无锡市华西村口所立大型标语牌上的话，既堪称吴仁宝先生个人的座右铭，也称得上整个华西村的座右铭，应该源于《增广贤文》上的说法："良田万顷，日食三升；大厦千间，夜眠八尺。"

场之外由政府为广大低收入家庭建设保障房，名称上便得到彰显，这就是所谓"市场的归市场、保障的归保障"。

曾经的房地产开发商、自以为真懂楼市、一度充当楼市"大嘴巴"的任某某，就骄傲地以住房双轨制自任："我是最早提出房改之后应同时建立住房保障体系的，大约是在23号房改文件出台之后第二个月的中房协会议上。"[45] 不怪任某某傲娇，住房双轨制大抵也算国际惯例。美国被认为高度市场化的国家，但保障房建设一样如火如荼，住房和城市发展部（HUD）明确声称："帮助中低收入的美国人成为房屋拥有者，是全国性的首要任务，尤其是那些首次买房者和少数族裔。"[46]

三、"双轨制"的重重矛盾

但流言不是真理，惯例也不是真谛，"双轨制"事实上凸显了市场优配资源与市场导致两极分化之间的尖锐矛盾。就资源配置而言，纯粹逻辑上讲，要么计划，要么市场，不允许亦此亦彼搞双轨。如果亦此亦彼，一个问题跃然纸上：何时何处用市场、何时何处用计划？谁又来判定某时某处适用计划还是市场？市场与计划各自适用的比例又在多大？更明显的问题还在于：市场既然是资源优配机制，为什么在住房问题上却只能为少数高收入家庭配置资源，而更广大的低收入家庭却必须非市场解决？为什么别的商品也存在高档和低级之分，却没有企业生产高档、政府保障低级的双轨制？

最要命的逻辑还在于，仍然拿住房问题来讲，政府伸出"手"来建设保障房，不仍是配置资源吗？既然是配置资源，就存在一个优化的问题，为什么这里就必须找市长而不是找被认为最能优配资源的市场呢？以任某某为代表的自由市场派，动辄反对政府干预，却在作为民生大计的住房问题上要挟政府大建保障房，不亦惑乎？且不说"看得见的手"本身就被认为效率不高，并且存在"权力寻租"风险，严重的问题还在

---

[45] 任某某在文章《应先制定保障对象的标准》中开篇的话。
[46] 据称，这是位于美国首都华盛顿第七大街的美国住房与城市发展部写在自己主页上的话，被认为是"美国梦"的重要内容。

于：政府应该建设多少保障房呢？如果占绝大多数的中低收入家庭的住房都不得不依靠政府保障来解决，那房地产市场的价值何有？沿着这里的逻辑往前走，自由市场派不知不觉就走到了自己的反面，那正是网友曾愤怒呼吁的："取消房地产开发商！""取消房地产市场！"

不只是逻辑上矛盾重重，双轨制在道义上的问题更加赫然夺目，也更加震撼人心。作为配置资源的机制，不管是不是更优，纯粹技术上讲，市场应该是中性的，没有例外地服务所有人，而非偏向于服务某一部分人，更非有选择性地服务某一小撮人。但双轨制公开承认市场是服务一小撮富人的，而且只能服务一小撮富人，借用任某某鲜明而且铿锵的话讲，"为富人造房"，那道义何在？即便是资源优配机制无疑，但如果自由市场毫无道义，原非"中性"，只能够服务一小撮富人，导致多数人甚至绝大多数人的"相对剥夺"，就像网友呼吁取消房地产开发商及房地产市场一样，有什么理由不取消呢？

四、"为富人造房"怎么就错

遗憾的是，市场只能服务一小撮富人，似乎已成为常识，不仅主流经济学安之若素，社会舆论也认为理所当然，"市场的归市场、保障的归保障"的说法风靡于江湖庙堂，几乎成了"政治正确"。在最初抛出"为富人造房"时，任某某曾招致无数的"板砖"；可当任某某大谈双轨制也就是"市场的归市场、保障的归保障"时，众网友一片沉默。

这就是民粹的非理性，双轨制与"为富人造房"不过同出而异名，双轨制是"为富人造房"的理论马甲，"为富人造房"是双轨制的通俗表达，一言以蔽之，双轨制就是"为富人造房"的坐实！在任某某因"为富人造房"而饱受攻击时，有人打比方力挺："房地产商为富人造房，与大学教授不为小学生讲课，是一样的道理。"是不是颇能舌战群儒？

但假的就是假的，如果说"市场的归市场、保障的归保障"的荒谬性还若隐若现，那"为富人造房"的荒谬性则已暴露无遗，最明显的就在于：为什么房地产商能够为富人造房呢？即便任某某死皮赖脸为富人造房，富人凭什么要买任某某造的房？且不说富人都已经有房，而且有多套房，现退一万步，认定富人也像穷人一样，虽不至于露宿街头，但的确没有房，可富人凭什么高价购买任某某造的房呢？

摆在任某某面前有两种选择：一、你们富人不接受我的价格，我不卖了，这对任某某可能不合算。二、你们富人不接受我的价格，我就不卖你们了，卖别人去！谁呢？从群体上讲，当然就是穷人——广大的中低收入家庭。如没有中低收入家庭的需求活生生地挺在那儿——即任某某三番五次所强调的"刚性需求"，富人根本就不会买任某某的房。即便打算买，也不太可能接受任某某的要价。但现在富人受到挤压，如果不接受任某某的要价，中低收入家庭就出手买了。显而易见，广大中低收入家庭为任某某所用，说白了，充当了任某某的托！

五、市场是整体的市场

此中之道理，实际上简单不过，拿堪称最简明市场模型的拍卖来讲，没有前面举牌者的垫底，没有前面一轮轮竞价的烘托，没有前面购买力的"投票"，价格会无缘无故一路攀升？够了！拍卖已无可辩驳地表明：社会需求是一个整体，不能够上屋抽梯，把垫底者的需求弃之一边！正因为社会需求是一个整体，所以市场也是一个整体，有且只有一个市场，市场属于整体的市场。拿作为日常消费品的服装来讲，价格从几十元到上百元到上千元至上万元，市场既为富人供应高档服装，也为寻常百姓家供应普通服装，还为低收入者供应基本服装，一个市场应有尽有，不需要非市场力量介入以满足低收入者的服装需求。

这正是双轨制的荒谬，它割裂市场，把原本作为一个整体的市场割裂成一小撮富人特有、而非所有人共享的市场，在某些领域甚至使市场丧失为大多数人配置资源的能力。"为富人造房"的要害，正在于割裂市场！不只是任某某，二十多年来，无论房地产商，还是财经界，抑或决策层，在房地产问题上似乎都一直犯一个共同错误：谈论需求时，把社会需求当作一个整体，把所有人捆绑在内，即所谓城市化导致住房刚需巨大；谈论价格时，对社会整体作出族群割裂，把大部分人排除在外，说市场是为极少数富人服务的。这是什么呢？遵照他们自身的逻辑，对穷人是上屋抽梯，对富人是绑架勒索，显而易见的精神分裂！[47]

六、更根本的是"市场中性"

市场经济向何处去？这是整个世界都已经无法回避的问题，对声称建设"社会主义市场经济"的中国而言，更是已经间不容发。主流经济学似乎仍然一如既往地倡导"竞争中性"甚至"所有制中性"，固然不无道理，但不应该、也不能无视比竞争中性和所有制中性更根本的"市场中性"——如果以中性与否论的话。不管是不是更优，作为配置资源的技术机制，市场原本是中性的，理应服务所有人；作为一个整体，市场原本不是割裂的，理当服务所有人。那市场在现实上是怎样被割裂直至两极分化乃至最后沦落到只能够服务一小撮富人的地步并致主流经济学长期以来浑然不觉呢？极其必要重新剖析市场配置资源的机制机理及其过程。常言道："工欲善其事，必先利其器。"那手头有没有重新剖析市场的利器乃至"金刚钻"呢？

当前，人类精神世界充斥无数的垃圾，就像今天的地球被无数的垃圾所充斥一样，"上穷碧落下黄泉，一路茫茫皆污染"。在茫茫的垃圾重压下，思想界已失去最基本的辨别判断能力，不仅迷失真理，而且混淆是非，甚至不识好歹，徒留下一双双空洞的势利眼——这正是注目礼启蒙事业一路坎坷的重要原因，思想界没有"是真佛只说家常"的高度与认识，学人们普遍蜻蜓点水、浅尝辄止、不求甚解，何曾在大本大源上下过功夫，因而也缺乏深入浅出的真切体验，于是乎，在他们眼中，注目礼概念太不像话、太简易、太"小儿科"——好像也冲击了他们装腔作势、故弄玄虚、言必八股的一贯风格哈。因此，在亮剑之前，不得不发个先声，重申一个逻辑、哲学、科学基本常识，那就是：简易的才是真知！所谓人类认知，不是别的，就是化繁为简、以简驭繁，及其至也，当是驾一驭万，一击而天下平。

---

[47] 为何犯此共同错误乃至精神分裂？本书第11章《房价是怎样非理性上涨的》有回应。

第 2 章
先声：驾一驭万天下平

内容提要

宇宙不可思议，人更不可思议。西方科学建基于宇宙的简单统一，东方哲学更甚追求从简单来解释宇宙，易的经方是真的经。大道至简，实为大道归"一"，巅峰体验。所谓认知，不仅是以简驭繁，而是且只是驾一驭万，从一个最简易的"已知"来解释宇宙万物。如只是以简驭繁，尚未达到驾一驭万，亦非真知。那大道归何"一"？首先，必须颠扑不破，已然是质疑、推敲、分解的极致。其次，必须极简极素，具有最大的简明性，毫无疑义歧意。第三，必须所向披靡，具有最强解释力，无远弗届，一击而天下平！

一、不可思议的宇宙

摆在我们面前的宇宙是个什么东东呢？复杂，深奥，神秘，程度远远超过人类的想象，不可思议。

且不说宇宙的神奇，就拿宇宙之大来说，国际天文学联合大会曾在 2003 年公布对可见宇宙中的恒星"目前为止最为精确的观测数据"：7×10^{22} 也就是 700 万亿亿颗——专家说比地球上全部沙滩和沙漠中的沙砾还要多，但这还只是目前人类可见的宇宙，而且只是恒星的数量。

那一颗恒星有多大呢？相对于人而言，地球够大了吧。但与离人类最近的恒星也就是太阳相比，地球根本不在一个量级，微不足道，太阳在质量上是地球的 33 万倍，体积上是地球的 130 万倍。

太阳够大吧？不过是太阳系自大而已。放眼太阳系所在的银河系，距地球 2 万光年的史蒂文森 2-18，是人类已知的最大恒星，直径乃太阳的 2150 倍，相当于 100 亿个太阳的体积，能装下 1.3 亿亿个地球。[48]

史蒂文森 2-18 是不是很大呢？不过也就是银河系一个点而已。银河系是不是很大呢？星外有星系外系，银河系之外还有河外星系，一系套一系，无边无际的呢！

二、更不可思议的人

在浩瀚无垠的宇宙面前，人算什么？是一根草，还是一毫微尘，抑或一忽尘末？可面对浩瀚无垠的宇宙，人类竟然一点也不畏惧，而且还思考起宇宙来，岂不给宇宙掰手腕乎？是想起毛泽东主席的诗句："小小寰球，有几个苍蝇碰壁。嗡嗡叫，几声凄厉，几声抽泣。"抑或想起法国哲学家帕斯卡尔（Blaise Pascal）的感慨："人只不过是一根苇草，是自然界最脆弱的东西，但他是一根能思想的苇草。"[49]

可思想真的如帕斯卡尔所说，能帮人在宇宙面前赢得尊严？有西谚早就警告："人类一思考，上帝就发笑。"就像青蛙一思考、人类就发笑一样，何颜面之有？但严重的问题是在于，即便思考无法帮人挽回颜

---

[48] 有关数据由相关报道和百科词典计算整理。
[49] [法]帕斯卡尔：《思想录》，商务印书馆 1985 年版。

面，即便人类陷入青蛙一样的尴尬，人类也不得不思考，而且一刻也不能停，思考似乎是人的宿命！就此而言，思考，的确如大哲学家康德（Immanuel Kant）曾谈到的，乃人的理性追求自己的满足。[50]

可人的理性为何追求自己的满足呢？这就不得不感叹生命神奇。如果说宇宙不可思议，那人同样不可思议。刘慈欣先生在科幻小说《三体》中有个惊世骇俗的说法，叫"宇宙很大，生命更大"。生命比宇宙更大，或许还可以怀疑；但人比宇宙更加不可思议，似乎没什么疑问。

三、宇宙有可能本质上简单统一

那人类能不能思考宇宙呢？这取决于宇宙本质上是不是简单统一！如果宇宙本质上简单统一，人类就可以思考宇宙，甚至把握宇宙。还是拿宇宙之大来讲，再浩瀚无垠的东西，如果本质上简单统一，人类也能够思考推究。难道人类能处理无限事务？了解过高等数学的人都知道，"区区"人类早已经能不可思议地处理无限事务，这就是数学上的微积分。对无限问题的处理，微积分玩得游刃有余。

宇宙的确有可能是本质上简单的！迄今为止，人类对世界的探索强有力支持这一点。在西方思想史上，绝大多数大哲学家和科学家，都深受一门学问影响，那就是古希腊时代就洋洋大观的欧氏几何。欧氏几何的魅力何在？不是别的，就是神奇展现了世界的简单统一：从眯眼一瞧就知道的5个公设、5个公理和23个概念演绎出包含467条定理的平面几何学体系，化解全部的平面几何问题，简哉，美哉，壮哉！[51]

事实上，欧氏几何也被称为"四公理几何学"，堪称简单统一之范本，为人类探究宇宙建树了信心，西方世界后来之所以发展出系统的自然科学，相当程度上得归因于欧氏几何的卓越成功。《新旧约全书》被称为"圣经"，实际上，如果说圣经，欧氏几何才是真正影响西方人思维方式的圣经。（关于欧氏几何对西方思维方式的深刻影响，请参阅《别

---

[50] 请参阅本书第16章《"我"是逻辑秩序的保障：以交易为例》。
[51] 张家龙：《公理学、元数学和哲学》，上海人民出版社1983年版。提示一下，注目礼学说包罗万象，阅读过程中，读者凡遇到超出自己既有知识范围的内容，甚至感觉看不懂的内容，跳过去便是，不大影响后边的实质性理解。

了（下）》第 1 章《问题：自由如何证明》）

四、科学建基于宇宙的简单统一

也可能，宇宙本质上并非简单统一。欧氏几何，甚至迄今为止人类对世界的探索所发现的简单统一，纯属偶然。宇宙不仅表面上复杂超大，而且本质上复杂超繁，人类恐怕无法思考宇宙。即便思考，恐怕也难以把握宇宙，宇宙完全超出人类大脑的能力。但即便这样，人类也不得不知其不可为而为之，"明知山有虎，偏向虎山行"，追求简单统一。帕斯卡尔说人是一根会思考的苇草，如果从复杂到复杂，从复杂中抽象出的还是复杂，这苇草是否也太不地道了？

按大科学家爱因斯坦的说法，世界内在的简单统一乃人类科学最基本的信念："要是不相信我们的理论构造能够掌握实在，要是不相信我们世界的内在和谐，那就不可能有科学。这种信念是，并且永远是一切科学创造的根本动力。"[52]爱因斯坦并拿自己现身说法："十分有力地吸引住我的特殊目标，是物理学领域中的逻辑的统一性。"[53]

这不只是自然科学的基本信念，也是社会科学的基本信念。作为微观经济学的集大成者，马歇尔（Alfred Marshall）就说过：经济学最根本的任务就是万中见一、一中见万。原话中心意思的英文表达简洁优美：the Many in the One, the One in the Many。[54]华人经济学家张五常先生也曾以决断的气魄表示："世界复杂无比，不用简单的理论，能成功解释世界的机会几乎为零。"据称，这属于张五常的口头禅，经常讲。[55]

五、易的经方是真的经

欧氏几何化解平面几何的全部问题，靠的是什么呢？经德国数学家希尔伯特（David Hilbert）重整提炼，欧氏几何后来得到升级，始成为正

---

[52] 《爱因斯坦文集》第 3 卷。
[53] 《爱因斯坦文集》第 1 卷。
[54] 这是马歇尔写在《经济学原理》序言中的话，或许称得上西方经济学最激情、也最优美、并最深刻的一句话。
[55] 向松祚：《新经济学》，中信出版社 2020 年版。

儿八经的"四公理几何学"。四公理即结合公理、顺序公理、合同公理、连续公理。拿结合公理来讲，它包括三小点意思：

1. 通过不同两点的直线必定存在。
2. 通过不同两点的直线至多有一条。
3. 一条直线上至少有两点；至少有三点不在一条直线。[56]

是不是小儿科？你懂，我懂，大家懂，眯眼半瞧就懂，甚至让人不屑一懂，简易之至！说是"常识"都显抬举，称是"小儿科"并不过分。此诚公理之不证自明，公理必须简明，能多简明，就多简明，要不，怎么称不证自明？应该正因为从小儿科公理出发并以简驭繁，既是哲学家、又是数学家的罗素（Bertrand Russell）说了一句发人深省的话："数学全是同义反复。"[57]这并不冒犯数学，问题的关键还在于数学是怎样的同义反复、如何同义反复就构造数学。

化繁为简、以简驭繁也是东方哲学和宗教的追求，比西方科学有过之而无不及。《易经》被誉为"大道之源"，为什么称"易"？何谓"易"？通常解释为三易：简易、变易、不易。应该说，三易本质归于简易，或者说，易首先是简易，唯有简易，方有变易，才能不易。《易经》原是易的经，易的经才是真的经。如果说同义反复，易经的64卦象最为彰显同义反复，不过一阴一阳两爻而已。

易的精神自然反映到儒家思想，孟子的表述来得旗帜鲜明："夫道，若大路然，岂难知哉？人病不求耳。"[58]什么意思呢？道是极其简易的，一点也不难，难在人不求道。

道家也有差不多的感叹，《道德经》第32章云："道常无名，朴，虽小，天下莫能臣。"所谓"无名""朴""小"，应该都是强调大道

---

[56] 这不是数学式表达，属于文字式转述。对结合公理的数学式表达，可参阅《希尔伯特几何基础》（北京大学出版社2009年版）。
[57] 这是萨缪尔森（Paul Samuelson）在《萨缪尔森自述》（格致出版社2020年版）中间接提到的罗素之言，让同为数学家兼哲学家的怀特海（Alfred Whitehead）颇感冒犯。
[58] 《孟子·告子下》。

至简，以至于简易得不值一提，此之谓无名。

按佛家典籍的记载，大道至简竟然还是当年释迦牟尼在证道后特别感慨的第一声言："奇哉！奇哉！一切众生皆有如来智慧德相，只因妄想执着，不能证得。"[59]

六、认知就是以简驭繁

完全可以讲，大道至简，是东西方共同的思想追求，没有简易，就不是解释世界，也不能解释世界；只有简易，才可能解释世界，真理必定是简易的。事实上，所谓认知，不是别的，也没有别的，就是用简易来解释世界。欧氏几何化繁为简、以简驭繁，用区区几条公设公理化解平面几何的全部问题，这就是典型的认知。

平常都在讲理论创新，但人类思想的使命并非创新，而就是求简求易，追求简易性，进而形成确定性。确定性和简易性，才真正是人类思想的使命所在。确定性即颠扑不破，简易性即以简驭繁，二者紧密联系在一起，确定性往往、甚至必然要求更加简易，简易性往往、甚至自然带来更加确定，称得上一体两面。所谓创新，不过是为确定性和简易性服务而已，决非人类思想的真正使命。

物理学一路深究，打破沙锅问到底，从物体，到分子，到原子，到原子核，到质子，到夸克，乃至于使用大型超能加速器对撞出被称为"上帝粒子"的"希格斯玻色子（Higgs boson）"，[60]虽然每一个重大发现都别开天地，但这是物理学追求确定性、同时也可以说是简易性的努力，初衷并非创新，这一点毫无疑问。

数学是自然科学的基础，堪称"科学之科学"。那数学追求什么呢？在辞旧迎新的 1900 年，国际数学家大会在法国巴黎召开，当时的数学界领袖人物、同时也是著名哲学家的彭加勒（Jules Poincare）兴致昂扬地宣告："数学绝对严密性的目标，已经达到了！"这最清楚不过地表

---

[59] 《大方广佛华严经》（简称《华严经》）。
[60] 希格斯玻色子，是英国物理学家希格斯(Peter Higgs)在 1964 年预言的基本粒子，直到 2012 年被欧洲核子研究中心的大型强子对撞机发现（2013 年正式确认），据称能解释亚原子粒子的质量起源，可参阅相关新闻报道。

明，数学不是追求什么创新，而就是追求确定性和简化性。

尽管经历"集合论悖论"的重挫，但数学家们依旧壮心不已，希尔伯特并在 1920 年代提出后被称为"希尔伯特规划"的宏伟蓝图[61]——这是不是数学在追求创新呢？非也！希尔伯特规划不是创新规划，甚至也不是它所标榜的形式化大一统规划，而恰恰就是数学追求确定性和简化性的努力，依然是为数学奠定颠扑不破的根本基础。

七、大道至简实为"大道归一"

大道至简是共识，但一般不曾深究：简是什么样的简？简至何程度？是简化到九，还是简化到五，抑或简化到三？如果简化到九到五到三，为何就不能进一步简化到一呢？如果说造物主，难道世界的背后有好几个造物主？如真的好几个造物主，那造物主之上又是谁在造呢？

众所周知，爱因斯坦孜孜以求物理学的大一统（后被专称为 Grand Unified Theory，即"大统一理论"），晚年尤甚。但有迹象显示，至少在逻辑上，爱因斯坦对大一统的思考并不究竟。如谈到科学的目标时，爱因斯坦强调，科学的目标不仅在于系统地解释事实，更在于"把所发现的联系归结为数目尽可能少的几个彼此独立的概念元素。"[62] 这无意中暴露了不究竟：为什么是几个而非一个"概念元素"呢？更重要的是，凭什么说这几个概念元素"彼此独立"而非相互作用呢？如果确实彼此独立，这几个概念元素是如何彼此独立的呢？彼此独立的这几个概念元素又从何而来呢？"尽可能少"为何就不能少至于一个呢？这几个概念元素难道不是源出于一？只要不简化到一不归一，用经济学的术语讲，就存在"外部性"，[63] 问题就不曾穷尽，必定没完没了！物理学之所以追求大一统，宇宙学之所以把宇宙的起源归结到唯一的"奇点"，原因恐怕都在于此：归一，不一定有完有了；但不归一，绝对没完没了。

---

[61] 关于希尔伯特规划及上一段引用的彭加勒的豪言，请参阅当代著名数学哲学家克莱因（Morris Kline）著《数学：确定性的丧失》（湖南科学技术出版社 1997 年版）。《别了（下）》对希尔伯特规划及背后的形式主义有专门论述。
[62] 《爱因斯坦文集》第 3 卷。
[63] 这并非不恰当挪用外部性的概念，而的确是相互作用的必然，只要是相互作用，必归于一。关于经济学的外部性，请参阅本书第 18 章《整体利益最大化才是市场均衡》。

即是说，按大道至简的逻辑，必须简化到不能再简化——必不可少的一！大道至简，实为大道归"一"。所谓认知，不仅是以简驭繁、深入浅出，而就是驾一驭万，也只是驾一驭万，即从一个最简易的"已知"来解释宇宙万物。如果只是以简驭繁、深入浅出，还没有达到驾一驭万，也不是真认知，也不是真逻辑。蓦然回首，平常所讲逻辑"一致性"，真实的意思莫不就是大道归一、驾一驭万？要不然，何谈"一"致性？

八、巅峰体验：驾一驭万

那是不是真的能大道归一呢？逻辑上"应然"驾一驭万，但实际中不一定"实然"驾一驭万。如果真的实然大道归一，毫无疑问，这是一桩极其烧脑的事，不仅极富哲学意味，而且极富美学想象，堪称人类智力的极限挑战。想想吧，真的驾一驭万，从一个最简易的已知来解释宇宙中纷纭复杂的一切，这是多么激动人心而又让人醍醐灌顶！！

有意思的是，在西方思想史上，很早就有"美即是真，真即是美"的说法与追求。这不仅彰显于欧氏几何，而且也表现在被称为"奥卡姆剃刀原则"的方法论，二者都讲究化繁为简、以简驭繁，所谓"如无必要，勿增实体"，奥卡姆剃刀原则也被称为"思维经济原则"。

更令人惊诧的是，《中庸》明确描述了真善美三合一的巅峰体验，曰："君子语大，天下莫能载焉；语小，天下莫能破焉。""君子之道，造端乎夫妇，及其至也，察乎天地。"[64]什么意思？说白了，道理就是一连串事件，即从一到万、驾一驭万的一连串事件。

九、大道归何"一"

那"一"是什么呢？至少应该具有以下三个特征抑或说三性：

首先，"一问直到笃，拆了田螺屋"，这个一必须颠扑不破，乃打破沙锅问到底的结果，质疑质疑再质疑，以至于不可再质疑；推敲推敲再推敲，以至于不能再推敲；用自然科学的术语讲，分解分解再分解，以至于无法再分解，它已然是质疑、推敲、分解的极致，颠扑不破，从

---

[64] 《中庸》第12章。

而确保真正"已知"[65]——也可以称之为"极点",借用毛主席的风趣话讲,世界上的事情,你不想到那个极点,你就睡不着觉。[66]从西方哲学史看,大哲学家们都孜孜以求一个所谓的"阿基米德支点",[67]实际上也就是确保已知颠扑不破。典型如笛卡尔(René Descartes)怀疑这怀疑那,怀疑一切,最后怀疑到"我思"不可再怀疑,于是得出"我思故我在"并由此建构自己的哲学体系。[68]

其次,显而易见,不言而喻,这个一必须极简极素,具有最大的简明性,没有疑义,毫无歧意,不仅不依赖于任何其他概念,天然本色,元气淋漓,可借用佛家的术语讲,不"依他起性";而且比其他公理规律更有简明性,如比欧氏几何的公理甚至比形式逻辑的定律都更加简明。大道归一,如果这个一不简明,而是复杂的一,比如说一大包,也不符合大道归一。大道归一,不仅指形式上归于一个,而且内容上也归于一点,简明性登峰造极,唯其如此,也才可能确定——颠扑不破。

第三,融会贯通,无远弗届,这个一必须所向披靡,具有最强解释力,包罗万象,一击而天下平,用中华古圣先贤的话讲,"知之至也";一字以蔽之,通![69]这一点毋庸赘言,原本大道归一探讨的,就是从最简易的一来解释世界的问题。如果大道归一,而这个一不能够一通百通,甚至左右为难、进退两难,岂不混账?准确讲,这一点不是这个一的基本特征,而是检验这个一的现实标准,即这个一是否真正构成大道归一的一,要从解释力是不是最强来检验判定。

这激动人心、并让人醍醐灌顶、堪称石破天惊的"一"何在呢?

---

[65] 关于发现、抽象、形成注目礼概念的方法论,请参阅"注目礼学说"公众号文章《"一问直到驽,拆了田螺屋"——一种究竟的认知方法:纯粹内视》。
[66] 《毛泽东文集》第7卷。
[67] 来自于古希腊哲学家阿基米德(Archimedes)关于杠杆原理的豪言壮语:给我一个支点,我就可以撬动整个地球。
[68] 尚新建:《笛卡尔传》,河北人民出版社1997年版。
[69] 知之至也,乃《大学章句》中的明确说法:"此谓知本,此谓知之至也。"实则平常所谓"通"——豁然贯通、融会贯通、一通百通。中华圣贤之学,就是典型的通学,追求上"一物不知,深以为耻",标准上"众物之表里精粗无不到,而吾心之全体大用无不明",所谓"大约学问之道,当观其会通"。注目礼学说符合通,并有个提法,叫"道理是一连事件",亦称"要么一通百通,要么似懂非懂"。可参阅"注目礼学说"公众号文章《思想的极致在简单统一》。

第 3 章
工具：大道归一——不能够循环自证

内容提要

注目礼的意思极其简单，就是最基本的逻辑常识——不能够循环"自"证，"我"必须透过别人"看"自己，从"别人认为的我"解"我"，以"别人眼中之我"证"我"，好比照镜子，别人是"我"的镜子。作为大道归一的一，注目礼大无大有：一方面，不能够循环自证并未涉及任何具体内容，什么都没说！另一方面，由于不能够循环自证，一事物不得不依赖于另一事物，遂有互动，遂有交互作用，遂有纷繁复杂，遂有万千气象——注目礼立于驾一驭万、深入浅出的巅峰，自然不过地推导演绎天下事，什么都说了！

一、旧瓶装新酒：注目礼

大道归"一"，一是何物？不是别的，就是名不见经传的"注目礼"！注目礼是注目礼学说唯一的基本概念，全部的注目礼学说都由注目礼概念推导演绎而来，详细过程请参阅《注目礼——利益最大化的博弈之道》（北京出版社2011年版，以下正文和脚注中提到，统一简称《注目礼》）。本书附录《注目礼学说的逻辑链与常用词简释》，大体展示了注目礼学说的主要构架。"没有金刚钻，不揽瓷器活。"本书重新剖析市场机制机理及其过程的金刚钻，是且只是注目礼。那注目礼是何含义？

首先说明一下，注目礼属于旧瓶装新酒。注目礼是已有的旧瓶，一种礼节，主要用于庄严场合；现在装进新酒，有了全新的形式和含义，甚至词性与结构也发生变化，词性上是"动名词"，既作动词用，也作名词用；结构上属于"偏正"结构：注目礼＝"注目"＋"礼"，包含两个动作，"注目"和"礼"，核心是后一个动作，即"礼"或"致礼"，也就是"注目"之后的肯定、认同、赞赏、尊重。两个动作是连续的，没有"注目"就无所谓"礼"；而所谓"礼"，其实不过是经得起"注目"，也与"注目"不相分割，实质上是一个动作——"注目"。

二、注目礼：不能够循环"自"证

注目礼的新含义极其简单，就是不能够循环"自"证！何谓不能够循环自证？基本逻辑常识也，即仅仅通过自我循环而不借助于外部因素，一个论证是不能成立的。比方第一次见面，人家问"尊姓大名"，答："我叫'欧阳君山'，欧阳君山的'欧阳'，欧阳君山的'君'，欧阳君山的'山'。"这就属于循环自证，用自己的名字解释自己的名字，绕了一个圈，不知道的人还是不知道。

不能够循环自证不仅是基本逻辑常识，而且是最基本逻辑常识，没有之一，就是唯一，比形式逻辑三大基本定律的同一律、矛盾律、排中律更基本。如果循环自证是允许的，不是一切皆有可能，而是一切皆能实现，心想事成。拿同一律来说，它要求在同一思维过程中，每一思想与自身同一，即"A就是A"，但如允许循环自证，A可是A，也可是

B，还可是 **C**，只要思想者愿意，他说 **A** 是什么、**A** 就是什么，因为他能够毫不费力自证。显而易见，不能够循环自证比同一律更基本，比其他任何逻辑定律都更基本，包括充足理由律。更甭提其他具体科学的原理定律，包括堪称"科学之科学"的数学。[70] 任何其他原理定律要成为原理定律，都得有别人的认同，也就是都不能绕过、而必须依赖于不能够循环自证——定义而不被定义，推导而不被推导，他依而不再依他，天字第一号，"逻辑之王"——大道归一，此之谓一！[71]

万丈高楼平地起，为保障起点地基的万无一失，西方大哲学家们一个个孜孜以求"阿基米德支点"，殚精竭虑，踏破铁鞋。殊不知，万无一失的确定性不是"远在天边"，而是"近在眼前"，而且最寻常最简易最朴素不过，不能够循环自证也。未经超越循环自证而确定，所谓的确定性都不确定，自说自话而已。不能够循环自证，是不确定中的先在确定，堪称不确定中的唯一确定，定海神针。

还是拿笛卡尔来讲，他认为"我思"不可再怀疑，暂不管"我思"是否不可再怀疑，也不管"我思"能否推导出"我思故我在"，但有一点毋庸置疑："我思"及"我思故我在"，都同样不能够绕过、而必须经过超越循环自证而确定，要不，就只是笛卡尔个人自说自话。

三、照镜子：以"别人眼中之我"证"我"

为何把不能够循环自证的意思称名为注目礼呢？原因之一在于不只是作为最基本的逻辑常识，不能够循环自证被具体应用到人，从而也作为最基本的人性概念、行为学概念，毋宁说，注目礼是不能够循环自证的行为学表达，即人不能够循环自证：一切人，任何人，都不能自己证明自己的存在，而须通过他人来揭示；也不能自己肯定自己的价值，而须透过他人来判定，要不然，就沦为循环自证，典型如自说自话自卖自夸自娱自乐，老百姓的说法叫"老鼠爬秤钩——自己称自己"。

---

[70] 事实上，在"集合论悖论"之后，数学已经毫无确定性可言，这正是克莱因的大作《数学：确定性的丧失》一书名就旗帜鲜明表达的，《别了（下）》有进一步的论述。
[71] 如果以数称之，在基本逻辑序列中，不能够循环自证应称"一点五"，请参阅本书第18章《整体利益最大化才是市场均衡》。

由于不能够循环自证，任何一个人都必须借助"他"（别人）证，透过别人"看"自己，从"别人认为的我"解"我"，以"别人眼中之我"证"我"，好比照镜子，不客气讲，就是"撒泡尿照照"也成，但绝对不可没有"照"，岂能孤芳自赏、顾影自怜？

每个人都有做客的经历，客人往往透过主人的眼神、表情、话语和接待行为，来"看"自己是不是受主人欢迎，及在主人心目中的价值大小，这就是照镜子——注目礼，随时随地，每时每刻，举目便有。

用文学化话语来表达，注目礼即别人是"我"的镜子，"我"透过别人"看"到自己的存在及价值，"我"不得不活给别人"注目"——用习近平同志的话讲："人以自我为中心，却又只能在他物、他人中去实现自我"。[72]

四、"真传一句话，假道万卷书"

以上就是注目礼的基本意思——不能够循环自证。没有疑义，毫无歧意，极简极素，至易至明，不言而喻，颠扑不破，亘古亘今！如允许循环自证，人类思维世界的秩序即荡然无存，天真的要塌下来——不能够循环自证构成人类思维最最起码的立足点。这是毫无水分的逻辑之王，不能够循环自证不涉及任何具体内容，没说什么可以，也没说什么不可以，什么都没说，仅只是规定不能够自话自说。

是不是"小儿科"呀？太简太易太小儿科了！有谁会不懂得注目礼呢？在人类知识的全部概念中，没有比注目礼更简易的概念！在有史以来的全部理论中，没有比注目礼更简易的理论。如果有谁觉得注目礼深奥难懂，不客气讲，真没空去"注目非礼"，自己去哭吧！

但江湖上不时有不知天高地厚者跳出来，说要驳倒注目礼。过去统一答复过，现重复一遍：想驳倒注目礼，门都没有！道理很简单，注目礼就是门！此门幽深似海天，轻轻一推，三千大千世界尽收眼底。

---

[72] 这是习近平写在《对发展社会主义市场经济的再认识》（《东南学术》2001年第4期）中的原理性说法，后来并有应用性说法，典型如："只有把人生理想融入国家和民族的事业中，才能最终成就一番事业。"稍后所论注目礼演绎要义，尤其人性太极，更加凸显"我"和"他"吸引而又排斥的张力。第20章《颠扑不破大一统》也有论及。

是骡子是马,拉出来遛遛!注目礼即便不是上帝之门,也至少是造物主的启动按钮。原因很简单,不能够循环自证启动了相互作用:由于不能够循环自证,一事物不得不依赖于另一事物,遂有互动,遂有相互作用,遂有纷繁复杂,遂有万千气象,遂有宇宙中纷纭复杂的一切……

"真传一句话,假道万卷书。"具体到作为最基本的人性概念、行为学概念——注目礼,不能够循环自证至少可演绎十大要义:

1. 注目礼破解人类行为:"注目"+"礼"
2. 注目礼表达人生需求:人需求人
3. 注目礼呈现人生问题:"我"VS别人
4. 注目礼推演基本人权:不认同的权力
5. 注目礼揭开命运之谜:"你是你认为的你"
6. 注目礼揭晓人性之本:"太极"
7. 注目礼展示人情之要:"面子"
8. 注目礼解答人群之由:社会性
9. 注目礼解决价值度量问题
10. 注目礼化解主观客观之争

注目礼破解人类行为:"注目"+"礼"!有一图片链接,题目叫"沙滩上的美女走光了",帅哥肯定好奇,一点开,美丽的沙滩,不但美女走光了,而且男人也走光了,一个人影都没有,是不是有点失望?这就是"标题党",向你的眼球发动猛攻。不管喜欢与否,标题党现象揭示了一个人性的奥秘:人人需要被注目!"注目"是人类行为的起点,一个存在或价值,如不能让人注目到,就是怀璧不遇,其他一切都无从谈起,甚至在也形同不在,有也等于没有。

有意思的是,东汉思想家王充,著有《论衡》一书,开门见山强调"注目",第一卷首篇叫《逢遇》,曰:"处尊居显,未必贤,遇也;位卑在下,未必愚,不遇也。"所谓"遇",首先无疑就是注目。黄金如不被人类注目、鉴赏、利用,与埋在土里的石头有何区别?

但让人注目到只是前提，核心在后一个动作——"礼"！所谓礼，即经得起注目，存在值得别人注目的价值，从而获得别人的肯定、认同、赞赏、尊重。标题党可以在标题上狠下功夫，题不惊人死不休，但后边没有相应的内容支撑，不就"忽悠"吗？礼之不存，注目何用？没有经得起注目的价值，所谓引人注目，甚至举世瞩目，要么昙花一现、过眼烟云，要么哗众取宠、丢人现眼，甚至引火烧身。

子曰："不患无位，患所以立；不患莫己知，求为可知也。"[73]即是说，不患无注目，患所以注目，关键、要害、核心在于经得起注目的价值。前一动作"注目"堪称人类行为的起点，后一动作"礼"堪称人类行为的归宿。多少引人注目甚至举世瞩目的名流明星，一个个过眼烟云，甚至丢人现眼，乃至引火烧身，何也？经不起注目也！

注目礼表达人生需求：人需求人！ 由于不能够循环自证，"我"的存在必须通过别人来揭示，所以"人需求人"，"我"需要别人的"注目"，如别人都不注目"我"，"我"的存在何以展现？"我"的价值也必须透过别人来判定，所以"人需求人"，"我"需要别人的"礼"（肯定、认同、赞赏、尊重），如别人都不礼"我"，"我"的价值怎么体现？无论"我"的存在，还是"我"的价值，都须有别人的在场和作证，自说自话无济于事，自卖自夸无济于事，一切不超出"我"而及于人的自我循环都无济于事。

这正是"我"为何本能就追求别人注目致礼，被誉为"美国心理学之父"的詹姆士（William James）从正反两面强调过，正面说法如："人类天性至深的本质，就是渴求别人的赏识。"反面说法有："如果可行，对一个人最残忍的惩罚莫过于：给他自由，让他在社会上逍遥，却又视之如无物，完全不给他丝毫的关注。当他出现时，其他的人甚至都不愿意侧身示意；当他讲话时，无人回应，也无人在意他的任何举止。"[74]

正因为"人需求人"，人特别享受被"羡慕嫉妒恨"的感觉，甚至

---

[73]《论语·里仁》。
[74] [美]威廉·詹姆斯：《心理学原理》，北京大学出版社2012年版。

追慕虚荣——即大于自身价值的注目与礼。有部不错的电影,叫《魔鬼代言人》,一句台词推心置腹:"虚荣,我最爱的原罪(Peacockery, is mine most like Human's sin)!"[75]但就一针见血而言,启蒙哲学家霍尔巴赫(Heinrich Diefrich)一个说法似乎更加直截了当:"在所有东西中间,人最需要的东西乃是人。"[76]

简单提一下,注目礼学说之所以"别了"西方经济学,从最为根本的需求基础讲,正因为不能够循环自证直接推导的"人需求人"颠覆超越西方经济学的"经济人"假设。论区别,"人需求人"乃注目礼学说对西方经济学提纲挈领的总区别。西方经济学主要是"经济人"人设经济学,注目礼学说纯粹是"社会人"人设经济学,如此而已。

实质上,"经济人"也属于"社会人",不过是"社会人"之特例。"经济人"所假定的人在追求效用"最大化"(现实上就是追求财富最大化,尽管有"经济学帝国主义"的追求,但主流经济学一开始就是、至今也仍然只是关于财富效用的狭义经济学),实质上也属于"人需求人",要不然,就无所谓最大化。最大化正来自于"人比人"——从动力讲,即通常讲的"竞争"。没有比较,没有竞争,就无所谓"化",就不存在最大化的问题。那人比人从何而来呢?正来自于"人需求人",是"人需求人"导致了"人比较人"。[77]

注目礼呈现出人生问题:"我是什么"与"别人认为我是什么"之间的歧异! 从同与异讲,不能够循环自证意味着彼此两端,此端即"我是什么",反映着"我"的客观属性,用经济学术语讲,对应着"我"

---

[75] 不愧为"经济学之父",斯密在《国富论》和《道德情操论》对"人需求人"有精辟论述,《道德情操论》并明确写道:"吸引我们的,是虚荣而不是舒适或快乐。"
[76] 洪谦:《西方现代资产阶级哲学论著选辑》,商务印书馆1964年版。
[77] 提示一下,对人需求追求什么的问题,注目礼概念并非归纳得出、而是演绎确定"人需求人"(注目礼学说也整个属于演绎体系),方法上就与众不同,极大超越通常以归纳法求解人性需求的局促。更多论述请参阅《注目礼》与《别了(下)》第二篇《超越"经济人"》,及"注目礼学说"公众号上相关文章,如《"装逼"才是人真正的刚需》、《注目礼析〈三体〉:需求乃终极问题》、《"需求层次"论怎么就糊了》(此文深刻批驳了亚伯拉罕·马斯洛极其流行的"需求层次"论)、《人为什么受不了孤独》(此文以"人隔离人"归谬反正"人需求人")。关于不能够循环自证(注目礼)对竞争的推导,请参阅本书第6章《潜伏在"价高者得"下的投机》。

的"使用价值";彼端即"别人认为我是什么",反映着"我"的社会属性,用经济学术语讲,对应着"我"的"交换价值"。由于别人不是"我"本人,"我"们之间存在种种不对称,"我是什么"与"别人认为我是什么"之间常常存在歧异,如"我"满认为"我"是黄金,但别人认为"我"不过黄铜甚至黄铁而已。

就像"别人认为我是什么"并不代表"我真是什么"一样,"我"自以为的"我是什么"也不代表"我真是什么",二者也可能存在歧异。如"我"自认为"我"是黄金,但实质上不过是黄铜,但在"我是什么"被求解之前,"我"可能并不知道自己只是黄铜。逻辑上讲,"我"自以为的"我是什么",已被包含在"我是什么"之内,无须画蛇添足。因为"我是什么"在被求证之前,都是"我"自以为的"我是什么",并不代表"我真是什么",客观上"我真是什么"正需要通过不能够循环自证来求解,甚至是多方反复求解。

无论西方主流经济学,还是马克思政治经济学,矛盾分析都堪称要害。什么是矛盾?毛主席借西方哲学的话语表示:"差异就是矛盾。"[78]那何谓差异?由于未能大道归一,西方哲学费力不讨好,云里雾里。注目礼举重若轻,从根本上对人生矛盾一语破的:人生的问题千头万绪,甚至千变万化,但归根到底就是一个——"我是什么"与"别人认为我是什么"之间的歧异。如果别人对"我"言听计从,"我"认为"我"是什么,别人就认同"我"是什么,人类社会即构成无摩擦理想世界。

经济学有个重要概念叫"交易费用",所谓交易费用,说到底,就是克服"我是什么"与"别人认为我是什么"之间人际摩擦的成本,交易就是克服"我是什么"与"别人认为我是什么"之间的人际摩擦的行为。[79]就此而言,注目礼不是别的,要在"同"——求同、认同、大同,求同堪称人的基本心理行为动机,大同并非人类社会理想,乃隶属于人的基本行为动机,在举手投足之间尔。(经济学重量化,成本也讲量化,那注目礼能量化吗?请参阅本书第14章《"我"才是"人"的抽象》)

---

[78] 《矛盾论》(《毛泽东选集》第1卷)。
[79] 详论请参阅本书第17章《"我"是逻辑秩序的保障:以交易为例》。

注目礼推演基本人权：不认同的权力！ 由于不能够循环自证，"我"不得不借助"他"证，但"他"对"我"是认同还是不认同，完全由"他"自主。极而言之，即便"我"是黄金，如假包换，"他"也可以一票否决，认定"我"为黄铜甚至黄铁，这就是不认同的基本人权，具有决定性甚至压倒性。所谓人权，核心就是不认同的权力，没有不认同的权力，人的其他权力都可以被否决，不认同的权力堪称"精神原子弹"。

作为自由市场最起码的底线，"自愿原则"正来自于不认同的基本人权：由于不能够循环自证，"我"不得不借助"他"证，但如果他对"我"不认同，"我"也不能强他所难，而须尊他之意，不得强买强卖，这就是自愿原则，乃所谓"平等"之要义——不以力服人。显而易见，如果自愿原则被违背，就不是自由市场。不认同的基本人权属于不能够循环自证的直接推导，自愿原则是不认同的基本人权的稍微延伸。

注目礼揭开命运之谜："你是你认为的你！" 由于不能够循环自证，"我"不得不借助"他"证，但这不意味着自我迷失，目的恰恰在于证明自我，这是毫无疑问的。人首先都是自己注目自己、自己致礼自己即自我认同的，如果"我"都不注目礼（作动词用）"我"，谁还能注目礼"我"？谁还会注目礼"我"？说白了，自信都没有，咋有他信？

另一方面，"外举不避仇，内举不避亲"，把自己当一个客观的人，"我"为什么就不能注目礼"我"，这并不构成循环自证。玄机可借中华古典哲学所谓"阴阳"来表达，自己注目礼"我"是内在的，不能声张，属"阴"，"我"不能大张旗鼓说"我"谁谁谁，如何怎样；别人注目礼"我"可以声言，原本就是外在的，属"阳"。

由于不能够循环自证，"我"必须出离自"我"，推己及人，转阴为阳，把内在的自我认同转化为外在的社会认同。"人格就是命运，格局就是结局。"志向远大不一定成就伟大，但没有远大志向，绝不可能成就伟大。很简单，天下不会掉馅饼，更绝不可能掉伟大的馅饼——没有内在那个"阴"，就转不出外在那个"阳"，正如一句心理学名言所讲："你是你认为的你！"儒家之所以强调"慎独"，原因也在于"你是你认为的你",而非"你作秀给人注目的你"。

注目礼揭晓人性之本:"太极"! 由于不能够循环自证,"我"不得不寻求"他"证。不管"我"自认为是什么,黄铜也好,黄金也罢,评判权都在"他"人手里,注不注目是由"他"人决定,致不致礼更是由"他"人决定,如不能为"他"人带去价值分享与提升,"他"人就不可能注目致礼。即是说,"我"在围绕自己转的同时,也不得不围绕"他"人转,受到"我"和"他"两种作用力的拉锯,实则"我"和"他"相互吸引而又相互排斥,这就是"太极",也正是注目礼在为人为己角度上的含义——人性是自利与利他的圆融。

人性之所以难以驾驭,即在于人性是个太极,过于强调自我,"他"人不会注目致礼,难以获得社会认同;过于强调别人、社会,"我"或许成就一番虚荣甚至事业,但自我会感觉扭曲,弄不好都过劳死。江湖上流传一句话:"自从得了精神病,精神好多了!"一个人得精神病,无意中与社会切割,不再看"他"人脸色行事,不再生活在"他"人眼光当中,精神能不好么?可一个人对什么都不在乎,这也无所谓,那也无所谓,人生的意义何在?

注目礼展示人情之要:"面子"! 由于不能够循环自证,"我"不能孤芳自赏,别人遂成为"我"的镜子,"我"通过别人对"我"的眼神、脸色、态度、评价、举止"看"到"我"自己,感觉自己有没有面子,享受别人的"羡慕嫉妒恨"。通常认为,人是在追求金钱、权力、名声,抑或快乐、幸福、自由,但这一切都是表象,没有谁单纯追求任何一种东西,人实际上是在追求"人与人之间"的一种东西——毋宁说是"人比人"的人际优越感,所谓"面子",或者说"存在感"。

"家有黄金数吨,一天也只能吃三顿;豪华房子独占鳌头,一人也只占一个床位。"此理最为朴素,没有谁不明白,没有谁能反对,人的物质需要与享受的确有限,因为肉身原本有限——准确讲,极其有限。可人为何还追求家有黄金数吨?为何还追求豪华房子独占鳌头?为何不能"享有"却又追求"占有"？症结就在于面子，正在于存在感！

如果说利益，人不是追求一般的利益，而是追求人与人之间的"比较利益"。一句俚语"话糙理不糙"，把比较利益刻画得活灵活现，叫"别人死老婆，等于自己娶媳妇"。正因为人的利益实在于比较利益，别人比"我"出色或不出色，都自动构成"我"的"外部性"。[80]

注目礼解答人群之由！人何以群？或者说，人为什么是社会人？[81]问题的回答涉及对原始自然状态的看法，人类学目前的主流观点似乎仍然是：原始的大自然贫瘠甚至险恶，人类为着生存的需要，不得不走到一起，团结一块，就这样，人群产生，氏族出现，社会形成。但原始自然究竟是穷山恶水还是洞天福地，牵涉到考证，争议不可避免，而且近乎无穷无尽。但实际上，人何以群也是每个人都可以扪心自问甚至从心体认的，可简化为心理学问题处理，答案正在于注目礼！

由于不能够循环自证，"我"不得不出离自"我"而及于"他"人，与人联结，共人同在。手机为什么近乎成为现代人不可或缺的器官呢？受不了孤独也！2004年2月，一个叫茹瓦永（Francis Joyon）的法国航海家创造了一项单驾环游世界的纪录。这不是没有代价的，茹瓦永坦言，在73天的航行中，孤独感令人窒息。

注目礼解决价值（价格）度量问题！事物的价值要如何度量呢？像其他大经济学家一样，马克思在价值问题上也穷根究底，但首先都鲜明肯定一点，商品不可能自己度量自己，必须通过交换、借助于别的商品来进行。[82]比如一个南瓜价值多少，肯定不能用南瓜来度量，因为一个南瓜就是一个南瓜，而必须借助于别的商品来度量，如一个南瓜价值两个西瓜。此中症结正在于超越循环自证，即用南瓜之外的任何一种商品

---

[80] 外部性是既有经济学的术语，但似乎并没有得到准确的界定，相关论述请参阅本书第18章《整体利益最大化才是市场均衡》。

[81] 关于人的社会性分析及人为什么是社会人的论述，详情请参阅《别了（下）》第二篇《超越"经济人"》，尤其之中第7章《"我"为什么是社会人》。

[82] 可参阅《工资、价格和利润》（人民出版社1971年版）或《资本论》第1卷。

来度量南瓜的价值，不管是否合适对等，但至少逻辑上说得通。

自己注目自己，自己肯定自己，自己尊重自己，自己致礼自己，说自己是什么、就是什么，一个人自成一个意义世界——谁？在哪？在疯人院，是精神病！无论"我"，还是"我"的商品，价值的度量都少不了别人的认同"投票"，"我是什么"的确根本，但"别人认为我是什么"构成关键，不认同的基本人权，诚为现实价格的核心力量。（关于价值问题的深层论述，请参阅《别了（下）》第六篇《西方经济学的价值泥潭》、第七篇《低碳经济才是真经济》）

注目礼化解主观客观之争！主观和客观是哲学上一对重要概念，在西方哲学史上，对主客观的讨论层出不穷，至今未有定论，公说公的主客观，婆说婆的主客观，进而分出形形色色的派别甚至主义。注目礼快刀斩乱麻，所谓主观，就是"我"观，如"我"自认为是黄金；客观就是别人的认同，即别人也认为"我"是黄金，"我"内心的自我认同转化为外在的别人认同，甚至社会共识，主观即上升为客观。

"日心说"比"地心说"更客观，但当时的主流社会不承认，因而也被认为主观甚至异端，哭爹喊娘都没用，及至最后被多数人认同，日心说才被拥戴为真理。超越循环自证，赢得别人、社会的注目礼，手里面一大把"选票"，主观即成为客观；自说自话自赏乐，不能够赢得别人、社会的注目礼，手里面没有"选票"，客观也沦为主观。

真理与人数无关，人多决不是真理，而且真理一开始往往都掌握在极少数人甚至极个别人手里。这种种都没什么疑问，但由于人多会在一定的时空范围内代表客观，所以现实上常常意味着：人多就是真理，人多才是真理！"说你行，你就行，不行也行；说你不行，你就不行，行也不行。"这不是绕口令，也并非政治，而就是最基本的社会现实，甚至"说你行，你也不行"，还必须"说你行的人，也行"。如果说这就是政治甚至江湖，政治的确无处不在，江湖的确无所不有，它隐含于最基本的逻辑常识——不能够循环自证。

国人过马路，常集体闯红灯，为何？有调侃说，凑够一撮人就走，与红绿灯无关。这似乎属实，背后正是江湖"投票"逻辑，在部分国人潜意识里，人多就是真理，法不责众，现场"选票"比规章制度更有力。

五、注目礼为何驾一驭万

以上是注目礼一个简单演绎，是不是颇显囊括八方、包罗万象的势头？由于不能够循环自证，所以"我"必须出离自"我"而及于"他"，注目礼实是个把"我"与"他"即人与人联结到一起的概念。用物理学的术语讲，注目礼建构了人际相互作用，因为不能够循环自证，所以有人际相互作用；用博弈论的术语讲，注目礼建构了人际博弈，因为不能够循环自证，所以人与人会有歧异之争——博弈；用最家常的话讲，注目礼即人际关系，因为不能够循环自证，所以人与人会发生关系；用数理经济学的语言讲，注目礼完成了"内在联系的变量"的建构，因为作为变量的人"内在联系"，所以不能够循环自证。[83]

人际相互作用演绎人间百态，注目礼由一而万、驾一驭万，解释人世间的一切，实在是自然不过。有段子作出有力注解："热闹不过人看人，着急不过人等人，难受不过人想人，温暖不过人帮人，感动不过人疼人，阴险不过人算人，郁闷不过人气人，为难不过人求人，生气不过人比人，人生就是人与人！"世界上有什么能超出人与人的范畴呢？

六、大无大有，深入浅出

前一章论及，大道归一的一至少得有三性：确定性、简易性、包容性。一言以蔽之，三性就是大无大有。注目礼只是不能够循环自证，什么都没说；因为不能够循环自证，什么都说了，不亦大无大有乎？什么都没说，但非顽空，此之谓大无，最确定，最简易；什么都说了，包罗万象，尽在其中，此之谓大有，解释力最强，最包容。注目礼若非大无大有，又咋成大道归一之一？

---

[83] 据数理经济学的权威定义，均衡是"选定的一组具有内在联系的变量经过彼此调整，从而使这些变量所构成的模型不存在内在变化倾向的一种状态"。建构"内在联系的变量"，是数理经济学最基础的工作，但西方经济学并没有做好，唯注目礼才一举建构了内在联系的变量。详情请参阅《别了（下）》第二篇《超越"经济人"》。

一般把深刻、深奥、深邃理解为"看不懂",而非"小儿科"。殊不知,逻辑上讲,作为基础起点的"一",小儿科是必须的,看不懂的并非一,而是驾一驭万的"驭"(过程),而是由一而万的"万"(结果),此诚深入浅出:深入于万,浅出于一。如果"一"开始就看不懂,就背离化繁为简,就不是简易自明,就不能深入浅出,势必云里雾里,流于假深刻、假深奥、假深邃,实则以其昏昏使人昭昭。纵观西方思想史,大哲学家们一个个孜孜以求"阿基米德支点",但一个个坠入五里雾中,何也?未能大道归一也,不得大无大有之妙也!

七、没有注目礼,万万不可以

或问:个人在家喝点小酒、唱点小曲、横着睡,这与注目礼有啥干系?的确没干系,一个人自娱自乐,注目礼用不着解释。五柳先生"采菊东篱下,悠然见南山",可说无所谓注目礼。但陶渊明为辞官归隐大做文章,既是唱《归去来兮辞》,又是赋《归园田居》,又是吟《饮酒》二十首,忙得不亦乐乎,不明显冲注目礼来么?陶渊明是对一般的注目礼不屑一顾,并非不需要注目礼,他仍然是个毫不含糊的社会人!真正的高人,亦非不需要注目礼,而只是不以别人的注目礼为转移。[84]

或问:那人与大自然的关系在注目礼的范畴之内吗?如早在人类诞生之前,地球就已存在,不以人类的意志为转移,这与注目礼何干?首先声明,个人承认不以人类的意志为转移的客观存在。但通常所谓不以人类的意志为转移的说法也未免轻浮,最简单的,如果别人不承认呢?就拿地球来讲,天主教徒不就认为它是上帝一手所创么?有人立马反驳:这是"宗教迷信"!可对方也言之凿凿:不只是进化论,也包括宇宙大爆炸,都是"科学迷信",一样没谱的事。

没有注目礼,万万不可以。不管什么人、什么事、什么理,无论什么,不走向客观则已,如要走向客观,毫无疑问都需要注目礼,要不就是自我循环——自说自话自卖自夸自娱自乐,极端者即精神病!

---

[84] 关于人能否超越注目礼的论述,请参阅《注目礼》第2章《别人令"我"居心叵测》,及"注目礼学说"公众号相关文章。

第4章
无处不在:"社会空气"注目礼

内容提要

注目礼就像空气一样把人包围,不妨称"社会空气",百姓日用而不知。作为大道归一的一,注目礼的佐证俯拾皆是,"六经皆我注脚"。"注目"乃"礼"自然释放,注目礼堪称礼中华古礼之浴火重生。从西方思想史看,注目礼的佐证尤其表现在对人的社会性本质的揭示,"承认的斗争"正是注目礼之争。注目礼符合马克思所讲的"对象性",极其可能,所谓"人的本质不是单个人所固有的抽象物"的外文原音,就是不能够循环自证!毛主席深谙注目礼,认为人的"基本特性"是且只是马克思强调的社会性。

一、"百姓日用注目礼而不知"

不少自以为是者翻看本书，浮光掠影，无论扫目录，还是扫内页，字面上几乎看不到注目礼，于是问：君山，这新作与注目礼有啥关系？事实上，除解释注目礼概念及其含义的文章，我过去的文章也很少直接提注目礼，但归根到底，绝对都脱离不了注目礼，吾道一以贯之。

作为大道归"一"的一，作为人类思维最起码的立足点，作为最底层的基础概念，注目礼是开启按钮，好比第一张多米诺骨牌，它不必随时现身，或显在，或隐在，或潜在，但的确无处不在，人类任何事理的背后都是注目礼。正像洋洋大观的欧氏几何，就是建基于简易不过的几条公理公设，这一点毫无疑问；但欧氏几何现形于外并作为内容主体的，并非屈指可数的公理公设，而是看起来令人眼花缭乱的467条定理。相对于定理的显在明在，作为基础的公理公设是隐在潜在，但绝非不在。

上一章在演绎注目礼的十大要义时，举证过一些大的原则，典型如不能够强买强卖的自愿原则、通过交换完成价值判定的度量原则、依赖于社会公认乃至"人多就是真理"的客观原则，背后都直接是注目礼。现再举个生活小例，到商场购物，需要看价格，甚至需要讲价钱，这就是注目礼，任意商品交换，如果交换双方互不认同对方商品价值，买卖就不可能成交，所谓成交，就是一次认同的完成，不亦注目礼乎？

不能够循环自证直接指向的就是认同问题，所谓求证，实是求同。从同与异讲，人的基本行为动机便是求同，引人注目不过是为了求同。这充分彰显于通常所谓"证据"，证据当然得是事实，但严格的证据，尤其法律意义上的证据，不能是单方面的事实，更非自以为是的事实，而须是得到公认的事实，而且不是一般的公认，乃经过一定程序、并被相关权威机构认同的事实，此中之要害，就是注目礼——认同。

二、怀璧其罪注目礼

作为最基本的逻辑常识，作为最基本的行为学概念，注目礼就像空气一样把人包围，无时不有、无处不在。不妨称注目礼为"社会空气"，意思就是：空气作为物理的空气，注目礼作为社会的空气。像空气一样，地球的引力也把人包围，无时不有、无处不在。亦可称注目礼为"社会引力"，意思就是：引力作为地球的引力，注目礼作为社会的引力。[85]

注目礼像空气或引力一样把人包围，须臾不可离也，之所以让人感觉不到，是因为一般人——也包括思想界相当一部分学者——并不知道人类社会运转的深层逻辑与内在机理，可谓"不识庐山真面目"，亦诚谓"百姓日用而不知"，也像空气或引力长期以来不被人类认知一样。拿西方经济学来讲，这是当世显学，趋之若鹜，但绝大多数都浅尝辄止，真正懂得西方经济学的深层逻辑与内在机理者，有几？

注目礼不仅返本归元、正本清源并驾一驭万，而且高度常识化、形象化、口语化，堪称"是真佛只说家常"，现实价值上更是拯救人类的药，尤其对治当今世代之病，夫复何言！但注目礼之所以遭遇"狗咬吕洞宾"，乃至怀璧其罪——尤表现在对注目礼的含义及其演进体系视而不见、老是纠缠作为名称的"注目礼"三个字——如不求诸己而牢骚一下，不仅因为普遍的势利，狗眼看人低，"不信但看筵中酒，杯杯先劝有钱人"；纯粹从思想界看，也因为学风不正，普遍的蜻蜓点水、普遍的鹦鹉学舌、普遍的亦步亦趋，像青年毛泽东那样在学问上全幅功夫"向大本大源处探讨"，[86]几稀！世界上怕就怕"认真"二字，认真者安在？

三、为什么叫"注目礼"

一部分学人认为注目礼的称名不太好，不能够循环自证就是不能够循环自证，为什么要标新立异、拐弯抹角称"注目礼"呢？除了不懂得"是真佛只说家常"之外，症结也在于对注目礼知其名而不知其实。实际上，注目礼的称名不只是通俗形象，更重要的是，作为不能够循环自证在人身上的应用，尤其作为不能够循环自证的行为学表达，注目礼的称名彰显人类行为，有两个明显的好处，甚至堪称妙处。

首先，注目礼="注目"+"礼"，的确破解人类行为。完全可以说，

---

[85] 关于社会引力的论述，可参阅《注目礼》第2章《别人令"我"居心叵测》，及"注目礼学说"公众号相关文章。
[86] 《毛泽东早期文稿》，湖南人民出版社2008年版。

注目构成人类行为的起点，就是盲人也有注目——注目意向。如果连注目也没有，岂止"视而不见"，就是"不见"。但注目礼又非简单的引人注目，重心落在礼。所谓礼，即经得起注目，堪称人类行为的终点。一定意义上，人的全部努力不就是寻找一个经得起注目的归宿吗？之所以有死不"瞑目"即"目"还"注"着的现象，原因即在于棺已盖而论未定，心里没着落啊！从起点到终点，从引人注目到经得起注目，注目礼把极其重要的时间变量自然不过地内涵于中，不亦妙哉？

其次，注目礼的称名不仅直接紧扣人，而且画龙点睛，着至关重要之"目"——眼睛。俗话说得好，眼睛是心灵的窗户。目光运动反映"我"对别人的价值判断，目光互动更是反映人与人之间的价值关系。看不起一个人，通常会用"轻视""蔑视""侧目"之类，但最高的轻蔑呢？鲁迅先生说得好："最高的轻蔑是无言，而且连眼珠也不转过去。"[87]

四、"注目"礼是中华古礼浴火重生

大道归一，一是注目礼。注目礼不过是人类思维最起码的立足点，毋庸置疑，颠扑不破！原本，注目礼就是最苛刻的质疑、推敲、分解的结果，已质疑到不可再质疑、已推敲到不能再推敲，用技术语言讲，已分解到无法再分解，堪称"逻辑原子"。正因为此，注目礼无需任何文献索引，构成"元概念"。[88]可这并不意味注目礼得不到佐证，恰恰相反，作为一，注目礼的佐证无处不在，俯拾皆是，应了一代大儒象山先生唱响基本概念思想的豪言壮语："学苟知本，六经皆我注脚！"[89]

《论语》开门见山第一篇第一句就直接涉及注目礼，曰："人不知而不愠，不亦君子乎？"意思是说，一个人不被别人注目、理解、认同，但一点烦恼都没有，这样的人才是真君子啊！夫子甚至直接表达过人人需要被注目——这绝非猜测，有言为证，子曰："遁世不见知而不悔，唯圣者能之。"[90]意思是说，一个人离开社会，不被别人注目、理解、

---

[87] 请参阅鲁迅文章《半夏小集》。
[88] 卢周来博士2011年中就注目礼学说新作出版暨研讨所作视频评论中的说法。
[89] 《陆九渊集·语录下》。
[90] 《中庸》第11章。

认同，但一点埋怨都没有，大约只有超凡入圣的人才做得到。

事实上，注目礼堪称中华文明的核心概念。子曰："不知礼，何以立？""礼"被认为中华古典哲学的核心。何谓礼？相关解释庞杂，但有两点无疑：一者礼是关乎人伦即人与人之间关系的，并且明确指向尊严，《曲礼》云："夫礼者，自卑而尊人。"二者礼并非简单关乎人伦，颇有大本大源，《乐记》云："礼者，天地之序也。"[91]这两点都与注目礼相通相同，完全可以讲，注目礼就是中华古礼的浴火重生。

那为什么多此一举加"注目"二字呢？站到古礼的角度，加上"注目"二字大有意义——注意这只是假设，并非说注目礼概念就是古礼加上"注目"而得到——不仅使礼本身更有行为学的动感，更重要的是，"注目"原本礼的题中之义，礼本身会涉及注目，即人伦关系本身必然涉及人与人的视线关系。一个人对另一个人表示尊重，目光必定是庄重的，所谓仰望；一个人对另一个人表示轻慢，目光必定是不屑的，所谓蔑视。即是说，"注目"二字并非由外添加，实是从"礼"本身自然释放——话语当随时代，这算不算对中华古礼的"创造性转化、创新型发展"，抑或现代新儒家倡导的"返本开新"？[92]

五、西方注目礼："承认的斗争"

从西方思想史看，注目礼的佐证尤表现在对人的社会性本质的揭示。早在古希腊，亚里士多德就洞察了人的社会性，这一点为马克思所重申，曾不无感慨地表示："人即使不像亚里士多德所说的那样，天生是政治动物，无论如何也天生是社会动物。"[93]但应该更为卢梭、黑格尔所主张，这彰显于卢梭、黑格尔从社会性进一步论述了"承认的斗争"，并近乎得到西方历史哲学界的公认。所谓承认的斗争，简单讲，你追求我注目致礼于你，我追求你注目致礼于我，针尖对麦芒，斗争不可避免，实不能够循环自证在人性需求、人际关系上的推演。

---

[91] 《礼记》是"礼"的"记"，专门阐释礼，《曲礼》《乐记》系其中的两篇。
[92] 关于中华古礼与注目礼的关系，详情请参阅"注目礼学说"公众号文章《"注目"礼是中华文明核心概念》。
[93] 《资本论》第1卷。

简单提一下,有一位德国哲学家深刻把握了人性心理,以至于自认为心理学家,他就是尼采(Friedrich Nietzsche),曾骄傲宣称:"在我之前,根本没有心理学。"那尼采把握到了人的什么心理秘密呢?"这个世界就是权力意志——岂有他哉!"[94]所谓"权力意志",简单讲,就是"人需求人",就是"人比较人",就是"羡慕嫉妒恨",就是承认,就是荣耀,就是注目礼。尼采写有一本自传,即《瞧!这个人》,书名上就彰显了注目礼——"这个人"是活给别人"瞧"的。

顺便说一下,福山"一书成名天下知"的《历史的终结》,不少人知道,但鲜有人深读理解。福山之所以一本正经论"历史的终结",并非简单因为"苏东剧变",症结更在于"承认的斗争"——正因为如此,该书一股子注目礼味。福山认为,在西式自由民主下,人与人之间的承认斗争达到了均衡,人们普遍获得承认的满足,历史于是终结。[95]

但事实上,西式自由民主远不构成承认斗争的均衡,西方历史哲学并没有真正求解过承认斗争的均衡,包括最有体系性和历史感的黑格尔哲学在内。真正求解承认斗争之均衡,不能抽象论"人",而须从真实具体的个体"我"出发,一步一个脚印地博弈演进,循序渐进,渐入佳境,及至国治天下平,臻于人类社会一般均衡,唯注目礼学说也![96]

六、注目礼者,"对象性"也

不得不提的是,注目礼符合马克思所讲的"对象性",称得上对象性的谐称。对象性是马克思早年在《1844年经济学哲学手稿》(以下简称《手稿》,包括脚注)中论述的存在论哲学原则,用马克思的原话讲,对象是"表现和确证他的本质力量所不可缺少的","人只有凭借现实的、感性的对象才能表现自己的生命",《手稿》甚至写道:"非对象性的存在物是非存在物!"这就是对象性,说白了,透过对象"看"自己,"我"必须通过别人证明自己的存在及价值,从"别人认为我是

---

[94] 关于尼采的言论,请参阅《尼采文集》(改革出版社1995年版)。
[95] [美]弗兰西斯·福山:《历史的终结》,远方出版社1998年版。
[96] 详实过程请参阅《注目礼》,简略过程请参阅本书第14章《"我"才是"人"的抽象》;一般均衡精解,请参阅《别了(下)》第三篇《自我均衡是一般均衡的条件》。

什么"解释证明"我是什么"，就像照镜子，别人是"我"的镜子。

对象性堪称马克思全部理论最根本的基石，这似乎直接表现在马克思的唯物主义。马克思之所以突破"旧唯物主义"而开启"新唯物主义"即"实践唯物主义"，根本起因应该就是对象性。这也正是对象性为什么首先作为存在论原则，原本就是处理存在论问题的，具体就是解决实在性之问——这是西方哲学史上一直以来纠缠不清的老大难题。《手稿》写道："人和自然界的实在性，即人对人来说作为自然的存在以及自然界对人来说作为人的存在，已经变成实践的，可以通过感觉直观的。所以，关于某种异己的存在物，关于凌驾于自然界和人的非实在性的承认的问题，在实践上已经成为不可能的了。"什么意思呢？

人只能探讨与人联系在一起也就是作为人的对象的存在物的实在性，无法探讨"异己"即与人完全无关也就是不作为人的对象的存在物的实在性——《手稿》中另一个说法似乎更加淋漓尽致："被抽象地、孤立地理解的，被固定为与人分离的自然界，对人来说也是无。"[97]这就是马克思新唯物主义的真正突破，它不是否定世界的实在性，但的确否认与人完全无干的纯粹客观外在，何也？对象性也！

七、自证非法＝"不是单个人所固有的抽象物"

人性问题是哲学社会科学最基础的问题，作为马克思全部理论最根本的基石，对象性原则也充分彰显于马克思的人性观。继《手稿》之后，马克思在1845年春再写下《关于费尔巴哈的提纲》，其中第二条论的就是人性："人的本质并不是单个人所固有的抽象物。在其现实性上，它是一切社会关系的总和。"[98]什么意思？

可分解为两点认识：第一点，人不能自说自话自娱自乐自卖自夸，自己判定自己，自己肯定自己，一个人从自己单方面讲是没有意义的，

---

[97] 本节对《手稿》的引用，可参阅《马克思恩格斯全集》第42卷。有看法认为，"被固定为与人分离的自然界，对人来说也是无"即"异己无"，并非马克思的观点，而是马克思要批判的观点。这可能需要进一步的核查，从对象性原则特别是"新唯物主义"理解，"异己无"并不偏离马克思的观点。关于注目礼与马克思哲学的关系，详情请参阅"注目礼学说"公众号文章《注目礼是啥？马克思的"对象性原则"》。
[98]《马克思恩格斯全集》第3卷。

即所谓"不是单个人所固有的抽象物",要在一"单"字;第二点,人应该由己及人,透过人与人的关系来证明自己的存在及价值,从人际交往中寻求自己的意义,即所谓"一切社会关系的总和",要在一"关系"。

两相比较,第一点即"人的本质不是单个人所固有的抽象物"更基本也更关键,第二点来自于第一点,正因为人"不是单个人所固有的抽象物",人才不得不由己及人,才不得不透过人与人的关系来证明自己的存在感,才不得不从人际关系中寻求自己的意义,于是就有了人在现实性上是"一切社会关系的总和"。

显而易见,内在逻辑讲,马克思的人性观正来自于对象性,诚可谓对象性在人性上的具体应用。这尤其彰显于所谓"不是单个人所固有的抽象物",既然不是"单个人",当然就是"对象性"。正因为对象性原则,人不能够自我循环,人的本质在社会性。极其可能,"不是单个人所固有的抽象物"的外文原音,就是自证非法——注目礼![99]

既然明确把握了不能够循环自证,马克思当然也清晰洞察了"人需求人",相关表述极显穿云破雾:"我们的需要和享受是由社会产生的,因此,我们对于需要和享受是以社会的尺度,而不是以满足它们的物品去衡量的。"[100]所谓"社会产生""社会的尺度",实则人需求人也!

八、毛主席深谙注目礼

不得不提一下,马克思的人性观引起毛泽东主席的强烈共鸣。1943年6月,在刘少奇一封谈论人性的信上,毛主席不厌其详批语66处,核心就是人的"基本特性"是且只是社会性,其中一个批语写道:

> "人是动物,不是植物、矿物,这是无疑的、无问题的。人是什么一种动物,这就成为问题,几十万年直至资产阶级的费尔巴哈还解答得不正

---

[99] 由于对人的社会性本质的深刻把握,马克思呵斥主流经济学为"庸俗经济学",并希望超越"经济人"人设而建构"社会人"人设经济学,以巨大勇气开辟了真理大道,但似乎还没有最终成功,中国同志正须努力,详情请参阅《别了(下)》,特别是第二篇《超越"经济人"》、第八篇《马克思对主流经济学的超越》。
[100] 这是马克思写在《雇佣劳动与资本》中的话,也是在此文中,马克思论及人与人的相互作用并"外部性",请参阅本书第18章《整体利益最大化才是市场均衡》。

确，只待马克思才正确地答复了这个问题。即说人，它只有一种基本特性——社会性，不应说它有两种基本特性：一是动物性，一是社会性，这样说就不好了，就是二元论，实际就是唯心论。"[101]

毛主席毫不含糊地舍自然性（动物性）而取社会性，背后应该是深刻把握了人性需求——"人需求人"。实际上，非得讲自然性，人的自然性，首先也不是别的，而就是表现为社会性的自然性，可借当代颇负盛名的德国政治哲学家施特劳斯（Leo Strauss）一句话来表达，叫"人的自然欲望就是虚荣自负"，[102] 把自然性与社会性融合统一了。

正因为深谙人的社会性本质，毛主席衷心体贴人的尊严，非常懂得尊重人，尤其强调平等待人，甚至批评不平等待人为"低级趣味"，乃至斥之为"不懂马列"。[103] 弱水三千，略举一例，1958 年初，毛主席主持制定《工作方法六十条（草案）》，特别以单列条款写道：

"（二十六）以真正平等的态度对待干部和群众。必须使人感到人们互相间的关系确实是平等的，使人感到你的心是交给他的。学习鲁迅。鲁迅的思想是和他的读者交流的，是和他的读者共鸣的。人们的工作有所不同，职务有所不同，但是任何人不论官有多大，在人民中间都要以一个普通劳动者的姿态出现。决不许可摆架子。一定要打掉官风。对于下级所提出的不同意见，要能够耐心听完，并且加以考虑，不要一听到和自己不同的意见就生气，认为是不尊重自己。这是以平等态度待人的条件之一。"[104]

[101] 《关于人的基本特性及其他》（《毛泽东文集》第 3 卷）。
[102] 这句话可能属于施特劳斯对霍布斯（Thomas Hobbes）思想的理解，17 世纪的英国哲学家霍布斯被誉为"近代政治学之父"，主张疑今复古的施特劳斯专门撰写有《霍布斯的政治哲学》（译林出版社 2012 年版）。
[103] 毛主席 1958 年 5 月在中共八大二次会议上明确讲："官气是一种低级趣味，摆架子、摆资格、不平等待人、看不起人，这是最低级的趣味，不是高尚的共产主义精神。"（《毛泽东文集》第 7 卷）1975 年 4 月还用颤抖的手批示："自以为是，动不动就训人，这也是不懂马列的一种表现。"（《建国以来毛泽东文稿》第 13 册）毛主席非常懂得尊重人，由 1951 年 3 月致彭友胜先生信可见一斑（《毛泽东书信选集》）。
[104] 《工作方法六十条（草案）》（《毛泽东文集》第 7 卷）。

第 5 章
结论：西方经济学不懂自由市场

内容提要

认为"完全竞争市场"是假设，承认"市场失灵"，不能区分自由与投机，没有限定系统及整体利益的概念，这都称得上西方经济学不懂自由市场的铁证！对市场如何优化配置资源的原核问题，主流经济学实际上也胸无点墨。一切缘于一个简单得难以置信的事实，那就是主流经济学没有从"我"出发，利益逻辑"所有者缺位"。理论没有想象的复杂与高难，一旦从"我"出发，道理就是一连串事件，即从"我"不能够循环自证、进而与"他"人相互作用、直至最终归于均衡之间的一连串事件，一通百通！

一、三百年何惧之有

由于结论极其鲜明并极显颠覆，在以注目礼对"市场能否为所有人服务"展开分析之前，这里先用倒装法发布一下结论：真正的自由市场服务所有人，两极分化的自由市场属于伪自由伪市场，西方经济学不懂自由市场！

简要论述如下：由于不能够循环"自"证（注目礼），"我"不得不借助"他"证，但"他"对"我"是认同还是不认同，完全由"他"自主，这就是不认同的基本人权。由不认同的基本人权所保障，对自由市场而言，不仅贫富分化不可设想，任何类型的两极分化都不可设想，相反，自由市场避免、节制、弥合两极分化，自由市场本质上是服务所有人的均衡市场。

西方经济学为何懵懂于它自以为最懂最行的自由市场呢？在世界各大民族中，欧洲人被认为最有思想理论，一部欧洲史也是一部激动人心的思想史，其他民族似乎都没有绵延不断并推陈出新的思想史。在欧洲人的思想理论中，西方经济学被认为最有成就，不仅与实践紧密结合，而且与数学高度结合，套用马克思的话讲，达到了"真正完善"的境界。主流经济学之所以被誉为"社会科学皇冠上的明珠"，瑞典银行之所以在1968年超越诺贝尔的遗嘱而增设诺贝尔经济学奖，乃至西方世界在全球化征程之所以拿主流经济学为"普世价值"开道，都因为主流经济学的非凡成就。

注目礼学说出道以来，也以经济学定位，并毫不讳言"颠覆超越西方经济学"。这招致绝大多数经济学人的怀疑与不屑，甚至反感，乃至厌恶，一位经济学前辈大咖满是善意地给我提示："君山，你对西方经济学的批判我不敢苟同，西方经济学是我读到的最讲逻辑的学问，已发展近三百年，难道史上也包括现在的济济精英都在吃干饭？"是不是入情入理？是不是语重心长？是不是义正辞婉？

平心而论，西方经济学三百年的穿越，应该尊重，至少值得思考。从思想史的尺度看，三百年无疑算一个长时段，足以让一种理论由起而汰。从人类文明的长河看，三百年也不是一个短时段，足以让一个王朝由兴而亡。但尊重不应是无条件的膜拜，而只能是有理由的尊重。孟夫子说得好："子好勇乎？吾尝闻大勇于夫子矣。自反而不缩，虽褐宽博，吾不惴焉？自反而缩，虽千万人，吾往矣！"[105]主流经济学如果有道，哪怕只有三岁，也应该注目顶礼；可如果无道，区区三百年，何足惧哉！

但逻辑与事实无情，主流经济学谈不上有道，足以称无道，不是说它在别的方面——众所周知的如人性问题上的"经济人"假设——无道，而就是在它最标榜并最懂最行的自由市场上无道！说白了，西方经济学尽管高举自由市场的旗帜，但并不真正懂得自由市场；如果说主义，自由主义充其量只是主流经济学的漂亮口号。

二、主流经济学"失灵"

这决非凭空臆断，而恰恰是西方经济学的自我认定。理论上，主流经济学认为"完全竞争市场"是理想的假设，现实上是不可能的。似乎与认为完全竞争市场不可能相呼应，现实上，主流经济学承认"市场失灵"，即市场不可能完全，会存在种种无效。客气讲，这代表主流经济学的坦诚，敢于面对事实，勇于承认问题；不客气讲，这就是主流经济学的无知，不真正懂得自由市场，如真正懂得自由市场，主流经济学不可能认为完全竞争市场不可能，更不可能承认市场失灵。纯粹从逻辑讲，仅一个市场失灵就足以构成对自由市场的全盘否定，主流经济学一个巴掌把自己捆死了！逻辑上是不允许骑墙的，市场就是市场，有效就是有效，不存在什么失灵。

市场之所以失灵，不是因为市场失灵，而是因为市场并非真正的市场，没有实现充分完全竞争。一旦竞争充分完全，必定达致资源配置最优的均衡，即便市场失灵，也是一时的。这就需要"限定系统"，唯有在限定系统内，竞争才能够充分完全，从而实现资源配置最优的均衡。完全竞争是限定系统内的完全竞争，自由是限定系统内的自由，市场是限定系统内的市场，限定系统是自由市场的当然前提。这正是西方经济学不懂自由市场的铁证，它没有限定系统的概念！（详论请参阅本书第

---

[105] 《孟子·公孙丑上》。

9章《限定系统让投机自然消融》)

西方经济学之所以是市场派,或者说,自由主义之所以成为主流经济学的旗帜,纯粹技术上讲,不是因为别的,就是因为市场能够优化配置资源。但对市场为什么能够优配资源,尤其市场如何优配资源,主流经济学虽然有均衡的概念,但对均衡的内在机制机理缺乏深入的阐述,对均衡的过程也缺乏具体的描述。尽管提到信息完备对市场优配资源的极端重要性,甚至还建立了所谓"信息经济学",但由于缺失限定系统的当然前提,依旧不得要领。这才是主流经济学的"失灵",不是市场失灵,而是西方经济学自身因不懂得限定系统而失灵!(有关信息不对称,请参阅本书第10章《信息不对称令投机如鱼得水》)

三、主流伪自由主义

由于标榜自由主义,动辄"看不见的手",主流经济学几乎无条件地排斥"人的因素",给人一种强烈的印象:市场是独立于人而存在的超人机制!但实际上,均衡并非自动实现,灵魂正在于人。市场之所以能够优配资源,并非冥冥之中真有什么"看不见的手",而是因为市场能够通过充分竞争,发现更能够优化配置资源的人——于通常的经济市场而言,即企业家,市场对资源的优化配置是通过企业家实现的。说到底,市场是一种选"秀"机制,不仅符合、而且彰显"人的因素第一"。

主流经济学当然也强调企业家的作用,但对企业家在市场机制中的作用与地位缺乏深入的论述,并不准确知道市场是且只是一种选秀机制!事实上,西方经济学至今也未能厘清计划与市场之间的关系,导致政府与市场长期以来纠缠不清,剪不断、理还乱。(关于市场如何优配资源,请参阅本书第15章《市场选"我"优配资源》;关于政府与市场关系,请参阅本书第五篇《政府的逻辑:为了整体利益》)

总之,对市场如何优配资源的原核问题,西方经济学大而化之,几乎是一笔带过,实际上胸无点墨。这最充分表现在主流经济学未能对投机作出界定上。毫无疑问,投机的事实板上钉钉,它不仅在经济舞台上催生了一部部"劣币驱逐良币"的悲剧,而且在世界经济史上导演了一次次经济危机的大戏。但迄今为止,主流经济学不能够对投机作出界定,不辨真假,没有是非,鱼龙混杂,乱搞一气。这几乎不可原谅,简直没有底线!实质在于主流经济学对自由的无知,连最基本的"自由是有方向的自由"也不知道,不能够区分作为优化资源配置的自由与作为扭曲资源配置的投机,只好乱搞一气。

与此相应,主流经济学高谈阔论个体利益最大化,却不知道个体利益最大化存在限度,不能够偏离整体利益,能且只能是整体利益最大化也就是资源最优配置的均衡之下的个体利益最大化。总之,西方经济学根本不配称自由主义,连自由主义的口号都不配喊,实际上只是自由教条主义、自由迷信主义、自由虚无主义,一言以蔽之,伪自由主义!(关于投机的界定与论述,请参阅本书第二篇《市场的逻辑:限定系统内的自由》;关于个体整体利益关系,请参阅本书第五篇《政府的逻辑:为了整体利益》相关内容)

四、主流经济学的最荒唐

这可能让一部分人不服气甚至不高兴,西方经济学是当世显学,拥趸不计其数,他们或许要说:主流经济学不仅有均衡的概念,更重要的是在均衡的概念上实现了飞跃,求解了一般均衡,而且非一般求解,乃数理方法求解的一般均衡,怎么能说主流经济学胸无点墨?

数理求解一般均衡,确是西方经济思想史上一代接一代的经济学家殚精竭虑的结果,不仅被主流经济学引以为傲,相当程度上也构成西方世界思想自信乃至文明自信的基石。正是一般均衡的数理证明,让自由主义脱离了一般的主义不可避免要陷入的难以证实、亦难以证伪的境地,获得了真正科学化乃至数学化的升华,是所谓"数学真理",谁还能反驳自由主义?谁还敢抗拒自由化和市场化?

殊不知,这正是西方经济学最荒唐的地方,是不折不扣的笑话!的确求解了一般均衡,也的确用数理方法证明了一般均衡的存在,但主流经济学实质上只是玩了一次奢华的数理游戏,并没有求得一般均衡的真谛,买椟还珠,宝山空回。这不是推测,更不是臆断,而是铁证如山!

事实胜于雄辩,主流经济学没有从一般均衡的数学证明译回一般均衡的本来含义。更重要的铁证是主流经济学"不识货币真面目",一直在琢磨商品交换的一般均衡,却不知道货币正是商品交换的一般均衡解,滑天下之大稽!对货币的误读无可辩驳地表明:主流经济学对一般均衡的数理证明只是玩了一次奢华的数理游戏。(关于西方经济学证明一般均衡的努力与误区,请参阅《别了(下)》)

事实上,西方经济学在一般均衡问题上买椟还珠,早已经表现在缺失整体及整体利益的概念上。主流经济学一开始、并自始至终、乃至迄今也缺失整体及整体利益的概念。即便后来宏观经济学兴起,强调总体平衡,但主流经济学也不曾趁机反省,补回整体及整体利益的概念。连整体及整体利益的概念都没有,谈何均衡?遑论一般均衡?西方经济学之所以存在微观经济学与宏观经济学的割裂,症结正在于缺失整体及整体利益的概念。在西方经济学中,宏观经济学不是微观经济学逻辑自然演绎而来,而更主要是现实危机倒逼所生。(有关微观与宏观及微观经济学与宏观经济学的关系,请参阅本书第12章《投机经济是如何形成的》、第13章《两极分化是怎样造成的》、第28章《政府如何"大权独揽"》,及《别了(下)》第17章《公有整体利益》)

五、主流经济学为何颠三倒四

西方经济学之所以种种荒唐而不自知,正如"家有千口,主事一人"所正面提醒的,亦如"一个和尚挑水吃,两个和尚抬水吃,三个和尚没水吃"所反面警示的,现实中的"所有者缺位"会导致利益纠结甚至现实难题,理论上的"所有者缺位"更会导致逻辑纠结甚至理论难题。纵观西方经济思想史,相当程度上,西方经济学是"摸着石头过河"摸出来的,甚至可说是"草鞋没样,边打边像"打出来的,以至经过近三百年的饱和发展,仍然纠缠不清、支离破碎、疲于奔命,症结主要在于利益逻辑所有者缺位,不是从"我"出发,没有以"我"作为主语主人公,自然而然就飘忽不定,自然而然不能够一以贯之,"到什么山唱什么歌",甚至颠三倒四。任何一种关于人的思想理论,不把人抽象到"我",不把利益逻辑具体落实到"我",不从"我"出发,都难免颠三倒四。

事实上,没有主语主人公"我"、不从"我"出发,导致一些重要概念在西方经济思想史上姗姗来迟。比如本书第 16 章《"我"是自由的起点并终点》所分析的"有限理性"——准确讲是"有限地理性",这原本常识,但主流经济学直到 20 世纪 40 年代才由西蒙(Herbert Simon)作出正式论述,距斯密出版《国富论》的 1776 年——如果把这作为主流经济学的起点——已整整超过一个半世纪。如果主流经济学一开始就从"我"出发,很难想象要一个多世纪才能够发现自由市场上的交易主体只能够"有限地理性"。与有限理性相比,交易费用的概念应该说更为基本,也更加常识化,但同样姗姗来迟,直到 20 世纪 30 年代才由科斯作出正式论述,并再过 30 年时间才获得主流经济学的正式应用,距离主流经济学的诞生已差不多两个世纪(请参阅本书第 17 章《"我"是逻辑秩序的保障:以交易为例》)。

蓦然回首,包括西方经济学和西方政治学在内,整个西方思想的疑难杂症,看起来千差万别各不同,但实质上都可以归结为不从"我"出发、缺失主语主人公而导致的逻辑纠缠、郁结、堵塞的结果,极像中医所谓"通则不痛,痛则不通",从"我"出发,通则不痛;不从"我"出发,不通则痛。实际上,思想理论没有通常想象的复杂,也没有一般人想象的高难,一旦从"我"出发,一切都迎刃而解,一切都豁然开朗,而且本末先后井然有序。

这近乎不言而喻,一旦从"我"出发,由于不能够循环自证,"我"自然就与别人相互作用,"我"自然就感知别人不认同的权力,"我"自然就有成本效益的算计,"我"自然就知道遵守自愿原则,"我"自然就察觉"我"与别人属于整体,"我"自然就坚持帕累托改进,"我"自然就发现边际效应递减,"我"自然就懂得"我"本有限,"我"自然就要求限定系统,"我"自然就归于自我均衡,"我"自然就走向更大的全局均衡,"我"自然就趋向最终的一般均衡,一切都是自然而然的连锁反应,一切都是"我"的利益价值最大化的必然选择。[106]

---

[106] "我"的利益价值最大化征程,详论请参阅拙著《注目礼》。

马克思不仅高度重视历史,而且深得历史三昧,非同寻常地以历史定义科学,强调"一切科学都是历史科学"。[107]一旦从"我"开始,思想理论自然而然就是历史科学!借中华古圣先贤的话讲,一通百通;借学术界有点流行的话讲,道理是一连串事件——更准确讲,道理就是从"我"不能够循环自证、进而与"他"人相互作用、直至最终归于均衡稳定之间的一连串事件!(关于所有者到位的"我"逻辑,请参阅本书第四篇《谁的限定系统》,及《别了(下)》的部分篇章,如第1章《问题:自由如何证明》、第4章《人性"我"论定纷争》)

六、三百年的"干饭"加"软饭"

被称为"宏观经济学之父"的凯恩斯(John Keynes)有句话比较流行:"经济学家与政治哲学家的思想,不论其正确与否,其力量之大,往往出乎常人之料。实际上,统治世界的不过就是这些思想。许多实干家自以为不受任何理论之影响,往往恰恰沦为某个已故经济学家最坏学说之不自觉的奴隶。"[108]这让一部分以思想理论为业的人踌躇满志,觉得自己不仅能统治世界,甚至还流芳百世。

殊不知,太阳底下没新事,思想理论尤其如此,都在炒剩饭,绝大部分学者都自觉不自觉地沦为某个学者或某个学派的"学舌者"。借用颇有影响的科学哲学家库恩(Thomas Kuhn)的话讲,绝大多数科学家都不过是使用"范式"的解题者,只有极其少数的科学家才构成"范式"的发明人并革命家。[109]

蓦然回首,西方经济学不正是如此吗?堪称主流经济学代表人物的许小年先生曾谈到,经济学家永远都是斯密的孩子。[110]如果说"吃饭",不只是吃"干饭",主流经济学还吃了近三百年的"软饭",徒子徒孙们一直在吃斯密的干饭加软饭!

---

[107] 原话为:"我们仅仅知道一门唯一的科学,即历史科学。"这是马克思、恩格斯当时写在《德意志意识形态》(《马克思恩格斯全集》第3卷)脚注中的话。
[108] [英]约翰·凯恩斯:《就业、利息和货币通论》,商务印书馆2005年版。
[109] [美]托马斯·库恩:《科学革命的结构》,上海科学技术出版社1980年版。
[110] 许小年:《都是斯密的孩子》,《财经》杂志,2007年12月号。

第二篇

市场的逻辑：限定系统内的自由

第6章
潜伏在"价高者得"下的投机

内容提要

市场机制的逻辑首先是自由竞争,具体落实为"价高者得"。价高者得资源就是资源得到优化配置,优化配置资源就是价高者得到资源,价高者得堪称市场经济最基本的原则。但价高者得存在一个毋庸置疑的问题:只认出价最高者,疏忽了竞价者特别是出价最高者是不是真实需求的问题。这导致价高者得扭曲资源配置,连需求都不真实,某资源对竞价者而言原本无所谓,他怎么可能优化资源配置?既然竞价者不存在对某资源的真实需求,他为什么参与竞价甚至出价最高呢?答案在于投机!

一、市场的逻辑首先是自由竞争

市场的逻辑首先是自由,没有自由,就不是市场,就没有市场。但似乎也可以说,市场的逻辑首先是竞争,没有竞争,就没有市场,就不是市场。那市场的逻辑究竟以什么为先呢?至少就通常讲的市场经济而言,自由与竞争不可分割,说自由的时候意味着竞争,说竞争的时候意味着自由,自由是竞争的自由,竞争是自由的竞争。为避免偏颇与误会,不妨合起来说,市场的逻辑首先是自由竞争,没有自由竞争,不能够自由竞争,无疑不构成市场。

那市场的逻辑为什么首先是自由竞争呢?归根到底,症结正在于唯一最基本的逻辑常识——不能够循环"自"证(注目礼)!由于不能够循环自证,"我"不得不出离自"我"而及于"他"人,希望"他"对"我"注目致礼,可"他"人也不是"孙子",一样是"我",人同此心、心同此求,一样希望"我"对"他"注目致礼,于是乎,针尖对麦芒,"我"争"他"夺,注目礼争夺战不可避免,一较高低不可避免,人际竞争不可避免。即是说,竞争来自于唯一最基本的逻辑常识,市场的逻辑首先在自由竞争是由不能够循环自证决定的。

应该正因为由不能够循环自证(注目礼)所决定,自由竞争不只是市场的底色,也构成生命的底色,没有竞争,连生命也枯萎。据称,在日本北海道,有种味道珍奇的鱼,叫鳗鱼。但鳗鱼生命脆弱,一离开深海区,往往活不了半天。但有位老渔民总能让鳗鱼活蹦乱跳地返港,由于活鱼价格高,老渔民慢慢发了财,成为远近闻名的富翁。秘诀何在?原来,在整仓的鳗鱼中,老渔民总要放进几条狗鱼。狗鱼原本鳗鱼的对头,但在成仓的对头面前,也只有四处乱窜的份,可恐吓鳗鱼足矣。就这样,一仓死气沉沉的鳗鱼被激活了。大自然之所以生机勃勃,应该也就是因为自由竞争无所不在,"鹰击长空,鱼翔浅底,万类霜天竞自由"。

二、价高者得的基本来历

市场机制的逻辑首先是自由竞争,具体到市场经济条件下,自由竞争落实为"价高者得"。所谓价高者得,即出价最高的买方得到卖方出售的商品,堪称市场经济最基本的原则。通常所说的市场优化配置资源,一定意义上就是价高者得的官方说法,价高者得资源就是资源得到优化配置,优化配置资源就是价高者得到资源,如果价高者不得,明显就不是资源优化配置。作为最简明的市场模型,拍卖充分彰显了价高者得作为市场经济最基本的原则:价高胜于雄辩!同样一个商品,一个出价低,一个出价高,在出价更高的买主那里,意味着商品得到更优的配置,价值得到更充分的发挥,要不,买主凭什么出更高的价格呢?

更重要的是,如果价高者不得,问题就会接二连三:谁得?怎么得?凭什么得?毫无疑问,如果价高者不得,就是自由竞争被否认,就是市场机制被推翻。正儿不足则邪儿有余,就必定陷入其他种种非理性竞争,资源优化配置恐怕就无从谈起。退一万步讲,即便价低者得,可价低者不只一位,谁得?蓦然回首,价高者得不仅是市场经济最基本的原则,而且堪称资源优化配置的唯一原则。如果价高者不得,不只是偏离了市场经济,恐怕也偏离了最起码的客观公正。

三、对价高者得的质疑

但价高者得是不是无条件地代表资源优化配置呢?用技术一点的话语讲,价高者得是不是无条件与资源优化配置正相关、即价格越高意味着资源配置更优呢?拿被称为"财富之母"的土地资源的配置来讲,在价高者得的"招拍挂"作为经营性土地的出让方式之前,中国的土地配置主要是政府协议出让,由于协议中人为因素的作用过大,难免暗箱操作,甚至腐败丛生,严重偏离资源优化配置。但土地资源实行招拍挂后,华夏处处出现了一道堪称独特的景观,那就是"地王"在各地接二连三涌现,一地更比一地高,一王更比一王强,一度持续高歌猛进——似乎土地资源配置不存在最优点?

应该说,在招拍挂下,因为价高者得的激发,地王现象的出现自然不过,不仅反映了土地资源的优化配置,而且彰显了土地资源的价值。原来是协议出让,多少带有闭门甚至私下的性质;如今中门大开,购买者自然增多,甚至一拥而上,成为助推地王的"群众基础"。原来是协议出让，谈判应该主要是一对一形式，卖方对买方的优势并不突出；如今是一个对多个谈判，尤其拍卖交易，更是一个对数个叫卖，卖方对买方的优势更加凸显，成为助推地王的"组织机制"。再加上土地原本国家所有，招拍挂更是造成政府对土地的垄断供应，过了这个村，就没这家店，房地产开发商几乎没有任何筹码，地王能不涌现吗？

但任何资源配置都存在最优点，地王现象为价高而高价的趋势是否偏离了土地资源配置的最优点呢？早在 2003 年，即招拍挂在全国还未全面铺开的时候，就有北京和上海的房地产开发商反映招拍挂导致地价虚高——实质即土地资源配置泡沫化，而不是优化。据媒体报道，上海地产界甚至曾联合上书国家有关部门，对土地招拍挂制度提出异议。

也因为招拍挂，华远公司在北京地产市场上屡战屡败，作为董事长兼总经理的任某某公开批评说："在国内的土地市场，就是钱多说了算，这是最低级最落后的制度，房价地价能不涨吗？"[111]这可能有点"愤青"了，但在特定系统，土地资源配置存在最优点，这是毫无疑问的。价高者得要警惕价格泡沫，不能够为高而高！

更尖锐的，是对价高者得的理论质疑！招拍挂的公开性毋庸置疑，公平性也没有疑问，但价高者得一定意味着公正吗？一种由来已久的批评认为，价高者得容易导致价格偏离价值，违背价值规律。在自由市场上，公开固然重要，公平也固然重要，但价值规律应该说更基本，公开与公平不应该也不能够违背价值规律。

这听起来颇有道理，但与其说解决了问题，不如说带来了更大也更难解的问题，最明显的：什么是价值规律？何谓价值？如何判断价格对价值发生了偏离？难道资源配置最优不是价值的实现？价值难道不由市场说了算而由某个人为权威说了算？

四、真实需求是价高者得的前提条件

但有一个批评应该说颠扑不破，那就是：价高者得只认出价最高者，疏忽了竞价者尤其出价最高者是不是真实需求的问题。如果出价最高者

---

[111] 任某某 2009 年 8 月 13 日在博鳌房地产论坛现场接受记者采访时的话。

不仅是真实需求，而且的确是竞价者中需求最强烈的，价高者得应该就是资源得到最优配置。但如果出价最高者并非真实需求，更谈不上需求最强烈，价高者得就不可能是资源得到最优配置，这一点毫无疑问。

现假设一个竞价者，他对某资源原本就不需求，某资源对他而言根本无所谓，让他对某资源作出优化配置甚至最优配置，岂不荒唐？事实上，如果连需求都不真实，价高者得不仅不能优化资源配置，而且妨碍甚至扭曲资源配置。需求是否真实的问题，至关重要，绝对不能疏忽。唯有真实需求，价高者得资源才是资源得到优化配置，这是价高者得优化资源配置不可或缺的前提条件！

这里有一个问题：既然该竞价者不存在对某资源的真实需求，那他为什么要参与竞价甚至出价最高呢？答案在于投机！他希望竞得某资源囤积并转手渔利，他虽然对某资源没有直接的真实需求，他也不可能对某资源作出优化配置，但他可能四通八达，在信息方面享有优势，信息更对称，知道某资源的真实需求者在哪里，甚至掌握了谁是对某资源需求最强烈的需求者。

显而易见，投机不是优化资源配置，而是投机客利用自己的信息优势与竞价实力横刀夺爱，相当于在供求两端之间人为设卡，是且只是扭曲资源配置。众所周知，凡供应与需求不是直接对接，而是通过第三者撮合，成本都不可避免地增加，至少得增加第三者的撮合成本。如果第三者原本就是供求两端之间的投机客，成本更是不可避免地增加，极大扭曲资源配置。

五、投机会怎样搅局

这里简单介绍一个土地拍卖的真实案例：PZB1301 地块位于广州海珠区琶洲会展中心南侧，是一块集办公、商场和餐饮于一体的用地。2005 年 10 月，PZB1301 第一次出让，底价 1.7225 亿元，最终拍出 4.6 亿元，高出底价近 3 亿元，楼面地价折合 6223 元平方米，创下广州地块拍卖楼面单价最高纪录。但竞买人最后无力缴纳地价，地块不久被收回。

2006 年 2 月，PZB1301 第二次出让，为避免再次出现"闹剧"，底价从1.7225亿元提到2.2177亿元,履约保证金从1000万元升至1500万元,仍然拍出4亿元高价,依然是广州楼面地价的"地王"。但同样因竞买人最后无力缴纳地价,地块再次收回。

2006年10月,PZB1301第三次出让,不但底价调回1.7225亿元,而且政府有意削价处理,目的是尽早开发,以免影响城市规划。作为全球第三大会展中心的琶洲会展中心的配套开发土地,PZB1301三年的荒芜,已经令城市形象受损。[112]

为什么重点开发的土地反而被闲置乃至严重影响城市规划呢?表面上是价高者得导致价格畸高,实质原因应该在于投机客进场,被投机客利用。新闻报道显示,第一次出让可谓"硝烟弥漫",被4家竞买单位频频叫价,在举牌至第28次后,报名截止前半小时才出现的北京买家突然杀出,堪称"黑马",连续12次举牌加价超700万,其中更2次加价高达1900万元,豪气冲天,当时即被质疑为投机客。[113]第二次出让,买家白白砸下1500万元的履约保证金,应该也有投机之嫌。正因为投机,买家抱有严重的侥幸心理,难以脚踏实地对成本与收益进行"一分钱一分货"的算计,怎么可能优化资源配置?!

招拍挂大开中门,公开、公平、公正,价高胜于雄辩,可如何防止投机客潜入呢?投机客原本没有真实需求,并不是真正的购买者,之所以购买标的,不是为满足自己的需求,也不是为优化配置资源,而是为囤积居奇,转手倒卖给下家,从中赚取差价。投机客进场和倒卖不仅直接虚夸了需求量,导致价格非理性上涨甚至泡沫化,使资源得不到优化配置;而且容易刺激卖家非理性提升预期,也导致价格非理性上涨甚至泡沫化,使资源得不到优化配置。PZB1301第二次出让时,底价被提升将近半个亿,应该与第一次出让中投机客的刺激紧密相关;第三次出让时,底价又不得不老实调回,应该与第二次出让中投机客的流产紧密相关。可如何识别投机客呢?

---

[112] 有关琶洲PZB1301地块一波三折的三次拍卖,请参阅《信息时报》的报道文章《琶洲地王涨价后第三次开拍》(2006年11月14日)。
[113] 有关琶洲PZB1301地块第一次拍卖中的"黑马现象",请参阅《南方日报》的报道文章《琶洲会展中心南侧地块拍出4.6亿高价》(2005年10月15日)。

第7章
投机在市场上会怎样自由发生

内容提要

既由于只认出价最高者,也因为"知人知面难知心",需求的真假属于内在动机,不是外在现形的,价高者得有意无意地疏忽了竞价者是不是真实需求的问题,导致投机客乘隙而入。投机与正常的市场行为毫无二致,一样用自己的劳动创造价值,一样接受消费者的货币"投票"选择,这导致主流经济学长期以来不能界定投机。但事实胜于雄辩,投机是且只是扭曲资源配置。在纯粹的自由市场上,没有投机,就没有资源配置扭曲,更不会有市场泡沫化。理论上讲,投机是扭曲资源配置直至市场泡沫化的唯一力量。

一、投机是扭曲资源配置的唯一力量

不是真实需求的投机为什么扭曲资源配置呢？众所周知，信号正常传递是任何一种机制良性运转最起码的前提基础。投机首先就直接作用于信号传递，投机客至少两次给市场发出错误信号，一是以自己的虚假需求夸大了真实需求，给市场发出错误的需求信号；二是以自己的虚假竞价抬高了真实价格，再次给市场发出错误的价格信号。从信号传递讲，投机扭曲资源配置不言而喻。

另一方面，投机客一般都在信息方面具有优势，要不，凭什么投机？为浑水摸鱼，投机客也需要进一步扩大自己的信息优势，甚至制造信息混乱的环境，信息越混乱，投机客越游刃有余。当信息混乱达到一定程度，甚至供应与需求两端都难辨东西，如坠五里雾中，投机客更可能如鱼得水，甚至通吃供需两端，就像狡猾的律师"吃了原告吃被告"。

投机扭曲资源配置，不仅导致市场泡沫化，而且是市场泡沫化的唯一力量。理论上讲，在纯粹的自由市场上，没有投机，就没有市场泡沫化。从环节检视看，除了价高者得中的投机，理论上也不再有别的泡沫化因素。即便有其他因素扭曲资源配置甚至推动泡沫化，似乎也不存在别的方式，也不得不依赖于投机冒头，也不得不具体表现为投机行为，因为的确不再存在其他的切入点，其他因素也不得不扮作竞价者进场，并公开参与竞价。

拿中国房地产市场来说，信贷杠杆作为工具的确推动了房价泡沫化，信息不对称作为环境也的确配合了房价泡沫化，二者都属于市场泡沫化的重要因素，但都不能够独立于投机之外，而必须为投机客所用，并具体表现为投机行为。如果不被投机客利用，不具体表现为投机行为，信贷杠杆不会导致泡沫化，信息不对称也不会导致泡沫化，其他因素也都不会导致泡沫化，一切都只是可能性。[114]

二、投机的识别为什么难

既然投机是扭曲资源配置进而导致市场泡沫化的唯一力量，那如何

---

[114] 对中国房地产市场的详细分析，请参阅本书第六篇《真自由市场：以楼市为例》。

防止投机呢？就人而言，怎样识别投机客呢？问题的难度可能超过如何优化配置资源的原核问题，一句古话直抒胸臆："画虎画皮难画骨，知人知面不知心。"识人原本就是难事，何况是识别狡猾的投机客。白居易诗云："周公恐惧流言日，王莽谦恭未篡时。向使当初身便死，一生真伪复谁知。"[115]如果王莽不是后来篡权，抑或在篡权之前死去，谁会知道他的真面目呢？

经济上的投机客可能更难识别，因为就外在形式而言，投机与正常的市场行为一个样，难分彼此。这应该正是价高者得有意无意地疏忽竞价者是不是真实需求的问题的另个原因，予不得已也。由于需求的真假属于内在动机，不是外在现形的，即便允许对竞价者进行前期考察询问，投机客也可以装模作样，一幅真实需求的"范"。一定意义上，价高者得只认出价最高者，也是无可奈何的，没办法的办法，一定程度上与价高者得作为市场经济最基本的原则无关。

三、投机反成了"能干"

长期以来，西方经济学应该并不否认投机的事实，但似乎并不认为投机就一定扭曲资源配置，以至于投机常常不被用作贬义词，而更主要是中性的含义。在自由市场中，一个人即便投机倒把，但只要"法无禁止"，任何人也奈何不得。应该正因为如此，改革开放后，尤其在明确要建立社会主义市场经济体制后，中国也在法律上一步步修改直至最终废止了计划经济时代对投机的认定，如1997年3月的《刑法》修订，明确取消"投机倒把罪"，以至如今投机一定意义上重新成了"能干"的代名词。

为什么原本扭曲资源配置的投机反倒成为能干的代名词呢？背后的症结应该在于投机没有得到真正的界定，主流经济学一直不知道如何判定什么是投机、什么不是投机。一般把在A地或A时以低价买入而在B地或B时以高价卖出的行为称作投机，这恐怕牵强了，反倒可以

---

[115] 这是白居易《放言五首·其三》中的后四句，前四句为："赠君一法决狐疑，不用钻龟与祝蓍。试玉要烧三日满，辨材须待七年期。"

看作为市场拾遗补缺、调余济需，有利于市场的稳定均衡。太史公云："天下熙熙，皆为利来；天下攘攘，皆为利往。"在自由市场中，每一个交易者都张罗自己的生意，只要尊重自愿原则，不强买强卖，原则上任何交易都是许可的，怎么会存在投机呢？都是市场上的生意人，没有暴力，没有强制，一样用自己的劳动创造价值，一样接受消费者的货币"投票"选择，谁是投机客呢？

四、一个投机经典案例

但现实毫不含糊，投机的确是真刀实枪的存在。在自由市场上，人是可以投机的，既不动刀，也不动枪，完全尊重自愿原则，不使用任何暴力，只使用市场许可的货币与劳动，但带来的却是市场的紊乱，不只是扭曲资源配置，而且祸害消费者，乃至祸害全社会。讲一个小故事：

张三在杏花村开酒店，由于酒品醇润，生意热火朝天。李四看在眼里，想在心里，干在手里，也到杏花村开酒店，虽没有好酒，压根儿不知道弄酒，纯粹是"红眼病"。但李四有自知之明，知道自己应该在哪些方面发挥，不仅选定一个交通更加便利的位置，而且把自己的酒店装修得十分排场。张三一开始没在意，认为自己的酒是真家伙，对方都没弄过酒，还想叫板不成？更何况自己在此经营多年，有稳定的客户。

但客流量不客气，马上就有了下降。这正常不过，李四的酒店新开张，多了一重信息干扰。尽管不知道李四的酒怎么样，一部分本地客人肯定要去尝尝鲜，外地客人可能更愿意一睹为快，因为这里的装修更排场。甚至村口的牧童也受到信息干扰，由于没喝过，不知道哪家的酒更好，不能随便指了。张三还算精明，立即作出调整，也搞豪华装修。但心里还是有些别扭，觉得这是做表面文章，时不时一声叹息：这世道怎么啦？

李四则另一种心态，虽也重视把酒品弄得好些，但拿手好戏就是做表面文章。看到张三也大搞装修，他更在包装与广告上狠下功夫，在村口竖起广告牌，标榜"杏花村正宗"，甚至好行小惠，贿赂牧童好处，以至牧童再也不指了，有客人问起，就眼神往广告牌上一飞。张三得知，晕倒……

事情越搅越复杂，一个仿冒做酒的搅得一个真正做酒的不能安心做酒了！原本一个酒的竞争，却导致包装、装修、广告乃至贿赂的竞争，并且愈演愈烈。谁是受益者？仿冒做酒的李四！谁是受害者？张三当然深受其害，原本有真家伙，现在却不得不随李四起舞，大搞歪门邪道。但最大的受害者还不是张三，而就是广大消费者，包装、装修和广告是需要成本的，贿赂更是需要银子，资源已发生严重错配，这一切最后都摊给消费者。甚至社会风气受到毒化，原来赚钱可以这样的，一个个学习李四好榜样，世风日下，舍本逐末，都不务正业了。

五、投机让"劣币"自由驱逐"良币"

可谁能说李四不是呢？尽管干的是仿冒做酒的勾当，但李四并没有强买强卖，靠的是目光敏锐，凭的是聪明才智，也属于劳动致富。更重要的是，李四得到了市场的承认并奖励，是消费者以货币"投票"自由选举出来的王者，不服？极其可能，李四将获得杏花村当地政府的荣誉加冕，如"创业带头人"甚至"优秀企业家"之类。但毫无疑问，李四是个不折不扣的投机客！如没有张三的祖传好酒在先，李四会开酒店吗？不仅不会开酒店，李四甚至都不会到杏花村来。说白了，李四就是张三身上的寄生虫！

有人可能要辩解：李四的虚招确实多了点，但刺激张三搞装修和广告，带动了服务业，不也是贡献？有人甚至要声张：不要恐惧李四，经过一定的时间检验，市场会作出公正的判断，真酒就是真酒，仿冒就是仿冒，资源配置扭曲会自然向常态回归。这都有一定道理，如允许相应时长的博弈，真的一定战胜假的，这一点毫无疑问，正如有名言提到的，最高明的骗子也不可能在所有时刻欺骗所有的人。但在特定的时间区域，假的完全可能战胜真的。事实上，由于现实情势的复杂与残酷，所允许的时长往往极其有限，假的更可能搞掂真的，这应该就是古已有之的"劣币驱逐良币"——张三不就被李四"逐"得都睡不好觉了么？

六、车展为何沦为"胸展"

知人知面难知心,凭什么断定消费者以货币"投票"自由选举的王者李四是不折不扣的投机客呢?必须回到资源配置的原核问题!价高者得之所以堪称市场经济最基本的原则,是因为价高者得优化资源配置;投机之所以被称投机,是因为投机扭曲资源配置。从李四开酒店的行为看,一入手就是表面功夫,并且一直热衷表面功夫,后来更是发展到华而不实的包装和广告,乃至贿赂,严重扭曲资源配置。即便做表面功夫,也应该有限度,而不能无节制。毕竟,消费者最终消费的主要是酒,酒才是本,必须以酒的品质来界定资源优化配置与否。理论上,一切提高酒的品质的投入,都是优化资源配置的正当行为,反之即扭曲资源配置的投机行为。李四不是"狐狸尾巴藏不住",而是自始至终都华而不实,根本没有在酒的品质上投入时间和精力,严重扭曲资源配置,毫无疑问是个不折不扣的投机客,甚至堪称寄生虫。

事实上,投机行为在市面上屡见不鲜。中国如今已成长为汽车生产与消费的第一大国,不时会举办车展。但奇怪的是,车展的主角往往不是各式各样的车,而是形形色色的美女车模,车展沦为"胸展"乃至"硅胶展"。比如2012年4月的北京某车展,不仅有据称身价上亿的美女模特亮相,而且有裸模横胸登场,煞是热闹。从媒体报道看,作为主角的车似乎反成了无关大雅的谈资。这正是投机恶果,商家原希望通过美女车模为自己的车博取眼球,但由于缺乏节制,资源配置严重扭曲,车模反客为主,原本一本正经的车展沦为低三下四的"硅胶展"。

七、主流经济学为何不能界定投机

杏花村的李四之所以让张三晕倒,车展之所以堕落为"胸展",劣币之所以驱逐良币,资源配置扭曲的问题之所以长期得不到纠正,原因正在于在自由市场上,正常的市场行为与投机没有得到区分,更明白讲,是投机没有得到识别和剔除。明摆着扭曲资源配置的事实,为什么西方经济学长期以来却不能界定、识别并剔除投机呢?应该说,这相当反常,莫不另有隐情?

第 8 章
投机为什么不属于自由

内容提要

"市场失灵"的说法不成立！包括"公地悲剧"在内的所谓市场失灵，都是投机造成。主流经济学之所以不能界定投机，最根本的原因是不曾紧扣资源配置的原核问题认清自由，没有把握到资源最优配置的均衡。由于自由的方向与终点都由资源最优配置的均衡所确定，一旦不能把握均衡，自由就丧失方向，更不可能目标明确，从而导致投机浑水摸鱼，以自由的名义大行其道。没有管制，就没有自由！扭曲资源配置的行为原本需要管制，自由原本只是优化资源配置的自由，而不是为自由而自由。

一、事后判定为投机开门

长期以来，西方经济学之所以不能够界定、识别并剔除投机，除了"价高者得"只认出价最高者和"知人知面不知心"的原因之外，更重要的情结，可能还在于主流经济学以自由主义为标榜，别的都可以动得，但是动不得自由，有点伏尔泰所说"我不同意你的说法，但是我愿意誓死捍卫你说话的权利"的味道。这正中投机客下怀，明明是扭曲资源配置，甚至昭昭是歪门邪道，但投机客高举自由主义的旗帜，在自由的掩护下，让投机以自由的名义大行其道。原本不懂得弄酒的李四为什么敢到杏花村开酒店并与张三一比高低？原在此耳，因在此耳，症在此耳！套用一句名人名言讲：自由啊，多少罪恶假汝之名！

自由为什么能让投机假名呢？苍蝇不叮无缝之蛋，莫非也因为自由原本就没有与投机划清界线？在自由市场上，任一个交易者，只要尊重自愿原则，不强买强卖，就放心张罗自己的生意，怎么自由都成。应该说，由于有利益逻辑的武装并约束，西方经济学对自由的理解务实而深刻，不像西方政治学论起自由来夸夸其谈，迂远而阔于事情。但就像价高者得疏忽了竞价者是不是真实需求的问题一样，自由也疏忽了是不是优化资源配置的问题，导致投机乘隙而入。准确讲，还不是问题被疏忽，而是问题被置后，即优化资源配置还是扭曲资源配置的问题被交给市场本身、并置于事后检验，自由不搞事前判定。客气讲，这是自由市场大开中门，万类霜天竞自由；不客气讲，这也为投机大开方便之门，不投白不投，就像把窗户一打开，阳光当然进来了，苍蝇也自然进来了。

二、有个流言叫"市场失灵"

实际上，自由市场大开中门，把对发生在市场中的行为的判定交给市场本身并置于事后，不仅招致苍蝇进来，悲剧也悄悄进了村，后果很严重。一群牧民在一块草场放牧，因为无偿，每个牧民都放养尽可能多的牛羊，结果导致牛羊数量无节制增长，草场严重超载，质量大幅下降，最后沦为不毛之地，牛羊一只只饿死，牧民一个个破产。这是在分析包括生态环境在内的公共品问题时常被提到的著名命题——"公地悲剧"。

与其说是公地悲剧,不如说是市场悲剧,因为牧场正相当于一个自由市场,没有强制,没有暴力,牧民们自由逐利。正因为是市场上自由发生的悲剧,公地悲剧往往也被拿来佐证所谓"市场失灵"。

可公地悲剧真的是市场失灵所致?西方经济学念兹在兹的就是自由,但不可思议的是,竟然对市场失灵供认不讳。这充分暴露西方经济学在逻辑上的不一致乃至自相矛盾,一方面崇尚自由,一方面否定市场,大水猛冲龙王庙。如果自由是个好东西,市场怎么会失灵呢?但主流经济学不得不面对市场失灵乃至失败的事实,不只是公地悲剧,泡沫化、"劣币驱逐良币"甚至"搭便车",都被归结为市场失灵,甚至两极分化也被相当一部分经济学人归结为市场失灵。

但市场真的失灵了吗?拿公地悲剧来讲,牧民为自我利益计而多放多养几只牛羊,错了么?无论公地悲剧,还是劣币驱逐良币,抑或别的市场失灵表现,市场上的个体其实都只考虑了一桩事——现场中自我利益的计算,何错之有!不就人性自利吗?不正是自由竞争的基本动力吗?不正是优化配置资源的原始机理吗?如果人性自利有错,问题就大了,绝非市场失灵,实是自由市场整个无效,甚至人性该死——人不是个东西!(关于"公地悲剧"更深层次的分析,请参阅本书第18章《整体利益最大化才是市场均衡》,及后续章节对"大一统"的论述)

三、"公地喜剧"VS"公地悲剧"

更尖锐的是,如果说公地悲剧是因为市场失灵,那"公地喜剧"呢?拿打疫苗来说,某人出于自我健康的考虑,自费注射了疫苗,不仅保障了自己的健康,也让周围的人获益,因为别人接触传染源的机会至少减少一分。如果所有人都注射疫苗,便不再可能接触传染源,所谓"群体免疫",大家共乐之,不正是公地喜剧?同为自由市场,为什么悲剧时悲剧而喜剧时喜剧呢?

再以生态环境危机为例,为什么人类活动不是使地球生态更加生机勃勃,而是导致地球生态越来越死气沉沉,以致到了生态崩溃的边缘呢?用既有经济学术语讲,为什么人类活动没有给地球带来"正外部性"

而只是"负外部性"呢？是什么因素决定着这里面的悲喜正负呢？

这就是自由的方向！公地悲剧与公地喜剧清晰显示——自由是有方向的，即趋于某个方向的自由导致正外部性及公地喜剧，趋于另个方向的自由导致负外部性及公地喜剧。如果自由没有方向，就不会有正外部性与负外部性的不同，就不会有公地悲剧与公地喜剧的分野，这一点显而易见。那什么是自由的方向呢？必须回到资源配置的原核问题，优化配置资源的方向即自由的方向，扭曲资源配置即自由的反向。

自由为什么原是自由？因为自由优化资源配置，趋于资源最优配置的方向。投机为什么沦为投机？因为投机扭曲资源配置，偏离资源优化配置的方向。公地悲剧之所以是公地悲剧，是因为牧民全体投机、搭便车、负外部性，导致资源配置极大扭曲，以至整个系统失衡；公地喜剧之所以是公地喜剧，是因为个体不投机、不搭便车、正外部性，资源优化配置积小成多，以至整个系统优化。

四、自由是有方向的自由

事实上，自由的方向已充分彰显在"价高者得"。价高者得是有方向的价高者得，是向着出价更高的方向，是向着资源配置更优的方向，是向着资源最优配置的方向。回到更基本的层面讲，自由有方向，诚可谓不言而喻，原本就没有谁为自由而自由。"天下熙熙，皆为利来；天下攘攘，皆为利往。"至少在自由市场上，每个交易者都是为了更大的利益而自由，更大的利益构成每个交易者的共同方向。

谁都不是为自由而自由，投机客亦不例外，与其他人一样为了更大的利益而自由。投机客的问题不在于追求更大的个体利益，而在于投机行为违背全局利益最大化，扭曲全局资源配置，如此而已。到杏花村开酒店，李四劣币驱逐良币，从个体角度讲，他完全是个胜利者，其问题在于扭曲社会资源配置，乃至败坏社会风气。

包装管制从现实上彰显了自由的方向。一般商品都有商品本身和包装两个部分，尽管包装也必不可少，但毕竟不是内容，商品的竞争更应该聚焦于商品本身的品质，资源更应该向改进和提升商品品质配置，这一点毫无疑问。但由于精美的包装不仅让人感觉倍有面子，也让人想当然地联想到精美的品质，如不对包装进行管制，商家完全可能在包装上放肆投机，把资源大举配置到包装，不仅喧宾夺主，甚至反客为主，商品品质的竞争沦为包装大比拼，严重扭曲资源配置。

这得到现实的有力佐证，月到中秋分外明，每年中秋节，中国人不都可以品尝到包装奢于并重于内容的月饼么？正是为了防止投机及资源错配，遂行包装管制，乃市场经济国家的通行做法。据称，一些国家相关法律甚至对包装的用材种类、重量甚至成本作出详细规定。

五、自由是有终点的自由

有方向的事物一般也会有终点，自由亦不例外，不仅有方向，而且有目的地。具体在哪里呢？也必须回到资源配置的原核问题！优化资源配置的方向就是自由的方向，自然而然，资源最优配置的点位即是自由的最终目的地。自由原不是为自由而自由，而是为资源优化配置直至最优配置而自由，而今资源配置臻于最优，大功告成，当然就是自由的目的地。如果资源配置已臻于最优，还继续叫嚣自由，无疑就是为自由而自由，上纲上线不客气讲，虚无主义。

尽管西方经济学以资源配置为中心主题，但对自由有方向缺乏足够的认知，至少不曾明确表达自由的方向就是向着资源优化配置的方向。但有迹象显示，主流经济学对自由的目的地有一定的意识，并发明一个概念予以描述，这就是"均衡"。均衡是主流经济学最核心的概念之一，市场之所以能优化资源配置，症结正在于市场能发现均衡。说到底，市场机制是均衡机制，要是没有均衡机制，如果不能不断尝试并发现均衡，市场就不能优化配置资源。就此而言，均衡诚为自由市场之魂。

那什么是均衡呢？在自由市场上，供给与需求双方自由博弈，谁也无法强买强卖，但显而易见，双方的自由博弈不会没完没了，最后将达到一个双方都可以接受的点位，此之谓均衡。简单讲，均衡即博弈双方的利益平衡点。要特别提醒的是，均衡是针对参与博弈或交易的全部利益方而言的，双方博弈即针对双方而言，多方博弈即针对多方而言，如不是针对全部利益方,就无所谓均衡。

就一般的市场交易,称"均衡价格"应该更合适。简单讲,均衡价格即供求双方自由进行价格谈判而到达的价格终点。供求双方为什么不再继续自由博弈下去呢?原因就在于均衡意味着资源配置达到最优,如不是最优,其中一方就不可能同意,自由博弈会继续下去;如已是最优,对任何一方而言,继续自由博弈都没必要。当达到资源配置最优也就是均衡时,借用另一个经济学术语讲,博弈双方的"边际效应递减"至零,继续自由博弈只会是得不偿失,谁会为自由而自由呢?

六、市场由"总量管制"启动

自由是有方向的,是向着资源配置优化的自由,但不是无限延伸,终点在均衡,是达到资源配置最优的自由。一句话,自由是向着资源配置优化并达到资源配置最优之间的自由。显而易见,自由不是无限度的,而是有区间的,不能够超过均衡点,一旦超过均衡点,无疑就偏离资源优化配置,如不禁止,自由即沦为投机,不是优化资源配置,而是扭曲资源配置。自由市场大开中门是正确的,但把优化资源配置还是扭曲资源配置的问题交给市场本身并置于事后检验,理论上完全错误。原则上讲,自由能且只能属于优化资源配置的市场行为,一切扭曲资源配置的市场行为都必须受到节制、抵制直至禁止。自由应该从管制扭曲资源配置的市场行为开始,不能事后,必须事前!

这从新兴的环境权益交易模式即"总量管制与交易"的机制上得到佐证,它把"总量管制"扣在自由"交易"之先。[116]所谓总量管制,指向特定系统的资源最优配置均衡,有时候直接代表特定系统的资源最优配置均衡。拿温室气体排放权市场来说,为了启动排放权市场,必须首先确定温室气体排放总量。唯其如此,温室气体才具有稀缺性,排放权才成为商品。那如何确定温室气体排放总量呢?

---

[116] 英文称 Cap & Trade,是以市场化方式减排温室气体的基本机制,最初叫"排放交易",萌芽于美国,经历一个漫长的争议过程,1992 年进行第一次试水。可参阅:Richard Conniff, The Political History of Cap and Trdde, *Smithsonian magazine*,August,2009.

气候科学家经过大量的计算,目前的结论是,以工业革命开始时的地球温度为基准,如温度升幅高出 2 摄氏度("易受气候影响脆弱国家论坛"则要求温度升幅控制在 1.5 摄氏度之内),气候变化将达到危险且不可逆转的地步。由不高出 2 摄氏度的升温目标,可推算出相对安全的排放总量——有计算显示为 790GtC,但从 1870 年到 2014 年,人类已排放 545GtC,[117] 目前还剩下 245GtC——进而启动排放权市场。在温室气体排放权市场,显而易见,自由能且只能属于有助于降低排放的市场行为,一切导致排放增加的市场行为都必须抑制,直至禁止。(总量管制的实质在于特定系统的整体利益安全,相关论述请参阅本书第五篇《政府的逻辑:为了整体利益》、第六篇《真自由市场:以楼市为例》)

七、无管制,不自由

"总量管制与交易"的机制不只是环境权益市场的独特模式,而就是自由市场的一般模式,真正的自由市场必须从指向甚至代表均衡的总量管制开始启动。如果不首先根据资源配置最优的均衡点确定总量管制,不从总量管制开始,自由市场就没有方向,更没有目标,就容易堕落为投机市场,资源配置扭曲,甚至市场整体倾覆。拿"公地悲剧"来讲,一块草地最适合放养多少牛羊,既保证草地的生养能力不浪费,又保证草地本身的再生能力,必须首先计算出资源最优配置的均衡点,然后根据均衡点设置牛羊总量管制。公地悲剧之所以发生,原因正在于没有谁计算草地资源配置最优的均衡点,更没有谁根据均衡点对牛羊进行总量管制,致使全体牧民竞相投机,造成悲剧。再看一案例:

一条街长 100 米,有两家冰淇淋商贩,显而易见构成自由竞争。假设冰淇淋消费者愿意为吃冰淇淋走 25 米,更远就可能放弃消费愿望。如为消费者考虑,同时也为冰淇淋供应商考虑,冰淇淋车柜的最佳分布方案是:把 100 米分成两个 50 米,两个商贩各自站在两个 50 米的中点,各自覆盖

---

[117] 数据来自于全球碳项目(Global Carbon Project,GCP)发布的《2015 年全球碳预算报告》,1**GtC** 为 10 亿吨碳。

左右25米。但由于竞争，两个商贩都可能投机性地把冰淇淋车柜悄悄向对方挪动，从而吃掉对方一部分消费者。天长日久，两位商贩最后可能发现他们肩并肩地站在100米的中点，街两头25米的消费者可能放弃冰淇淋消费，商贩和消费者的利益同时最小化。

自由竞争为什么导致全盘皆输？原因就在于自由市场没有从保障均衡的总量管制开始，没有谁计算资源配置最优的均衡点，更没有谁根据均衡点确定总量管制，不符合自由市场的基本模式，为自由而自由了。就此案而言，各自站在两者50米的中点构成冰淇淋车柜的最优配置方案，代表着均衡。但由于缺乏相应的总量管制，商贩的自由竞争不是向着均衡，而是偏离均衡，走在了歪门邪道，结果当然就是资源配置扭曲，两败俱伤。自由的真相其实是：没有管制，就没有自由！

八、均衡为自由指引方向和目标

就像公地悲剧和冰淇淋商贩难题从反面警示的，西方经济学之所以长期以来不能界定、识别并剔除投机，最根本的原因是不曾紧扣资源配置的原核问题来认清自由，没有认识到自由是向着资源优化配置的方向，没有认识到自由的目标在于资源配置最优，没有把握到作为资源最优配置的均衡点。由于自由的方向与目标都由资源最优配置的均衡所确定，一旦不能够把握均衡点，自由就丧失方向，更不可能目标明确，从而导致投机浑水摸鱼，以自由的名义大行其道。优化资源配置还是扭曲资源配置的问题之所以被交给市场本身并置于事后判定，症结应该正在于均衡点不确定，方向与目标不明确，于是就交付经验，沦为为自由而自由，客气讲，摸着石头过河；不客气讲，"盲人骑瞎马，夜半临深池"。

没有管制，就没有自由！这还是自由吗？不是管制自由，而是管制投机，扭曲资源配置的行为原本就必须管制，自由原本只是优化资源配置的自由。包装管制不正是管制吗？如果以虚无主义论，自由就是随心所欲，对包装进行管制也违背自由。问题是自由并非虚无主义，而是有自己坚定的"价值观"——优化资源配置。那谁来管制呢？怎么管制呢？

第 9 章
限定系统让投机自然消融

内容提要

"最"是限定系统内的最,限定系统是均衡的当然前提。一旦系统限定,不仅投机会得到克服,各博弈方的行为都会愈来愈趋理性,放弃短期利益,追求长期利益甚至根本利益,资源配置越来越优化,直至帕累托最优。"完全竞争市场"不是假设,而就是自由市场的实相,要害在于系统限定,完全竞争是限定系统内的完全竞争。在限定系统内,投机自然得到节制,直至消融,限定系统是不管制的管制!就资源最优配置的技术而言,限定系统堪称人类社会最根本的制度。西方经济学不可思议地缺失限定系统的概念。

一、帕累托"最"优

自由是优化资源配置的自由,作为自由的终点目标,均衡代表着资源最优配置,如不是资源最优配置,就非均衡。显而易见,作为资源最优配置的实现,均衡是个正儿八经的技术问题。应该正因为此,均衡分析成为西方经济学的基本工具,除了成本效益分析,就是均衡分析,准确讲,是从成本效益分析到均衡分析,均衡分析更显关键。可字面上看,均衡给人四平八稳的印象,缺乏资源最优配置所应有的"最"锋芒。

但西方经济学对资源最优配置的均衡也有锋芒毕露的表达,这就是不时被提到的"帕累托最优",旗帜鲜明突出一"最"字。帕累托最优是由对均衡理论作出过重要贡献的意大利经济学家维尔帕累托(Vilfredo Pareto)首先论述并概括的,指的是资源配置的理想状态,即不管再怎么样重新配置,都不可能使至少一个人受益而又不使其他任何人受损;如果还能在没有使任何人受损的前提下,能使至少一个人受益,此之谓"帕累托改进",帕累托最优即不再有帕累托改进之余地的状态。显而易见,帕累托改进充分彰显均衡分析的技术感。为进一步增加感性认识,现举个例子:

有 A 和 B 两块土地,投入化肥,增产粮食,由于土质和光照有差异,投入产出的比例不一样。手头有 100 公斤化肥,如何在 A 和 B 两块土地上分配,使粮食增产达至最大化呢?可先把 99 公斤化肥随便分配到两块土地上,取最后一公斤下投,如果 A 土地的增产量大于 B 土地的增产量,这最后一公斤无疑要投入 A 土地;再从 B 土地所分配的化肥份额中拿出一公斤下投,如果 A 土地的增产量仍大于 B 土地的增产量,这倒数第二公斤仍然要投入 A 土地。如此反复,由于边际收益递减,A 土地因投入化肥实现的增产量必定下降,如果不下降,人类实现粮食增产就极其简单,增产化肥就成。所以一定会调整到一个点,拿出倒数第 N 公斤化肥下投,A 土地的增产量正好等于 B 土地的增产量,边际产出相等,没法再改进了,最后一公斤化肥随便投哪一块土地都一样,构成化肥分配的最优均衡点。

二、限定系统是均衡的当然前提

既然是技术问题,均衡岂不存在约束条件?一般而言,技术问题都存在约束条件,没有无条件的技术性。均衡亦不例外,存在约束条件。这是毫无疑问的,无条件的均衡不可设想。最明显的约束条件,无疑就是资源有限,均衡是资源有限下的均衡。如果不是 100 公斤化肥的限定,要是成本没有约束,哪里会有什么粮食增产最大化的问题呢?事实上,如果资源无限,资源配置就不会是个问题,怎么配置都成,遑论最优。

不仅是资源边界,显而易见,一定的时空边界也构成均衡的约束条件。就像均衡是资源有限下的均衡一样,均衡也是一定时空下的均衡。如果不对时空作出限定,或许也可以达到均衡,但没有实际意义,借用凯恩斯的著名讥讽说:"长期看,我们都将死去!"[118]拿历史来说,历史的确是"人民写的",而且确实"混不过去",但这并不能成为自我安慰的借口,因为历史完全也可能是人手中的泥团,随意搓捏,"千秋功罪,谁人曾与评说?"

再拿杏花村开酒店的故事来说,李四大搞歪门邪道,一时间"驱逐"张三,但经过一段时间的"注目",信息逐步对称,竞争更加充分,顾客会重新发现真金,通过货币"投票"再"选举",把形势扳过来,张三重新为王。但也有可能,在顾客通过再选举扭转形势之前,张三没有挺住,彻底被市场逐了。不同的时长,会有不同的结果,这就是时间作为约束条件的重要性。

三、"最"是限定系统内的最

总之,均衡是"限定系统"内的均衡。所谓限定系统,即各种限定因素共同构成的系统,既包括有限的资源,也包括有限的时空,还包括其他有限的因素。没有限定,就无所谓均衡,限定是均衡的当然含义,限定系统是均衡的当然前提。这一点实际上不言而喻,设想一下系统还

---

[118] 这是凯恩斯一句流传甚广的讥讽话。激进自由主义者无条件相信市场的均衡功能,把市场当成了与人无干的超人机制,反对任何的政府干预,认为均衡终将自动到来,但结果却是"大萧条"的事实爆发,凯恩斯遂有此讽。

没有被限定，甚至资源仍然在系统进出，资源总量都没有最终定落，怎么会有资源最优配置的问题呢？

限定系统得到纯粹数学的印证。从西方经济学对均衡理论的数学化看，资源最优配置问题的数学求解，大抵都是用数学语言把资源最优配置转化为约束条件下求极值的问题。极值是约束条件下的极值，"最"是限定系统内的最。没有约束条件，不是限定系统，何有极值岂有最？

四、不可或缺的限定系统

但有迹象表明，在论述均衡时，西方经济学抽象谈论供给与需求的自由博弈，抽象谈论供给与需求达到平衡，抽象谈论均衡价格，不讲资源条件，不讲时空条件，没有各限定因素的在场，疏忽了作为当然前提的限定系统，有点不可思议。萨缪尔森（Paul Samuelson）是西方经济思想史上一位里程碑式的人物，被誉为"经济学的爱因斯坦"，其1947年出版的大作《经济分析基础》被视为经济学正式实现科学化的标志，他应该也因此而荣膺第二届诺贝尔经济学奖，而且在颁奖典礼上的主题演讲论的就是"极大化"，对极大化问题最有心得，对极大化方法最为熟稔，[119]原本最应该发明与极大化在逻辑上紧密相连的限定系统，但萨缪尔森同样擦肩而过，没有限定系统的概念。

这貌似无关紧要，实则漏莫大焉。举个简单的例子：有个宝贝，成本在五块钱，不低于成本价就可出手，越高当然越好，谁不图个多赚。面对黑压压的购买者，第一个报价，一块钱，不行；第二个报价，二块钱，不成……第五个报价，五块，嗯！第六个报价，十块，还行……购买者不断，竞价越来越高，不知他们有多少人，也不知他们有多少钱。显而易见，成交能且只能在限定系统内发生。比如设定30分钟卖出，30分钟内的出价最高者得之。常见的还有设定一个人群，比如36个人内卖出，36人中的出价最高者得之。均衡是限定系统内的均衡，无限定，不均衡，不管限定什么样的条件，反正不能够不限定条件。如果系

---

[119] 可参阅《诺贝尔奖获奖者演说文集：经济学奖（1969—1995）》（上海人民出版社1999年版）。

统无限开放，均衡就会遥遥无期，甚至流产。

五、限定系统为何被疏忽

为什么西方经济学长期以来对均衡高谈阔论、却不可思议地疏忽了作为当然前提的限定系统呢？重要原因可能还不在于对当然前提想当然，而恰恰在于西方经济学引以为傲的数学化！相当程度上，西方经济学的数学化是从均衡理论的数学化开始的。无可否认，数学化能够严格揭示均衡的存在，但均衡理论的数学化给人一种限定系统无关紧要的错觉。因为纯粹从数学上讲，不对系统作出具体限定，甚至系统无限放大，技术上也可以处理。数学原本高度抽象，即便系统无限大，现实上根本不可能达到全局均衡，但数学上也可以求解全局均衡。即是说，系统是大还是小、甚至有没有限定，对数学处理而言无关痛痒。这或许是西方经济学有意无意疏忽限定系统的首要原因，准确讲，不是被疏忽了，而是系统的大小问题被数学化"抽象"掉了，现实上就是作为均衡之当然前提的限定系统"壮烈牺牲"。

另一个重要原因应该源于一般均衡的全局性。一般均衡原本全局的均衡，这正是国外经济学界多称一般均衡为"全局均衡"的原因。因为市场上的商品实际上都联系在一起，真正的均衡不可能是局部的均衡，而只能是全局的均衡。既然是全局的均衡，何有限定？这应该也是主流经济学有意无意疏忽了限定系统的重要原因，准确讲，也不是被疏忽了，而是一般均衡的全局性极大模糊甚至抹掉了限定系统的限定性。（关于均衡理论的数学化和一般均衡，详情请参阅《别了（下）》）

六、李自成为何前寇后王

限定系统是均衡的当然前提，一旦系统限定，虽然均衡不一定马上实现，但的确获得了保障。更出乎意料的是，一旦限定系统，投机会得到约束，甚至极大弱化，乃至自然消融。且看一则小故事：

一群人，不务正业，专事抢劫，可称之为"匪"。他们先是流动抢劫，

第 9 章 限定系统让投机自然消融

从乡村到城镇,抢一阵子,换一个地方。日子过得也有滋有味,但风险太大,随时有被受害人致残或被官府捉拿处死的危险。劫匪已失散好几个兄弟,心底里渴望能稳定下来。后来发现一座高山,山下有大片良田和人烟,山上有洞天福地,还有个风光旖旎的湖泊,算得上风水宝地。匪们就此安营扎寨,白天下山抢劫,晚上山中休养,好不逍遥。

但不久,劫匪发现山下的居民一家接一家地搬走了,良田大片抛荒,即将面临无财可劫的局面。匪们于是开会,讨论了大半天,最后决定以税代抢。第二天就派人与山下居民约定,以后再也不抢了,反要保护各位居民,只征收一点点税来维护秩序。养牛一只,月缴五角;养猪一只,月缴三角;种稻一亩,秋收后缴谷一斗……税收绝不滥用,仅用于对付内贼与外寇,维护居民们正常的休养生息。

这并非虚构,史上实有其事。崇祯二年(1629 年),李自成起义,地道土匪一个,史载:"初,自成流劫秦、晋、楚、豫,攻剽半天下,然志乐狗盗,所至焚荡屠夷。"[120]但后来连打胜仗,兵马百万,觉自己将得天下,行为大变,仿佛仁义君子,史载:"众数十万号百万,驻匝南阳,分兵攻汝宁,陷之,所属州县,多望风纳款。城下,贼秋毫无犯,自成下令曰:'杀一人者,如杀吾父;淫一女者,如淫吾母。'"[121]

无独有偶,类似的刮目相看之变,同样发生过明末农民军领袖张献忠身上,鲁迅先生曾言及:"他开初并不很杀人,他何尝不想做皇帝。后来知道李自成进了北京,接着是清兵入关,自己只剩了没落这一条路,于是就开手杀,杀……"[122]

李自成为什么前后判若两人呢?原因就在于投机心理得到了克服,之前是投机,之后算投资。故事中的劫匪们为什么弃恶甚至从善乃至安民一方呢?原因也在于投机心理得到了克服,之前是投机,之后算投资。他们之所以克服投机并走向投资,症结正在于限定系统,之前系统不限定,博弈不稳定,他们打一枪换一个地方,追求短期利益与小我利益,

---

[120] 《明史纪事本末》第 78 卷。
[121] 《石匮书后集》第 63 卷。
[122] 请参阅鲁迅文章《晨凉漫记》。

大肆投机；之后系统限定，博弈稳定，他们不得不追求长远利益甚至根本利益，以德服人，资源配置越来越优化，直至帕累托最优。简单讲，流则为寇，坐则为王。说白了，系统不限定则为寇，系统限定则称王。这就是系统限定与否的截然不同，系统不限定，趋向均衡是偶然的；系统一限定，达到均衡是必然的。

七、"完全竞争"岂是假设

西方经济学从一开始就是市场派，强调市场优化配置资源，但对市场究竟如何优化配置资源，主流经济学大而化之，既没有内在机理机制的阐述，也没有具体过程的描述，堪称胸无点墨。这充分彰显了主流经济学没有限定系统的概念，不仅如此，主流经济学甚至认为所谓"完全竞争市场"只是理论上的美好假设，现实生活中根本不可能有完全竞争市场。就像"市场失灵"论充分暴露了主流经济学的逻辑不一致一样，否认完全竞争也充分暴露了主流经济学的逻辑不一致，一方面以自由市场为标榜，一方面强调完全竞争不可能，自己掴自己耳光。

实际上，完全竞争市场不仅不是假设，反是自由市场的实相，真正的自由市场必须是完全竞争市场，要不然，就只能是假自由伪市场。道理很简单，市场通过持续的自由博弈发现均衡，如果竞争不完全，怎么发现资源配置最优的均衡点？完全竞争市场不是远在天边，而是近在眼前，就是限定系统内的市场，完全竞争是限定系统内的完全竞争，要害在于系统限定！

八、"完全竞争"成于限定系统

唯有在限定系统内，信息才可能完备，竞争才可能充分，反馈才可能及时，资源配置才可能优化，直至资源最优配置的均衡。如果系统不限定，投机客打一枪换一个地方，竞争当然就不完全。时间是混不过去的，投机客恐惧的正是完全竞争，因为投机经不起充分竞争，反必定被充分完全竞争淘汰。到杏花村开酒店的李四经得起充分完全竞争吗？他原本都不是做酒的，仅是张三身上的寄生虫，浑水摸鱼而已。

有意思的是，限定系统不仅是自由市场实现均衡的奥秘，极其可能也是生态系统永葆生机的奥秘。稍微观察大自然就知道，凡流水冲涮之地，不仅不会有鱼，甚至连水草都不会有，只有沉淀才会带来生机。背后的道理正在于限定系统，沉淀意味着系统限定，流水冲涮意味着系统不限定。

相对于其他人类组织，家庭之所以让人感觉更加温暖友爱，症结正在于家庭是系统明显限定的人类组织，家庭内部的博弈属于完全竞争，更多只能以德服人。由于完全竞争，无论从宏观体制讲，还是从微观机制讲，限定系统都堪称人类社会最根本的制度。（关于限定系统的更深论述，请参阅《别了（下）》，及注目礼学说"别了，西方思想"体系其他著作）

九、限定系统：不管制的管制

西方经济学为自由大开中门，对投机不作事前判定，把优化资源配置还是扭曲资源配置的问题交给市场本身并置于事后检验。原则上讲，这并不算错，反倒彰显自由主义，但前提是系统限定。如果系统不限定，甚至无限开放，一旦投机"随风潜入夜"，不仅一下子难以淘汰，甚至投机可能反客为主，劣币驱逐良币，就像歪门邪道的李四驱逐正儿八经的张三一样。但如果系统限定，即便投机随风潜入夜，但狐狸的尾巴终究藏不住，甚至都不需要反复博弈，第二次出手就可能被捉现形。

回到上一章《投机为什么不属于自由》最后提出的问题：没有管制，就没有自由！扭曲资源配置的行为原本就要管制，自由原本只是优化资源配置的自由。那谁来管制呢？怎么管制呢？如何让扭曲资源配置的投机客心悦诚服呢？根本不需要谁来管制，也根本不需要任何管制！市场原本限定系统内的市场，完全竞争原本限定系统内的竞争，在限定系统内，投机自然得到节制，直至消融——如果说管制，限定系统是不管制的管制！

第10章
信息不对称令投机如鱼得水

内容提要

从资源配置的机制上讲，与其呐喊"价格万岁"，不如呐喊"信息对称万万岁"。信号的正常传递是市场优化配置资源最基础的前提条件，没有信号的正常传递，就没有信息不对称的克服，就不会有良性价格的形成，就不可能有资源的优化配置。骗子把黄铜卖成黄金，非智高一筹，而是骗子控制了流向被骗者的信息，让被骗者误把黄铜当作黄金。投机经不起"注目"，无法"杀熟"，只能"杀生"，最适合流动作案，所谓"打一枪换一个地方"。系统限定让信息趋向对称，泡沫不是别的，不过是信息不对称的别名。

一、骗子如何把黄铜卖成黄金

作为逻辑之王,不能够循环"自"证(注目礼)意味着彼此两端,此端即"我是什么",反映着"我"或"我"的商品的客观属性,用既有经济学术语讲,对应着"我"或"我"的商品的"使用价值";彼端即"他人认为我是什么",反映着"我"或"我"的商品的社会属性,用既有经济学术语讲,对应着"我"或"我"的商品的"交换价值"。由于"他"不是"我","我"们之间会存在种种不对称,从而导致"我是什么"与"别人(他)认为我是什么"之间的歧异,既可能"我"原本黄金,但别人认为"我"是黄铜,"我"怀才不遇;也可能"我"原本黄铜,但别人认为"我"是黄金,"我"名高于实。无论怀才不遇,还是名高于实,都是交换价值与使用价值的二元割裂,都是"我"——"我"的商品可作为"我"本身的一部分而化约到"我"——没有得到恰如其分的配置,都属于资源配置扭曲。

那如何把被扭曲的资源配置恢复到常态乃至提升到优化呢?这就不得不说到信息。信息说起来轻飘飘,但绝非一般因素,堪称资源配置中的核心要素。由于不能够循环自证,"我"不得不依赖"他"证,首先就必须引人"注目",让"他"充分感知"我"的信息。"我是什么"与"别(他)人认为我是什么"之所以会存在歧异,重要原因就在于"我"和"他"之间信息不对称,即"他"不了解"我"所了解的全部信息。

据称,享誉世界的外交家基辛格(Henry Kissinger)先生说过:"如果你掌握我所掌握的所有信息,你会完全同意我的观点。"诚哉!骗子为什么能把黄铜卖成黄金呢?不是因为骗子真的就智高一筹,更非因为黄铜真的就是黄金,而只是因为骗子控制了流向被骗者的信息,让被骗者误把黄铜当作黄金。如果信息在双方是完全公开透明的,对堂堂之阵,铜是铜,金即金,黄铜何以卖成黄金?

只要稍加观察与思考,就能在日常生活中充分理解信息的重要作用。有句话叫"仆人眼中无伟人",似乎有点令人不解:伟人是公认的伟人,为什么到仆人眼中就不是伟人了呢?不是仆人眼中无伟人,而是仆人眼中往往没有"伟人泡沫"。仆人是伟人的身边人,围绕并照顾伟人，从坐立起行到接人待物到吃喝拉撒睡，伟人的信息对仆人是公开透明的，甚至伟人的弱点乃至缺点，仆人也一清二楚，信息高度对称，不像局外人一般只能欣赏到伟人的优点、长处和光辉形象，无法看到伟人更全面也更真实的形象，遂致名高于实之虚，此之谓伟人泡沫。

二、"信息对称万万岁"

市场优化配置资源不是天上掉馅饼，也不是空手套白狼，而有其内在机制，并以信号的正常传递作为最基础的前提条件，不仅市场上的信息公开透明，甚至各相关方的信息也高度对称。如果信息不公开透明，甚至信息被人为操纵，乃至虚假信息满天飞，真实的信号不能够正常传递，市场怎么可能优化配置资源呢？此常识尔，不只是资源配置问题，对任何一种机制而言，信息或信号的正常传递都是最起码的前提条件。古长城上为什么建有烽火台？主要功能就是保障信号的有效传递。

对信息在市场优化配置资源中的极端重要性，西方经济学还算胸中有数。被誉为"经济学之父"的斯密就已注意到信息的问题，《国富论》写道："关于可以把资本用在什么种类的国内产业上，其生产能力有最大价值的这一问题，每一个人处在他当时的地位，显然能判断得比政治家或立法家好得多。"[123] 显而易见，此中之要害正在于信息的对称，所谓"每一个人处在他当时的地位"。在资源配置上，市场之所以被认为比计划相对高效，纯粹从决策的角度讲，症结就在于市场属于相对分散的决策机制。正因为相对分散，不是大包大揽，克服信息不对称要容易得多，从而避免决策失误，提高了市场配置资源的效率。[124]

有经济学者曾喊出一个响亮口号，叫"价格万岁"。这并不过分，在自由市场上，没有价格，没有价格的正常传导，就无所谓"价高者得"，市场对资源的优化配置即无从谈起。但比价格及价格传导更基础的，正是信息及信息传递。一个代表资源优化配置甚至最优配置的价格的形

---

[123] 请参阅《国民财富的性质和原因的研究》（商务印书馆1972年版）第4篇第2章。
[124] 但市场的相对分散也相对，而且可能导致博弈的流动性过大，缺乏稳定性，导致市场在微观层面错配资源，本书第32章《管制红线开启房地产商的自由》亦有论及。

成，首先需要信息公开透明。如没有准确的信息与及时的信息传递，甚至信息严重不对称，乃至虚假信息满天飞，理性的价格怎么形成？一旦形成错误价格，就会给市场带来误导，进而扭曲资源配置，甚至引发连锁反应，满盘皆输。从资源配置的基础机制上讲，与其呐喊"价格万岁"，不如呐喊"信息对称万万岁"。

三、投机为何"打一枪换一个地方"

自肇始以来，西方经济学就一直在强调，一代接一代的主流经济学家也反复重申：计划体制扭曲资源配置！那市场体制是不是无条件优化配置资源呢？反复出现的经济危机作出了有力的回答！信号的正常传递是市场优化配置资源最基础的前提条件，没有信号的正常传递，就没有信息不对称的克服，就不会有完全竞争，就不会有良性价格的形成，就不可能有资源的优化配置，更不可能实现资源最优配置的均衡。"巧妇难为无米之炊"，如信号正常传递都不能保障，市场凭什么优化资源配置？要是信息混乱不堪的局面长期得不到改变，市场对资源配置的扭曲丝毫也不亚于计划体制，甚至沦落到比计划体制更专断的地步。

这正是系统限定的价值，限定系统之所以能实现充分竞争，之所以能克服投机，之所以能更快趋向资源最优配置的均衡，重要原因就在于系统限定有利于克服信息不对称，从而保障市场机制良性运转，进而实现资源优化配置。被誉为美国历史上"最伟大的总统"的林肯（Abraham Lincoln）有句话比较流行："最高明的骗子，可能在某个时刻欺骗所有的人，也可能所有的时刻欺骗某些人，但不可能在所有的时刻欺骗所有的人。"这似乎是针对系统不限定而言的，但如果系统限定，即便信息一时不对称，也必定会在限定系统内的反复博弈中变得对称甚至透明。在限定系统内，哪怕最狡猾的骗子，也不可能雪藏自己的"狐狸尾巴"。这正是投机客为什么"打一枪换一个地方"的原因，说白了，投机经不起"注目"，无法"杀熟"，只能"杀生"，最适合流动作案，最需要系统不限定，越开放越好。

四、"骗子经济"从信息不对称中升起

莆田系医院被认为中国民营医疗的主要力量,不仅在全国各地处处开办医院,而且建立了全国性的社会化经营体系。来自"莆田系"自己的数据显示,2014年,莆田系民营医院超过6万人,总投资3400亿元、年营业额2600亿元,拥有遍布全国的8600多家民营医院——权威数据显示,2014年底,全国民营医院有12546家,即"莆田系"在全国民营医院的占比高达68.5%。[125]但随着"魏则西事件"爆发,莆田系医疗黑幕被曝光,有记者在莆田系医院大本营并享有"中国民营医疗之乡"之称的福建省莆田市东庄镇发现,当地几乎没有莆田系的专科民营医院,成了被爱情遗忘的"窝边草"——这是为什么呢?

是莆田系医院社会化大经营的疏漏,抑或另有隐情?有当地人坦言:"我们看病,全是去区上的公立医院。""都是老乡,当然对东庄镇搞的那套知根知底,自然就不会相信他们。"[126]这就是"圈子"也即限定系统的力量,在自己的圈子里,再高明的骗子也不敢随便投机。症结就在于圈子里信息对称,大伙儿互相知根知底,骗子没办法投机。

不幸的是,由于对市场经济的肤浅理解,也因为西方经济学对市场优化配置资源的机理机制阐述远远不够,在当前中国,制造、加剧、强化信息不对称几乎被当成正当的市场行为,不仅无可厚非,反而是能力高强的表现。比方"我"只是黄铜,但为了卖成黄金,于是就天女散花乃至天花乱坠,让消费者误以为"我"是黄金,如果"我"真的被消费者当黄金买了,那是"我"能力高强,没什么不对,以至有"名流"大言不惭:能蒙骗所有人,就是能力,也是成功!有人痛斥当代中国的市场经济被搞成"骗子经济",可能有些"愤"了,但一定意义上属于实话实说,因为信息不对称必定诱发投机,甚至导致投机泛滥,乃至欺骗赤膊上阵,骗子大行其道。

---

[125] 数据来自于《中国经营报》记者孟庆伟的调查报道文章《"魏则西事件"背后扭曲的医疗服务市场化》(2016年5月7日)。
[126]《东庄邻镇人看病遇莆系医院绕着走》,《法制晚报》,2016年5月9日。

五、"伸手不见五指"的楼市信息

走笔至此，不得不提一下中国的房地产市场。无论从市场本身的逻辑看，包括市场优化配置资源的内在机理机制；还是从经验事实看，包括房价收入比、租售比和住房空置率；也结合其他相关情况，典型如信贷杠杆的运用，都足以判定：中国楼市价格虚高，泡沫严重！[127]可仍然有人不愿意承认事实，甚至拿"中国特色"来狡辩，奈何？

但有个残酷的事实，应该是谁都无法不承认的，这就是中国房地产市场信息严重不对称！尤其对微观层面的个体购房者而言，房地产市场更是一团"伸手不见五指"的信息黑洞，比坑还坑。随便在大马路上找一个神色焦虑的购房者，他知道自己面临多少房产商吗？他知道自己面对多少购房者即竞争者吗？他知道自己的投入在购房者中有竞争力吗？……统统胸中无数，一抹黑！

宏观场面，楼市信息不对称主要表现在三方面：一是住房总量信息似乎仍然不够透明。自住房市场化改革以来，中国究竟建造了多少住房、目前究竟有多少库存，官方的统计与民间的计算差距悬殊。根据国家统计局在 2016 年初发布的数据，到 2015 年底，全国商品住房待售总面积 7.18 亿平。但业内人士普遍认为，这不是全口径统计，实际库存远大得多。有专家估算，中国住房库存至少在 130 亿平左右。[128]

二是缺乏详细的购房信息。施行住房购买按揭以来，中国究竟出售了多少商品住房、是哪些人、以什么方式购买的，尤其投资投机性购房占到多大权重，这对判断市场是不是正常极其重要，但政府似乎没有公开相关数据。

三是缺乏详细的住房使用信息，尤其是住房空置的信息一片空白。已被购买的住房究竟有多少在空置，这绝对属于判断市场是不是正常的重要指标，但政府似乎也没有公开相关数据。

---

[127] 对中国房地产市场的看法与分析，请参阅本书第六篇《真自由市场：以楼市为例》。
[128] 这是马光远博士的估算：待售面积超过 6.9 亿平，在建面积超过 70 亿平，已经批准待建的面积超过 30 亿平，加上小产权房，及各种无法纳入统计口径的住房，加总至少在 130 亿平左右。所提国家统计局数据，请查阅相关新闻报道。

六、泡沫是信息不对称的别名

在微观环节，中国楼市的信息不对称更加严重，主要表现在五个方面：一是房地产商有意无意制造信息不对称，特别是住房销售中，三十六计差不多全使上。二是消费者无序购买加剧信息不对称，传统的安居乐业心态和时髦的住房贷款按揭消费更是对形势推波助澜。三是房屋中介公司强化信息不对称，靠山吃山、靠水吃水、靠信息吃信息，原本应该消除信息不对称的房屋中介利用信息兴风作浪。[129]四是媒体舆论及专家言论巩固信息不对称，房地产商的强势话语权令情势雪上加霜。五是投机客大肆利用信息不对称，购房信息长期以来没有实现全国联网，投机客如鱼得水。

更令人情何以堪的是，在楼市信息严重不对称、尤其微观环节信息混乱不堪的情况下，主流经济学界乃至整个财经界，一直在高谈阔论市场优化配置资源，对市场鹦鹉学舌而不自知，替泡沫为虎作伥而不自觉，哀哉！何谓泡沫？不是别的，泡沫不过是信息不对称的别名。从信息不对称的严重程度看，中国房地产市场正是一团"伸手不见五指"的信息黑洞，最适合投机，现实上也正是投机泛滥，是且只是资源配置扭曲，能且只能形成泡沫，泡沫不言而喻，没有泡沫才是咄咄怪事！

---

[129] 关于信息中介公司的"异化"堕落，请参阅本书第35章《房价红线一抓就灵》。

第三篇

都是系统不限定惹的祸

第 11 章
房价是怎样非理性上涨的

内容提要

限定系统,乃至精准锁定,原本是商业常识。在房地产市场,特别是中心城市,系统几乎不可限定。这对房地产商极其有利,对购房者极其不利。症结就在于购房者之间信息严重不对称,自相残杀异常惨烈,最后导致"猪都能飞"。竞争都应是有序的,消费也不例外。从购房之毫无秩序讲,中国房产市场不可能不泡沫化,泡沫就是广大购房者无序抢购"抢"出来的!由不认同的基本人权决定,"顾客就是上帝"决非空头尊称,价格的本色更在于"群众路线"。房地产商必须全心全意为广大低收入家庭造房。

一、精准锁定属于商业常识

限定系统是均衡的当然前提,自由是限定系统内的自由,市场是限定系统内的市场,完全竞争是限定系统内的完全竞争,均衡是限定系统内的均衡。这真是什么高深理论吧?

——No!在自由市场上,任何一个交易者,只要在现实中摸爬滚打过,都会有一个刻骨铭心的体验:交易必须从客户出发!不仅从客户的需求出发,搞清客户需求什么,然后决定服务什么,不提供客户根本不需求的服务;而且充分考虑客户的购买力,摸清客户的购买力多大,然后决定服务的价位,不提供客户根本消费不起的服务。这一点妇孺尽知,钞票在客户口袋,不从客户的需求、尤其是购买力出发,钞票何来?这也正是市场调查比天还大的重要原因!没有市场调查,就不是精明的供应商;不需要市场调查,凭什么配置资源?何以算自由市场?

房地产开发亦不例外,房地产商在决定投资开发的时候,必须首先进行市场调查,保障对一系列问题胸中有数:该楼盘所在区域主要有什么人群?该楼盘主要卖给什么人群?他们为什么必须买此楼而非彼盘?他们的购买力如何?前期该楼盘所需要的土地费用有多少?建筑成本有多大?配套设施的投入在多少?估计该楼盘在什么时间收回成本?如果不能按时收回成本,什么措施可以保本?保本措施的投入又在多少?该楼盘最高能赚多少利润?……问题成百上千,但不管情况如何复杂,房地产商都必须首先有一个底线,至少不能赔!

即是说,房地产商在决定投资开发的时候,实际上有一个起码的限定,甚至是精准锁定,锁定自己的客户群,锁定自己的投入,锁定自己的利润率,同时锁定自己的风险。不仅房地产商,市场上的任何交易主体,其实都有自己的起码限定,不太可能做"草鞋没样,边打边像"的投入。商人都是逐利的,并且利益越大越好,可即便是贪婪,也会存在限定,至少不应该贪到不可能的地步。如某商品的确奇货可居,也不至于永远居在仓里不出货吧?现实上讲,大多数行业都存在自己的利润率,也不允许随便贪吃"天鹅肉"。成功的商人更是在开始投入时就已经精准锁定，商人越是精明，锁定越是精准，不打没把握的仗，更不打无准备的仗。

二、房价上涨有多大的自由

这并非市场没有自由，一切都是僵的，连利润也被死死限定。恰恰相反，理论上讲，任何商品都会有自己的价格上升曲线。现假设卧龙岗上有一套独栋别墅，号"三顾庐"，产权人壬志强因举家西出而决定出售，底价30万元。卧龙岗共18户人家，构成潜在客户群，其中5户人家比较穷困，没有30万元的购买力，被排除在外。另有2户人家住的也是豪宅，比三顾庐更加明亮大方，原则上没有购买需求，也被排除在外。还有2户人家的宅子虽然比不得三顾庐的宽敞，但空间也不寒碜，没有改善性需求。真正具有需求且有购买力的只有9户人家，他们也都承认三顾庐30万元的底价，构成真正的客户群。

谈判开始了，有人出价33万元，哦，旗开得胜，好兆头，再看看；有人加码，出价35万元，再看看；还有人继续加码，愿付36万元，再看看……这就是一条价格不断上升的曲线。据了解，9户人家中最富裕者，住房购买力可达到250万元，即是说，三顾庐的售价最高可达到250万元。

但现实上不一定卖到250万元，一是因为卖家壬志强有个搬家时间表，不可能老等下去，必须在限定时间内出手；二是因为卖家和买家都住卧龙岗，在一个限定系统内，信息高度对称，买家都知道壬志强要举家西出，三顾庐不卖也得卖，决心要买的可以闲庭信步，因为时间在买方市场，真正的买家甚至可以不到最后不举牌。

壬志强当然也有自己的自由选择，首先在谈判形式上，既可以逐户竞价，也可以现场拍卖。最终落槌点取决于壬志强与真正买家的心理较量，谁沉不住气，谁就要让价。但由于壬志强必须在限定时间内卖出，而且面临9户人家某种串通的风险，明显迫不及待。当然，壬志强也可以"愣的怕不要命的"，不买拉倒，大不了老子把三顾庐空置，反正也不用交空置税。

这就是市场的自由，不低于 30 万元就可以卖，实际售价取决于壬志强的意志及与最后的实际买家之间的心理较量，可最高也不会超过 250 万元，因为这已经是客户群的最高住房购买力——即能够为住房支付的最大购买力。在限定系统内，从成本底价到最高价格之间，便是一个商品的价格自由上涨区间，卖家可以在该区间自由获利，即便卖家在该区间内弄一些噱头，甚至搞一些炒作，也无伤大雅；价格曲线可以在该区间自由上升，相应的，买家也可以在该区间自由竞价，价高者得。

三、系统不限定如何被房地产商利用

但如果系统不限定，一个商品的价格曲线会上升得更陡，上涨区间也跟着大幅拉高，价格上限变得遥遥难定。还是拿三顾庐来说，如果不限购，2 户原本住着豪宅的人家也参与竞价，或主动参与，或因壬志强的鼓捣被动参与，虽然他们自己既没有刚性需求，也没有改善性需求，但看到三顾庐有升值潜力，届时可转手给卧龙岗其他人家，恰好手头有一大笔闲钱，此时不投，更待何时？就这样，价格上限一下子从原来的 9 户人家里面的最高住房购买力攀升到 11 户人家里面的最高住房购买力。由于加入投机的豪宅户的最高住房购买力远远高于 250 万元，竞价氛围一下子浓郁起来，壬志强变得游刃有余。

原本比较穷困的 5 户人家也可能加入竞价，他们虽然没有购买力，但住房需求更加刚强，极其可能，他们会借钱一搏，或是找区外的亲友团挪借，或者直接找银行贷款，使用信贷杠杆。尤其信贷杠杆的序幕一旦拉开，不仅竞价氛围一下子炙手可热，而且价格上限会大幅攀升。信贷杠杆原本应该扶弱济困，只借给真正需要帮助的人。但由于不限贷，不仅原本没有购买力的穷困户用上杠杆，而且原本大有购买力的富裕人家也用上杠杆，甚至豪宅户对信贷杠杆也不用白不用，结果是你贷我贷大家贷，大伙儿都以银行为靠山，不差钱了，原本因差钱而自然形成的买方"统一战线"被瓦解。卧龙岗的最高住房购买力迅速攀升，甚至大翻跟头。坐收渔利的当然还是壬志强，因为三顾庐还是那栋三顾庐，但信贷杠杆放大了需求面，尤其膨胀了购买力，三顾庐变得奇货可居。

四、系统不限定如何令房地产商"我为刀俎"

这还只是限定系统内的情况,如果系统更加开放,区外的人甚至国外的人,也可能加入三顾庐的竞价——他们不是卧龙岗的人家,原本不属于限定系统,可认为不存在对三顾庐的真实需求,是不折不扣的投机客,价格曲线迅猛上奔,一下子火起。不仅因为需求面一下子大幅放大,而且因为区外的购买力近乎无底洞,这山望着那山高,更有高山在后头,根本不知道最高购买力止于何处。

更重要的是,由于区外购买者进场,卧龙岗原居民无法对竞争者"知彼",信息严重不对称,过去还有串通的可能,而今根本不知道自己的竞争对手是谁,也不知道竞争对手的购买力有多大,卧龙岗原居民陷入完全被动的境地,只能无序竞争,说白了,就是购房者之间自相残杀。

"风景这边独好"的就是壬志强,不仅更加游刃有余,而且可以进一步把水搅浑,令购买者的自相残杀——竞价——来得更加惨烈。人为鱼肉,我为刀俎,原本 30 万元的三顾庐如今炒到 3000 万元,也不在话下,岂一"宰"字了得!壬志强不禁感慨:"此业,人傻,钱多,速来!"甚至改变原来举家西出的计划,要以三顾庐为样板,在卧龙岗干一票房地产开发。

卧龙岗只是一个假设的限定系统,现实中,尤其在人口数量庞大且人员高度流动的中心城市,系统几乎不可能限定,市场的投机化会来得更加迅速,价格的泡沫化会来得更加猛烈。比如说北京市朝阳区,这是一个高度国际化的区域,房地产商在投资开发时怎么锁定自己的客户群呢?是锁定北京的购买者,还是外地的购买者,抑或国外的购买者?房地产商自己也陷入信息不对称,既不能准确知道自己的客户群在哪里,也不能准确知道自己的客户群有多大的购买力。

但毫无疑问,系统不限定对房地产商极其有利。原因很简单,客户群被极大扩充,客户群的购买力更是被极大膨胀,房子变得更加稀缺。虽然产生信息不对称,但对房地产商极其有利,不客气讲,房地产商更能够浑水摸鱼了。设想一下,拍卖北京市朝阳区一套房,相当于面向全国甚至全球选秀，房地产商独上高楼，望尽天涯客，拊掌笑曰："天下英雄尽入吾彀中矣！"

五、泡沫是无序抢购"抢"出来的

但另一方面、并形成鲜明对照的是，系统不限定对系统内的住房刚需者极其不利。这是显而易见的，系统不限定令不计其数的购房者蜂拥而入，并且源源不断，极大加重系统内购房者的焦虑，不仅竞争者黑压压一大片，更严重的是，竞争者的情报信息一无所有，不知道他们是什么人，更不知道他们有多少购买力。当然也可以考虑不在原有的系统内购房，甚至直接迁居系统外，这是每个购房者的自由。可相对而言，人都有自己的生活与工作圈子，所谓"故土难迁"，人都是限定系统内的人。从现实看，也多是人从外边往中心城市流入，鲜有从中心城市往外边流出的，这大抵也就是所谓的城市化。

原本在限定系统内，住房刚需者对房地产商也有不认同的权力，至少存在价格谈判权。但由于系统不限定，主动权从买方向卖方完全转移，买方防线完全崩溃，在巨大的压力下，系统内的购房者不得不争相入市，男女两家甚至祖孙三代拼尽吃奶的力凑钱，甚至以信贷杠杆跑步进场，无序抢购更加猛烈，自相残杀更加惨烈。一定意义上，中国房价泡沫化的核心症结就在于购房者之间的信息严重不对称，一方面，房地产商充分利用购房者之间的信息严重不对称，令购房者自相残杀；另一方面，购房者之间因信息严重不对称而焦虑，再加上购房者（消费者）天生一盘散沙，几乎无法不自相残杀。就对购房者而言，中国房产市场是十足、十三足、十八足的无序竞争市场。

竞争都应该是有序的，除非是用兵打仗，所谓"兵不厌诈"。完全竞争是限定系统内的完全竞争，唯有有序，竞争才可能充分完全，从而保障资源优化配置。消费亦不例外，不只是属于竞争，而且也是资源配置行为。任何一次交易，对卖方是资源配置，对买方也是资源配置。购房作为消费，而且是"家庭大宗消费"，必须有序，这一点毋庸置疑。但由于对市场机制认识不透，在为消费者购房保障基本秩序上，中国房地产市场管理当局有效作为不足，反而以不限购、不限贷激化无序购买，尤其信贷杠杆滥用，更是严重放大购房上的无序竞争。[130]从购房之毫无秩序讲，泡沫就是广大购房者无序抢购"抢"出来的！以购房之毫无秩序讲，中国房产市场不可能不泡沫化！

六、房价由广大低收入家庭决定

如果系统限定，房地产商即便企图投机，也难有作为。可因为系统不限定，信号混乱不可避免，即便房地产商原本不希望投机，现实上也不由自主走向投机。事实上，由于信号混乱，房地产商在市场调查阶段就可能主动锁定系统外的需求，甚至干脆标榜不为系统内的刚需者造房。比如在北京市朝阳区搞房地产开发，但房价标准根本不参照朝阳区当地的家庭收入水平。

系统外的购买者大举进场也会刺激开发商进一步高价拿地，导致地产市场过热甚至泡沫化，"地王"层出不穷，一王更比一王高。另一方面，由于泡沫升腾，场面火爆，包括银行、房屋中介公司在内的利益集团不可能只是临渊羡鱼，势必趁热打铁，职业炒房客更是趁火打劫，甚至地方管理当局也推波助澜。就这样，多相激荡，恶性循环，房价曲线剧烈攀升，泡沫高高飘扬。

开篇《问题：市场能否为所有人服务》曾分析到：近十多年来，无论房地产商，还是财经界，抑或决策层，在房地产问题上似乎一直犯一个共同错识：谈论需求时，把社会需求当作一个整体，把所有人捆绑在内，即所谓城市化导致住房刚需巨大；谈论价格时，对社会整体作出族群割裂，把大部分人排除在外，说市场是为极少数富人服务的。这一对穷人上屋抽梯、对富人绑架勒索的普遍错误是怎么产生的呢？答案就在于系统不限定！正因为系统不限定，才导致在谈论需求时把所有人捆绑在内、而在谈论价格时把大部分人排除在外，价格和需求各自针对的根本不是同一个系统的对象，荒唐莫此为甚！但隐蔽性极高，几乎让各方错得不知不觉。

---

[130] 关于限购限贷的更多论述，请参阅本书第34章《坚决而逐步压缩房地产信贷》。

可怜的是广大低收入家庭，他们是真正的刚需者，以自己寒碜的购买力积极"投票"，充当了竞价的垫底者，却被上屋抽梯、视若蝼蚁、弃若敝屣。必须警省的是房地产商及房地产市场管理当局：供应商必须从客户的需求和购买力出发，这是商业常识！房地产商必须想方设法、千方百计、全心全意为占绝大多数的低收入家庭造房，这才是房地产业发展唯一的正道。如果说"上帝"，广大低收入家庭才是房地产商真正的上帝！上帝绝不是供应商对消费者口口声声的空头尊称，本质上，房价不是由房地产商决定的，也不是房地产市场管理当局决定的，而就是由作为消费者的广大低收入家庭决定的。

七、"上帝"不是空头尊称

接着本章开头的话题探讨：在自由市场上，任意一个供应商，都追求高价格，这是由作为市场起点并原则的自由意愿决定的，不仅无可厚非，而且构成市场发展的基本动力。但任何一个供应商对高价格的追求都不是没有节制的，能且只能追求现实条件下也就是限定系统内的高价格。更准确讲，任意一个供应商在推出任意一种商品时，也都是针对特定系统，或特定人群，或特定时间，或特定人群加特定时间，即所生产的商品在什么时间内以什么价位卖给什么样的消费者。换句话说，商品有价格底线——显而易见是成本——也存在价格上限。从成本到价格上限之间，就是价格的弹性空间，供应商能在该弹性空间自由获利，低于成本价成交属于亏损，成本价成交利润为零，上限价成交利润最大。

诚可谓"周瑜打黄盖——一个愿打一个愿挨"，价格上限很难确定一个具体数目，买卖双方愿意成交就行。但有一点可以肯定，大多数商品，尤其是限定系统内广大消费者一个个必需的商品，价格上限由限定系统内愿意为该商品支付的购买力决定，不应该超过限定系统的最低购买力，如水、空气和阳光，直接免费。即便该商品一时稀缺，价格上限也不应该超过限定系统的平均购买力，如土地与住房。

如果生活必需品价格超过限定系统的平均购买力，甚至导致广大消费者的基本生存得不到保障，消费者将趋向使用自己的基本人权——不认同的权力,即用脚投票,要么相应提高自己所拥有的交换品的价格,典型如提高人力工资;要么直接向商品供应者"造反",就像当年陈胜发动大泽乡起义时所说:"今亡亦死,举大计亦死,等死,死国可乎?"[131]即是说,一种商品的价格上限是限定系统内多数消费者的购买力水平决定的,它必须适应多数消费者,而不是相反,由多数消费者去适应价格——这才是消费者作为"上帝"的本义!(关于价格价值的更深论述,请参阅《别了(下)》)

八、价格的本色在于"群众路线"

有人可能感到惊讶:怎么能把多数人决定搬到经济学上来?凡事要在政治上被接受,按主流政治学的法则,必须通过多数人的投票决定,这是个政治常识。隔行不隔理,实质上,这也是经济学的道理,只不过经济学是在用另外的话语即价格进行表述而已:商品价格是多数人通过购买力"投票"决定,它必须适应限定系统内的多数消费者,而非相反,由限定系统内的多数消费者去适应它。借用"群众路线"的术语讲,市场经济是群众路线经济,就像市场政治是群众路线政治。区别是在于,市场经济是群众用购买力投票的游戏,不像市场政治多是群众用选举权或决策权投票。说到底,由于不能够循环自证(注目礼),无论市场经济,还是市场政治,都是基于不认同的基本人权。

进一步说,价格的本色在群众路线。价格是不是合理,要看限定系统内的广大消费者能不能接受、愿不愿答应,广大消费者说了算——"顾客就是上帝"绝非贴在墙上的空头口号,而是来自于不认同的基本人权,不认同的基本人权是形成现实价格的核心力量!可当前中国房地产市场的现实情况呢?

早在2009年底,由中国社会科学院发布的《2010年经济蓝皮书》就指出,全国85%的家庭买不起房![132]绝大多数低收入家庭买不起房,要住房,必须找市长,即依靠政府建设保障房,而不是找市场。试想一

---

[131] 《史记·陈涉世家》。
[132] 请参阅《2010年中国经济形势分析与预测》(社会科学文献出版社2009年版)。

下，某房地产开发商到某国开发房地产，可该国绝大多数家庭一辈子不吃不喝，都买不起他开发的房子，他在干什么呢？他要干什么呢？荒唐莫此为甚！

九、楼市是"猪都能飞"的典型

以上大抵就是十多年来中国房价非理性上涨直至泡沫化的基本模式，症结在于系统不限定！当然也有政府垄断土地供应的因素，但主要、也关键的原因就是系统不限定。系统不限定，投机是必然的，泡沫化是必然的。在系统不限定的自由市场上，如果供应商生产供应的恰好属于生活必需品，想不一夜暴富都不成；如果还存在垄断因素，更是非一夜暴富不可，借流行的话讲："站在台风口，猪都能飞！"

中国房地产市场正是"猪都能飞"的典型，房价上涨之快不仅让购房者目瞪口呆，也让包括银行、房屋中介公司在内的利益集团目瞪口呆，甚至也让开发商本人甚至职业炒房客目瞪口呆，出乎所有人的意料，甚至超出所有人的想象，看不懂，想不到——一切皆因系统不限定也！下边的故事据称在一线城市都有流传，应非空穴来风：

一位从北方南下深圳打工的人，通过自己多年的打拼，早在 2000 年就于深圳中心的福田区买了自己的房子，面积 150 平方米，也算小有成就。但他当时雄心勃勃，追求自己创业，至少也做个小老板吧。2002 年，恰好当时房价看涨，他以 100 万元的价格卖掉了自己的房子，小赚了一把，开始创业，有了自己的公司。经过十多年的努力，公司在摸爬滚打中成长，2015 年，他手里面积累了 400 多万元的利润。2016 年元旦前，他拿出这 400 多万元做首付，把自己当年卖掉的房子买回来了。

第12章
投机经济是如何形成的

内容提要

"世界是我们的,做事要大家来!"一切能够优化资源配置的行为,都是创造价值的。问题的关键在于资源配置比例,各行各业各得其所,"结构"大抵此谓也。在限定系统,由于竞争完全充分,自由市场能够发现各行各业的价值资源最优比。但如果系统不限定,投机不仅导致系统的投机经济,而且致使投机经济蔓延并坐大,资源错配迟迟得不到纠正,终至全局性大危机不可避免。当今世界,服务业成为第一大行业,尤其金融业更成为最赚钱的行业,莫不也是全局性危机的前兆?

第 12 章　投机经济是如何形成的

一、房地产投机经济

　　自由是优化资源配置的自由，而不是扭曲资源配置的自由。为保障自由朝着优化资源配置而不是扭曲资源配置的方向，必须限定系统。限定系统是实现资源最优配置也就是达致均衡的当然前提，没有限定，就没有完全竞争，就没有均衡。但如果系统不限定，竞争就难以充分完全，投机就在所难免，资源配置扭曲就不可避免，轻则"劣币驱逐良币"，重则造成畸形经济结构，极则形成系统的投机经济，不只是"大到不能倒"，最厉害的是投机经济不再被认为投机经济，而是名正言顺，甚至登堂入室，乃至居庙堂之高，大吃"冷猪肉"！

　　房地产属于民生行业，系关民生必需品，原本不应该称"劣币"。房地产市场的投机似乎也不是导致一般性劣币驱逐良币，而是造成畸形经济结构；如果说劣币驱逐良币，也主要是分量上的膨胀，即房地产业对全部经济总量的占比超高，不仅挤压其他产业生存发展空间，甚至导致整个经济社会发展对房地产业的依赖，房地产业成为经济社会发展的怪胎甚至肿瘤，倒可以称之为宏观层面、产业维度的劣币驱逐良币。

　　这不仅反映在地方政府普遍存在的"土地财政依赖症"——数据显示，2001~2010 年，地方政府土地出让金收入从 1296 亿元猛增到 2.9 万亿元，占地方财政总收入的比例也从 16.6% 上升到 76.6%；[133]也表现在房地产贷款余额在银行业金融机构各项贷款余额中的权重畸高——数据显示，2015 年末，金融机构人民币各项贷款余额 93.95 万亿元，其中人民币房地产贷款余额为 21.01 万亿元，比例高达 22.36%；[134]还表现在房地产投资占 GDP 的比例严重畸高——数据显示，2013 年，中国房地产投资占 GDP 比例高达 16%，而美国次贷危机爆发时的局部峰值也不过 6.2%，日本房地产泡沫破灭时的比重也不过 9%。[135]可以说，中国房地产市场已成为地道的投机专场，房地产业已成为投机经济的重

---

[133] 数据根据中国财政部公开数据整理计算。
[134] 数据来自于中国人民银行发布的《2015 年金融机构贷款投向统计报告》，更新的数据请参阅本书第 34 章《坚决而逐步压缩房地产信贷》。
[135] 数据来自于《中国房地产报》专题报道文章《全国 31 省市 GDP 对房地产依赖度排名》（2015 年 11 月 18 日）。

要舞台。[136]

二、谁说服务业不创造价值

但房地产还不算真正系统的投机经济，更没有达到名正言顺的境界，而且房地产市场的投机及泡沫已经被高度警惕并尖锐批评。那系统化并名正言顺的投机经济是什么呢？这就是"服务业经济"！尽管服务业早已名正言顺，甚至登堂入室，与投机似乎八竿子也打不上。但曾几何时，无论马克思，还是斯密，都强调劳动创造价值，服务业是不创造价值的，言下之意即服务业主要是投机取巧。这明显有失偏颇，常言道："世界是我们的，做事要大家来！"一切能够优化资源配置的行为，应该都是创造价值的，而不只是所谓的工农业生产。

事实上，服务业也包含生产性劳动，而且也有生产性服务业，典型如交通运输业，并非所有的服务业都不具生产性。另一方面，即便生产性劳动，但如果不曾优化资源配置，也一样不创造价值。判断一个行业是否创造价值，必须回到作为人类社会原核问题的资源配置，其标准是且只是优化资源配置与否，如果优化了资源配置，无疑就创造价值；如果不曾优化资源配置，甚至扭曲资源配置，无疑就不创造价值。

可如今似乎走到另一个极端，服务业已超过工业和农业成为第一大行业。根据李克强总理在 2016 年全国"两会"上所作政府工作报告的说法，2015 年，服务业在 GDP 的比重达到 50.5%，首次成为中国经济的半壁江山，但仍低于发达国家普遍超过 60% 的水平，美国更是高达 80%。[137]

更厉害、更关键的是，服务业在利润上也冠压群雄。典型如在利润排行榜上，金融业长期以来独占鳌头。据麦肯锡全球研究院在 2016 年 7 月初发布的报告《中国的选择：抓住 5 万亿美元的生产力机遇》，中国金融业占据整个中国经济 80% 的利润，远远超过美国的 20%。这并非

---

[136] 房地产业的价值资源最优比在多少、怎么算、如何定，请参阅本书第 31 章《如何划定房价管制红线》。
[137] 数据来自于相关专题报道或研究报告。

孤证，据《财富》杂志在 2016 年 7 月中旬发布的全球企业 500 强榜单，中国内地有 103 家企业入围，其中 10 家是银行，尽管数量上不到 10%，但利润占到入围企业利润总和的 55%。[138]

三、警惕金融业的畸形繁荣

服务业冠压群雄，甚至一枝独秀，看起来可能有些过分，但有什么不妥吗？在自由市场上，物竞天择，难道服务业注定不能成为第一大行业？难道服务业天生不能成为最赚钱的行业？一位金融业资深人士早几年前无意中流露的一句真心话值得一听："现在实体经济逐渐在萎缩，金融这块越来越强大。那天我跟工商银行的杨行长讲，工商银行要报出一年税后净利润能达到两三千亿的时候，全国人民都会骂你的。一个服务性机构怎么能挣那么多的钱，它的钱都挣在了谁的身上？"[139]显而易见，这是认为金融服务业的发展已经过头，不符合自由市场赖以立身的合法性——资源优化配置。

殷鉴不远，美国次贷危机之所以形成并进而引爆全球金融海啸，尽管见仁见智，但在各方面的分析中，有一个原因似乎"英雄所见略同"，那就是美国金融业的发展过头了，畸形繁荣！数据显示，从 2000 年到 2007 年，美国 GDP 从 98170 亿美元增加到 138075 亿美元，但同期金融资产从 895280 亿美元增加到 1419210 亿美元，金融资产对 GDP 的倍数从 9.12 倍上升到 10.27 倍。金融业的畸形发展亦反映到畸形利润上，数据显示，从 1975 年到 2005 年，在全国利润总额中，金融业利润占比从 15% 增加到 40%；与此相应，制造业利润占比则大幅下滑，从 50% 下滑到不足 15%。金融业的畸形繁荣甚至也反映到超级富翁的新增财富来源上。据《福布斯》杂志公布的数据，2007 年，在美国最富的 400 人中，超过 1/3 的人财富主要来自金融和房地产。[140]

---

[138] 数据来自于相关新闻报道或整理计算。
[139] 这是一句至少价值两个月工资的话。2014 年 5 月 10 日，在首届清华大学五道口金融论坛上，某证券公司董事长对中国工商银行的巨额利润公开发表评论，后果很严重，据称被自己所在公司罚了两个月工资。
[140] 本段引用的数据来自于《经济参考报》刊发的文章《美式金融垄断埋下美国"愤怒之年"》（2012 年 2 月 16 日），作者李长久（新华社世界问题研究中心研究员）。

金融业一花独秀，值得中国高度警惕。尽管中国的服务业经济仍大大弱于发达国家，特别是美国，但中国的金融业已抢先登顶世界第一。根据国家统计局2016年初发布的数据，2015年，金融业全年经济增加值为57500亿元，达到GDP的8.5%左右。这不仅超过美国的水平，甚至也超过英国的水平。在西方发达经济体中，英国长期以来就有金融业的优势，但2014年的金融业产值对GDP的占比也不过8%左右。[141]

四、"结构"是怎样一个经济问题

服务业创造价值，这是毋庸置疑的，可为什么发展到一定程度就沦为资源错配甚至成为经济危机的诱因呢？必须回到资源配置的原核问题！的确，一切能够优化资源配置的行为，都是创造价值的，但并非"眉毛胡子一把抓"，这里面存在具体的资源配置比例，可称为"结构"。[142]工业创造价值，应该占多少比例、并给予相应的资源配置；农业也创造价值，应该占多少比例、并给予相应的资源配置；服务业也创造价值，应该占多少比例、并给予相应的资源配置。各行各业都应该各在其位、各得其宜。如果该配而不配，行业的价值就无法体现，不属于资源优化配置，导致结构失衡；如果该多配而少配，行业的价值就部分抹杀，不属于资源优化配置，也导致结构失衡；如果该少配而多配，行业的价值就部分膨胀，不属于资源优化配置，还导致结构失衡。各行各业必须恰在其分、恰得其所，既不多配，也不少配，价值资源比最优，结构均衡至美，借用《中庸》上的名句讲："致中和，天地位焉，万物育焉。"

那应该给服务业配置多大比例的资源，让服务业发展到什么程度，才不至于抹杀、也不至于膨胀服务业本身的价值呢？可拿包装来举例说明，虽不是内容，更不是实质，但绝大多数商品都需要包装的"服务"，包装可视作"服务业"。那在包装上应该配置多少资源呢？答案应该是宜少不宜多，甚至只是必不可少的程度，毕竟只是包装，华而非实。

---

[141] 数据来自于相关新闻报道或整理计算。
[142] 既有的宏观经济学讲"结构"，但何谓结构，似乎并没有准确的定义。说到底，结构就是各行各业的相对价值，具体就某行业而言，就是该行来的价值资源最优比。

具体比例多少为宜呢？

美国联邦法律明确规定，凡包装体积超过商品本身体积 10%、包装费用超出商品本身价格 30%，就属于"欺骗性包装"，可判定为侵害消费者权益的"商业欺诈"。这应该还是宽松的做法，尤其包装费用不超过商品本身价格的 30%，明显过于宽松，已多少带有资源错配的性质，不如日本的《包装新指引》规定包装费用不得超过商品本身价格的 15%。[143]如果包装费用达到商品本身价格 50%甚至以上，无疑就属于华而不实的资源错配，堪称本末倒置的资源浪费。

五、谁来确定价值资源最优比

那谁来计算并确定某个行业的价值资源最优比呢？还是拿包装来讲，谁来计算并确定包装费用不得超过商品本身价格的 15%呢？众所周知，包装管制是市场经济国家通行做法，表面上是立法机构或行业协会人为规定，实质上来自于市场的反复试错与检验。立法机构或行业协会之所以人为规定某个比值，应该正反映市场反复试错与检验的结果。

拿日本《包装新指引》规定包装费用不得超过商品本身价格的 15%来说，15%的比例绝不是无缘无故的，不会是某专家坐在象牙塔中臆想的，更不会是某领导坐在办公室中拍板的，而应该是经过多方市场调查并征求包装设计专家意见的结果，甚至可能还听取了美学专家的意见，最终认定 15%的费用比例符合或接近包装业的价值资源最优比。（关于价值资源最优比的个案详细论述，可参阅本书第 31 章《如何划定房价管制红线》对房地产业价值资源最优比的论述）

事实上，在限定系统内，由于竞争充分完全，各厂家会对商品的生产作出充分的规划设计并成本核算，消费者会对产品作出充分的评价并以货币作出"投票"选择，社会相关机构比如行业协会也会有自己的行动，自由市场完全可以发现包装的价值资源最优比即包装资源最优配置的均衡点。但如果系统不限定，投机势所难免，由于包装本身能够引人

---

[143] 有关美国和日本对欺骗性包装的界定，请参阅《中国包装》杂志 2009 年第 2 期文章《产品包装与企业社会责任》，作者刘安民、刘灿辉。

注目，甚至哗众取宠，很容易成为投机客忽悠消费者的兴奋点，进而大举把资源配置到包装上，喧宾夺主，甚至反客为主，就像让车展堕落为美女模特"胸展"一样；乃至劣币驱逐良币，就像杏花村开酒店的李四驱逐张三一样，商品品质的竞争完全沦为歪门邪道大比拼，甚至金玉其外、败絮其中。月到中秋分外明，每年中秋节，咱们中国人不都可以品尝到包装重于内容的月饼么？

六、包装超配导致"三聚氰胺危机"

《大学》云："物有本末，事有终始。知所先后，则近道矣。"凡事都有本末轻重，这原本是常识。本者要比末者配置更多的资源，重者要比轻者配置更多的资源，这原本也是常识。但如果系统不限定，投机完全可以兴风作浪，不仅倒置本末，甚至颠覆常识，让世人不辨是非，乃至以非为是，黑白颠倒。

拿实体经济与服务业来讲，实体经济为本，包括金融业在内的服务业，是为实体经济服务的，处于从属的地位。如果说创造价值，服务业也是基于实体经济而创造价值，没有实体经济的基础，再新鲜的花样都是空中楼阁。本末不能倒置，本就是本，末就是末，这一点毫无疑问。但如果系统不限定，什么人间"奇迹"都可以创造，就像杏花村开酒店的故事一样，包括包装、装修与广告在内的服务业日益坐大，形成寄生经济的超级繁荣，乃至"劣币驱逐良币"，服务业经济压倒实体经济。借用一句有点流行的话讲，原本广告插播在电视剧里，但投机可以让电视剧插播在广告里。当今世界，服务业成为第一大行业，尤其金融服务业更成为最赚钱的行业，莫不也是电视剧插播在广告里？

事实胜于雄辩！2008年轰动中国乃至世界的"三鹿奶粉事件"，从商品本身看，某种程度上正是服务性包装压倒牛奶生产的恶果。包装原本表面功夫，但由于系统不限定，中国的牛奶业包装超级豪华。有数据显示，2006年，中国液态奶产量1244.04万吨，其中70%采用内层铝膜、中间纸层和外层喷塑的六层复合的利乐包装，费用比发达国家通用的单层塑膜百利包高出 1 元多,消费者为此多花"区区"87 亿元。[144]

正儿不足则邪儿有余,反过来也成立,邪儿有余则正儿不足。既然巨量的资源配置到广告与包装上,在竞争及利润压力下,留在奶品本身上的资源配置自然就被压缩,比例偏小。强大的压力往哪里传导呢?少数人更容易形成"集体行动",多数人反而不容易集体行动,一盘散沙式的奶农更难以集体行动,自然而然,压力最后传导到奶源上,牛奶收购价被一压再压。由于资源配置太小,几乎无利可图,奶农和奶企难免不掺假,"三聚氰胺危机"就这样形成、积累、爆发了!实际上,牛奶包装不只是利乐包装,这是有形的包装,还有无形的包装,典型如广告与品牌,所获得的资源配置比利乐包装更大。三聚氰胺危机实质上是为华而不实的包装资源超配而付出的超昂代价。

七、金融业是怎样坐大的

毫无疑问,对包装的资源超配就是地道的投机。但由于司空见惯,包括包装在内的服务业资源超配已获得某种公认,不被认为是投机,反被赞为服务业崛起。这尤其彰显在金融业,尽管金融业只是服务业,并且多次因资源超配导致经济危机——包括最近的美国次贷危机,但典型恐怕莫过于 20 世纪 30 年代的大萧条——以至被美国历史上执政时间最长的总统罗斯福(Franklin Roosevelt)不无牢骚地贬之为"钱商",但金融业"桃花依旧笑春风",不仅登堂入室,甚至居庙堂之高,享有最赚钱行业的至尊地位。事实上,当今金融业(包括通常讲的资本市场在内),已成为一个虽与实体经济联系在一起、并仍对实体经济有服务功能、但在很大程度上已经与实体经济脱离的独立经济,有点像二轨并行,实体经济是一轨,金融业也是一轨。[145]

退一万步讲,二轨并行也未尝不可,无非是多一种游戏的玩法而已。

---

[144] 数据来自于《21 世纪经济报道》记者调查文章《"奶博士"的万言书》(2008 年 10 月 15 日)。
[145] 复旦大学中国研究院学术委员会主任史正富先生对金融业独立一轨的问题洞察很深,可参阅他这方面的代表性文章《现代经济学的危机与政治经济学的复兴》(《东方学刊》2018 年第 1 期,可网上查阅)。

尤其在限定系统内，游戏怎么玩都无所谓。但问题是在于，金融业独立一轨，意味着金融业的资源严重超配，极大侵占实体经济的资源配置额度，甚至直接挤兑实体经济，乃至挤出实体经济，自个儿一轨空转。这才是危险所在，"结构"严重畸形，金融业压倒实体经济，随时倾覆。

在特定系统，资源总额终归有限，邪儿有余，必正儿不足，挤兑的压力甚至传导到整个社会的人力资源配置。《华尔街日报》一位名叫莱哈特（Justin Lahart）的记者发现，在过去30年中，由于美国金融业过度繁荣，工程专业的毕业生纷纷放弃应用科学而转投金融业。[146]这明显带有资源错配甚至资源浪费的性质，但金融业资源超配之所以长期存在并多次复发而得不到纠正，甚至都难以发现，直至危机不可避免，不撞南墙不回头，症结主要在于系统不限定。

实际上，由于系统不限定，即便发生行业性的资源超配，也不会马上导致危机爆发。一者因为行业性的资源超配往往属于全局性，存在一个传导过程，危机不会一下子爆发，反而会通过全局释放而减压；一者因为系统不限定，甚至无限开放，系统有资源进出，危机会通过系统的资源进出向外扩散，从而在系统外稀释，危机再度苟延残喘。

举例来讲，美国次贷危机实质上早已经成形，但并没有马上爆发，甚至问题也没有得到高度重视，原因就在于次贷危机得到稀释，不仅因证券化上市而稀释，而且因美国金融证券系统的高度国际化而稀释。这里不得不提一桩事实，2007年7月，美国住房和城市发展部部长杰克逊（Alfonso Jackson）访问北京时，曾向中国方面推销在后来的美国次贷危机中作为主角并成为全球金融海啸导火索的住房按揭证券。

八、从微观问题到宏观危机

毫无疑问，如果资源错配得不到纠正，危机的扩散与稀释并不意味着危机的缓解，而只是危机在系统内也包括在系统外逐步蔓延积累，正好比癌细胞扩散，直至病入膏肓，最后以一场全局性大危机为代价。这

---

[146] 此事应该属实，但未查到权威出处，见之于2008年一篇网络论坛文章，标题是《金融与工程，风水轮流转，重新洗牌最终对经济有利》。

大抵就是从微观问题到宏观危机的过程，就像微观是宏观的基础，微观问题也是宏观危机的基础；就像宏观是微观的演变，宏观危机也是微观问题的演变。

微观问题之所以演变为宏观危机，症结正在于系统不限定，系统不限定为微观问题打开了向宏观危机演变的通道。如果系统限定，即便发生微观层面的资源错配，也能够小事化了，而不会积累和扩散。但如果系统不限定，微观层面的资源错配就很容易扩散并蔓延，积少成多，问题逐步升级，以至系统内外全部感染，酿成全局性危机。

这就是系统不限定的致命性！与限定系统让投机自然消融完全相反，系统不限定不仅导致投机及资源错配，而且导致投机及资源错配得不到及时纠正，致使投机经济蔓延并坐大，一发而不可收，终至全局性大危机不可避免。金融业之所以能持续坐大并屡屡成为经济危机的肇事者，除了因为金融业本身在经济体系中的战略控制性和资本的高度流动性，重要原因也在于系统不限定导致投机及资源错配一发难收。

显而易见，要防止经济危机，最根本的措施便是限定系统。这不仅能够直接截断微观问题的扩散通道，更重要的是，限定系统让微观问题就地消化，而且是自然消化。毫无疑问，自由竞争是解决问题的最佳办法。由于限定系统内的竞争充分完全，任何问题都会在限定系统内自然消化，从而保障自由市场尽可能趋向资源最优配置的均衡。

九、凯恩斯的"革命"

这里不得不提一下西方经济学经历的第三次革命——"凯恩斯革命"。最先的"斯密革命"确定了自由主义的核心地位，后来的"边际革命"进一步巩固了自由主义的核心地位，尽管凯恩斯革命仍然属于主流经济学的一脉相承，但与前两次革命相比，凯恩斯革命的确更具有革命的性质，因为它主张政府干预。逻辑上讲，主张政府干预就是对斯密革命的再革命，说白了，斯密革命完成了从根本上驱逐政府的革命，凯因斯革命实现了重新引入政府的再革命。

但凯恩斯革命并非国家主义革命，更不是计划体制的全盘复归，而只是政府干预的重新引入。作为凯恩斯革命的集大成者，凯恩斯尽管对自由市场存在不信任的地方，但谈不上国家主义者。尽管凯恩斯所处的时代，国家主义风起云涌，但凯恩斯更主要是被尊称为"宏观经济学之父"，现代市场经济国家的宏观经济调控体系相当程度上是凯恩斯奠定的。今天不时提到的财政政策和货币政策，即来自于凯恩斯1936年发表的专著《就业、利息和货币通论》。

凯恩斯为什么要重新为自由市场引入政府干预呢？症结正在于一场全局性大危机，这就是20世纪30年代末席卷整个资本主义世界的"大萧条"，迄今为止也是资本主义历史上最大的经济危机。凯恩斯之所以主张政府干预并为主流经济学实现了第三次革命，正是深入思考大萧条的结果，大名鼎鼎的《就业、利息和货币通论》就是系统反思大萧条的专著。从现实效果看，凯恩斯是正确的，政府干预的确挽救了大萧条，以至凯恩斯本人被称赞为"资本主义救世主"。

十、主流经济学的折腾

但凯恩斯的政府干预论在当时就引起争议，实际上重新回到了自由主义者长期以来对政府干预论的质疑：从基本逻辑讲，如果自由市场不能够自动实现均衡，凭什么政府干预就能够人为保障均衡呢？这的确是凯恩斯难以招架的，尽管政府干预现实上拯救了资本主义，但凯恩斯主义在理论上并不通透。经济危机极大彰显自由市场不是自动均衡的，但并非自由市场不能自动均衡，症结在于系统不限定，是系统不限定致使自由市场无法自动均衡。

自由是限定系统内的自由，市场是限定系统内的市场，完全竞争是限定系统内的完全竞争。只有在限定系统内，自由市场才能够通过充分完全竞争自动实现均衡；如果系统不限定，竞争难以充分完全，投机势不可免甚至一发难收，自由市场还怎么自动实现资源最优配置的均衡？当然，如果给予无限长的时间，当系统开放到不能再开放时，系统自动限定，有朝一日也将达到资源配置最优的均衡，这正是凯恩斯对自动均衡论所讥讽的:"长期看,我们都会死去!"[147]

毫无疑问,一切都必须回到资源配置的原核问题,自由市场不是别的,是且只是优化资源配置的自由市场,是且只是限定系统内的自由市场。经济危机之所以发生,原因正在于系统过度开放导致自由市场丧失均衡功能;凯恩斯的政府干预之所以能够拯救经济危机,原因正在于政府干预通过人为资源配置帮助自由市场恢复均衡功能,如此而已。

一定程度上,政府干预是为自由市场一开始就缺失限定系统而亡羊补牢,把本应有的、也早该有的一"限"字重新补上。[148]这就是西方经济学的折腾,革命革命再革命,反复反复再反复,何也?口称自由市场而实憎于自由市场也!名为革命,实则折腾。可以肯定,如果主流经济学不进行系统的反思,不返本归元并正本清源,革命还会接着有,折腾还会接着来。

十一、为何靓女回家都老实卸妆

舆论常常一本正经地谈起所谓"酒香也怕巷子深",实际上,今天的问题根本不在于"巷子深",而就是人为的信息干扰极其严重。到处是包装,到处是广告,到处是策划,到处是品牌运作……忽悠,接着忽悠,一个社会把超级海量的资源掷入非生产性经济,但没有哪一个站出来质疑一声:"这正常吗?"从来没有!要是你的女朋友或男朋友如此矫情,你立马急!靓女帅哥回家都得自揭画皮,老老实实卸妆,以本色面对家人,因为家人之间原本就因系统限定而信息高度对称,知根知底——一切都是系统不限定惹的祸!

---

[147] 这是凯恩斯一句流传甚广的讥讽话。一部分自由主义者无条件相信市场的均衡功能,把市场当成了与人无干的超人机制,反对任何的政府干预,直至"大萧条"的事实爆发,凯恩斯遂有此讽。

[148] 关于限定系统作为自由市场不可或缺的当然前提,个案论证请参阅本书第六篇《真自由市场:以楼市为例》。

第13章
两极分化是怎样造成的

内容提要

不认同的权力是一个人的基本人权,构成两极分化最强大的防火墙。但在"金钱竞赛"作为比较游戏的市场经济下,由于系统不限定,内部相互依赖极大弱化,人际关系"原子化",人际博弈"打一枪换一个地方",不认同的权力几乎无法发挥作用;更重要的是,资本成为"客观"与否的准绳,相当大程度上剥夺了一个人不认同的"主观"人权,不认也得认,不同也得同。两者共同作用,导致市场经济下的两极分化。由不能够循环"自"证所决定,"我"和"他"相依为命,真正的自由市场原本命运共同体。

一、"拼爹资本主义"

在现行市场经济模式下,不仅有价格泡沫,也不仅有投机经济,更严重的还有两极分化,而且问题日益严重。2013年9月,由美国加州大学伯克利分校、法国巴黎经济学院和英国牛津大学的众多经济学家联合完成的一项研究表明,美国1%的最富有人群在2012年的收入占全民年收入的19%以上,创下1928年也即"大萧条"以来的最高纪录,[149]两极分化的风光"今朝更好看"。

不仅是两极分化,而且还两极固化,流动性越来越小,尤其金字塔顶尖的富裕阶层更加"老子英雄儿好汉",几乎不存在流动性。借用《21世纪资本论》作者皮凯蒂(Thomas Piketty)的话讲,如今是个"拼爹资本主义"时代!皮凯蒂并肯定,如果经济社会运行模式不作根本改变,资本收益率将永远大于经济增长率。[150]意思是说,"富者愈富,贫者愈贫"的马太效应将持续发酵,拼爹资本主义会愈加强化。

应该正因为如此,"占领华尔街"运动的屌丝们振臂呐喊:We are the 99%, and so are you(我们是那99%,你们也是)!稍前在2011年5月,诺贝尔经济学奖得主斯蒂格利茨(Joseph Stiglitz)在美国著名的《名利场》杂志发表文章,猛批美国的两极分化固化,标题就火力十足,叫Of the 1%, by the 1%,, for the 1%![151]

二、两极分化为何引发经济危机

两极分化不仅是严重的社会问题,而且是典型的经济问题,与消费不足紧密联系在一起,一定意义上也是同出而异名:消费不足更主要是经济学的说法,两极分化更主要是社会学的说法。更重要的是,两极分化随时随地转化为消费不足。简单讲,富裕阶层虽然有钱消费,但富人数量极其有限,而且富人也一样是"站起三碗饭,躺倒三尺床",所以

---

[149] 《美国贫富差距创新高》,《人民日报》,2013年9月13日。
[150] 这是《21世纪资本论》(中信出版社2014年版)的核心论点之一,基于过去的经验而推断未来,乃皮凯蒂通过大量数据分析得出的结论。
[151] 文章链接地址:www.vanityfair.com/news/2011/05/top-one-percent-201105

总消费有限,更何况还存在边际效应递减。虽然可以搞畸形乃至变态消费,但终究也有限,而且也边际效应递减。这就决定了富裕阶层的总消费有限,到一定数额自然饱和。普通民众虽然消费欲望高强,而且人口数量庞大,但缺乏消费能力,所以总消费受限。富裕阶层总消费有限,普通民众总消费受限,合起来即有效需求不足。

在产能过剩早已成为常态的现代市场经济下,如有效需求不足的问题长期得不到缓解,经济体的断裂就不可避免,经济危机势不可当。这得到经验的反复证明,不仅被历史上多次经济危机有力证明,更被最近的2008年国际金融危机强有力证明。毫无疑问,美国信贷消费之所以膨胀,是因为普通民众总消费受限,背后的本质就是两极分化,99%的"我们"缺乏消费能力,只能以信贷向未来透支,寅吃卯粮,无法形成闭环,危机日积月累,爆发不可避免。

三、自由市场导致两极分化

在现行市场经济模式导致两极分化上,无论市场派,还是非市场派,抑或其他派别,不约而同地高度一致,几乎没有异议。倒是北京大学经济学教授张维迎先生有个统计看上去很美:"我做过一个统计,如果以基尼系数来衡量收入差距,在中国30多个省、市、自治区当中,平均而言,市场经济发展最好的地区、国有经济部门最少的地区,财政收入占GDP比重最低的地区,是收入差距最小的地区。"[152]这应该是改革开放不久之后的统计,即便属实,也不具有标本意义,而只是社会转型期的临时过渡现象。总体上,尽管市场经济的确带来更多平等机会,但自由市场导致贫富两极分化,更是不争的事实,以至于强自由主义者也不无感慨地表示:"市场经济有一万条好处,但是有一条极大的坏处,那就是贫富不均。"[153]

可市场经济如何导致了两极分化呢?无论市场派,还是非市场派,

---

[152] 张维迎:《市场的逻辑》,上海人民出版社2012年版。
[153] 可参阅账号为"人文经济学会"的新浪微博。

都只是现象上的说明，缺乏机制机理上的剖析。这对非市场派而言，只是"不知彼"的问题；但对市场派而言，却是"不知己"的隐患。更重要的是，从机制机理上看，市场机制的本质恰恰在于均衡和谐，而不是分化，更不是两极分化。

这一点几乎用不着高谈阔论，最简单的一对买卖关系，一方老是大赚，另一方老是大亏，能持续么？真正要基业长青，任何买卖都必须双赢，做事大家来，你赚我也赢。这得到经验事实的佐证，而且堪称商业成功秘笈。有华裔富商在总结自己的营商之道时曾提到很重要的一条：永远不赚十分利，七八分就成，一定要向对方让二三分利。

四、主流经济学的破天漏洞：微宏悖反

按西方经济学的既有理论，微观上至少存在三道环环相扣的防火墙，保障市场机制达致均衡和谐的本质。基本层面讲，市场属于自由交易，拒绝特权，拒绝暴力，不得强买强卖，不扭曲任何一方的意志，这不正是均衡和谐的有力基础吗？技术层面讲，市场讲究双赢，如果一种行为剥夺任何一方的既得利益，不管是否带来更大的整体利益，都非"帕累托改进"，这不正是均衡和谐的有力护法吗？最终意义上讲，市场之所以能优化配置资源，是因为市场存在均衡机制，通过持续的博弈发现并实现资源配置最优的均衡，这不更是以均衡和谐为归宿吗？

在国内经济学家中，作为西方经济学的重要代表，张维迎对市场机制的均衡和谐本质有比较深刻的洞察，并作出极其鲜明的表达："市场的基本逻辑是：如果一个人想得到幸福，他（或她）必须首先使别人幸福。""市场竞争，本质上是为他人创造价值的竞争。""市场就是好坏由别人说了算、不由自己说了算的制度。"滔滔者，天下皆人人利他，何乐而不为？张维迎不遗余力为自由市场叫好，曾不无激昂地表示："市场经济是人类最伟大的创造，是人类进步最好的游戏规则！"[154]

可微观上为他人创造价值的市场机制为何导致宏观上的两极分化

---

[154] 本段所引张维迎先生言论，请参阅《市场的逻辑》（上海人民出版社2012年版）。

呢？微观是宏观的基础，宏观是微观的演变，宏观与微观尽管大有别焉，但本质上应该一脉相续，至少也不应该背道而驰，正如诺贝尔经济学奖得主斯蒂格利茨曾表示的："在过去数十年中，经济学者们已对微观经济学和宏观经济学的分割提出了疑问。整个经济学界已相信：宏观的变化必须以微观经济学的原理为基础；经济学只有一套，而非两套。"[155]

可市场机制为何形成微观与宏观的悖反呢？津津乐道自由市场微观之美的市场派似乎没有思考过，整个经济学界似乎都不曾深入思考，构成主流经济学又一破天漏洞。宏观经济当然不是简单的一对买卖关系，但宏观经济不正由一对对买卖关系构成么？既然具体的一对对买卖关系都以均衡和谐为本，为什么宏观一加总后却严重偏离双赢和谐呢？

五、为何不是能力不同导致分化

油然而生的答案可能便是能力不同！"一母生九子，连娘十个样。"毫无疑问，人不可能都一样，难免有能力高低强弱之别。能力高强者创造的价值大，因而价值高；能力低弱者创造的价值小，所以收入低，这有什么疑问吗？贫富分化实在是自然不过，甚至可以说天经地义。但这不过想当然罢了，严重的问题显而易见，最简单的就是：什么叫能力高强低弱？"我"认为拥有某素质代表能力高强，可别人不认同呢？如"我"认为光明正大代表能力高强，别人认为阴谋诡计代表能力高强，尔奈其何！即便拥有某素质的确就是能力高强，可仅仅因为别人不拥有，他打死也不认呢？

类似的答案还很多，通常还会提到家庭出身、教育经历之类。"我"出身于权势家庭，大有经济社会资源；别人出身于平民家庭，缺乏经济社会基础，所以别人在自由市场上竞争不过"我"。"我"不仅毕业于名牌大学，并且有博士学位；别人只是毕业于一般院校，而且只是专科学历，所以别人在自由市场上竞争不过"我"……种种看起来都理所当

---

[155] 可参阅北京大学经济学教授萧琛先生为萨缪尔森、诺德豪斯《经济学》（第17版，人民邮电出版社2004年版）所写译者序。

然，但如果"打破沙锅问到底"，都存在尖锐的问题，最明显的就是：为什么家庭出身高低、教育经历好坏与市场价值大小就一定正相关呢？一般认为家庭出身高贵代表自由竞争的优势，可别人不认同呢？如果把"文化大革命"中某些现象也视为自由竞争，家庭出身高贵反而构成自由竞争的累赘，所谓的"地富分子"不是胜人一筹，而是输人一等。

六、为何不是收入不同导致分化

另一个容易让人想起的答案应该是收入不同。在自由市场上，如不为别人创造价值，"我"就不可能有收入。这是无疑的，但现在要提示的是：难道别人就没有收入？如果别人没有收入，"我"的收入从哪来？"我"为别人创造价值又怎么体现？显而易见，就像"我"一个苹果交换别人一个香蕉，别人和"我"都有了收入，"我"可以主观上认为自己的收入比别人高，别人也可以主观上认为自己的收入比"我"高，那客观上谁高呢？西方经济学似乎并无答案，又是一道新难题。

必须回到基本层面来思考！何谓"交换"？如不能够循环"自"证（注目礼）所显明的，也是马克思所强调的，一种商品不可能自己度量自己，而必须通过交换、借助于别的商品而进行。[156] 不能说一个杯子价值几个杯子，但可以说一个杯子价值三张桌子抑或五碗米饭，价值上对等与否暂且不论，但至少逻辑上讲得通。即是说，不论"我是什么"，都要与别人进行交换，都不能"我"自己内循环，单方面说了算，都必须征得别人的认同，具体取决于"别人认为我是什么"，交换的实质在于克服"我是什么"与"别人认为我是什么"之间的歧异，如果"我"和别人之间没有达致认同，交换就不会发生。

这就需要"我"为别人带去价值享用，如别人没有获得价值享用，异就不能克，同即不会来，怎么会有交换的发生？彻底讲，交换实质在于价值共享，没有共享，就没有交换，交换是一次共享完成的动作。如果说收入，此中收入相等，因为共享的价值自然相等。（关于交换或交

---

[156] 可参阅《工资、价格和利润》（人民出版社 1971 年版）或《资本论》第 1 卷。

易的定义,请参阅本书第17章《"我"是逻辑秩序的保障:以交易为例》;关于交换的本质和价值问题的深度论述,请参阅《别了(下)》第七篇《低碳经济才是真经济》)

七、不认同的权力防止分化

交换是价值共享,这从微观基础上进一步强化了市场机制的均衡和谐本质,问题从而也变得更加尖锐:究竟微观层面均衡和谐的市场机制是如何导致了宏观层面的两极分化?像能力、家庭出身、教育经历之类的回答,貌似合情合理,实则似是而非,都是市场已判定后的结果,现在的问题是要追溯到市场判定之前,乃更高抽象后的探讨。

不妨来一个情境设想:"我"和别人被空投到一座与世隔绝的孤岛,两极分化要怎么产生呢?即便原来两极严重分化,甚至天壤之别,别人是亿万富翁,而"我"一文不名,但此时此刻,"我"和别人也是平等的,原本的两极鸿沟被一笔抹平。症结就在于"我"有不认同的权力,在两个人的孤岛上,别人的亿万支票不过一张纸,他不注目"我","我"就不注目他;他不认同"我","我"就不认同他;他不礼"我","我"就不礼他,谁高谁低,一切重新开始。

由于不能够循环自证(注目礼),在两个人的自由市场,不论什么因素,能力也罢,家庭出身也好,教育经历也罢,其他种种也好,都需要"我"和别人的共同认定,要不然,一方就能够以不认同的权力反制另一方,果断出手"否决票"。事实上,没有别人的认同,"我"说什么都是自己的主观,顿足捶胸无济于事,呼天抢地也无可奈何,因为客观的判定权在别人手里,说白了,消费者说了算。比如"我"认为自己会这会那,是多面手,能力比别人强得多,要求别人更加尊重"我",可作为消费者的别人就是不认同,"我"奈其何!此中之情形与下边的故事所包含的事理存在某种相通:

一位哲学家乘船出海,觉得很无聊,便与船夫聊天。但没聊几句,哲学家就兴致全无，觉得船夫太无知。于是就问："你懂哲学吗？"船夫答："不懂！"哲学家摇头表示："那你至少失去了一半的生命。"又问："那你懂数学吗？"船夫答："也不懂！"哲学家一声长叹："那你失去了80%的生命。"船夫不再说话，小船继续前行。突然，海面上刮起大风，一个大浪把船掀翻了，哲学家和船夫同时落水。船夫问哲学家："你会游泳吗？"哲学家喊道："不会！"船夫说："那你失去了100%的生命。"

八、不认同的权力如何防止分化

哲学家自以为比船夫多知高智，可没得到船夫的认同，凭什么享受高船夫一等的尊重？自由市场上，由于以力服人被限制禁止，也因为认同与不认同的权力的平等，不仅财富上的两极分化不可设想，别的类型两极分化也不可设想。西方政治学标榜自由主义，所谓自由民主制，近乎也可以归结为政治自由市场，与经济自由市场的区别，主要表现为用货币投票还是用脚投票的不同。

但一个明显的事实是，在政治自由市场上，自由民主制可认为并没有导致两极分化，就是总统偷情，无意中沾上的精液也一样被查证[157]，原因就在于自由民主制保障不认同权力的行使。由不能够循环自证（注目礼）所决定，不认同的权力是一个人最基本的人权，即便别人对"我"客观上存在明显的优势，"我"也可以行使不认同的权力，就像"风可进，雨可进，国王不可进"一样，"我"横竖不买账，奈何！不认同的权力为"我"保障否决票，从而制约任何差距乃至分化的产生，构成两极分化最强大的防火墙，不只是防止分化，而且能弥合分化。

举一个极端的例子，假设把两个人空投到一座与世隔绝的孤岛，不论这两个人原本相对有着怎样的优势甚至杀手锏，能力高强也罢，背景深厚也罢，人脉广泛也罢，资源丰富也罢，无论什么样的两极分化，此时此刻都出清归零。即便一个原来是亿万富翁而一个是流浪汉，他们此时此刻也完全平等，因为他俩在孤岛上已成为互相依赖的一对人，你如

---

[157] 可参阅美国第42任总统克林顿的"拉链门事件"。

果不认同我，我就可以不认同你，谁都可以牛，又谁都不能牛，做事俩来，有饭俩吃，命运共同体。如果说垄断，相互垄断正属于限定系统的内在机制，限定系统是相互垄断的限定系统。简单讲，在限定系统内，相互垄断防止两极分化，万一产生两极分化，相互垄断弥合两极分化。

九、系统不限定弱化不认同的权力

不认同的权力原本也可以保障经济自由市场的均衡和谐，可现实上为什么沦为两极分化呢？原因就在于不认同的权力没有得到有效行使。为什么不认同的权力在经济自由市场上得不到有效行使呢？症结正在于系统不限定！一旦系统不限定，各博弈方自然生发投机心理，不打算追求长期利益，甚至不准备进行稳定博弈，竞争难以充分完全，更多是一次性交易，甚至"打一枪换一个地方"，不认同的权力被极大弱化，进而导致两极分化。

从资源配置的角度讲，由于系统不限定，系统背离资源优化配置的方向，投机客崛起，正能量陨落，劣币驱逐良币，系统内的相互垄断被极大弱化，进而导致两极分化——实质上是最高级别的资源配置失衡和最大限度的资源配置扭曲；从人际关系的角度讲，由于系统不限定，系统内的相互依赖极大弱化，你走你的阳关道、我过我的独木桥，人际关系"原子化"，人际博弈短期化，打一枪换一个地方，不认同的权力难以发挥作用，"精神原子弹"沦为哑弹，从而导致两极分化。

十、"金钱竞赛"是怎样的致命游戏

风行世界的市场经济——准确讲是西式市场经济——之所以一直以来与两极分化如影随形，市场经济到哪里，两极分化也到哪里，症结正在于西式市场经济内禀的"金钱竞赛"所依赖的资本，天生就超出限定系统，极大剥夺不认同的基本人权，从而导致两极分化不可避免，坂上走丸，势不可当。

由于不能够循环自证（注目礼），每个人都不得不透过别人"看"

自己,"人比人"是不可避免的,竞赛是不可避免的,博弈是不可避免的。人们原本在限定系统内自由博弈,可能玩体育竞赛,可能玩文艺竞赛,可能玩道德竞赛;或许是以力服人,或许是以理服人,或许是以德服人……一切皆有可能,自由博弈嘛!

但资本主义兴起后,社会主流比较游戏沦为"资本的竞赛"——这里尊重平常的用语习惯,也照顾被称为"制度经济学之父"的凡勃伦(Thorstein B Veblen)的提法,把资本的竞赛称为"金钱竞赛"![158]在金钱竞赛中,尽管每个人仍然透过别人"看"自己,但目光都一律先指向金钱,通过金钱"看"自己,谁能够赚钱,谁就有价值;谁赚的钱更多,谁的价值更大,不再需要别人直接作证,不再把别人直接当镜子,有钱就是大爷!

作为证明个人"存在感"的载体,"钱大爷"不仅使金钱竞赛成为可能,而且构成金钱竞赛的第三方独立力量,具有相当的超然性甚至神圣性,这已经不可思议;更不可思议的是,钱大爷还成了核量一个人在社会上价值大小的重要准绳,甚至是唯一准绳。相当程度上,金钱竞赛篡改了一个人证明自己的存在及其价值的方式,金钱原本只是人证明自己的手段,而今几乎成了目的,而且几乎成了唯一目的,人类拱手把自己最宝贵的不认同的基本人权托付了钱大爷,这才是最致命的!

还是请马克思直接发声:"钱蔑视人所崇拜的一切神并把一切神都变成商品。钱是一切事物的普遍价值,是一种独立的东西。因此它剥夺了整个世界——人类世界和自然界——本身的价值。"[159]这应该是史无前例的,不分时代、不分地域、不分民族,是人都无法否认金钱的意义,是人都有追求财富的动机,但金钱竞赛成为社会主流比较游戏,资本主义是第一次,始作俑也。

原本在限定系统内,人们互相依赖,乃至相互垄断,你离不开我,我离不开你,属于命运共同体。但金钱竞赛兴起后,人们都不约而同地

---

[158] 请参阅凡勃伦代表作《有闲阶级论》(商务印书馆1964年版)。
[159] 《论犹太人问题》(《马克思恩格斯全集》第1卷)。

甚至不可思议地被作为第三方独立力量的资本所控制,工人为钱疲于奔命,资本家也为钱疲于奔命,某种意义上奔得比工人还疲。马克思在《资本论》脚注所引用的"如果有300%的利润,资本就敢冒绞首的危险",[160]提示的正是资本家被资本一手控制的疲命。

事实上,资本"主义"的受害者不是哪一部分人,而是所有人!它原本也不是针对哪一部分人群的,资本家只是后来在金钱竞赛中成了赢家,如此而已。[161]即是说,资本主义的祸害——包括两极分化,但不只是两极分化——首先并非资本家造就的,而首先是金钱竞赛造成的。

十一、孟获凭什么被七擒七纵

看过《三国演义》人都知道,诸葛亮曾经对孟获"七擒七纵"。看起来有点假惺惺的感觉,两军相争,成王败寇,七擒七纵是什么名堂?可说法有案可查,甚至有板有眼,最早的记载来自《华阳国志》卷四《南中志》,北宋的《资治通鉴》也有提及。但史家考证,七擒七纵更多属于小说家的演义,并没有确凿的证据。不管是不是实有其事,七擒七纵所揭示的道理应该毋庸置疑,而且正是孟子很早就强调的:"以力服人者,非心服也,力不赡也;以德服人者,中心悦而诚服也。"[162]意思是说,真正的服是尊重自愿原则的,是别人发自内心的认同;凡不尊重自愿原则的以力服人,都是一时的,本质上假,甚至后患无穷。

为什么孟获一个败军之将还会在诸葛亮的胜利之师面前有高达七次的谈判筹码呢?这就是不认同的基本人权的伟大力量!尽管也可以认为孟获与诸葛亮不属于一个限定系统,但在孟获与诸葛亮之上,没有第三方独立力量,只要以力服人被限制禁止,不认同的权力抑或说自愿原则就是"精神原子弹",能够一票否决,七擒七纵正是诸葛亮尊重孟获的一票否决权。可作为金钱竞赛的第三方独立力量,资本高高在上,超

---

[160] 《资本论》第1卷。
[161] 关于金钱竞赛中资本为什么压倒劳动而成为赢家,请参阅"别了,西方思想"体系其他著作。
[162] 《孟子·公孙丑上》。

出限定系统，打破限定系统，让限定系统的界线化为乌有，极大削弱最起码的自愿原则，极大剥夺最起码的不认同权力，极大强化金钱对人的主宰，让"精神原子弹"沦为哑弹，这才是资本的罪过，更是资本"主义"的罪恶，也正是西式市场经济不可避免地沦落两极分化的终极原因。

十二、资本剥夺不认同的基本人权

马克思之所以坚定认为资本主义民主是虚伪的，原因据称也在于马克思使用了强大的反证法，即：如果资产阶级民主是真实的，占有人口大多数的无产者将通过政治手段剥夺资产阶级的财产。马克思绝非对现实视而不见，逻辑上讲，反证法在这里是成立的，但除了暴力革命，占有人口大多数的无产者现实上并没有、也不能通过一般性政治手段——比如说民主投票——剥夺资产阶级的财产，症结主要还是在于资本。

在以金钱竞赛作为社会主流比较游戏的市场经济中，作为第三方独立力量，资本成为"客观"与否的准绳，摧毁了一个人横竖不买账的自由，在相当大程度上"和平"剥夺了一个人不认同的"主观"人权，不认也得认，不同也得同。正是在资本剥夺不认同权力的意义上，资本主义民主极显虚伪，人再多也不管用，人再多也是主观，人说了不算；资本掌握话语权，资本代表客观，资本说了算，正可谓"床头黄金尽，壮士无颜色"。一定意义上讲，遗产税与赠与税也算是依法和平剥夺资本家的财产，但资本主义的江山依旧，原因乃在于金钱竞赛的游戏一如既往，资本继续高高在上，统治着全人类。（关于金钱竞赛的更多论述，请参阅《别了（下）》第 26 章《金钱竞赛怎样害己害人害天害地》、第 30 章《公有制的要义在于超越金钱竞赛》、第 37 章《从节制金钱竞赛认清马克思主义》）

十三、自由市场原本命运共同体

孟子曰："君之视臣如手足，则臣视君如腹心；君之视臣如犬马，则臣视君如国人；君之视臣如土芥，则臣视君如寇雠。"[163]这就是不认同的基本人权的行使，相对于"臣"，"君"高高在上，但并不比臣更牛，君与臣是双向互动关系，不认同的权力能够保障双向互动的均衡，不只是避免分化，甚至弥合分化，走向相依为命的命运共同体。

怪乎哉？不怪也！由于不能够循环自证（注目礼），"我是什么"不由"我"自己单方面说了算，而必须与别人协同，极其关键的"投票权"，由别人一手掌握，说白了，别人原本"我"生命不可分割的一部分。张维迎说："市场就是好坏由别人说了算、不由自己说了算的制度。"[164]更全面准确讲，自由市场就是"我"作主体、别人作评判的命运共同体，两极分化原本匪夷所思。

狮子与蚊子，哪一个更牛？狮子威风凛凛，号称"百兽之王"，可蚊子当面发起挑战："无能的狮子，你想怎样与我比试？是用爪子抓，还是牙齿咬？"正当狮子恼羞成怒，蚊子已吹着喇叭发起攻击，专咬狮子鼻子周围没毛的地方，狮子左挡右架，把自己的脸都抓破了，但无可奈何，不得不向蚊子求饶。可当蚊子唱着凯歌飞来舞去时，一头撞上树枝间的丝网，躲在一旁的蜘蛛立刻爬了过来："啊哈，我要午餐了，肥嫩的小蚊子，你来得正是时候！"

谁牛呢？在大自然的"自由市场"，谁都牛，谁都不牛！实际上，在大自然，任何一种生物都受到自然的"限定"，以至有人感慨：老天很有意思！猫喜欢吃鱼，但不能下水；鱼喜欢吃蚯蚓，但不能上岸。莫非大自然也深谙限定系统之理？从限定系统讲，莫非大自然才是真正的自由市场？更耐人寻味的是，从西方经济思想史看，自由市场大抵也是对自然之道的模仿，那人类的自由市场该怎么限定系统呢？

---

[163] 《孟子·离娄下》。
[164] 张维迎：《市场的逻辑》，上海人民出版社2012年版。

第四篇

谁的限定系统

第 14 章
"我"才是"人"的抽象

内容提要

尽管"纸上谈兵",但思想理论作为利益逻辑的演绎,也不能"所有者缺位"。注目礼学说别具一格地以"我"作为主人公,一"我"贯之,构成思想理论上的亲历"我"自己,实现了利益逻辑的"所有者到位",超越抽象谈论人性自利及个体主义的整个西方思想。世上根本没有"人",而只有一个个的"我",人都由一个个"我"构成。别问"我"是谁,"我"是每个人,"我"是所有人,"我"才是人的抽象,就"我"而论人方是正道。思想理论不从"我"出发,扯谈是必然的,不扯谈是偶然的。

一、谁来限定系统

自由是限定系统内的自由,市场是限定系统内的市场,完全竞争是限定系统内的完全竞争,均衡是限定系统内的均衡。与此相应,投机是系统不限定的投机,泡沫是系统不限定的泡沫,分化是系统不限定的分化,危机是系统不限定的危机。在自由市场上,一旦系统限定,信息自然趋于对称,各方自然趋于理性,资源配置自然趋于优化,作为"精神原子弹"的不认同人权也必定发挥威力,它的"否决票"不只是防止分化,甚至可以弥合分化,乃至扭转乾坤——限定系统至关重要,一夫当关,万夫莫开!

可系统如何限定呢?更关键的是,各方在自由市场上是平等的,谁来限定呢?作答之前,这里先引入"我"。从"逻辑之王"不能够循环"自"证(注目礼)讲,不是引入"我",而是释放"我",原本包含"我","自"即"我",不能够循环自证即不能够循环"我"证,原本针对"我"而言,是"我"不能够循环自证。

二、亲历"我"自己的理论

何谓"我"?任何思想理论都必须从人出发,都不能脱离人的实践活动,都应该首先从人的实践活动出发。原因一目了然,没有人,没得谈!马克思说得好:"全部人类历史的第一个前提无疑是有生命的个人的存在。"[165]但不幸的是,在人类思想史上,绝大多数思想理论都没有把一个真实而具体的个人在社会上的心理与成长过程包含在内,不曾涵盖个人的历史,更不曾展示个人的进化。这正是注目礼学说的别具一格,她从"我"开始,并以"我"作为主语主人公,一路上紧紧扣"我",跟踪了一个真实而具体的个体人格在社会上的心理过程,描绘了一个真实而具体的个体人格在社会上的博弈进化,从"小我"到"大我",自始至终贯穿"我",构成一场思想理论上的亲历"我"自己。详情请参阅呈现注目礼学说基本演绎体系的专著《注目礼》,大略如图所示:

---

[165] 《德意志意识形态》(《马克思恩格斯全集》第3卷)。

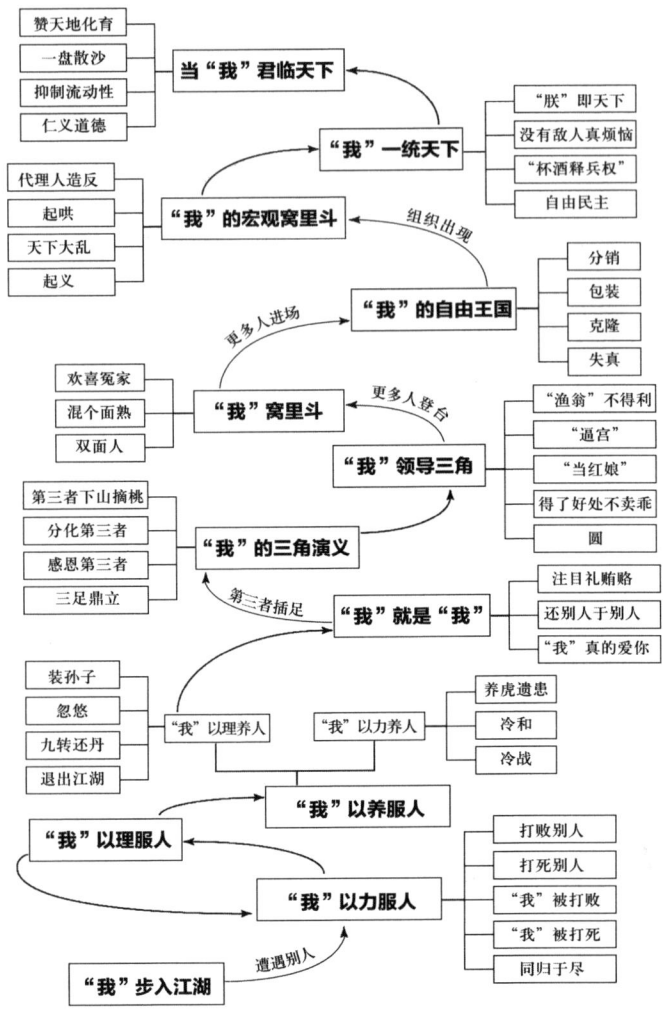

"我"的利益价值最大化征程图

这里面的主要环节与回合有：从"我"步入社会跟别人打交道，到"我"以力服别人，到"我"以理养别人，到"我"以爱服别人，到第三者插足，到"我"以理养大别人和第三者，到三足鼎立，到"我"领导三角，到能混能圆，到"我"窝里斗，到以理养众，到创建组织，到"我"宏观窝里斗，到以起义组织消灭起哄组织，到一统天下，到"我"解散组织，到还天下于天下，自由民主化，以至最后"我"君临天下，赞天地之化育，实现自我利益价值最大化，功德圆满。

作为"我"演义，注目礼学说的演绎既是逻辑的展开，又是历史的展开，卢周来博士称之为"从'小我'到'大我'的励志故事"。[166]退一万步讲，注目礼学说至少是真实的思想理论，那些不能够把真实个体人格的心理与成长过程包含在内的思想理论，无疑不可能真实！马克思、恩格斯特别重视历史，深得历史三昧，甚至以历史定义科学，非同寻常地强调"一切科学都是历史科学"，[167]发人深省。脱离真实个体人格的心理与成长过程的思想理论，一开始就缺失历史性，不管如何天花乱坠，都偏离了科学正道。就像"礼"作为经得起"注目"一样，"我"逻辑也把极其重要的时间变量自然不过地包涵于中，注目礼学说实现了逻辑与历史的自然统一，或许构成唯一真实的思想理论。

三、社会科学为何盛行"阴谋论"

哲学社会科学引入"我"，尤其迫在眉睫。众所周知，社会科学尽管也号称"科学"，但与自然科学并非一个科学量级，它存在一个难以解除的咒，那就是研究者本人的立场、观点、身份、利益，乃至别的种种先验性东西，会不可避免地渗入并干扰研究本身，从而导致研究失准，极端的甚至"屁股决定脑袋"。现实上，社会科学之所以一直不能祛"阴谋论"之魅，乃至阴谋论如今十分盛行，一些研究者动辄阴谋论，仿佛社会科学天生就是一场"鸿门宴"，原因的确也在于社会科学研究难以避免"屁股决定脑袋"，大有阴谋论的土壤与空间。

马克思干脆快刀斩乱麻，不仅明确提出社会科学的"阶级性"，似乎也直接否认社会科学的"普遍性真理"，曾写道："事情是这样的，每一个企图代替旧统治阶级的地位的新阶级，为了达到自己的目的，就不得不把自己的利益说成是社会全体成员的共同利益，抽象地讲，就是赋予自己的思想以普遍性的形式，把它们描绘成唯一合理的、有普遍意

---

[166] 卢周来博士2011年中就注目礼学说新作出版暨研讨所作视频评论中的说法。
[167] 原话为："我们仅仅知道一门唯一的科学，即历史科学。"这是马克思、恩格斯当时写在《德意志意识形态》脚注中的话。

义的思想。"[168]即是说，普遍性真理都是描绘出来的，就像广告，都把自己代言的商品说成男女不限、老少咸宜、全世界最好。

这与自然科学截然不同，如物理学的研究对象就是客观外在的世界，虽然也有"量子测不准"现象，但物理学迄今还是承认客观外在的世界不以任何人的意志为转移，不存在"统治阶级的物理学"与"被统治阶级的物理学"，就一个物理学。不像苏联的李森科（Трофим Денисович Лысенко）那样，认为自然科学也存在阶级性，以至把孟德尔—摩尔根遗传学说成是"资产阶级的"。

四、忘"我"思考是通病

阴谋论社会科学可能有点上纲上线，但社会科学存在难以解除的咒，这一点毋庸置疑。背后的原因首先并不在于别处，而在于一个最基本的逻辑问题——"自我解释"。社会科学之所以被套上阶级性甚至阴谋论的套，彻底讲，症结应该正在于不能够自我解释。先看一则小幽默：

> 一个忏悔者来到教堂，对神父说："神父，我错了。"
> 神父说："只要你认错，主一定会原谅的。"
> 忏悔者说："我偷了一个人的自行车，现在我要把它交给您。"
> 神父说："不！不要给我，把它还给失主。"
> 忏悔者说："我已经问过他了，可是他不要。"
> 神父说："那你就收下吧。"
> 下班后，神父发现他停在后院的自行车不见了！

神父万万没想到，忏悔者说的和偷的就是他本人——"我"——的自行车。小幽默或许虚构，但在观察、思考和分析问题时，人们总是自觉不自觉地把"我"自己排除在外，可谓通病。再讲一个小故事：

> 在我家乡，有一座九峰山，九个山头一字儿排开，赫赫然，颇拔衡山

---

[168] 《德意志意识形态》（《马克思恩格斯全集》第3卷）。

之势。可衡山得享"南岳"之尊,九峰山名不见经传。原来是"山不在高,有仙则灵",问题出在衡山神祇也即"南岳圣帝"的忘"我"之病。

圣帝当初为寻道场,云游四方,相中了衡山,以为福寿之地,但总感觉衡山阳刚似不足而阴柔嫌有余。当圣帝在云天中注目到北边不远的九峰山,气势恢宏,心下大喜,尤其数字九,尊贵至极。圣帝当下往九峰山按下云头,放眼四顾,心旷神怡。但一数,只剩下八个山头,莫非妖孽之地?圣帝疑窦重重地走了,最后确定衡山作为自己的道场。

事实上,九峰山依旧九个山头,何曾八个山头呢?哪里有什么妖孽呢?圣帝左也数,右也数,却忘了自己正脚踏实地站着的那一个山头。

五、社会科学的咒:自我解释

忘"我"思考,不只是经验事实,也不只是无意识的日常小错误,而正属于最基本的逻辑,即:任何形式理论都能够解释它可以解释的一切,但绝不能解释自身,作为自身的"我"被该形式理论自动排除在外!这是由奥地利数理逻辑学家哥德尔(Kurt Gödel)在1931年论证的,正式学名叫"哥德尔不完备性定理"。

但事实上,自我解释的难题早被发现,古希腊就有"说谎者悖论"。在哥德尔之前,英国数学家、哲学家罗素(Bertrand Russell)于1902年提出"集合论悖论"[169]——为避免没必要的"数学味",且借用"理发师难题"来表意:有位男理发师,给且只给不为自己刮胡子的男士刮胡子,那他替自己刮胡子不?替自己刮胡子,就不能为自己刮胡子,因为他只给不为自己刮胡子的男士刮胡子;不替自己刮胡子,就能为自己刮胡子,因为他给不为自己刮胡子的男士刮胡子——左右为难了!

理发师之所以对自己的胡子左右为难,即因为"给且只给不为自己刮胡子的男士刮胡子"在逻辑上涉及自身,一旦涉及自身,解释即陷入困境。这虽是逻辑学和数学冠冕堂皇的原则,但其实只是个常识。形式

---

[169] 有关"说谎者悖论"与哥德尔定理的深层探讨,请参阅《别了(下)》,及英国数学物理学家彭罗斯(Roger Penrose)的著作《皇帝新脑:有关电脑、人脑及物理定律》(湖南科学技术出版社1994年版)。

理论不得不使用并依赖假设，原本就是把假设本身排除在外。人格角度讲，这就是把提出假设的"我"排除在外，怎么可能解释自我？

但科学性乃理论的灵魂，如何避免理论一方面不得不使用假设而另一方面又不能解释自我的困境？不妨直接将"我"就"我"，干脆从"我"出发，打开窗子说亮话，阳谋之——如此一开诚布公，时刻提醒"我"之界线，虽不能说已是最终的自我解释，但至少已为自我解释大大减压。

六、利益逻辑必须"所有者到位"

经济学引入"我"，更是迫在眉睫，乃主流经济学自身所声称的"所有者到位"的内在要求。西方主流思想建基于人性自利及个体主义，西方经济学尤其明显。但无论西方经济学，还是西方政治学，都不曾万丈高楼从"我"起，并没有从"我"出发，更不曾紧扣"我"并自始至终贯穿"我"。即是说，西方主流思想所谓的人性自利及个体主义，不过是一个抽象说法，缺乏具体人格，没有承载者，借用西方经济学批评国有企业常常提到的一个术语讲——"所有者缺位"！"私人企业"为什么比国有企业相对高效呢？[170]因为私人企业在产权属性上更加符合"所有者到位"。思想理论也是如此，尽管只是"纸上谈兵"，但思想理论作为利益逻辑的演绎，这里的利益也不能所有者缺位，凌空蹈虚，而必须有一个具体人格来承载。

经济学如脚踏实地回归"我"，实现利益逻辑的"所有者到位"，不仅严格符合人性自利及个体主义，并且还巧妙超越人性自利及个体主义。这绝非无关痛痒，就利益逻辑而言，所有者到位与所有者缺位在效果上截然不同，称得上天壤之别。

有一个水库，是饮用水源。为保洁，管理方悬牌告示"禁止游泳"，但效果不理想。后来改成挂牌提示："您家的饮用水来自于此，为了您和家人的健康，请不要在此游泳！"附近再也没有人到水库里游泳。前后效果为何丕变？原因应该就在于后改成的提示让每一位当事人感到

---

[170] 本书是从西方经济学"别了"西方经济学，故遵照西言经济学的习惯，称"私人企业"，相当于通常所称"民营企业"。

切身，与每个"我"扣上了。

七、"所有者缺位"的西方思想

经济学之所以要引入具体人格"我"，也因为西方经济学已经在强调"我"或"自"的关键作用。为解释市场秩序的形成，堪称西方自由主义杰出代表的哈耶克（Friedrich Hayek）从自然科学支用了一个概念，叫 Spontaneous Order，[171]被视为哈耶克最伟大的发现，诺贝尔经济学奖得主布坎南（James Buchanan）不吝赞辞：Spontaneous Order 构成经济学的唯一原则。[172]中文译名比较多，或"自我组织的秩序"，或"自生自发秩序"，不管怎么译，Spontaneous Order 都少不了"自"即主体"我"。

但遗憾的是，动辄"自生自发"的哈耶克并没有真正从"我"出发来论证市场秩序的形成及其演进，依旧"所有者缺位"，可谓功亏一篑。对企业而言，所有者缺位或许导致低效甚至腐败，但一般不至于致命；对思想理论而言，所有者缺位是致命的，不客气讲，整个西方主流思想"竹篮打水一场空"！

本书已清晰显示，无论西方经济学，还是西方政治学，[173]因为缺失主语主人公"我"，是多么的艰难曲折，是如何的劳而无功，最后都不得不扔进历史的垃圾堆，白茫茫大地一片真干净，又何等的令人唏嘘！

八、量化源于"我"本有限

注目礼学说自出道以来，不时会有专业经济学人质疑、实则主要是拿主流经济学的计量化甚至数学化炫酷：注目礼能量化吗？如不能够量化，注目礼再如何怎样，也登不了经济学的大雅之堂。这一点属实，拿效用来讲，主观性非常强，原本不方便量化，但主流经济学也绞尽脑汁，区分出"基数效用"和"序数效用"，实现了最大可能的量化。

---

[171] 实质上就是"人类合作的扩展秩序"，英文为 the extended order of human cooperation，在哈耶克其他著作也被称为"自发秩序"，英文为 spontaneous order，请参阅《致命的自负》（Fatal Conceit.University of Chicago Press，1988）。
[172] [美]詹姆斯·布坎南：《自由、市场与国家》，上海三联书店 1989 年版。
[173] 关于西方政治学的荒诞不经，请参阅本书第五篇《政府的逻辑：为了整体利益》。

殊不知，对大道归一的注目礼而言，量化根本不是问题，症结正在于"我"！作为具体而真实的人格，"我"并非随随便便追求注目致礼，而是在真实而具体的人际环境中追求具体而真实的注目礼（效用），首先是、也主要是"窝里斗"。拿被称为人性本能的嫉妒来讲，它是讲圈子的，一个做学问的，不容易嫉妒在做生意的，但容易嫉妒同做学问的；可能嫉妒外乡同做学问的，但更可能嫉妒同乡同做学问的。

更重要的是，由于"我"本有限，时间极其有限，精力极其有限，生理极其有限，有形的一切都极其有限，"我"天生属量，包括从生到死的过程，一切都是肉眼看得见的量。所谓量化问题，追根溯源，不是来自于别处，而正源自于"我"本有限，如"我"本无限，何量之有？在注目礼面前，拿计量化与数学化炫酷，班门弄斧也！

实际上，主流经济学虽然高炫计量化甚至数学化，但由于缺失主语主人公"我"，对包括以"有限"作为限定词在内的涉量问题远不究竟，知其然而不知所以然，典型如不知道自由交易量极其有限。再比如"有限政府"论，这是现代西方思想十分推崇的，但政府为什么必须有限、又有限到什么程度，西方经济学和西方政治学一笔糊涂账。[174]

九、"我"是每个人、所有人

不得不提的是，不必琢磨"我"是谁，尽管"我"是一个具体而真实的人格，但"我"并不固定指向某一个人，"我"是每个人，每个人是"我"，"我"实现了把所有人无区别地整合进同一个命题。几乎所有的思想理论都声称自己关注、思考、探讨的是全人类，即便某理论实质上涉及的只是某特定人群的问题与利益，也往往会声称自己的对象是全人类。抽象原本思想理论的天然底色，普遍人性正是抽象性最自然不过的反映，如果不首先抽象至普遍人性——对应的就是上升到全人类的

---

[174] 关于注目礼的量化及窝里斗（窝，堪称天然限定系统），请参阅《注目礼》第8章《"我"的自由王国》，及《别了（下）》相关篇章，尤其是第三篇《自我均衡是一般均衡的条件》；关于"我"本有限、自由交易量有限、政府有限，请参阅本书第16章《"我"的自由的起点并终点》、第17章《"我"是逻辑秩序的保障：以交易为例》、第23章《市场是国家整体利益最大化的最佳选择》。

高度——那还是思想理论吗?问题的关键在于如何提炼和表达普遍人性,把全人类真正整合到同一个命题,而非仅仅停留于口头!

《共产党宣言》有句响当当的话,叫"每个人的自由发展是一切人的自由发展的条件",这可能谈不上对自由主义的严格定义,但的确表达出自由主义的精髓。可怎么证明呢?如何把"每个人"和"一切人"同时放到一个命题中进行论证呢?别无他途,唯有"我"!只有"我"才能够既方便、还巧妙、并毋庸置疑地把所有人无区别地整合到同一个命题,道理再简单不过,所有人都是"我"。"我"既作为一个具体而真实的人格,同时又是人人心中皆有的"我","我"是每个人,"我"是所有人,真正属于全人类的思想理论有且只有从"我"开始。

十、世上其实没有"人"

任何一种思想理论,首先都必须完成对研究对象的理论抽象。不能够完成对研究对象的理论抽象,就不可能奠定坚实的理论基础。一般的思想理论都在谈论人,殊不知,世界上根本没有"人",而只有一个个的"我",所谓人,都由一个个的"我"构成。人不是最终的抽象,还可以进一步抽象到"我"。"我"才是人的抽象,"我"不仅是人——具体而真实的一个人,而且是每个人、所有人,"我"的抽象度远高于人。即是说,通常所讲的人或人类,也包括所谓"个体",不只是导致利益逻辑所有者缺位,更重要的是没有完成对人的抽象。

有句话说得好:"道理常常在于人们深以为然而不尽然的地方。"把人抽象到"我"、让人具体落实为"我",看似雕虫小技,甚至无关紧要,但绝非小题大作,注目礼学说的基本演绎已经用事实说话,就"我"而论人与就人而论人是截然不同的两回事,堪称"差之毫厘,谬以千里"!有"我"自有人,论"我"自论人,把"我"论清楚了,人自然也论明白了,这一点显而易见,就"我"而论人方是正道!

当然,不排除就人而论人也可以"瞎猫撞见死老鼠",甚至切中肯綮。西方主流思想即属于就人而论人,也不乏真知灼见。但毋庸置疑的是,思想理论不从"我"出发,扯谈是必然的,不扯谈是偶然的!

第15章
市场选"我"优配资源

内容提要

规划是不容否认的,资源配置原本就是规划问题。真正冲击计划体制的问题是:谁来规划?这正是市场能解决的,市场不是规划的对立面,而是通过试错选出真正会规划的秀,乃选"我"机制。"我"是市场优配资源的唯一力量,"我"是看得见的,但选"我"的过程"看不见"。市场原本也是规划,目标鲜明而刚性,那就是资源优配,直至最优均衡。市场通过反馈试错形成联网计算,正是一架计划经济的"超级计算机"。计划体制之所以被淘汰,症结并不在于计划,而恰恰是计划能力太低,不能够实现经济计划。

一、"看不见的手"是怎样一个假设

自由是限定系统内的自由,市场是限定系统内的市场,完全竞争是限定系统内的完全竞争,均衡是限定系统内的均衡,如果系统不限定,根本无所谓资源最优配置的均衡。可在限定系统内,如何达到资源最优配置的均衡呢?显而易见,这是问题的实质,也是问题的核心。在一个连续的过程中,每个环节都有其意义,但每个环节的意义并不一样。就均衡而言,限定系统虽然作为当然前提,但不构成实质与核心,实质与核心无疑落在如何实现资源最优配置的均衡。

考来究去,问题最后可能得推给自由市场的理论祖师——斯密。应该说,对市场上的某些均衡现象,斯密作出了有一定启发意义的描述,典型如:"我们每天所需要的食料和饮料,不是出自屠夫、酿酒家或烙面师的恩惠,而是出于他们自利的打算。"[175] 但只是描述而已,市场究竟如何优化配置资源,斯密也是一笔糊涂账,并没有把市场是什么机制、有什么机理真正弄明白讲清楚,而是"巧妙"借用了一个道具,其实是一个假设,这就是广为人知的"看不见的手"!

《国富论》写道:一个盘算一己之利的个人,受一只"看不见的手"的指引,去达到一个与他的盘算不相干且能造福社会的目的。[176] 看起来神圣不已,但实质上,作为假设,"看不见的手"并没有回答问题,而只是把问题推到了无何有之乡。斯密以降,经济学人都一窝蜂躺到老祖宗的床上睡大觉,殊不知,"看不见的手"近乎神秘主义的同义词,与"太上老君急急如律令"并无二致。

二、计划体制为何被淘汰

要是市场如何优化配置资源的问题一下子弄不明白,不妨先退一步,从通常被视为市场对立面的规划或计划说起。作为经济学的原核问题,资源配置原本就是规划问题,这一点毋庸置疑,没有规划,谈什么配置?谈什么优化配置?谈什么帕累托最优?那什么是规划呢?

---

[175] [英]亚当·斯密:《国民财富的性质和原因的研究(上)》,商务印书馆 1972 年版。
[176] [英]亚当·斯密:《国民财富的性质和原因的研究(下)》,商务印书馆 1972 年版。

所谓规划，就是预先谋划和安排，乃人们生活、学习和工作的基本要求。最简单的，一天的时间就要规划，"做一天和尚撞一天钟"也是规划。完全不做规划的人，没有。一个人不能"脚踩西瓜皮"，一个组织更不能"滑到哪里算哪里"，家庭有家庭的规划，国家有国家的规划。规划——明明白白的好事，可长期以来，计划体制为何被主流经济学否定呢？自由主义某代表人物言之凿凿："所有的规划全都是鬼话！"[177]

原因之一可能是"规划不如变化"。规划九点之前到公司，但出乎意料，车子中途抛了锚，结果十点还没到。当然可把自己的车子提前检收好，保证万无一失，但别人的车子路中抛锚了，结果十一点还到不了公司。就算三头六臂，千里眼、顺风耳，外加七十二变，也做不到信息完全充分，规划难免纰漏。

西方经济学之所以否定计划体制，原因可简要归结为规划不如变化，信息永远不完全。早在论述"看不见的手"时，斯密就强调了这一点，哈耶克后来作出更明确的重申，核心就是：熙熙攘攘，你来我往，个体在市场上是分散的、多样的、易变的，没有哪一个头脑或哪一个机构能真正随时了解全部的个体信息，从而决定了规划的不可能。[178]

三、规划的要害：谁来规划

但规划不如变化，并不足以构成对规划的全盘否定，就像战场上一样，尽管情况瞬息万变，但指挥官仍然要作规划，不打无准备之仗。甚至可以说，正因为信息永不完全，才需要规划。退一万步讲，即便以规划不如变化而否定规划，也不足以倒向被视为规划对立面的不规划——付诸自由市场。道理再简单不过，连规划都不成，不规划还成？难道真有"看不见的手"在冥冥之中为人类指点江山？

规划不如变化的信息有限论，不足以置规划于死地，充其量只是驳倒规划的一个必要条件。真正冲击计划体制的问题是：谁来规划？显而

---

[177] 中欧国际工商学院经济学教授许小年先生2011年5月26日在《市场的逻辑》专场论坛发言中的话。怎么规划？规划什么？具体如何给市场做规划？个案论述请参阅本书第六篇《真自由市场：以楼市为例》。

[178] [英]弗里德里希·哈耶克：《致命的自负》，中国社会科学出版社2000年版。

易见，所谓规划，必须有一个主，由这个主来作出规划。对组织而言，尤其如此，所谓"家有千口，主事一人"。如每个人都作规划，可能就无所谓规划了——可谁来作主呢？

由最有智慧的人来做主，因为他最有主见，可谁最有智慧呢？别人怎么知道他最有智慧呢？由最有信息的人来做主，因为他最了解全局，可谁最了解全局呢？别人怎么知道他最了解全局呢？不管提出什么样的人选，都存在类似的疑问：别人怎么知道他如此这般？千里马难找，伯乐就容易找吗？哪匹马是千里马，只有伯乐才知道，可谁是伯乐呢？只要有两个人说自己是伯乐，而所相中的千里马又不同，问题又闹了：谁是真伯乐？

四、市场为规划选秀

这正是市场能解决的问题！比方说，张三声称自己是伯乐，李四也声称自己是伯乐，两伯乐同时相马，张三的成功率高达九成，李四的成功率仅有二成。人们自然会认为张三是真伯乐，应该由他来对相马之事进行规划。这就是市场的选择，不迷信任何的人为权威，市场通过试错选出真正会规划的人——竞价即市场的试错，从认识论的哲学高度讲，出价低者被淘汰，即低价作为一种资源劣配错误被淘汰。市场不是一种与人无关的超人机制，实质上是一种选人机制，通过选出更擅长优配资源的人实现资源优配，就像平常所说的"选秀"一样。

还是拿第9章《限定系统让投机自然消融》所举的种地施肥例子来讲，有 A 和 B 两块土地，由于土质和光照有差异，投入产出的比例不一样。手头有 100 公斤化肥，如何在 A 土地和 B 土地上进行分配，使得增产的粮食达到最大化呢？纯粹技术上讲，这完全可以化作数学问题处理并求解，但在自由市场的现实操作中，这是一个地道的招标选秀问题，即选出那一个用 100 公斤化肥生产出最多粮食的人。

有可能是一批农民在种着一大片与 A 和 B 类似的土地，有的农民赔了，有的农民赚了，差别在于赚赔多少，但赚得最多的无疑最靠近均衡点，不一定完全达到。也可能是 A 和 B 两块土地向一批农民拍卖招标，每个农民所报的价都不一样，但报价最高的，意味着该农民能用最少的投入生产出同样多的粮食，相对靠近资源最优配置的均衡点，但也不一定完全达到，毕竟现实中的种地不是解数学题，农民也不是数学家。

五、究竟是什么"看不见"

即是说，市场机制实质上是不规划与规划的统一，说不规划，是市场并不预先安排某个秀，没有先验人选；说规划，是市场一旦发现某个秀，就依赖某个秀，就由某个秀规划去。显而易见，自由市场并非规划的对立面，而是发现最适合作规划的秀，并把规划权交给最适合作规划的秀——就经济市场而言，最适合作规划的秀，即通常所谓企业家。以规划言，市场机制并非不规划，甚至可说也是计划机制。区别仅在于，市场机制是企业家的计划机制，规划大权在于市场遴选的企业家，而非某个先验的人或机构。

斯密所谓"看不见的手"，的确原则上与"太上老君急急如律令"毫无二致，这是毫无疑问的。但如果从察人优长并肯定鼓励的角度讲，看不见的手并非一无是处，也算直接道破了市场机制的某些个中奥秘，这就是"看不见"。以"看不见"还是"看得见"论，市场选出的一个个企业家是"看得见"的，但选出一个个企业家的过程的确"看不见"，算是无形，不是人为规划的。因此而言，如果说看不见的手，看不见的手不再神秘。

六、科斯发现了规划

西方经济学主要因自由市场而兴起，对自由市场的机制机理，主流经济学如琢如磨近三百年久矣，但至今仍然把自由市场托付"看不见的手"，不能不说是西方智慧的奇耻大辱！但一代接一代的专家学者并非毫无洞见，事实上，市场机制是规划与不规划的统一，已经由一位西方经济学家发现，他就是被誉为"新制度经济学开山鼻祖"并荣获1991年度诺贝尔经济学奖的科斯。

一般认为，科斯是论证了企业的出现，这符合科斯的自我认识；但实质上，科斯是洞察了市场中的计划。与其说科斯论证了企业的出现，不如说科斯论证了自由市场对资源的优化配置是通过企业家的计划及其企业实现的。

且回到科斯"从熟悉中看到陌生"的原始问题：古典经济学中，市场上一个一个的交易者，他们对成本收益的算计使资源得到优化配置，这应该是没有摩擦的，可现实世界中为什么会存在大量不同于个体交易者的经济组织比如说企业呢？具体拿电脑来说：既然电脑里面的东西市场上都有，为什么还出现了原装机这么个东东呢？

科斯的回答是因为交易有费用！举例讲，在这里买硬盘，讨一番价；在那里买主板，还一番价，尽管DIY（Do It Yourself），价格可能实惠一些，但讨价还价也是有成本的，需要时间和精力，甚至还需要磨嘴皮的耐性和功夫，总体一算，还不如一次性购买原装机，要是市场上有原装机，多美啊——"我"何不专门为市场提供原装机？这一闪念就是企业家的诞生！如果一闪念得到落实，就是企业的诞生，电脑原装企业依靠节省顾客的交易费用而获得生存与发展。

交易费用的确是一个正确答案，但若看不到背后的人，恐怕就与真理失之交臂。交易费用是谁计算出来的？正是背后的"我"！科斯实质上是发现了"我"——企业家。科斯之所以看到了交易费用，而没有抓住背后的"我"，症结正在于西方经济学长期以来见物不见人、论物不论人、论人不论"我"，没有真正从"我"、实质上也就是没有真正从人性自利出发来观察和思考。如果没有"我"，没有企业家心中的"我"的精明算计，就不会有市场对资源的优化配置，这一点毋庸置疑，颠扑不破——"我"让"看不见的手"走开！正像没有"我"对交易费用的算计，怎么会有"我"操办电脑原装企业呢？又怎么会有广大顾客购买电脑的方便实惠呢？

七、"我"是市场优配资源的唯一

市场是如何优化配置资源的呢？拍卖堪称最简明的市场模式，可以拍卖再作一个简单说明：有个宝需要卖出——所谓卖出，可理解为让资源得到优化配置——起价二百。现场有甲、乙、丙三个买家,甲经过一番成本收益的计算,第一个报价:二百五。这迅速反馈到乙和丙,他们会立即启动自己的成本收益的计算,如果计算出的价低于二百五,甲就成交。如果乙计算出的价是三百五,可能先报个三百。又迅速反馈到甲和丙,新一轮成本收益的计算开始……这是个不断淘汰和选择的过程,是个不断挖掘潜能的过程,是个精算不断深化的过程,是个资源优化配置不断深入的过程,是个选出更精明的企业家的过程,此之谓自由市场的选秀!

在《企业的性质》中,科斯开门见山:"本文的目的就是要在经济理论的一个鸿沟上架起一座桥梁,这个鸿沟出现在这样两个假设之间:一个假设是,资源的配置由价格机制决定;另一个假设是,资源的配置依赖于作为协调者的企业家。"[179]某种程度上,科斯的确架起了桥梁。但说到底,市场对资源的配置是通过企业家实现的,并没有另外的独立于人的价格机制,价格机制正服从于"我"的算计,正来自于"我"的算计,比如甲、乙、丙三个买家之间的精明算计形成拍卖现场的价格。作为西方经济学的代表人物,张维迎先生曾提出"市场=价格+企业家"的公式,[180]应该说重复了科斯的错误,没有看清市场是一种选"我"机制。从基本面讲,市场对资源的优配并无二元分割,"价格"来于"我"的算计,"企业家"成于"我"的算计,"我"的算计是根源也。

八、市场才是计划经济的"超级计算机"

在论市场机制时,哈耶克曾提出"资源配置是由非人格的过程完成的",并经常把市场比作"有机体"——据称这是一大批西方学者共同的譬喻。[181]殊不知,真正的有机体是且只是"我"!市场之所以看起来像有机体,原因在于市场乃人的集合,通过反馈试错——具体表现为优胜劣汰——形成人的联网计算,如甲、乙、丙三个买家在拍卖现场的竞

---

[179] [美]罗纳德·科斯:《企业、市场与法律》,上海三联书店1990年版。
[180] 这好像是张维迎引以为傲的发现,可参阅《价格、市场与企业家》(北京大学出版社1995年版)。
[181] [英]弗里德里希·哈耶克:《致命的自负》,中国社会科学出版社2000年版。

价即他们仨之间的联网计算。正因为联网计算，市场对资源的配置总体上优于单独某个人、甚至某个组织机构比如政府的规划。

在强大的联网计算传导下，市场甚至能够向数学计算中的理想均衡点逼近。如果说计划经济，市场正是一架计划经济的"超级计算机"。关键的不是计划经济，关键的是真正实现经济计划。没有别的办法，唯有通过市场选秀，这正是自由市场能干的。蓦然回首，计划体制为什么被历史淘汰？症结并非在于计划，而恰恰在于计划能力低下，不能够实现经济计划！计划体制把规划大权交给极其局促的政府，而非利用整个自由市场的联网计算，怎么能不低下？

九、"新计划经济"夸大其辞

就通常所说的经济市场而言，市场就是一种企业家的选秀机制，只有"我"——企业家，才有资源的优化配置，才有帕累托改进，才有资源最优配置的均衡；没有"我"——企业家，市场上的一切都是无源之水！企业家是什么人呢？简单讲，彻底讲，就是让资源得到优化配置的人，企业家通过让资源得到更优配置而为社会创造价值。从机制上讲，均衡是自由市场的灵魂；就人格而言，企业家是自由市场的灵魂，因为均衡在现实上是通过企业家对成本收益的算计达致的。

随着万物互联的到来，伴着"大数据"的兴起，一种看法悄悄流行，认为人类正迎来"新计划经济"。这恐怕夸大其辞，应该是对自由市场知其然而不知其所以然的结果，不知道自由市场原本就是一台超级联网计算机，高度计划。硬要说计划经济，自由市场从一开始就是计划经济，之所以开启自由市场，目标鲜明而刚性，那就是资源配置最优，这不正是计划经济吗？万物互联及大数据，有助于克服生产与消费之间及各方各面的信息不对称，但决不是迎来什么新计划经济。真正的超级计算能且只能来自市场机制，真正的超级计划经济是且只是市场经济。

第16章
"我"是自由的起点并终点

内容提要

市场是一种选"我"机制,因为有了"我",没有最优,只有更优。如果说资源,"我"是最大的资源;如果说边界,"我"是最后的边界,"我"天然地是限定系统的最大资源与最后边界!限定系统非从外来,乃由己出,系统原是自限自定"我"作主,症结在于一个颠扑不破的事实——"我"本有限!自由之所以有起点,是因为别人的存在,"我"必须尊重别人的意愿,不强迫别人;自由之所以有终点,是因为"我"的存在,"我"必须尊重自己的意愿,不强迫自己,毕竟"我"和别人都是一样的生命。

一、自我约束是不是可能

卢梭说:"人是生而自由的,却无往不在枷锁之中。"[182]就社会学、政治学而言,这无疑是适用的。由于不能够循环"自"证(注目礼),人的本质在社会性,用马克思的话讲,"不是单个人所固有的抽象物",人天生不是孤岛,而是都联系在一起,牵一发必动全身,有点枷锁感,再正常不过——实质上,所谓关系,客气讲,叫关系;不客气讲,就是枷锁。夫子自道"七十而随心所欲不逾矩",也仍然有"矩",高是高在"不逾"。可在自由市场上,人是否也无往不在枷锁之中呢?

众所周知,自愿原则堪称自由市场最起码的原则。强买强卖,没有对交易方意愿的尊重,毫无疑问就不是自由市场。自由市场以尊重交易方的自愿为根本前提,首先排除以力服人。如果说约束,这是自由市场唯一的约束,此外没有别的任何约束,也想象不出还有任何别的约束,诚所谓"鹰击长空,鱼翔浅底,万类霜天竞自由"。暂不考虑所谓的"外部性",自由市场上除了作为"我"的交易对象的对方,就是"我",也只有"我",难道"我"会自己约束自己?

"我"的确会自己约束自己!在自由市场上,任何一个市场主体(或者说交易者)都会自我约束。还是拿作为自由市场最简明模型的拍卖来说,这是一个招标选"我"过程,谁对标的物出价最高,说明谁最需求标的物,说明谁最能把标的物优化配置,实现标的物的最大化价值。可问题是,张三自以为出价最高了,没想到李四的出价更高;李四满以为自己能实现标的物的价值最大化,没想到王五半路杀出,再次把竞价推高……那谁是能够最优配置标的物的主呢?山外有山,楼外有楼!

但现实上,任何一次拍卖竞价都不是没完没了的,而就是有始有终的。症结正在于各方的自我约束!首先是拍卖方的自我约束,拍卖方必须在限定的时间内落槌,要不然就是流拍。其次是竞价方的自我约束,这一点更加显而易见,每个竞价方对标的物都有成本收益的底线,一旦价格越过自己的底线,竞价方会自动出局。

---

[182] [法]卢梭:《社会契约论》,商务印书馆1980年版。

二、"我"为什么自我约束

事实上,正因为拍卖方与竞价方的自我约束,拍卖竞价才可能成交;正因为各交易主体的自我约束,自由市场才能够达致均衡。如果各交易方都没有自我约束,自由市场就不会有成交,更不可能达致均衡。在自由市场上,"这山望着那山高"确属于各交易方的天然权力,但任何一方也都只能在限定的时空内这山望着那山高,而不可能无节制地好高骛远。这正像恋爱与婚姻,俊男靓女都可以这山望着那山高,挑三拣四,这是每个人的自由。但如果不受时空约束地这山望着那山高,结果只能是流拍,自己"不三不四",俊男流为剩男,靓女沦为剩女。

"我"为什么会在自由市场上自己约束自己呢?追根究底,症结在于一个毋庸置疑而且颠扑不破的事实——"我"本有限!由于"我"本有限,时间极其有限,精力极其有限,生理极其有限,有形的一切都极其有限,"我"的自由选择实际上极其有限。鹰的确可以击长空,但由于生理限制,恐怕也不可能击到空气稀薄的高空;鱼的确能够翔浅底,但由于生理限制,恐怕也不可能翔到万米之深的马里亚纳海沟;万类霜天可以竞自由,但由于生理限制,恐怕也不可能没完没了,甚至不吃不喝。毫无疑问,"我"的自由不可能超越上天赋予"我"的生理限度!"我"或许天生异禀,但至少死亡是谁也无法逾越的生理限度。

三、为何会有边际效应递减

西方经济学尽管对人性自利及个体主义大张旗鼓,但由于没有把人性自利及个体主义落实到具体的人格"我",因而不曾及时并准确把握"我"自己构成自由选择的天然约束。但"愚者千虑,必有一得",由于一直在把玩人性自利及个体主义,鱼贯而入者数不胜数,主流经济学对"我"本有限多少还是有所洞察,至少有一个基本定理、两个重要概念与"我"本有限、"我"自己构成自由选择的天然约束直接相关:一是杰文斯(William Jevons)在 19 世纪 70 年代首先提出的"边际效应递减",一是由阿罗(Kenneth Arrow)提出、由西蒙在 20 世纪 40 年代系统论述的"有限理性",一是由科斯在 20 世纪 30 年代即提出、但直到近 30 年后才获广泛应用的"交易费用"。[183]

所谓边际效应递减，指的是假定其他条件不变，任何一种生产要素的增加所带来的收益的增加，在经过一定的点位后，必定递减。简单讲，边际效应递减就是喜新厌旧，饿了啃馒头，第一个边际效应最大，最后一个边际效应为零，再后打死也啃不动，边际效应为负了。边际效应递减被认为是个经济学公理，这恐怕还算不上实至名归，准确讲，边际效应递减是个社会科学公理。

一般而言，公理往往意味着不证自明。但如果论不证自明，边际效应递减恐怕还够不上，更有自明性的就是"我"本有限，边际效应递减不过是来自于"我"本有限的逻辑推导：由于"我"存在一个生理限度，"我"的任何满足——包括对自由甚至注目礼的满足感——都相应存在一个限度，进而导致边际效应递减。如果"我"本无限，就无所谓满足不满足，准确讲，就永远也不会满足，效应可以一直往上递增，根本不会有边际效应递减的发生。

难道边际效应递减真的绝对？人在吸毒时，越吸越上瘾，这不明摆着边际效应递增而非边际效应递减吗？但实际上，吸毒上瘾正是边际效应递减的有力佐证！为什么吸毒要不断加量？症结正在于等量的毒品所带来的效应不断减少，成瘾现象并不违背边际效应递减，而恰恰符合边际效应递减。"我"本有限，而非无限，边际效应递减的确具有绝对性。有专家为边际效应递减寻找人脑中的神经元根据，恐怕多此一举，"我"本有限而非无限，足以解释为什么边际效应递减。即便找到神经元的根据，也必定符合"我"本有限，也必定来自"我"本有限。

四、"有限理性"：有限地理性

"我"本有限，时间极其有限，精力极其有限，生理极其有限，有形的一切都极其有限。这原本一目了然的事实，毋庸置疑，颠扑不破，是任何有关人的思想理论都绕不过的，要么鲜明主张"我"本有限，直

---

[183] 间接相关的自然更多，典型如本书第 21 章《自然选择大一统》所否证的"社会契约"论、第 23 章《市场是国家整体利益最大化的最佳选择》所论及的"有限政府"论。

接从"我"本有限开始；要么间接认同"我"本有限，中途回归"我"本有限。西方经济学既没有鲜明主张"我"本有限，更没有直接从"我"本有限开始，不得不中途回归"我"本有限，于是就绕了！这充分反映在主流经济学的一个重要概念——"有限理性"，最初提出人是1972年度诺贝尔经济学奖得主阿罗，集大成者是被称为"经济组织决策管理大师"的西蒙，西蒙应该主要因为有限理性的论述而荣膺1978年度诺贝尔经济学奖。

何谓有限理性？西蒙的论述主要可描述为：在成本效益的算计中，由于信息不完全，现实的人并非完全理性的"经济人"，而是有限理性的"管理人"，追求的实际上是"满意"，而不是"最大"，也不是"最优"。以稻草堆中寻针为例，经济人企图找到最锋利的针，即寻求最优；管理人认为找到足以缝衣服的针就行，即寻求满意。显而易见，寻求满意的界定更符合实际，有限理性从现实的角度道破了经济人寻求最优的虚幻，但管理人之所以放弃最优而寻求满意，最根本的原因并非信息有限——信息不完全；也不是信息处理能力有限——有限理性，而就是"我"本有限。如果"我"不存在生理限度，如果"我"是无限的，理论上既可以无限搜集信息，也可以无限处理信息，何乐而不"最"！

五、"有限理性"归于有限生理

不得不提的是，有限理性的名称也导致歧义。俗话说得好："一点真疑不间断，打破沙锅问到底。"人的理性怎么有限呢？在西方哲学史上，追求宇宙终极本体的部分被称为"形而上学"，典型如古希腊大哲学家亚里士多德（Aristotle）对"第一推动者"的寻思。应该说，正因为理性不受限制，才导致了人追求无限的形而上学。康德一辈子孜孜以求终极思考，念兹在兹于形而上学，在代表作《纯粹理性批判》之简本的《任何一种能够作为科学出现的未来形而上学导论》中写道："理性，按其本性来说，是要求某种东西满足它自己，而不是单独为了别的目的或爱好之用的。"[184] 都追求自我满足了，理性岂有节制？形而上学

---

[184] [德]康德：《未来形而上学导论》，商务印书馆1997年版。

就此诞生，正来自于人的理性追求自己的满足。康德对"科学形而上学"的界定未必成立，但的确佐证人的理性无限。

退一万步，从基本面讲，即便承认人的理性有限，原初意义上的有限，应该也是生理有限，而非理性有限。"我"本有限，时间极其有限，精力极其有限，生理极其有限，死亡的黑幕更是毫不含糊地为每个人的存在划定泾渭分明的界线，毋庸置疑，"我"只能有限地理性。

六、交易费用揭示自由有限

尽管只是"有限理性"，而且应该是"有限地理性"被误读为"有限理性"，但西蒙发现并主张了"有限"的事实，这一点无疑应该肯定，也多少表明西方经济学的深刻。可遗憾的是，西蒙并没有从有限理性进一步推导出"我"是自由选择的天然约束——自由有限！实际上，西蒙根本没有把有限理性的事实上升到自由含义的高度，更不曾推导出自由有限的结论。在经济思想史上，近似发现自由有限的——准确讲是自由交易量有限，在市场上，自由有限即自由交易量有限，是另一位经济学家，这就是上一章已论及的科斯：与其说科斯论证了企业的出现，不如说科斯洞察了市场中的计划；与其说科斯洞察了市场中的计划，不如说科斯近似发现了自由有限。

为什么说科斯近似发现了自由有限呢？市场上一个一个的交易者，他们对成本收益的算计使资源得到优化配置，可现实世界中为什么会存在大量不同于个体交易者的经济组织比如说企业呢？症结在于交易费用，更准确讲，是交易有费用，人与人的交易不是无摩擦的，而是有成本的。可交易为什么会有成本呢？活了将近一个世纪的科斯并没有接着往下想，后继者也没有接着往下想。

答案其实再简单不过——"我"本有限！时间极其有限，精力极其有限，生理极其有限，有形的一切都极其有限，"我"只能进行极其有限的自由交易，一旦交易量超过"我"生理许可的限度，"我"要么拒绝，要么委托。拒绝是自由交易的直接完结，委托代表委托—代理关系的出现（本质上属于以力服人，并且需要第三方），也意味着自由交易的终止。下一章进一步论述交易为什么有费用的问题，此处飘过。

七、系统原是自"我"限定

无论边际效应递减，还是有限理性，抑或交易费用，都印证了一条最起码的常识——"我"本有限！在自由市场上，人确实生而自由，但自由是有区间的，包含明明白白的起点和终点。自由之所以有起点，是因为别人的存在，"我"必须尊重别人的意愿，不强迫别人；自由之所以有终点，是因为"我"的存在，"我"必须尊重自己的意愿，不强迫自己，毕竟"我"和别人都是一样的生命。事实上，即便不尊重交易方的自愿，允许"我"以力服人，以力服人的交易也极其有限，而且更加极其有限，因为以力服人的成本更高，对"我"的消耗更大。由于"我"本有限，"我"能进行的任何交易都极其有限！

现在回到限定系统的起源问题：限定系统是均衡的当然前提，系统不限定，就没有帕累托改进，就没有帕累托最优，就无所谓均衡，甚至都不会有任何的最优解问题，要讨论最优解即均衡的问题，首先必须限定系统，"最"是且只是限定系统内的最——这是数学上也毋庸置疑的。可问题在于：系统如何限定？更关键的是，对自由市场而言，"人为"即"伪"，人为干预意味着非自由市场，甚至对自由市场的否定，谁来对系统进行限定呢？谁能对系统进行限定呢？答案而今已水到渠成：限定系统非从外来，乃由己出，系统原是自"我"限定。这是不是再次并更有力地彰显了自由？即便限定，也是自限自定"我"作主！

八、"我"是最后的边界

这并非否定其他约束条件。按西方经济学的说法，资源稀缺的约束永远也无法超越，但"我"本有限的约束确实更为根本。这是内在约束，而且是最内在的约束，其他约束都属于外在约束，外在约束显然不如内在约束来得强劲有力。拿资源约束来说，"我"完全可借助别的要素超越资源稀缺的约束，创造更高的帕累托改进，甚至打破既有的均衡，把资源配置推向更优。

第16章 "我"是自由的起点并终点

马克思说得好，人是生产力中最活跃的因素。[185]资本主义之所以在两三百年内创造出远超过之前人类历史两三千年的物质财富，根本原因就在于发掘了人力资源、发掘了"我"，自由市场通过招标选秀不断推进帕累托最优，客气的说法叫"山重水复疑无路，柳暗花明又一村"，不客气的说法叫"创造性破坏"——这是经济学家熊彼特（Joseph Schumpeter）所作的概括，据称引用率仅次于"看不见的手"。[186]

市场是一种选"我"机制，因为有了"我"，没有最优，只有更优。如果说资源，"我"是最大的资源；如果说边界，"我"是最后的边界，"我"天然地是限定系统的最大资源和最后边界！

---

[185] 此说流行，应该源于马克思写在《哲学的贫困》中的话："在一切生产工具中，最强大的一种生产力是革命阶级本身。"（《马克思恩格斯选集》第1卷）
[186] "创造性破坏"出自于熊彼特的成名作《经济发展理论——对于利润、资本、信贷、利息和经济周期的考察》，该书是西方经济学界第一本用"创新"理论来解释和阐述资本主义的产生和发展的专著。

第17章
"我"是逻辑秩序的保障：以交易为例[187]

内容提要

对交易及交易费用至今也没有一个清明的定义，症结在于西方经济学没有从"我"出发，从而陷入纠缠不清、支离破碎的境地。由于不能够循环"自"证，"我"必须走向别人，通过交易获得"他"证。交易即超越循环自证，从"我是什么"走向"别人认为我是什么"，以"别人认为的我"证"我"；交易费用即超越循环自证的费用，即克服"我是什么"与"别人认为我是什么"之间歧异的成本。"我"的商品原本"我"本身的一部分，主流经济学当务之急是回归"我"，超越狭义的商品经济学属性。

---

[187] 本章主要内容曾提交中国制度经济学2013年会并主题演讨，原题为《何谓交易？何谓交易费用？何谓"科斯定理"》。

一、为什么会有本末先后

先后是一个重要问题。话说两个基督徒在一块，他们一手捧着《新旧约全书》，一手点着烟，在吞云吐雾中阅读着。牧师过来了，吓得他们慌忙把烟往手里藏，一个问："作为基督徒，可以在阅读经典的时候抽烟吗？"牧师直摇头，他悄悄把藏在手里的烟丢了。另一个问："作为基督徒，可以在抽烟的时候阅读经典吗？"牧师直点头，他高兴地让藏在手里的烟"闪亮登场"。这就是先后不同而导致的天壤之别。但多少出人意料的是，《大学》把先后问题上升到道的高度，云："物有本末，事有终始。知所先后，则近道矣！"这是为什么呢？

症结应该在于中华古典哲学尤其儒家思想从"我"出发、以"我"作为主语主人公，不仅有"古之学者为己"的说法，[188]而且方法论就是"推己及人"。孔子明确表示："君子以人治人，改而止。"朱熹在注解时说得更明白："君子之治人也，以其人之道，还治其人之身。"[189]显而易见，这是以"我"为本，从"我"出发，由"我"外推，"我"是隐含其中的主语主人公。

二、中西大不同：有"我"不"我"

事实上，儒家典籍中的"己""身"甚至"君子"，都构成"我"的代称与符号。唯有从"我"出发、以"我"作为主语主人公，才能够保障思考的连续性和稳定性，形成一"我"贯之的逻辑秩序，包括先后本末轻重，从而有条不紊。这一点也得到儒家思想的有力印证，显而易见，《大学》所强调的"修齐治平"就是一个从"我"出发、以"我"为主语主人公的秩序演进体系。

相形之下，西方主流思想尽管高标人性自利及个体主义，但由于没有把人性自利及个体主义具体落实到真实的人格"我"，其实只是抽象谈论人性自利及个体主义，缺乏主语主人公。这导致西方主流思想不能够自然、顺畅、及时、充分揭示人性的奥秘，最明显的，拿颠扑不破的

---

[188] 《论语·宪问》。
[189] [宋]朱熹：《四书集注》，岳麓书社1987年版。

"我"本有限来讲，尽管西方经济学认识到了边际效应递减、有限理性、交易费用，间接揭示了"我"本有限的事实，但明显都是憋出来的，不是水到渠成，而是中途再往回绕，难免纠缠不清甚至支离破碎，远不如直接从"我"出发、以"我"作为主语主人公来得自然而然并痛快淋漓。这实际上也是不知先后、乱了本末的严重后果，不从"我"出发、不以"我"作为主语主人公，思想理论自然就很难以知先后、自然就很容易乱本末。这充分反映在交易费用的定义与发现上，尽显西方经济学的纠缠不清、就事论事、支离破碎，以及费力不讨好、疲于奔命。

三、真诚待人的虚与实

何谓交易费用？还是从一个日常生活现象说起吧。时下几乎人手一台手机，能随时随地联络每一位亲朋好友甚至每一位相关人士，但查阅通讯记录可轻易发现：每个姓名及号码的往来次数大不一样，有的一天一次甚至几次，频繁互动；有的一周一二次，偶尔互动；有的一月一二次，稀落互动；有的一年也没有一次，几乎不互动。

应该说，决定因素首先是亲情与利益，但存在亲情与利益关系的人也不一定经常互动。原因更在于"我"本有限，时间极其有限，精力极其有限，生理极其有限，有形的一切都极其有限，"我"只能进行极其有限的真诚互动，其次只能一般交往，再次只能客套甚至应付，再次只能敷衍，最次连敷衍的劲也没有，来信也不回，来电也不接。最纯粹的真诚待人者，也不可能做到一视同仁，这是谁都无可奈何的，也正是人际交往会分圈划层的原因。

四、交易为什么会有成本

真诚互动之所以极其有限，是因为真诚互动需要投入，存在成本。像真诚互动一样，自由交易之所以极其有限，也因为自由交易需要投入，存在成本，即交易是需要费用的。为何？症结正在于"我"本有限，"我"只能进行极其有限的交易，用主流经济学的既有术语讲，"我"的交易具有稀缺性；如果"我"本无限，时间无限，精力无限，生理无限，资源不稀缺，就无所谓交易费用，怎么交易都成。

但"我"本有限只是一方面，构成必要条件，还不是充分条件。很简单，如果交易方对"我"言听计从，召之即来、挥之即去，这不交易成本近乎零么？虽然"我"本有限，但如果交易对象与"我"毫无摩擦，完全合同，理论上仍可无限交易。概括起来讲，交易之所以有费用，不仅取决于"我"，也取决于"我"的交易方，一言以蔽之，症结还是在于交易本身。

五、交易："百姓日用而不知"

那何谓交易？毫无疑问，交易是西方经济学的基础概念，没有交易，都无所谓经济学，甚至都无所谓资源配置，交易是资源配置的重要方式。简单讲，交易就是买卖；再抽象一点，交易即价值的交换。好像定义了交易，但细一想，只是把问题作了推移，最明显的，什么是价值？为什么交易双方要进行价值的交换？更一般的人际交往乃至社会行为，算不算交易？帅哥尤其美女，出门前都要打扮一下，目的是给人一个好印象，赢得回头率，这为什么就不是交易？

尽管交易属于基础性的重要概念，但就像其他重要概念一样，主流经济学至今也没有一个清晰明白的定义，亦可谓"百姓日用而不知"。倒不是没人努力过，自从1937年科斯在《企业的性质》中提出交易费用的理念以来，一直到1969年阿罗第一个正式使用"交易费用"的术语，不计其数的经济学人对交易及交易费用的概念进行了思考并界定，可谓洋洋大观。

六、宽泛化交易："自我交易"到"资源转移"

最宽泛的定义可能来自米塞斯（Ludwig Mises），被誉为"现代奥地利学派之父"的米塞斯提出，交易是"一种用更满意的事态替代不满意事态的企图"。[190]这充分彰显了交易者的主观意图与效应，但明显过

---

[190] 胡乐明、张建伟、朱富强：《真实世界的经济学——新制度经济学纵览》，当代中国出版社2002年版。

于宽泛,没有点明要害。从主观意志讲,人都希望时间的流逝能带来更满意的事态,难道这都是交易?事实上,在米塞斯眼中,人的行为都是交易,与别人无关的行为也被界定为"自我交易"。如孤独的猎人为谋生而打猎,这就是用子弹和闲暇去交易猎物。倒也未尝不可,问题在于是否真的存在与别人无关的自我交易,如存在的话,自我交易在人的全部行为中占到多大的份额。

威廉姆森(Oliver Williamson)被称为交易费用经济学大师,如果说科斯是交易费用的"始作俑者",那威廉姆森就是交易费用的集大成者,他全面扩展了交易费用的分析,系统阐述了交易费用产生和增大的原因,被认为真正确立了交易费用理论的地位,曾提出:"当一项物品或劳务在技术上可分的结合部发生转移时,交易就发生了。"[191]这看起来颇显哲学高度,而且也颇有技术含量,但明显也过于宽泛。似乎与米塞斯对交易的定义有遥相呼应的味道,米塞斯侧重于交易者的主观意图,威廉姆森侧重于资源的转移。这自然都不算错,问题是交易的要害究竟在哪里。

七、康芒斯破题:交易即人与人的关系

米塞斯和威廉姆森对交易的界定过于宽泛,不曾一针见血。真正点出交易概念之要害者,应该是另一位经济学前辈——康芒斯(John Commons),康芒斯不仅是威廉姆森的真正老师,而且也是科斯的真正老师,他虽然不被认为是交易费用的创立者,但的确是他首先将交易作为经济学的基本分析单位,从而启发了科斯提出交易费用的理念。

在康芒斯看来,交易不仅是简单的物品或劳务的转移,而且是人与人之间的关系。这正是康芒斯的英明,虽然也强调交易是所有权的转移,但点出了要害——交易是人与人之间的关系。就凭这一点,康芒斯堪称制度经济学的重要奠基人。把交易作为人与人之间关系的破题,不仅极大拓展经济学的视野,而且极大提升经济学的高度,主流经济学的工具

---

[191] 胡乐明、张建伟、朱富强:《真实世界的经济学——新制度经济学纵览》,当代中国出版社2002年版。

武装一下子得到升级。

　　交易的确无所不在，岂独商品市场？前266年，赵惠文王去世，儿子孝成王继位，但年纪太小，实则赵太后当权。秦国见赵国新旧交替，认为有机可乘，发兵攻赵。赵国向齐国求救，齐国提出信用担保，让孝成王之弟也就是赵太后最小的儿子长安君押做人质，所谓"必以长安君为质，兵乃出"。赵太后最为溺爱小儿，不愿让长安君去做人质，并公开表示："有复言令长安君为质者，老妇必唾其面。"针尖对麦芒，形势十分紧张，但大臣们一个个束手无策。没想到的是，左师公触龙一番聊天打哈哈，整个扳转了赵太后，当场表示："诺！恣君之所使之。"[192]这一场惊心动魄而又悄无声息的谈判咋就不是交易呢？

八、张五常深解：人与人为什么发生关系

　　康芒斯虽然为交易的概念破了题，但把交易作为人与人之间的关系来处理，仍显得过于宽泛。问题还在于：人与人为什么要发生关系？进一步还可以问：人与人发生关系为何就需要费用？康芒斯似乎没有细琢磨，作为康芒斯的重要继承人，科斯和威廉姆森似乎也没有细思量。

　　一位华人经济学家作出了具有高度启发性的深度思考，这就是因交易费用而荣获诺贝尔经济学奖的科斯在获奖感言时特别感谢的张五常先生。作为交易费用理论的重要贡献者，张五常对交易费用的界定颇显举重若轻："交易费用就是鲁宾逊一人世界没有的费用。"应该说很明显，此话的要义在于社会，交易费用即社会费用。那社会又是什么呢？问题完全超出了既有经济学的范畴，张五常似乎没有细论述，但在多个场合讲到，"社会的问题就是多了一个人"[193]——多了一个什么人呢？

　　多了一个与"我"有歧异的别人！比如"我"认为"我"是黄金，但别人不认同"我"是黄金，而认为"我"是黄铜，这就是歧异，双方不合同，于是需要交易，于是产生交易费用。交易何谓？交易费用何谓？

---

[192]《战国策·赵策四》。
[193] 张五常：《产权理论与中国经济改革——在广州中山大学的演讲》，《21世纪经济报道》，2001年4月23日。

交易是克服"我是什么"与"别人认为我是什么"之间的歧异，由此而产生的费用，就是交易费用。如果别人对"我"言听计从，召之即来、挥之即去，"我"认为"我"是黄金，别人就认同"我"是黄金，就像古典经济学所假设的无摩擦世界，哪会有什么交易费用？连交易都不需要！如果赵太后也像大臣们一样真切认识到形势需要长安君去齐国押做人质，还需要触龙绞尽脑汁去谈判乃至装痴卖傻以暗渡陈仓么？

九、交易费用："我"VS别人的摩擦费用

如果"我是什么"与"别人认为我是什么"完全合同，没有歧异，没有磕碰，没有摩擦，从而也就无所谓交易费用，甚至都无所谓交易，既已合同，还交易什么！无论米塞斯，还是威廉姆森，抑或康芒斯，他们都把握到交易的某些方面，或意图，或效果，或人本，但都没有从根本上把握到摩擦是因为"我是什么"与"别人认为我是什么"之间存在歧异——为什么呢？王安石诗云："不畏浮云遮望眼，只缘身在最高层。"原因应该在于高度不够。

张五常已提及"社会的问题是多了一个人"，实际上，真正的问题不是社会多了一个人，而是人为什么要走进社会、做社会人。[194]症结正在于不能够循环"自"证（注目礼）！用马克思的话讲，"人的本质不是单个人所固有的抽象物"，而在于社会性，易言之，人的本质在交易性，所以"我"必须出离自"我"，走向别人，走进社会，做社会人，通过交易获得"他"证，以"别人认为我是什么"解释证明"我是什么"。但他证往往不是一步到位，别人不一定能为"我"充分作证，"我是什么"与"别人认为我是什么"之间歧异巨大，如"我"自认为黄金，但别人以为"我"不过黄铜甚至黄铁，需要反复交易。人生的问题千头万绪，甚至千变万化，但归根到底就是一个："我是什么"与"别人认为我是什么"的歧异！

应该正因为如此，夫子把别人对"我"的理解及"我"相应的态度当成人生的核心问题，曰："不患人之不己知，患不知人也。""不患

---

[194] 关于人之所以为社会人，请参阅《别了（下）》第7章《"我"为什么是社会人》。

莫己知,求为可知也。"并强调:"人不知而不愠,不亦君子乎?"[195] 意思是说,别人一点也不理解"我",甚至都不注目"我",但"我"淡定得很,一点烦恼也没有,这才是真君子的为人。[196]

十、交易费用即超越循环自证的费用

交易即人与人的关系,显而易见,交易不只属于狭义的商品经济学,而是整个哲学社会科学的基础基本概念。但从西方经济学看,交易更多是从商品价值度量的角度进行表述。一个商品的价值要如何进行度量呢?正如不能够循环自证(注目礼)所显明的,也是马克思在《资本论》中所强调的,商品不可能自己度量自己的价值,而必须通过交易、借助于别的商品来进行。比方说,一个南瓜价值几何,肯定不能用南瓜来度量,因为一个南瓜就是一个南瓜,但可借助除南瓜之外的任何其他商品来度量,如一个南瓜价值两个西瓜,抑或一个南瓜价值三个灯泡……如果商品自己度量自己,"我"的价值"我"作主,自己注目自己,自己肯定自己,自己致礼自己,自己尊重自己,说自己是什么、就是什么,一个人自成意义世界——这是什么行为?循环自证!这是什么人?精神病!何谓交易?交易即超越循环自证,从"我是什么"走向"别人认为我是什么",以"别人认为的我"证"我"。何谓交易费用?交易费用即超越循环自证的费用,即克服"我是什么"与"别人认为我是什么"之间歧异的成本。

回首交易及交易费用的定义过程,不难发现,不从"我"出发,不以"我"作为主语主人公,交易及交易费用的定义绞尽脑汁、心余力绌、佶屈聱牙;从"我"出发,以"我"作为主语主人公,交易及交易费用的定义一点就破、游刃有余、酣畅淋漓。经济学作为学科源于并成长于西方,由于西方历史和文化传统的影响并塑造,主流经济学通常被认为是形而下学,虽然也经邦济世,但切入的层面就是吃喝玩乐,以至于资本主义兴起后,整个人类在物质财富的追逐中迷失了自我。

---

[195] 三句话分别见之于《论语·学而》《论语·里仁》《论语·学而》。
[196] 可参阅本书第4章《无处不在:"社会空气"注目礼》相关论述。

十一、经济学必须回归"我"

殊不知，经济学真正的问题——毋宁说背后的问题更准确，不在别处，不是别个，而就是人类的大本大源难题，与高大上的哲学与宗教的思考是同源甚至一样的："我"是谁？"我"的价值在哪里？"我"的价值有多大？显而易见，这就是价值问题，经济学不过是探讨"我"的商品而非"我"本身的价值问题。但毫无疑问，"我"的商品的价值问题与"我"本身的价值问题背后的逻辑相通，"我"的商品的价值问题可以化约为"我"本身的价值问题。

更重要的是，"我"是"我"的商品的主语主人公，作为"我"本身的一部分，"我"的商品的价值原本就是"我"本身的价值的反映：本身价值不被对方承认，流浪乞丐戴钻石，也会被认为戴玻璃；本身价值已被对方认同，亿万富豪戴玻璃，也会被认为戴钻石。"我"的商品的价值问题不仅可以、而且必须化约为"我"本身的价值问题，要不然，"我"的商品的价值问题也不可能真正讲清楚。（有关价值问题的更深论述，请参阅《别了（下）》）

作为交易及交易费用的重要论述者，科斯反对"黑板经济学"，提倡"真实世界的经济学"，甚至发出"现有经济学是一个飘在空中的理论体系"的警告。[197]那主流经济学应该如何回归和面对"真实世界"呢？没有捷径，唯一的办法就是老老实实回归并面对人性的真实——"我"！让经济学回归"我"，以"我"作为主语主人公，一切从"我"出发来观察和思考，不仅填补利益逻辑的"所有者缺位"，而且超越狭义的商品经济学属性。这不仅是西方经济学唯一的拯救之路，也是中国经济学派"师夷长技以制夷"的康庄大道！

---

[197] [美]罗纳德·科斯：《科斯说：离黑板远点儿》，《商业周刊》（中文版），2013年第1期。

第五篇

政府的逻辑:为了整体利益

第 18 章
整体利益最大化才是市场均衡

内容提要

由于不能够循环"自"证,人的本质在社会性,人的行为不存在"外部性","他"人并非"外"人,人类原本命运共同体,整体利益的存在毋庸置疑,"大一统"势不可当。所谓"负外部性",即个体利益对整体利益的投机侵蚀,实是"负内部性",整体利益才是衡量资源配置优劣程度的唯一指标。像自由有方向并目标一样,个体利益最大化作为市场机制的良性动力不是无条件的,必须符合而不是偏离整体利益。技术上讲,真正的市场指向资源优化配置的方向;利益上讲,真正的市场指向整体利益最大化的产出。

一、事不关己、高高挂起

市场优化配置资源不是天上掉馅饼，也不是空手套白狼，而有其一套内在机制，前提在于系统限定，核心在于选秀实现资源优化配置，市场实质上是一种选秀机制——那什么时候选出最秀的"我"实现资源最优配置的均衡呢？

严重的问题更在于，自由是限定系统内的自由，市场是限定系统内的市场，完全竞争是限定系统内的完全竞争，任何一个自由市场都需要限定系统，可自由市场上一个个的交易者"我"，都是平等的市场主体，而且都追求个体利益最大化，谁来限定系统呢？

拿"公地悲剧"来讲，一块草场最适合放养多少牛羊，既保证草场的生养能力不浪费，又保障草场本身的再生能力，原本可以大致计算出资源最优配置的均衡点，然后根据均衡点对整个草场实施牛羊总量管制，此之谓限定系统。可谁来计算并保护草场的均衡呢？牧场正相当于一个自由市场样板，自由市场上的个体都计算并追求自己的利益，事不关己、高高挂起，"我"为什么要计算并保护整个草场的均衡点呢？

事不关己，理论上难免高高挂起，现实上常常就是高高挂起。尤其在程式化的组织，讲"分工明确、职责清晰"，事不关己、高高挂起，就是大行其道的明规则，甚至金科玉律。要改变事不关己、高高挂起的状况，有赖于非同凡响的大德君子。但就日常运转而言，唯一可行的办法便是让真正有价值的事也一样归属落实到真实而具体的"我"。[198]

二、一体两面：从限定系统到整体利益

更严重的是，即便某牧民绞尽脑汁计算出该草场的均衡点，并愿意大公无私，为均衡点采取总量管制的保护行动，别的牧民接受吗？是"猪鼻子插葱——装象"，还是"咸吃萝卜淡操心"，抑或越俎代庖？毫无疑问，博弈不可避免，由于短期利益的诱惑和"搭便车"的存在，更可能是大伙儿一起堕落，先知先觉被视为异类，甚至被群起而攻。公地悲

---

[198] 相关深度论述，请参阅本书第19章《大一统即整体利益归属落实到某唯一"我"》，及后续章节对"大一统"的论述。

剧不说不可避免,但的确势所难免,现实上常常就是"不见棺材不掉泪"。

"公地"为什么势所难免地"悲剧"呢?初一看,因为没有谁来限定系统,没有谁来计算草场的资源最优配置均衡点,更没有谁来保护草场的资源最优配置均衡点,每个牧民都追求一己之利;深一想,原因在于草场不是谁的草场,而是一块公地,没有哪一个牧民代表并看护草场的"整体利益"——从限定系统到整体利益,正是一体两面,整体利益是限定系统的整体利益,未曾限定系统,就无所谓整体利益;限定系统是整体利益的限定系统,没有整体利益,也无所谓限定系统。

三、个体利益最大化为何不代表均衡

资源配置是经济学的原核问题,相对于计划,市场被认为更能够优配,可怎么考量市场对资源配置的优化程度呢?不是别的,正是整体利益的产出!在限定系统内,资源配置有优劣,整体利益有大小,正是资源配置的优劣决定着整体利益的大小,资源配置更优,整体利益更大;资源配置最优,整体利益最大,整体利益是衡量资源优配程度的指标。

还是拿公地悲剧所涉草场来讲,草场资源最优配置的均衡所对应的牛羊放养总量,就是草场最大的整体利益产出。这一点显而易见,完全属技术问题,可以纯粹数学上求解,草场整体利益最大化的点位与草场资源最优配置的均衡点位是同一点位。但由于没有谁来限定系统,缺乏牛羊总量管制,导致乱养滥放,草场偏离了资源最优配置的均衡,同时偏离了整体利益最大化的产出,具体表现就是草场的再生能力遭到破坏。可对某些牧民而言,因为先下手为强,他们的个体利益达到了最大化,具体表现就是他们放养了超多的牛羊。

显而易见,个体利益不足以判断限定系统内的资源配置优化程度,整体利益才是衡量资源配置优劣程度的唯一指标,整体利益最大化才是衡量资源最优配置的唯一指标。为什么说两极分化正是最高级别的资源配置失衡和最大限度的资源配置扭曲呢?道理正在于此,两极分化撕裂整体,甚至导致整体利益最小化,怎么可能是资源优配?近现代以来,西式市场经济与两极分化如影随形,制造的实是弱肉强食的丛林,而非

真正的自由市场。技术上讲，真正的自由市场指向资源优化配置的方向；利益上讲，真正的自由市场指向整体利益最大化的产出。

四、个体利益最大化是有区间的

有段子说："张家有财一千万，九个邻居穷光蛋，平均起来算一算，个个都是张百万。"好笑吧？这正是西方经济学的长期调调，一方面高谈阔论资源最优配置的均衡，一方面大讲特讲个体利益最大化，以子之矛、攻子之盾。毫无疑问，个体利益最大化构成市场机制的内在动力，市场作为选秀机制也离不开个体利益最大化的内在动力。但如果没有整体利益最大化，个体利益最大化并不构成资源最优配置的指标，甚至也非无条件是市场机制的良性动力，在达到资源最优配置的均衡之前，个体利益最大化的确构成优配资源的良性动力；在偏离资源最优配置的均衡之后，个体利益最大化反而沦为劣配资源的恶性动力。

这并非什么新说法，不过是从利益的角度对自由进行重新表述而已。自由是有方向并目标的，自由的方向即优化资源配置的方向，自由的目标即资源最优配置的目标，自由是从开始优化配置资源到实现资源最优配置的均衡之间的区间自由。实际上，所谓自由，不是别的什么自由，就是个体利益最大化的自由，自由的区间也就是个体利益化作为优化配置资源的良性动力的区间。还是拿公地悲剧所涉草场来讲，在放养牛羊之数达到草场资源最优配置的均衡所允许放养的牛羊总量之前，牧民多养多放是优配资源的行为；当放养牛羊之数达到草场资源最优配置的均衡所允许放养的牛羊总量之后，牧民多养多放即劣配资源的行为。

五、整体利益与个体利益一样真实

更荒唐的是，西方经济学甚至都不承认整体，遑论整体利益，遑论整体利益才是衡量资源配置优劣程度的唯一指标，更遑论整体利益最大化才是资源最优配置的唯一指标。在自由市场上，熙熙攘攘的是一个个行色匆匆的"我"，整体、整体利益是个什么乌龙？按某些自由主义者的看法，自由市场的字典里只有个体、个体利益的概念，没有整体、整体利益的说法。这似乎得到斯密的支持："由于追逐他自己的利益,他经常促进了社会利益,其效果要比他真正想促进社会利益时所得到的效果为大。我从未听说过,自命为为了公共利益而从事贸易的人做过多少好事。"[199]意思是说,个体为大、个体利益为大,即便存在整体、整体利益,也应该先个体而后整体、先个体利益而后整体利益。

但整体及整体利益的存在乃板上钉钉,毋庸置疑。这不仅已经为"公地悲剧"所强力反证,如不存在整体及整体利益,何来公地?更何来悲剧?更重要的是,自由市场一直就在整体及整体利益的笼罩之下。在自由市场上,自愿原则是入场券,交换必须尊重对方意愿,不得强买强卖,这已充分意味着整体及整体利益的存在——强买强卖往往增进主动发力者的利益,如不顾及整体及整体利益,有何不可?在自由市场的演进过程中,"帕累托改进"被视为基本原则,任何行为都不得损害任何一方的利益,这进一步彰显了整体及整体利益的存在——损害他人的利益往往增进加害者的利益,如不考虑整体及整体利益,有何不可?

六、万物一体:整体利益颠扑不破

西方经济学以数理证明一般均衡的存在为荣,殊不知,一般均衡的存在,更是整体及整体利益的如山铁证。事实上,一般均衡原本整体的均衡,对应的正是整体利益最大化,这正是国外经济学界多称一般均衡为"全局均衡"的原因(关于一般均衡的更多论述,请参阅《别了(下)》)。蓦然回首,之所以有"逻辑之王"——不能够循环"自"证(注目礼),不也因为宇宙万物原本是整体的存在吗?整体及整体利益颠扑不破!

作为最基本的逻辑常识,不能够循环自证往前推导一小步即相互作用,由于不能够循环自证,"我"不得不出离自"我",及于别人,追求别人"注目"致"礼",自然与别人发生相互作用;不能够循环自证往后推导一小步即万物一体,各事各物都相互联系在一起,正因为有万物一体在先,才有不能够循环自证在后。如遵照所谓"道生一,一生二,二生三,三生万物",万物一体是"一",相互作用属"二",不能够

---

[199] [英]亚当·斯密:《国民财富的性质和原因的研究(下)》,商务印书馆1972年版。

循环自证在出一往二、但尚未至二之间，姑且称"一点五"吧。

就像限定系统是自由市场的当然前提一样，整体及整体利益也属于自由市场的题中之义，也堪称自由市场的当然前提。但像缺失限定系统一样，昧于整体及整体利益，也属于西方主流经济学的致命性错误。作为西方经济学的主流，自由主义不承认整体及整体利益，再次彰显了主流经济学的蜻蜓点水、支离破碎甚至荒诞不经。

七、没有"悲剧"，焉知"公地"

有意思的是，整体利益多是通过试错甚至危机倒逼才发现的，拆用"公地悲剧"来讲：没有"悲剧"，焉知"公地"？生态环境危机倒逼发现生态系统整体利益，典型如气候变化催生低碳经济；内政外交危机倒逼凸显国家整体利益，典型如《义勇军进行曲》不得不怒吼"起来！不愿做奴隶的人们"。

秦王嬴政之所以"奋六世之余烈"并最终一统天下，并不简单因为嬴政大有"挥剑决浮云"的雄心壮志，症结应该更在于天下整体利益被春秋战国严重"悲剧"。刘向在《战国策》序中痛心疾首地写道："暴师经岁，流血满野，父子不相亲，兄弟不相安，夫妇离散，莫保其命，湣然道德绝矣，晚世益甚。"度不同衡、书不同文、车不同轨、行不同伦，各国竞相厉兵秣马，黎民生活在水深火热之中，春秋战国堪称典型的公地悲剧时代！

八、"悲剧"乃"公地"之母

为什么要通过"悲剧"才能够发现"公地"呢？对不起，这具有相当的必然性！纯粹技术上讲，自由市场即便发现资源最优配置的均衡，也需要一个过程，遑论实现。自由市场遴选优化配置资源的秀，也需要经过多次甚至反复试错，不可能一蹴而就，这里面就难免付出学费，甚至常常不得不以悲剧作为代价。

从个人觉悟与追求上讲，自由市场上一个个的交易者"我"，首先都是个体，属于"小我"，本能性地追求一己个体利益，不太可能一开始就追求整体利益。即便有先知先觉的"我"追求整体利益，亦非一蹴而就；达致整体利益最大化，无疑更需要时间，而且试错的代价不会低廉。实际上，通过试错乃至悲剧发现公地，大抵也相当于所谓"失败是成功之母"，没有失败，怎有成功？没有悲剧，焉知公地？

九、"负外部性"原是"负内部性"

"公地悲剧"算有点极端的个案，技术上讲，资源配置偏离最优均衡点；利益上讲，个体利益侵蚀整体利益，都属于自由市场的常态。西方经济学有一个概念，能近似描述个体利益对整体利益的投机侵蚀，这就是"外部性"，准确讲是"负外部性"。

何谓负外部性？外部性被认为由马歇尔首先提及，后来主要得到庇古（Arthur Pigou）、科斯的修正与补充，但迄今为止，似乎也没有一个严格的定义，以至于被认为经济学文献中最难捉摸的概念之一。对外部性，一般解释为市场主体的行为给外部环境造成的影响，正的影响即正外部性，典型如市场主体植树造林带来正外部性；负的影响即负外部性，典型如市场主体污染空气造成负外部性。

这的确不是一个严格的定义，不严格之处就在于如何定义外部，最明显的：既然市场主体的行为能够作用到外部，那外部不至少也与市场主体联系在一起吗？既然与市场主体原本联系在一起，那外部还是真正的外部吗？严格讲，所谓负外部性，即"我"对个体利益的追求因偏离均衡而导致的对整体利益的投机侵蚀，原本不是负外部性，而就是负内部性。由于不能够循环自证（注目礼），人的本质在社会性，就像大海上的岛屿通过大陆架联系在一起，大伙儿实质上也有自己的大陆架，人的行为不存在外部性，"他"人并非"外"人，原本都联系在一起。

顺便提一下，由于深谙注目礼，马克思对外部性洞若观火："一座小房子不管怎样小，在周围的房屋都这样小的时候，它是能满足社会对住房的一切要求的。但是，一旦在这座小房子的近旁耸立起一座宫殿，这座小房子就缩成可怜的茅舍模样了。这时，狭小的房子证明它的居住者毫不讲究或者要求很低；并且，不管小房子的规模怎样随着文明的进步而扩大起来，但只要近旁的宫殿以同样的或更大的程度扩大起来，那么较小房子的居住者就会在那四壁之内越发觉得不舒适，越发不满意，越发被人轻视。"[200]**Why**？因为人的本质在社会性，人与人联系在一起，不管"他"如何怎样，都不可避免地作用于"我"，或"卧榻之侧，岂容他人酣睡"，或"珠玉在侧，觉我形秽"，或"别人死老婆，等于自己娶媳妇"，没有作用是不可能的。这就是外部性，乃社会性本质的具体表征，亦人际相互作用的外在形式，实则内部性，因为"他"人并非"外"人，"他"比"我"出色或不出色，都自动构成"我"的外部性。

十、消解"负外部性"：征税与协商

如何约束乃至消解负外部性投机呢？西方经济学的看法主要可归结为两派：一者可称为税收调节派，以对外部性理论作出重要贡献的庇古为代表，主张对造成负外部性的市场主体进行苛税甚至惩罚，强行消解不被市场主体纳入成本考量的外部社会成本。比如有企业生产造成环境污染，相应即对生产企业征收环境税，从而使外部环境成本纳入市场主体的私人成本。

一者可称为自由协商派，以对外部性理论作出重要贡献的科斯为代表，主张以清晰产权为前提，造成负外部性的市场主体产权清晰，外部环境本身也产权清晰，由产权清晰的双方进行协商，自行消解不被市场主体纳入成本考量的外部社会成本。比如有企业生产造成环境污染，相应即由生产企业与外部环境主体进行协商，从而使外部环境成本纳入市场主体的私人成本。

十一、资源优配走向"大一统"

无论税收调节，还是自由协商，负外部性消解的结果都是外部成本内部化，从而利益一体化，达到整体均衡。这充分彰显了资源优化配置的过程就是整体均衡的过程，技术上叫资源优化配置，利益上就是整体均衡或者说整体利益最大化。如果不是整体均衡，只讲局部利益最大化

---

[200] 《雇佣劳动与资本》，《马克思恩格斯全集》第6卷。

甚至个体利益最大化，损人利己的负外部性投机有何不可？不仅不应该消解，反而必须强化！

但因为人属于整体，"他"人并非"外"人，所以必须消解负外部性，把不当转移到外部的社会成本重新内部化，实质在于整体性站位更高，各相关方利益被协调统一，一家人不说两家话。原本，负外部性就是负内部性。所谓内外，不过是格局不同而别，是内还是外，决于整体性站位高低。从月球看人类，地球上所有的负外部性都是负内部性。

内外原本一体，站到全局的最高度，就是全局一统，不再存在内外之别。用稍有政治口味的话语讲，资源优化配置的过程也是"大一统"的过程，道理显而易见，要不是整体一统，何有整体均衡？何有整体利益最大化？整体均衡、整体利益最大化就是大一统，大一统带来整体均衡、整体利益最大化。

十二、利益大一统：无分政经

走笔至此，不得不提到一位颇有影响的制度经济学大师，他就是美国学者奥尔森（Mancur Olson），以研究"集体行动的逻辑"而举世闻名。奥尔森别具只眼地发现，市场上的竞争造福消费者，垄断贻害消费者；权力上的竞争贻害老百姓，垄断造福老百姓。[201]

显而易见，奥尔森陷入了经济学逻辑与政治学逻辑、或者说经济利益与政治利益的二元割裂。实际上，无论经济上的市场竞争，还是政治上的权力竞争，都属于资源配置的问题，原本只有一种利益，原本只有一个逻辑。从大一统讲，不只是权力竞争应该走向大一统，经济上的市场竞争也应该走向大一统，这里面的判断标准能且只能是资源优化配置，大一统不过是资源最优配置的状态，何陋之有？

负外部性的消解，是外部成本内部化，的的确确属于利益一体化，的的确确属于整体均衡，这一点毋庸置疑。可利益一体化、整体均衡真的就是大一统？更准确讲，利益一体化、整体均衡真的能上升为大一统？作为鲜明的政治学理念，大一统难道也内含在经济学的逻辑之中？

---

[201] [美]曼瑟·奥尔森：《权力与繁荣》，上海人民出版社2005年版。

第19章
大一统即整体利益归属落实到某唯一"我"

内容提要

"所有者"之问,乃针对整体利益而言。整体利益归属落实到某唯一"我",这就是产权清晰。产权清晰并非经济学的特定问题,是由整体利益的确凿存在、不可分割并"我们"的可拆分解共同决定。一切"我们"都可以利益之刃拆分,唯二"我们的"都不算"所有者到位",唯一"我的"才是所有者到位。产权清晰的本质,并不在于所有者到位之私有制,而在于整体利益不可分割的"大一统",产权清晰即大一统。私人企业的真名叫"大一统企业",要害在大一统,而非私人,是大一统不得不"举"于某一个私人。

一、源远流长"大一统"

"大一统"不属于西方经济学的理念，非得找近义词，恐怕就是"垄断"，但主流经济学反垄断。大一统也不属于西方政治学的理念，非得找近义词，恐怕就是"集权""独裁"甚至"专制"之类，必欲除之而后快。但大一统的利好，尤其在实践层面，西方世界多少有所认知，只是现实上无法做到。这一点在欧洲得到充分彰显，大一统的利好明摆着，但现实上做不到，欧洲历来就是列国林立，争斗不已，至今也只能凑合着一起过，不亦"欧盟"乎？

大一统更像是中华文明的独特标签，实践上令人想起"挥剑决浮云，诸侯尽西来"的秦始皇，理论上让人想起"推明孔氏，抑黜百家"的董仲舒。但实际上，秦始皇不过是重新恢复大一统而已，之前的周朝便属于典型的大一统王朝；董仲舒也不过是重新申明大一统而已，用他本人的话讲："《春秋》大一统者，天地之常经，古今之通谊也。"作为中华第一部编年体史书，《春秋》高度推崇大一统。可以讲，中华历史一肇始即信奉大一统。这一点甚至无意识反映到文艺性的《诗经》，曰："普天之下，莫非王土；率土之滨，莫非王臣。"

二、化西入中：必须的

那为什么要大一统呢？董仲舒之所以格外推崇大一统，既有深刻的历史文化因素，也有急切的现实政治原因，尤其景帝年间爆发的"七王之乱"，令汉王朝心有余悸，亟待大一统的理论加持。但董仲舒对大一统的论述，并非简单的"听将令"，甚至也非一般的政治学，颇有大本大源，将大一统上升到了宇宙秩序即"天"的高度。这固然"高大上"，但似乎论证不足，不如之后柳宗元《封建论》对"封国土，建诸侯"的一句驳斥来得简明扼要："公天下之端自秦始。"亦不如之前《吕氏春秋》对"一"的一句强调来得铿锵有力："一则治，两则乱。"

但问题并没有完，为什么会"一则治，两则乱"呢？不完全的考据显示，中华古典文献似乎没有更进一步的明细答案——是不是趁此跳出中华话语乃至中华文本的自体循环？好比如讲，用"四书五经"论证四书五经，固然是好，但如能跳出四书五经的自体循环，乃至用西方人津津乐道的逻辑与科学来论证四书五经，岂不殊胜？"条条道路通罗马"，如果某真理可以用中华话语来论证，就必定也能用非中华话语来论证，唯其如此，方是真理，真理原本就超越文字相。

如果大一统的确属于真理，就必定也能用西方的逻辑、方法、工具乃至概念、观念、理念来完成论证，要不然，大一统就不是真理。站到更基本更广泛的层面讲，如果中华智慧的确属于真理，就自然也必定能由西证中、化西入中、会通中西，用西方的逻辑、方法、工具乃至概念、观念、理念来完成论证，要不然，中华智慧就不属于真理。

三、"公地"为何"悲剧"

现在的问题是：能不能用西方的逻辑、方法、工具乃至概念、观念、理念来论证堪称中华文明独特标签的大一统？抑或说，在被誉为"社会科学皇冠上的明珠"的西方经济学中，是不是原本就存在实质上与大一统相当、甚至同出异名的理念？"公地悲剧"已现端倪！所涉及的草场之所以"乱"乃至"悲剧"，不正因为草场不"一"也即草场不是某一个谁所有吗？如果草场不是公地，而属于某一个牧民的私地，他会千方百计从长计议，甚至请专家研究计算出最适合放养多少牛羊的均衡点，决不会不顾草场的承受能力而过度放牧，怎么会有负外部性的形成？更怎么可能允许悲剧发生？岂不正是"一则治"？

岂止显露端倪，西方经济学实质上有着自己的大一统理念，这就是科斯在论述消解负外部性时已提到的"产权清晰"。自由市场上有两种利益——个体利益和整体利益。个体利益是每个个体的利益，归每个个体所有，由每个个体自觉值班看护，产权自然是清晰的。可在个体利益之外的整体利益不是任何一个个体的，而是公有的，可称为"公有整体利益"，归谁所有、由谁值班看护？这是一个严重的问题！"公地"之所以"悲剧"，正因为整体利益不是谁的，无人值班看护，引发侵蚀整体利益的负外部性投机——这恐怕自然不过，不管整体利益，抑或别的什么利益，一旦无人值班看护，都难免引发投机，直至悲剧发生。

四、产权清晰是如假包换的大一统

符合逻辑的答案有且只有一个：像个体利益一样，公有整体利益也必须归属落实到某一个个体，这就是产权清晰！不只是与作为中华文明独特标签的大一统实质上相当，产权清晰就是正儿八经、货真价实、如假包换的大一统。由于话语上的隔阂，大一统没有被称为产权清晰，产权清晰也没有被称为大一统，但实质上，产权清晰就是大一统，大一统就是产权清晰，同出异名。称呼上，在国家天下层面，称产权清晰，有点轻飘飘的感觉；称大一统，应该更有厚重感。但毋庸置疑，产权清晰与大一统同源同本一回事。为彰显此中之中西会通，不妨把西方经济学的产权清晰、中华文明的大一统合二为一，称"产权清晰大一统"，抑或"产权清晰之'一'道"。

消解负外部性的过程，从公私讲，即公合于私；从内外讲，即外合于内；从成本讲，即社会成本合于私人成本，这属于利益一体化的过程，也就是毫不含糊的大一统。一旦大一统，公合于私、外合于内、社会成本合于私人成本，根本不存在公地，何有公地悲剧？根本没有外部，何有负外部性？根本没有社会成本，何有整体利益被投机侵蚀？祛邪自然扶正，投机被抑制，资源劣配被终止，自然趋向资源优配。一旦整体利益归于一主，自由市场上的所有利益都有了主，不再存在任何无人值班看护的利益，在竞争的激荡下，资源优配不言而喻。

解铃还须系铃人，负外部性及公地悲剧，属于个体利益对整体利益的投机侵蚀，因整体利益产权不清而产生，也只能通过整体利益产权清晰而消解。这正是科斯的遗憾——与厘清产权清晰的概念失之交臂！在消解负外部性及公地悲剧的问题上，科斯虽然发现了社会成本与私人成本合二为一的必要，甚至也看到了市场主体的产权与外部环境的产权合二为一的必要，这应该也是科斯的相关论述被称为"科斯产权定理"的重要原因，但科斯只是强调了产权清晰对消解负外部性的前提作用，并没有明确认识到整体上的产权归一——大一统！简言之，科斯看到了产权清晰的必要，但并没有真正界定产权清晰，更没有真正发现大一统。

五、"所有者"之问：谁的整体利益

岂止科斯，整个西方经济学至今也没有准确定义什么是产权清晰。这似乎令人难以置信，主流经济学建基于人性自利及个体主义，一直以来鼓吹的就是私有制，怎么可能连产权清晰也没有准确定义呢？相当程度上，产权清晰不就是私有制的学名吗？产权清晰的概念或许存在不究竟之处，但不至于至今也没有得到定义吧！

不究竟是显而易见的，典型如对国有企业产权的看法，主流经济学认为，国有企业产权不清，所谓"全民所有"实际上是产权虚置，所有者缺位；但另一部分意见认为，国有企业产权清晰，根本不存在法理上的所有者缺位，全民所有即把全体人民作为所有者，怎么不是所有者到位？关键是如何避免经营者擅权导致事实上的所有者缺位。

两种意见相持不下，但似乎都不否认存在"所有者"的问题，分歧在于所有者的含义！可什么是所有者呢？问题并不精准，在自由市场上，乃至在更一般的人群中，个体利益归每个个体所有，个体本身即所有者，这一点毋庸赘言。可个体利益之外存在着整体利益，而且整体利益的本分是公有，不可分割，归谁所有呢？这才是厘清所有者含义的关键，也正是所有者之所以成为问题的症结，原本就是针对整体利益而言。

六、整体利益生性不可分割

即便整体利益公有，但如果可分割，产权清晰应该也不是问题，大不了化整为零，也就是把整体利益分割为一份份的个体利益，从而为个体所有，何产权不清之有？但问题是整体利益不可分割，怎么办？就任一人群而言，如某利益可分割，就称不上公有，就不是整体利益，整体利益原就是"一"。不可分割，不仅是整体利益的鲜明特征，而且是整体利益的基本特性。

拿"公地悲剧"所涉及的草场来讲，所谓整体利益，简单讲，就是划定并看护牛羊总量管制红线，既保证草场的蓄牧产出，又保障草场自身的休养生息。显而易见，这是不可分割的，用纯粹技术语言讲，它是唯一的，即草场新陈代谢与放养牛羊总量之间有且只有一个最优配置均衡点。如系统限定内的资源配置存在两个甚至多个最优均衡点，岂不自相矛盾？逻辑上不成立，数学上也没有。

既然整体利益的本分是公有，生性不可分割，不是哪一个个体"我"的私利，就应该全体"我们"共同所有乃至共同处置，这难道还有什么疑问？常言说得好："一点真疑不间断，打破沙锅问到底。"这看起来毋庸置疑，但仔细一斟酌推敲，"我们"也包括"全体""集体""大家""全民"之类的说法都令人生疑，靠谱么？

七、"我们"是怎么一回事

反正民间流传的众多俗话的回答是不靠谱！比如"没有永恒的朋友，只有永恒的利益"，再比如"有钱有酒多兄弟，急难何曾见一人"，甚至作为俩口子的"我们"也不靠谱，所谓"夫妻本是同林鸟，大难来时各自飞"。毛主席教导说，没有无缘无故的爱，也没有无缘无故的恨。[202]即是说，"我们"是因缘因故也即因各种各样的利益走到一起的。真正靠谱的是利益——"我"的利益，"我们"不过是利益的组合而已。

一句索马里格言更是形象而又深刻地揭开了谜底："我和索马里反对这个世界；我和我的部落反对索马里；我和我的家族反对我的部落；我和我的兄弟反对我的家族；我反对我的兄弟。"[203]意思是说，在对立面存在的时候，在博弈方存在的情况下，在共同利益成立的条件下，"我"和别人的组合即"我们"甚至"全民"乃至"全人类"都是可能的，而且最自然不过。比如真有外星人侵犯地球，"我们"不就是全人类了吗？但从终极意义上，唯有"我"才真正靠谱，借用自然科学术语讲，一切"我们"都能以利益之刃再拆分，唯有"我"不可再拆分。

极其可能，这正是西方思想界长期以来信奉"个人主义"的原因。所谓个人主义，核心要点正在于把个人作为最基本的社会构成单位，背后的道理实在于"我"不可再拆分，构成社会人际分析的"逻辑原子"。

---

[202]《在延安文艺座谈会上的讲话》（《毛泽东选集》第3卷）。
[203] [奥]弗朗茨·乌克提茨：《恶为什么这么吸引我们》，社会科学文献出版社2001年版。

这一点在词源上就颇显端倪，个人主义的英文单词**Individualism**，来自于拉丁文的**Individuum**，意思即不可再拆分。

八、"我的"才是"所有者到位"

这就是整体利益为什么必须归属落实到某唯一"我"，唯有"我"终极靠谱，如果说所有者，唯有"我"构成真正的所有者，一切"我们的"都仍是所有者不到位，"我的"才是所有者到位，"我的"才是产权清晰！由于个体利益自然产权清晰，通常说的产权不清，实是特指公有整体利益而言，典型如国有企业。国有企业之所以被西方经济学判定为产权不清，原因正在于国有企业被认为属于大大小小的"我们"，或集体所有，或全民所有，责任上或许尚可追溯到某唯一"我"，但产权上的确不能清晰到某唯一"我"，所有者缺位。[204]

产权清晰的所谓"清晰"，就是清晰到唯"一"，哪怕清晰到唯"二"，也不能称产权清晰。因为二还可以继续拆分，并不稳定，不客气讲，还会扯皮，甚至"两个和尚没水吃"。产权清晰即产权归一，就是任何整体利益都能够追溯到单一产权主体，即必须落实到某唯一"我"。这大抵也就是所谓"举"——"举国体制"的举——整体利益必须由一"我"所举，此诚产权清晰！蓦然回首，纯粹技术上讲，产权清晰并不值得大惊小怪，也属于寻常道理，不过是两个"一"之间的拍合，即公有整体利益的不可分割之"一"和"我"的不可拆分之"一"的呼应对接。

显而易见，产权清晰并非经济、企业领域的特定问题，而是由公有整体利益的确凿存在、不可分割并"我们"的可拆分解共同决定，一切存在整体利益的领域，都自然不过地存在产权清晰的问题，实则不能够循环"自"证、"我"不得不出离自"我"并依赖"他"人、从而形成社会人的集合、进而导致公有整体利益、因而油然而生的一个概念。

产权清晰不仅适用于公司，也适用于国家；不仅适用于经济学，也适用于政治学，凡整体利益都必须产权清晰。这才是西方经济学不曾准

---

[204] 这并不意味着国有企业没有存在的价值，关于国有企业的价值及存在逻辑，请参阅本书《别了（下）》第30章《国有企业的前世、今生和未来》。

确定义产权清晰的最大证据，它把产权清晰局限于经济学，甚至局促于企业资产，这不是一般的狭隘，而就是"半桶水"，似懂非懂。

九、私人企业的真名叫"大一统企业"

西方经济学之所以最先明确论述产权清晰，企业之所以格外讲究产权清晰，原因并不在于产权清晰只属于经济学、企业，而主要在于经济学、企业更多涉及人们的日常生活，因而更容易遭遇公有整体利益与"我们"可拆分解之间的矛盾。理解产权清晰的概念，不必刻意把企业当企业看，而应该把企业当成人的组织看。从组织的角度看，企业也是社会人的集合，自然产生公有整体利益，进而要求整体利益归属落实到某唯一"我"，这才是企业首先论产权清晰的真正来由，如果产权不清，就没有企业的大一统，企业整体利益就没有保障，企业内部就容易投机泛滥，企业资源就得不到优化配置，企业就不能适应外部市场竞争，企业员工就不能生存和发展，大家一个个衣食无着，行么？

所谓"私人企业"，实则"大一统企业"，要害在于"大一统"，而非"私人"，是"大一统"不得不"举"于某一个"私人"，乃不可分割的整体利益不得不归属落实到不可拆分的唯一"我"，如此而已。产权清晰的概念，虽源于西方经济学所强调的"所有者到位"，但产权清晰的本质，并不在于所有者到位之私有制，而在于整体利益不可分割的大一统，产权清晰即大一统。个体利益天生归每个个体私有，如果不涉及整体利益，就无所谓产权清晰大一统，甚至都无所谓所有者到位，"所有者"也原本是针对整体利益而言。

正可谓相得益彰，产权清晰得到澄清厘定，也使大一统得到澄清厘定。不是别的，没有别的，大一统即产权清晰，就是整体利益归属落实到某唯一"我"，而非"我们"，哪怕是唯二"我们"，也会存在"外部性"，也不符合整体利益的不可分割，也不构成真正的大一统。仍以"公地悲剧"为例，所涉及的草场哪怕为两个牧民所有，也不算产权清晰，而就是两个牧场，因而必定存在在两个牧场之上并分割不开的"公地"也即整体利益，引发负外部性投机，"悲剧"不可避免。

第20章
颠扑不破大一统

内容提要

由于不能够循环"自"证,"我"和"他"原是"一",非为"二"。"一"是任何组织的根本属性,大一统是任何组织的本质要求,定于一尊是任何组织的内在要求。"惟以一人治天下,岂以天下奉一人?"产权清晰大一统并不否认公,更非不公,而是澄清厘定了公与私的认知:公不离私,公赖于私,公生于私,公合于私。天下归"一"方有天下为"公",要不然,"公"即"公地悲剧"。"道"须有自己的"肉身",以天下为己任的"天选之子"不可或缺,这是资源最优配置、产权清晰大一统的内在必然。

一、对大一统的三大质疑

对经济组织而言,产权清晰到某唯一"我",这多少在情理之中,并不出意料之外。按主流经济学的看法,企业的本分就是"私人企业"。从经验事实看,乃至从人类历史看,世界上绝大多数经济组织都是私人企业——这有力佐证了产权清晰大一统!不妨这样作一下理解:非私人企业的经济组织不是没出现过,而是与私人企业同样出现过,但后来一个个都灰飞烟灭了,原因在于产权不清,被市场竞争无情淘汰了!

但从既有的思想理论看,尤其从西方经济学和西方政治学看,对产权清晰大一统可能会有三大质疑:(一)产权清晰大一统是不是真的也适用于非企业组织尤其是政治组织?(二)如果产权清晰大一统的确通用,包括国家天下在内,任何组织的整体利益都必须归属落实到唯一"我",岂不都是一己之私?公在哪里?(三)就政治组织而言,如果整体利益产权清晰归一,政治竞争何有?政治制衡何有?产权清晰大一统真的适用于兹事体大的国家政治?

二、"一"者,日用而不知也

首先解答第一个质疑:产权清晰大一统是不是适用于非企业组织?答案极其明确,不是适用与否,而是在非企业、非经济学领域,产权清晰早已经是不争的事实,只不过未称之为产权清晰、大一统罢了。这正是真理的重要品性,人见或者不见,真理就在那;人名或者不名,真理就在那;人用或者不用,真理就在那;人赞或者不赞,真理就在那——《易》云:道者,百姓日用而不知也。

毛泽东主席指出:"政治路线确定以后,干部就是决定性因素。"[205]这里面没提产权清晰归一、所有者到位的概念形式,但包含产权清晰、所有者到位的实质意思:没有人代表的路线,更明确讲,没有人把路线作为自己的利益,路线不就是幅图么?小平同志说:"任何一个领导集体都要有一个核心,没有核心的领导是靠不住的。"[206]也没提产权清晰

---

[205] 《中国共产党在民族战争中的地位》(《毛泽东选集》第2卷)。
[206] 《第三代领导集体的当务之急》(《邓小平文选》第3卷)。

归一、所有者到位的概念形式，但实质意思也在于产权清晰、所有者到位：没有核心的领导集体，不是产权清晰大一统，集体领导极其可能沦为"集体不领导"，甚至"集体无领导"。

在中共当前的党风廉政建设中，有个说法特别响亮，这就是"主体责任"及"第一责任人"，大名鼎鼎的"学思践悟"专栏有文章解释说："责任清才能敢担当。有的党委书记不明白主体责任和第一责任人的内涵。其实就一句话，党风廉政建设就是党委书记的事，出了问题首先要追究你的责任。"[207]为什么要把党风廉政的责任"清"到主体乃至唯一个体也就是"第一责任人"呢？道理正在于凡事都不能所有者缺位，必须产权清晰归一。

岂止政治组织，即便人类最简单的组织，典型如家庭，也需要归一，一家之主不可或缺，如果没有以家庭为己任的主，就难有家庭整体利益，更难有家庭整体利益最大化，结果常常是同床异梦，甚至家庭瓦解。下边小故事中的丈夫就是典型的以家庭为己任的主：

> 一对夫妻，生活过得拮据，但家庭还算美满。他们不是没有磕磕碰碰，由于柴米油盐的问题，原本脾气暴躁的妻子不时发无名火，但作为一家之主的丈夫每每化干戈为玉帛，正可谓"随风潜入夜，润物细无声"。妻子后来也被和平演化，变得温柔沉静，双方更加互敬互爱，日子过得甜美。妻子有一次禁不住问："你为什么每次吵架都让着我呢？好多次明明是我做错了！"丈夫笑着回答说："因为你是我的，就算我吵赢了，能怎样？赢了道理，输了情感，不还是我输了吗？"

三、"一"乃任何人类组织的根本属性

事实上，一切有价值的物事——整体及整体利益——从家庭到企业到集团到国家到天下乃至整个地球生物圈，都必须能追溯到某唯一"我"，要不然，就属于产权不清，投机就不可避免，资源配置扭曲就

---

[207] 学思践悟：《权力就是责任，责任就要担当——落实党风廉政建设主体责任和监督责任之三》，《中国纪检监察报》头版头条，2014年9月1日。

不可避免，价值的亵渎甚至虚化就不可避免。

今日世界，全球性危机日益严重，但人类社会对错误极其明显的军备竞赛不能有力制止，对后果极其严重的气候变化也不能有力应对，根本原因正在于天下无主、人类无举，天下不是某个谁的天下，人类还不是一个真正的整体，没有谁真正以天下为"己"任，没有谁担当天下，产权不清，遂致人类整体利益无人代表看护，导致投机泛滥，极大扭曲资源配置，"公地悲剧"不可避免——高悬于人类头上的庞大核武库正是典型的公地悲剧，高悬于地球头上的气候变化也是典型的公地悲剧。

由于不能够循环"自"证（注目礼），用马克思的话讲，"人的本质不是单个人所固有的抽象物"，人天生是社会人，"他"人并非"外"人，人类天生是一个整体。为了资源优化配置，为了资源配置最优的均衡，任何人类组织的整体利益都必须产权清晰，归属落实到某唯一"我"！要不然，就不符合整体利益的不可分割，就偏离大一统，就不是产权清晰，投机就不可避免，资源配置扭曲就不可避免，"负外部性"就不可避免，"公地悲剧"就不可避免。

"一"乃任何人类组织的根本属性，大一统乃任何人类组织的本质要求，定于一尊乃任何人类组织的内在要求。经澄清厘定的产权清晰、大一统，乃不可分割的整体利益不得不归属落实到不可拆解的唯一"我"，原本就没有经济学与政治学的分野。非得分而言之，经济学的产权清晰就是政治学的大一统，二者同出而异名。从对产权清晰、大一统的澄清厘定看，切入的只是个体整体利益关系，原本也不存在经济学与政治学的区分，恰恰弥合了经济学与政治学的既有鸿沟。毫无疑问，"一"道能够从经济学横跨到政治学，适用于包括政治组织乃至国家天下在内的任何人类组织。原本，人类社会运转的"原核"问题就有且只有一个——资源配置，何曾有经济学与政治学的分野？

四、"惟以一人治天下，岂以天下奉一人"

现在解答第二大质疑：任何组织的整体利益都必须归属落实到唯一"我"，公在哪里？尤其对政治组织而方，如果国家也产权清晰到某唯一"我",岂不"朕即国家"？如果天下也产权清晰到某唯一"我",岂不"朕即天下"？"天下者,天下人之天下也",国家天下通常被认为社会公器,所谓"天下为公",怎么能归属落实到唯一"我"也就是某一个人的私呢？

首先必须指出,整体利益的产权清晰与个体利益的产权清晰略有区别。个体利益的产权清晰意味着个体对个体利益的完全处置权,整体利益的产权清晰是不可分割的公有整体利益不得不归属落实到不可拆分的唯一"我",并非把全部利益归属到某个体"我",更非把别的个体利益归属到某个体"我",而只是某个体"我"代表看护人群组织的整体利益,更主要属于"虚"的荣耀,就像以天下为"己"任一样。

"朕即天下"被认为是始皇帝所宣示,既不婉约,更不谦虚,饱受批评。实际上,这不过是一个豪情满怀的虚荣说法,难道天下真的就嬴政一个人的了？即便是嬴政一个人的,对嬴政真的就有意义？嬴政再怎么折腾,物质享用极大超出"站起三碗饭、躺倒三尺床",终归也是有限的。任何个人都是"站起三碗饭、躺倒三尺床",一个人可以天下为己任,但一个人能真正占有天下？天下还是天下人的天下,以天下为己任不过是代表看护人类整体利益而已。

有意思的是,产权清晰大一统所关连的"一人"及其相关问题,中华古圣先贤提炼出一幅耐人寻味的楹联,分明刻写在紫禁城养心殿,曰:"惟以一人治天下,岂以天下奉一人？"据考证,此联为唐太宗李世民时代的名臣张蕴古所言、由清朝雍正皇帝略加改动并亲自题写。不得不感慨,中华古圣先贤是何等的头脑清醒,胸中有数！

五、重新推敲公与私

产权清晰之"一"道不是只有私,没有公,更不是否认公,而恰恰是为了公,真正为了公,彻底为了公,进而澄清厘定了对公与私的认知,这才是大一统从经济学横跨政治学、乃至国家天下也必须产权清晰到唯一"我"让人感觉讶异的真正原因,症结实在于人们头脑中陈旧、含糊甚至错误的公私观念。

公与私，远不是通常所想象的对立。最简单的，拿私人企业来讲，它产权清晰，是老板个人的企业，被认为私有产权，不存在公的概念。但从企业内部看，私人企业也一样存在公的问题。事理极其清明，对老板个人而言，私人企业的确属于"私地"；但对其他所有员工而言，私人企业也同样是一块"公地"，上升到"制"，也堪称公有制——私人企业是除老板之外的其他所有员工的公有制企业。显而易见，公与私的界线并不是通常想象的那样泾渭分明。

站到人性的高度，即便承认人性自利，但人性也并非简单的私，因为还存在一个显而易见的问题，那就是自利的指向。这是常常被疏忽的问题，因为人性公与私的分歧而闹得不可开交的左右两派似乎都不曾深究。但一定意义上，自利的指向是比人性自利本身更重要的问题，因为自利的指向真正决定了自利的内涵。自利指向什么的答案不是由经验给出的——即便见过9999只天鹅是白色的，也不能断言第10000只天鹅是白色的，经验的归纳永远也得不出一个全称的结论——而是由最基本的逻辑常识推导而来，这就是不能够循环自证！

由于不能够循环自证，"我"不得不出离自"我"，及于别人，乃至成为社会人，服务于别人，从而取得别人对"我"的认同，实现他证。即是说，人性首先是自利，但自利必须先利他，要不然，岂有他证？他何以证？正是习近平同志曾指出的："人以自我为中心，却又只能在他物、他人中去实现自我"。[208]拆解"注目礼"来表达，更让人心领神会：注不注目是别人决定，致不致礼更是别人决定，注目礼的一切都是别人决定，原本注目礼整个就是别人供给，他证完全属于别人的动作，"我"不利他，别人怎么注目致礼？这就是人性自利一出门就走向了利他。注目礼追根溯源、返本归元、正本清源，乃至大道归一，重新定义一切，公与私亦不例外，必须重新推敲公与私的问题！[209]

[208] 请参阅本书第3章《工具：大道归一——不能够循环自证》第72脚注。应该也因为不能够很好地解释人性自利与利他的关系，习近平在《对发展社会主义市场经济的再认识》中强调：传统西方经济理论对人的抽象还没有真正完成。
[209] 关于公私与人性问题，《别了（下）》有更多论述，请参阅《别了（下）》第4章《人性"我"论定纷争》、第17章《公有整体利益》、第28章《社会性的要义归于道德竞争》。

六、"大公无私"实是"大公大私"

产权清晰大一统把整体利益归属落实到唯一"我"也就是某一个人的私,要说问题,真正的问题恐怕不是公在哪里,这才是呼之欲出的问题:当公有整体利益归属落实到某唯一"我",一"我"之私能不能代表并看护整体利益呢?说小点,"我"能否以公为私?说大点,"我"能否以天下为己任?温情讲,我能否以百姓之心为心?这就是产权清晰之"一"道内在包含的公私新认知——以公为私、公私合一。

但一个流行的说法,似乎与以公为私、公私合一存在冲突,这就是"大公无私"。怎么解释?毛主席说得好,没有无缘无故的爱,也没有无缘无故的恨。[210]当一个人说到并做到大公无私时,绝非无缘无故,也是他进行比较、判断、选择并行动的结果,本身即属于他个人的私,是他个人以公为私,而非不私,诚所谓"大公大私",乃大无大有的最高境界!大公无私的要害在于"高大上",以至于不被认为私,但实质上还是私,不过是高大上的私。马克思说得好:"在任何情况下,个人'总是从自己出发的'。"一个人真的没有私,岂不枯木?岂不死灰?这也得到马克思的支持,《德意志意识形态》写道:"无论利己主义还是自我牺牲,都是一定条件下个人自我实现的一种必要形式。"[211]

七、天下归"一"方有天下为"公"

公在哪里呢?公不离私,公赖于私,公生于私,公合于私。公与私都属于"我"的计算,私是"我"的小算盘,鼠目寸光之类;公是"我"的大棋盘,高瞻远瞩之属,如此而已。没有一人之天下,岂有天下人之天下?没有天下为私,岂能天下为公?这是毋庸置疑的,已为"公地悲剧"强力反证,再强调一次:"公地"若不归"一"合于私,就不符合整体利益的不可分割,就偏离大一统,就不是产权清晰,就必定引发投机,就必定导致"负外部性","悲剧"不可避免。

---

[210] 《在延安文艺座谈会上的讲话》(《毛泽东选集》第3卷)。
[211] 本段两句引用都出自于《德意志意识形态》(《马克思恩格斯全集》第3卷)。

柳宗元先生为什么强调"公天下之端自秦始"、意思也就是天下为"私"始有天下为"公"呢？虽然没有"公地悲剧"的论述，但柳宗元扪心自问，反身而诚，实事求是，讲真话："秦之所以革之者，其为制，公之大者也；其情，私也，私其一己之威也，私其尽臣畜于我也。然而公天下之端自秦始。"[212]意思是说，始皇帝"一人之天下"原本起于私情，但恰恰是私情为"天下人之天下"奠定了基础。此中之关键就在于"大公"与"私情"的融合——大公大私，私是以天下为"己"任的私，情是"以百姓之心为心"的情。

　　人性及由之而来的公私问题，原本也是中华主流思想的核心问题，毛泽东主席早在少年时代就思考，[213]后来又加上马克思主义的强化，毛主席一辈子几乎都在公与私的辨析中度过，直至晚年仍琢磨，对柳宗元的"公天下之端自秦始"及其背后的公起于私、以公为私、公私合一颇感"于我心有戚戚焉"。1973年8月，针对郭沫若早年发表的《十批秦始皇》，毛主席写了一首《七律·读<封建论>呈郭老》，以"虽千万人吾往矣"的大勇为始皇帝及秦制平反：

> 劝君少骂秦始皇，焚坑事件要商量。
> 祖龙魂死业犹在，孔学名高实秕糠。
> 百代多行秦政治，十批不是好文章。
> 熟读唐人封建论，莫从子厚返文王。[214]

八、一生二、二归一

　　再解答第三大质疑：就政治组织而言，如果整体利益产权清晰归一，政治竞争何有？政治制衡何有？"一"道真的适用于兹事体大的国家政治？这恐怕是三大质疑中最难解答的，颇显理直气壮，颇能舌战群儒。西方政治学奉竞争及与竞争相应的制衡之"二"道为圭臬，如果国家整

---

[212] 出自于柳宗元的论说名篇《封建论》。
[213] 这尤其反映在毛泽东早年研读德国哲学家泡尔生（Friedrich Paulsen）《伦理学原理》所写批注，可参阅《毛泽东早期文稿》（湖南人民出版社2008年版）。
[214] 这是毛泽东写的最后一首咏史诗，也被认为毛泽东一生中写的最后一首诗。

体利益产权清晰归"一",乃至"朕即国家","二"道何在?竞争不是为竞争而竞争,制衡也非为制衡而制衡,这道理固然不错;在限定系统,资源最优配置的均衡点,有且只有一个,这道理更是"数理"——数学上可证明的真理。可即便在经济学上、对企业领域说得来并行得通,就真的能横跨到政治学,乃至适用于兹事体大的国家政治?

一部分人坚持认为,如果政治上不讲"二"道,缺失竞争和制衡,后果不堪设想,产权清晰大一统再辩才无碍,再吉祥圆满,再天花乱坠,如果搁置竞争与制衡,打死都不认!这里的原因乃在于西方政治学不曾深刻而准确地把握政府(公权力)的本质,但更根本的症结则在于——像西方经济学一样,西方政治学也没有真正把人性琢磨透彻,不知道"他"人原非外人,而就是"我"不可分割的一部分,由于不能够循环"自"证(注目礼),"我"和"他"原是一,非为二,或者说,二生于一,必归于一,"一"道高于"二"道。纯粹从术的层面讲,像西方经济学一样,西方政治学也不曾求解人际博弈的一般均衡,实质上是把势均力敌当成了一般均衡。殊不知,势均力敌只是注目礼之争的相持而非完结,不代表注目礼的满足,不构成一般均衡之大一统,充其量算临时性局部均衡,远非资源最优配置的抛物线顶点。

17世纪的英国哲学家洛克(John Locke)被认为是西方政治学分权制衡论的发明人,旗帜鲜明表示:"在一切情况和条件下,对于滥用职权的强力的真正纠正办法,就是用强力对付强力。"[215]这一点显而易见,不必二话,但同样显而易见,包括"三权分立"在内的制衡(会通于经济学上讲为竞争而竞争),明显背离人之所以为社会人的初心、也即作为人的基本心理行为动机的求同,根本就不代表相关各方在注目礼上的真正满足,充其量算临时性局部均衡,即不能达致认同而僵持,不构成人际博弈的一般均衡——真正要解答第三大质疑,即产权清晰大一统是不是真的适用于政治乃至国家天下,必须求解人际博弈的一般均衡,这里飘过。(对力量的作用、力量相互制衡乃至三角博弈,注目礼学说有透彻的演进论述,请参阅《注目礼》,尤其第6章《"我"为什么容易

---

[215] [英] 约翰·洛克:《政府论》(下),商务印书馆1964年版。

堕落》、第7章《"我"要如何当好领导》,及《别了(下)》第9章《求解两人系统的一般均衡》、第33章《乡村是"我"的理想家园》,更多专门论述请参阅注目礼学说"别了,西方思想"体系其他著作)

九、谁来以天下为"己"任

由于不能够循环"自"证,人的本质在社会性,人类不是一座座孤岛,而是浑然一整体。如果说组织,"一"是人类任何组织的根本属性,大一统是人类任何组织的本质要求,定于一尊是包括私人企业和国家天下在内的任何组织的内在要求。如果说"举",任何一个正常的人类组织,都自然、必然、当然是"举组织体制"。有意思的是,不少宗教都不约而同地强调一即"一神",原因应该也在于人类原本就是一个整体。(关于天下一统,请参阅《注目礼》第8章《"我"的自由王国》)

一般人对"朕即天下"非常反感,但对通常所讲的"以天下为己任"十分景仰。殊不知,二者堪称同出而异名,"以天下为己任"主要是处江湖之远的追求,"朕即天下"主要是居庙堂之高的要求,唯有脚踏实做到"以天下为己任",才是真正的"朕即天下"——是不是说以天下为己任的"天选之子"不可或缺?

没错的,人类需要天选之子,以国家天下为己任,正像孟夫子曰:"夫天未欲平治天下也,如欲平治天下,当今之世,舍我其谁也?"[216]这是产权清晰大一统、实质上即人际博弈一般均衡的内在必然,应该也是《吕氏春秋》为什么讲"天下必有天子,所以一之也",或许也是董仲舒为什么把大一统本源于"天"并强调"唯天子受命于天"。[217]

十、"道"须有自己的"肉身"

蓦然回首,所谓"天子",并不神秘,一方面在于"德大",即"大德者必受命","内圣"当"外王";[218]另一方面也在于自然选择,并非简单"人治",资源最优配置的均衡必须有自己的载体,借用基督教

---

[216] 《孟子·公孙丑下》。
[217] 《春秋繁露》。
[218] 《中庸》第17章。

的话语讲，"道"须有自己的"肉身"。非得说人治，所谓"大德者必受命"，所谓"道成肉身"，也属于必不可少的人治。一切皆非无缘无故，道不是，均衡也不是。限定系统内的资源配置最优均衡的确势不可当，属于自然选择，但也不会无缘无故就均衡了、就最优了，须借助具体的人来实现。毛泽东主席少年时代就立下救国救民之志，东山学堂读书时给自己起了个笔名，叫"子任"，意思就是以天下为己任。[219]

一部分人习惯于把"法治"与"人治"对立，实际上，人的世界终究是人治，即便法治，归根到底也是人治，不仅法是人所制订，而且法也为人所解释，一切依赖于人。孟子曰"徒法不足以自行"[220]——这一点在中国尤其明显；西谚云"法官是仅次于人上帝的人"——似乎比孟子更强调了法治对人的依赖。必须反对的是不讲规则的人治，所谓法治，并非人治的对立面，而就是把非规则人治减至最少，如此而已。

由于被"看不见的手"所迷惑，一部分人也习惯于把自由市场与"人治"对立。殊不知，自由市场不仅不是人治的对立面，而恰恰就是选人以治，自由市场实是一种选人机制，通过遴选擅长优配资源的人、比如通常讲到的"企业家"来实现资源优配，哪里是什么脱离于人、与人无关的超人机制呢？"看不见的手"不过是斯密对自由市场的机理机制一知半解、似懂非懂而无可奈何、不得不杜撰的话术。[221]

实践蕴含逻辑，事实胜于雄辩。就以两位划时代的大一统政治家的两句豪言结束这一段对产权清晰大一统的质疑与辨析吧，一者是结束古代中华公地悲剧也就是"挥剑决浮云，诸侯尽西来"的始皇帝对战国时代的一句评："天下共苦，战斗不休。"[222]另者是结束现代中华公地悲剧也就是"百年魔怪舞翩跹"乱局并创立中华人民共和国的毛泽东主席青年时期放歌的一句词："问苍茫大地，谁主沉浮？"

---

[219] "天选之子"并不神秘，得到人类社会一般均衡的有力彰显，本质上即一般均衡中的自我均衡"不动点"，请参阅《别了（下）》第三篇《自我均衡是一般均衡的条件》。
[220] 《孟子·离娄上》。
[221] 详论请参阅本书第15章《市场选"我"优配资源》。
[222] 《史记·秦始皇本纪》。

第21章
自然选择大一统

内容提要

"公权民授"忤逆整体利益的天授性,依赖"社会契约"的零交易成本,大错特错。产权清晰让外部成本内部化,大一统一合内外公私,就是公权力的诞生,乃资源优配的必然,内生于自由市场,属于自然选择,此诚"公权天授"——让西方经济学和西方政治学双双沦为笑话!企业私产权和政治公权力有个一模一样、毫无二致、千真万确的共同起源并本质——大一统!社会契约论之所以错过大一统,不单因为零交易成本假设与昧于"集体行动",症结更在于西方思想没有从具体的人格"我"出发,不真实。

一、私人企业也姓"公"

通常认为对立的公与私,经由产权清晰大一统得到了澄清厘定:公离不了私,公依赖于私,公生于私,公合于私。还是以私人企业举例,从不能够循环自证的最高度讲,人的本质在社会性,如不刻意把私人企业当私人企业看,而是提升一下抽象度,把私人企业当作人的组织看,私人企业与其他组织一样,都是人的组织,并不因为它作为私人的企业就不属于人的组织。从人的组织看,私人企业实质也是老板个人以企业员工一群人为"己"任,以其他所有员工之公为自己的私,不亦大公大私乎?就此而言,私人企业也姓"公",甚至也可称"公有企业"。

岂不公私不分?说私人企业也是公有企业,何止公私不分,简直指鹿为马!但真相的确让人脑筋急转弯,私人企业是怎么来的呢?更明确讲,企业私产权是怎么来的呢?企业私产权原本不是财产权力,也不是一般的经济权力,而就属于公权力,而且就是政治公权力——经济学与政治学的既有鸿沟被彻底弥合,企业私产权原本也是政治公权力!

二、"公权民授"是怎么来的

政治公权力通常被认为神圣之物,它是怎么来的呢?先看一下西方思想史的思考与论述。在文艺复兴之前,在欧洲居庙堂之高的就是"君权神授",简单讲,公权力是上帝赐的。但文艺复兴以来,君权神授论被一步步扔进了字纸篓,尤其资产阶级革命以后,代之而起的就是"公权民授",简单讲,公权力是民众给的——具体怎么讲?

最主流的解释应该是 17 世纪的英国哲学家霍布斯(Thomas Hobbes)在政治学专著《利维坦》中提出的社会契约论——斯密在《国富论》中论述的"守夜人"解释,也属于社会契约论。有个比较流行的说法,叫"人对人像狼一样",就出自《利维坦》,属于他对人性的核心看法。[223]为结束人对人像狼一样的"自然状态",霍布斯认为,个体要让渡自己的一部分权力,通过全体成员的社会契约,建构一个公权力,

---

[223] 霍布斯的原版说法,应该是"每个人对每个人的战争",请参阅《利维坦》(商务印书馆 1985 年版)。

从而保障全体无虞，走出自然状态，《利维坦》写道："把大家所有的权力和力量付托给某一个人或一个能通过多数的意见把大家的意志化为一个意志的多人组成的集体。"这就是社会契约，实质上也就是"公权民授"，通过社会契约，形成民授公权！《利维坦》正属于公权民授论的典型代表，一定意义上还是开先河者，这正是霍布斯被誉为"近代政治学之父"的重要原因。

事实上，在君权神授被撕后，西方近代政治学整个走向了公权民授，不仅因为神授论荒诞不经，更因为公权力所基于的整体利益。这一点甚至彰显于"利维坦"之名，利维坦原是《旧约》中提到的大力海怪，霍布斯的用意则在于"国民的整体"。[224]所谓整体利益，原本就是全体民众的整体利益——既然是全体民众的整体利益，基于整体利益的公权力当然就是民授，夫复何疑？

三、整体利益不是民授

但莫斯科不相信眼泪，在科学上，在求真上，容不得任何的想当然。公权力基于国家整体利益，的确与全体民众紧密相关，这一点毫无疑问。但公权民授论并不准确，不客气讲，铸就大错，大错特错，"差之毫厘，谬以千里"的大错，"一失足成千古恨"的特错，几乎不可原谅！

原因很简单，国家整体利益并非民授，而是超越于单个国民的存在，也是超越于任何多数国民的存在，并非个体人数决定的客观存在。"公地悲剧"已无可辩驳地表明整体利益的客观存在，一块草场最适合放养多少牛羊，总量控制在什么额度，既保证草场的生养能力不浪费，又保障草场本身的再生能力，这就是该草场的公有整体利益，不是什么见仁见智的存在，而就是个技术问题，不存在争议，不以任何哪个牧民的意志为转移，以不以任何多数牧民的意志为转移，何民授之有？

四、"天"授整体利益

不仅国家整体利益，任何人类组织的整体利益都非民授，而是源于

---

[224] [英]托马斯·霍布斯：《利维坦》，商务印书馆1985年版。

最基本的逻辑常识——不能够循环"自"证（注目礼），真正是天经地义，如果说"授"，真"天授"也。所谓天授，并非迷信，也不神秘，即不是人后天选择，而是天生注定。由于不能够循环自证，"我"不得不透过"他"人"看"自己，"他"人原非"外"人，而就是"我"不可分割的一部分，人类天生属于整体，遂有整体利益，进而凡与人拉扯一起的，也都不可避免地成为整体及整体利益——命运共同体。

中华文字往往"微笔大义"，一"人"字为什么一撇一捺互相撑着呢？电影《霍元甲》有一句台词很经典："活着从来不是一个人的事！"一个人其实意味着两个人，极其可能，这就是一"人"字一撇一捺的底蕴。也得到一"仁"字的呼应，《说文》云："仁，亲也，从人，从二。"明显也是一个人意味着两个人。极其可能，这也是《旧约·创世记》中所记载的上帝用男人的肋骨造女人的寓意：女人与男人原本一体，人类原本一体，万物原本一体。

五、大一统是资源优配的自然

公权力与整体利益紧密相关，并直接建基于整体利益，如不存在整体利益，就无所谓公权力。这一点毫无疑问，构成西方政治学和西方经济学的共识，但并不能就此得出"公权民授"。症结乃在于整体利益的重要特性——虽与民众紧密相关，但并非民众授与，公权民授可以"想"，但并不"当然"。那公权力还能从哪来呢？既然整体利益并非民授，而是天授，水到渠成的答案就是"公权天授"，岂不与被打倒唾弃的"君权神授"一般货色？但此"天"已非彼"神"，而就是自然选择——限定系统内的资源优化配置！

限定系统内的资源优化配置，抑或说，负外部性投机的被抑制直至消解，已回答公权力从何而来的问题。还是拿"公地悲剧"来讲，牧民在草场上尽情放牧，由于牛羊过多，导致草场超载，所过之处，无不悲剧。牧民们不得不在草原上接二连三地迁徙，一部分牧民感觉疲于奔命，极个别先知先觉者更是忧心忡忡，提出要对放养的牛羊总量进行管制。但由于认识不同，意见不一，无法"集体行动"，牛羊数量依旧无节制增长，草场一大片一大片地荒化，牧民们过着疲于奔命的生活，问茫茫草原，谁主沉浮？最后在整个草场即将崩溃的时候，有一位先知先觉通过不屈不挠的努力，统一了牧民的认识，决定成立草场大本营，代表全体牧民的整体利益，对牛羊总量实施管制，禁止投机性多放多养——岂不就是公权力已然诞生？

六、公权"天"授：自然选择

从既有的政治学术语讲，"大一统"一合内外，抑制负外部性投机，意味着公权力的诞生，毋宁说就是公权力的诞生；从既有的经济学术语讲，"产权清晰"让外部成本内部化，抑制负外部性投机，也意味着公权力的诞生，毋宁说就是公权力的诞生。何谓公权力？简单讲，公权力即抑制负外部性投机的权力。要不然，事不关己、高高挂起，谁来抑制负外部性投机？又凭什么抑制负外部性投机？更谁来一合内外？又凭什么一合内外？

为整体利益而有，因整体利益落实归一而成，这就是公权力的起源，乃资源优化配置的内生必然，地地道道的自然选择！岂契约乎？岂民授乎？在特定系统，只要资源优配深入到底，必然抑制负外部性投机，必然一合内外，必然走向产权清晰，必然趋向大一统，必定催生公权力，必定诞生公权力。一旦整体利益归属落实到某唯一"我"，就是公权力的现实降世，此诚"公权天授"——显而易见，此"天"不是彼"神"，自然选择也。如果说天，自然选择才是真的天，不是么？

七、纸上谈兵：零成本"社会契约"

蓦然回首，"公权民授"论为什么错？最简单不过，通过社会契约形成的民授公权力，不属于自然选择，与整体利益的基本特性也就是"天授"无法匹配，格格不入。倒是被公权民授论打倒的"君权神授"，颇有几分自然选择的声气，准确讲，"神授"的本意原本也是自然选择。问题在于对"神"的解释，尤其西方世界的"神"，过于高大上，远离人间烟火，缺失自由竞争，说白了，看不到"大一统"抑或说"打天下"

的过程，因而并不属于真正的自然选择。

公权民授论及其背后的"社会契约"论的大错特错，不仅在于与整体利益的天授性格格不入，更明显、也更荒唐的是，在论述通过社会契约形成民授公权时，霍布斯根本没有考虑过交易成本，实质上假设交易成本为零，岂不书生意气、纸上谈兵？众所周知，一个社会要"集体行动"，让渡个体权力，达成共同契约，谈何容易？难度不亚于一场统一之战！被诗意浪漫化的"秦王扫六合，虎视何雄哉"，可是"奋六世之余烈"的结果，何曾一呼百应、怎会一蹴而就？

八、忘"我"思考致纸上谈兵

就像有效的全民普选不得不以某种程度的大一统为前提一样，契约型民授公权力也以大一统为前提，原本建基于大一统。可大一统怎么来呢？始作俑者霍布斯纸上谈兵，后来者一个个付之阙如，仿佛这不是问题。无论西方政治学，还是西方经济学，都在公权力的起源上陷入误区，不曾论证过大一统的形成。用既有经济学的术语讲，除了与"负外部性"及"产权清晰"紧密相关之外，大一统也属于典型的"集体行动"问题。可即便深究过"集体行动的逻辑"的奥尔森，也不曾论述公权力的形成，更不曾触及大一统的问题。在大一统问题上，西方思想史交了白卷！

缺失大一统、空谈社会契约、枉论公权力、浅尝集体行动，也极大彰显包括西方经济学和西方政治经济学在内的整个西方思想的夸夸其谈，根源何在？在论述社会契约及公权力的形成时，霍布斯为什么疏忽了最不该疏忽的交易成本？在深究集体行动的逻辑时，奥尔森为什么不能够深入公权力及大一统的问题？

症结更在于西方思想长期以来习以为常的错误——没有完成对人的抽象，不曾从具体而真实的人格"我"出发，惯于忘"我"思考，缺失"代入感"，做不到设身处地，从而导致种种非理性，如纸上谈兵、蜻蜓点水、乌托邦。拿思考社会契约来讲，霍布斯如果把自身真切代入，当下就恍然大悟，最简单的两个人达成一份两人契约，都不容易，何况在"什么鸟都有"的社会形成一份共同契约，难度岂会亚于上青天？

九、私产权原本也是公权力

任意一个人群，如要成为组织，而非徒留于一盘散沙抑或丛林状态，"集体行动"乃至"大一统"，都是不可或缺的。就像私人企业的真名叫"大一统企业"一样，企业私产权原本也是政治公权力。从人的组织讲，私人企业也是社会人的集合，自然产生公有整体利益，进而要求整体利益归属落实到某唯一"我"，于是诞生了私产权。显而易见，企业私产权原本姓"公"，并不姓"私"。

企业私产权如今之所以不被视为政治公权力，是因为"源"与"流"的关系，属于"流"对"源"的变异，所谓"流变"。在流变中，私人企业的组织过程被极大简化，三下五除二，有钱就是大爷，直接充当一统之主，大一统的过程被抽掉了，企业私产权不被认为是政治公权力，私人企业不被认为是政治组织。但在起源上，一切组织实质上首先都是政治组织，企业私产权就是一群人组织在一起、进而产生公有整体利益、因而不得不把整体利益落实归一、从而保障大一统的政治公权力。（有关大一统及一般性组织的成形过程，请参阅《注目礼》第6章《"我"为什么容易堕落》开始的，对三角博弈及三角以上博弈的论述）

十、起源问题辨析

历史学有个重要问题，就是"私有制的起源"，好像也公婆各有理。但理论上，至少就企业私产权乃至更一般的组织产权的起源而言，如果与别人无干，不涉及人的组织，对大伙儿的整体利益没有影响，就不会有企业私产权的诞生，就像不会有公权力的问题一样，一切都在个体利益的范畴，各人好自为之，"你走你的阳关道，我过我的独木桥"。

如果超出个体利益的范畴，与别人有干，甚至影响到大伙儿的整体利益，问题的实质就已经在于公权力。要论起源，与其说是私产权或私有制的起源，不如说就是公权力的起源。真正有意义的起源问题，或许是且只是公权力的起源，私产权原本也是公权力。另一方面，而且非常重要的是，人性私并不当然可怕，由于"我"本有限，边际效应递减，人的有效私有极其有限，由私向公势不可当，真正值得探讨的问题，或许也是且只是公权力的问题。[225]

十一、组织的本质：大一统

因为不能够循环自证，人的本质在社会性。从最高境界讲，公与私不是对立，亦非依存，而就是以公为私、公私合一。就像企业私产权原本政治公权力一样，政治公权力也必须落实到私、归属于一，掌权者必须以国家天下为己任，仿佛企业私产权一样。此正政治上不得不讲一元化领导甚至定于一尊的原因，亦诚柳宗元强调"公天下之端自秦始"的原因，不归于一，不定于一尊，根本就不会有天下为公。

不归于一，甚至连组织也不会有，组织的本质不在别处，而就是大一统，要不然，就不是组织。组织的本质在大一统，正是人的本质在社会性势不可当的必然发展。因为人的本质在社会性，所以人不得不走向人，乃至做社会人。社会人进一步发展成形，就是组织人，抑或说，社会性进一步发展，就是组织性，组织性把社会性进一步强化固化了。组织性再发展，就是结构的形成乃至成态，以至于大一统。

蓦然回首，大一统实是高密度社会性，[226]极大彰显人的社会性本质。背后当然都是不能够循环自证所内禀的整体性在作用，从社会性，到组织性，至大一统，堪称整体性由内而外的现形。经验层面讲，抛开家庭在外，人类社会最常见的组织，应该便是私人企业。这有力佐证组织的本质在大一统，因为私人企业正是"大一统企业"。

组织原无论政治与经济，都是人的组织，被割裂的政治与经济已然融合：企业私产权、政治公权力，及经济上的产权清晰、政治上的定于一尊，它们有个一模一样、毫无二致、千真万确的共同起源并本质——大一统！仅此一完美融合，是不是让西方经济学和西方政治学双双沦为笑话？

---

[225] 有关人性公私与私有制的更多论述，请参阅《别了（下）》，特别是第二篇《超越"经济人"》、第八篇《马克思对主流经济学的超越》、第十篇《中国方案：迈向道德竞争的自由社会》。

[226] 只有一般均衡，才是最高密度的社会性，大一统还算不上稳定的一般均衡，只能说是高密度的社会性。关于一般均衡的论述，请参阅《别了（下）》第三篇《自我均衡是一般均衡的条件》。

第22章
政府是市场优配资源的必然结果

内容提要

整体利益必须归属落实到某唯一"大我",但"大我"仍是"我",一样"我"本有限,要代表看护整体利益,委托代理不可避免。作为委托代理而来的公权力机器,政府远不止一个人,但本质上就是国家大一统主体之唯一"我",这一点不容含糊。在西方思想史上,由于公权力的性质与功能没有得到揭示,导致政府与市场的界线不清,招致政府与市场的缠斗,剪不断、理还乱。有且只有一个资源配置的问题,政府内生于自由市场,二元割裂子虚乌有,"看得见的手"与"看不见的手"的闹剧,可以休矣!

一、为什么委托代理不可避免

由于产权清晰大一统，公有整体利益必须归属落实到"我"来代表看护；因为以公为私乃至大公大私的"大我"境界，"我"也能够代表看护公有整体利益，可谓一唱一和，公与私圆融合一。国家天下为公，如不作为墙壁上一句假大空的标语，就必须把国家天下整体利益归属落实到某唯一"大我"——简称国家大一统主体，或国家大一统之主，在经济学意味较浓的场合，也称国家产权主体。这是毫无疑问的，公权力原本起源于大一统，大一统原本即公权力的现实降世，没有归一，就没有公权力。

现在的问题是："大我"仍是"我"，与"我"并无两样，不过是大在以公为私、大公大私，不过是大在以国家天下为己任，不过是大在以百姓之心为心，唯一"我"能代表看护整体利益么？对一般的人群组织，典型如私人企业，公权力的运行相对简单，其整体利益或许是唯一"我"能代表并看护好的。

但对不一般的人群组织，典型如国家，公权力的运行相对庞杂，其整体利益涉及多方多面，难道也能由唯一"我"代表并看护不成？不管境界上如何大公大私，任何个体都极其有限，再英明神武的个体，哪怕三头六臂，也不太可能有效代表看护一个偌大国家的整体利益，公权力的运行绝非空手道，怎么办？委托代理——委托与代理原本两种行为，但同时发生，所以并称"委托代理"——不可避免！

二、"封建"实是委托代理

无论古代社会，还是现代社会，国家大一统主体之唯一"大我"都是以国家的名义，通过建立一整套公权力机器及相应的官僚系统来代表看护国家整体利益。此之谓委托代理，公权力机器及官僚系统实质上是大一统之主的代理人，受唯一"我"之托，代表看护国家整体利益。这充分彰显于所谓的"组阁"，拿美国来说，总统是民选的，但内阁大员们都非民选，而由总统提名、委派甚至指定，一朝天子一朝臣，实际上是总统的代理人。

因为种种原因，一谈起"封建"，不少人会情不自禁地带有感情，甚至国仇家恨都上来，"封建迷信""封建落后""封建专制""封建顽固"……封建不是好东西。可似乎从来不曾想：何谓封建？委托代理，予不得已也！由于整体利益不可分割，归一势在必然，可当一个国家乃至天下归属落实到某唯一"我"，"普天之下，莫非王土；率土之滨，莫非王臣"，可唯一"我"极其有限，哪怕最简单的注目一下，也不可能周全到普天之下，封建也就是"封国土，建诸侯"，乃唯一选择，委托代理不可避免。

三、宦官专权为什么反复扰明

尧、舜、禹、汤就有分封，但因缺乏文字记载，一般谈论的是西周封建。按"夏商周断代工程"的考订，西周始于前 1046 年，时周武王伐纣灭商。但在前 770 年，周王室东迁洛阳，史称"东周"，实是五百多年的"春秋战国乱悠悠"。秦始皇再统天下后，废除分封，"分天下以为三十六郡"。但仍属于委托代理，所谓"郡置守、尉、监"，[227]不正是代理么？一"守"字甚至堪称代理人最好的名号。从"封建制"到"郡县制"，换汤没换药，变的不过委托代理的形式，而已。

"我"本有限，时间极其有限，精力极其有限，生理极其有限，有形的一切都极其有限，委托代理不可避免！明王朝为什么反复出现宦官专权？重要原因就在于明太祖朱元璋是个狠主，因胡惟庸案而忘掉丞相制度，并训令曰："敢有奏请设立丞相者，文武群臣即劾奏，本身凌迟，全家处斩。"[228]这导致事事都不得不皇帝独裁，极大增加皇帝的工作量，可皇帝也是血肉之躯，如何是好？朱元璋做了一辈子劳模，但子孙后代岂会一个个甘当劳模，游手好闲者不乏其人，遂致事事落于作为皇帝身边人的太监之手，不堪其任的太监反成了皇帝的代理人，为祸接二连三。不是正代理人，就是邪代理人，此诚朱元璋之百密一疏也，委托代理不可避免，而且不可取消。

---

[227]《史记·秦始皇本纪》。
[228]《皇明祖训·首章》。

四、政府原是国家大一统主体之唯一"大我"

为代表看护国家整体利益，公权力机器大体包括立法、司法、行政、外交和国防，也就是通常讲的"政府"——此政府广义，接近于中华社会老百姓口头上讲的政府，意指整个公权力运行机器，下边的行文会不时以"政府（公权力）"的字眼形式作出提醒。西方政治学的"三权分立"把公权力人为切割三分，"政府"被狭义化，单指行政而言，实质上偏离产权清晰大一统。

必须注意的是，作为公权力运行机器，就人员而言，政府现实上远不只是一个人，也不只是一个直接内阁，而是整个官僚系统。但本质上，政府（公权力）就是国家大一统主体之唯一"我"，其他人都是代理人，受托而来，代表看护国家整体利益。这一点不能含糊，产权清晰之"一"道不容含糊。如果归根到底，国家大一统主体也是代理人，是资源最优配置均衡的代理人，是天道的代理人，借用基督教的术语讲，大一统主体之唯一"我"本质上应该属于"道成肉身"。

顺便提一下，相当一部分人对秦以后的中华道路认识不清，特别是对"封建"的含义莫衷一是。[229]原因固然有西方中心论尤其是社会发展"五阶段"论的影响干扰，但实质上也因为对政府（公权力）的本质认识不清，不知道公权力的本质原在于国家大一统主体之唯一"我"，不可分割的国家整体利益不得不归属落实到不可拆解的某唯一"我"。如果归根到底，症结更在于忘"我"思考之通病，不能够从"我"出发，不知道"我"本有限，不清楚"我"心何求。一旦从"我"出发来思考，便会自然不过地认识到"我"本有限，要代表并看护国家整体利益，委托代理不可避免，"封建"不过是委托代理。

五、政府与市场为何老打架

说到政府，就不能不论及政府与市场的关系。在西方经济史上，政府与市场长期以来争斗不休，不仅导致近现代历史上社会主义与资本主

---

[229] 关于"封建"的更多论述，请参阅《注目礼》第8章《"我"的自由王国》。

义的路线斗争，而且至今也有凯恩斯主义与自由主义的严重分歧。分析起来，恐怕既不能简单怪罪政府，也不宜简单归咎市场，一个巴掌拍不响，症结应该更在于政府（公权力）的性质与功能没有得到彻底的揭示，从而导致政府与市场的界线不清，进而招致政府与市场的缠斗，一会儿是政府压倒市场，一会儿是市场压倒政府，政府与市场不能够和谐相处，"看不见的手"与"看得见的手"剪不断、理还乱。

无论霍布斯的"利维坦"，还是斯密的"守夜人"，都强调政府对自由市场保驾护航的功能。这一点似乎尤其表现在守夜人，斯密具体讲了三点："第一，保护社会，使不受其他独立社会的侵犯。第二，尽可能保护社会上各个人，使不受社会上任何其他人的侵害或压迫，这就是说，要设立严正的司法机关。第三，建设并维持某些公共事业及某些公共设施。"[230]这当然是正确的，最明显的，如果没有政府（公权力）对自愿原则的保障，强买强卖风行于市，甚至以力服人风行于世，自由市场无疑就是空中楼阁。

但显而易见的是，无论利维坦的阐述，还是守夜人的解释，政府（公权力）都不是来自于自由市场的内在逻辑，而是作为独立于自由市场的第三方，简单讲，政府不是内生于自由市场，而是外源于自由市场，所谓"守夜人"。这才是政府与市场不时打架的根本原因，二者原本就不是无缝融合，如果再加上利益的作梗，摩擦的发生几乎不可避免，甚至难免对立，守夜人摇身一变，成为打劫人。

六、政府内生于自由市场

但事实上，产权清晰之"一"道分明显示，政府（公权力）是自由市场的深度参与者，并且是自由市场的实质主体，与自由市场根本就不是对立的关系，具体可讲四点：

第一，政府不是自由市场的"守夜人"，也不是任何独立于自由市场的第三方，而是内生于自由市场的第一方，没有公权力作为第一方，不会有真正的自由市场。

---

[230] [英]亚当·斯密：《国民财富的性质和原因的研究（上）》，商务印书馆1972年版。

第二，政府不是外力强加的人为选择，而是市场克服投机、自由演进的自然选择，只要市场自由演进，就必然克服投机，就自然趋向整体利益归一，就必定形成公权力。

第三，政府不是外在于资源优化配置，而是资源优化配置的必然结果，反映着资源最优配置的均衡及整体利益最大化，尽管反复经历资源配置扭曲——从负外部性投机到公地悲剧——但大浪淘沙，趋向资源最优配置的均衡势不可当。

第四，政府意味着一位以国家整体利益为"己"任的大一统之主，实质上也就是市场选出的优化配置资源的秀，没有该秀，趋向资源最优配置的进程就会受阻；没有该主，大一统的进程就会受阻，公权力就可能难产。

蓦然回首，政府（公权力）内生于自由市场，不过寻常道理。市场原本是一种选秀机制，从资源配置的经济学角度讲，市场是一种通过选秀而实现资源优化配置的机制；从认识论的哲学角度讲，市场是一种通过试错而发现真知的机制。上升到更抽象更普遍的高度讲，一切坏的东西，都可以通过市场识别并淘汰；一切好的事物，都可以通过市场发现并择定。如果政府的确是不可或缺的好东东，为什么不能够通过市场发现并成就呢？原本，经济学的原核问题，也即人类社会运转的"原核"问题，有且只有一个，那就是资源配置。既然有且只有一个资源配置的问题，为什么要有政府与市场的二元割裂呢？"看得见的手"与"看不见的手"的闹剧，可以休矣！

第23章
市场是国家整体利益最大化的最佳选择

内容提要

政府（公权力）的利益是国家整体利益最大化。一者国家整体利益极其单一，一者国家大一统主体之唯一"我"极其有限，二者共同决定政府"若轻"方能"举重"，必须尽可能缩减公权及官僚规模，直至"必不可少"——政府边界实是"我"的生理边界。作为选秀机制，市场通过优胜劣汰选拔优配资源的秀，市场是专门做事的；作为公权力机器，政府眼观六路、耳听八方、胸怀全局，原本不是具体做事的，天生垂拱而治的"范"！作为"看得见的手"，政府要尽可能不伸手，高度警惕防范公权"异化"！

一、政府的利益是国家整体利益最大化

资源配置是经济学乃至人类社会运转的原核问题，就像不能把计划与市场两种配置资源的手段无缝融合一样，西方经济学也一直不能把政府与市场两个配置资源的主体无缝融合，导致二元割裂。但实质上，有且只有一个资源配置的原核问题，二元原本一元，计划原本是自由市场的题中之义（详情请参阅本书第15章《市场选"我"优配资源》），政府（公权力）原本也是自由市场的题中之义。

政府不仅内生于自由市场，而且也像自由市场上的其他主体或交易者"我"一样，也有自己的利益——所谓政府没有自己的利益的说法，不太精准确，就像"大公无私"实是"大公大私"一样，政府事实上也有自己的私即利益，区别是在于"高大上"与否，不像市场上的其他主体或交易者追求一己之利的最大化，作为由国家大一统之主的"大我"组织而来的公权力运行机器，政府以国家为己任，代表并看护国家整体利益，追求国家整体利益最大化。

那政府（公权力）要如何实现国家整体利益最大化呢？答案实际上已不言而喻，那就是自由市场！既然政府原本就是内生于自由市场，既然政府原本就是市场优化配置资源的必然结果，既然政府原本就是市场选出的优化配置资源的秀，既然政府原本就是实现市场大一统的产权主体，一言以蔽之，既然政府原本就是市场秩序的一部分，当然要做市场秩序的建设者和维护者，通过自由市场来实现国家整体利益最大化。实际上，市场作为政府自身利益最大化的最佳选择，与政府作为市场优化配置资源的必然结果，乃同一过程的两种表述，一个顺着说，一个逆着说，如此而已。

二、公权"异化"为何难以避免

但问题是政府（公权力）容易失其本分，不是追求国家整体利益最大化，而是从以国家为"己"任的"大我"，悄悄滑落到求田问舍的"小我"，也像市场上的其他主体一样追求一己小利，不再以国家整体利益最大化为利，不再"以百姓之心为心"，甚至沦为鱼肉百姓的反动政府。

国家大一统之主或许一贯以国家为己任,但政府不只是大一统主体之唯一"我",还包括由大一统之主组织而成的公权力机器,因而日常运转不得不依赖于官僚,官僚们未必都能"以百姓之心为心",个别性监守自盗难以避免。更严重的是,极其可能,官僚阶层有意无意地集体行动,致使原本代表看护国家整体利益的公权力机器沦为官僚阶层统治甚至压迫广大国民的工具,怎么办?

这不是杞人忧天,而的确是血写的教训,得到历史与现实的反复印证。殷鉴不远,苏联之所以由泱泱大国一夕瓦解,重要原因就在于官僚阶层不再为人民服务,"异化"为骑在国民头上的特权统治者,代表看护国家整体利益的公权力机器,在相当程度上沦为官僚阶层统治广大国民的工具。这也可以从政府某些日常行为上管中窥豹,为某事而设立一个权力,结果导致"权力寻租";为某事而设立一个部门,结果导致"部门利益","有权不用,过期作废"几乎成为官场明规则。

三、如何防止公权"异化"

2014 年 1 月 7 日,在中央政法工作会议上,中共中央总书记习近平谈到:"老百姓要办点事多么不易,不打点打点,不融通融通,不意思意思,就办不成事!这种现象一定要扭转过来!"[231]不得不说,这具有相当的必然性。政府通常被称为"看得见的手",既然是看得见的有形之手,相对于市场作为"看不见的手",自然是容易伸的,随时随地伸,甚至伸得老长。谈何为人民服务,政府(公权力)自身不成为问题已是"阿弥陀佛"!美国第 40 任总统里根(Ronald Reagan)曾深沉感慨:"政府不能解决问题,政府本身就是问题。"(Government is not a solution to our problem, government is the problem)[232]

怎样才能防止政府(公权力)自身沦为问题呢?"家有千口,主事一人",关键在于国家大一统主体之唯一"我"!《礼记》云:"君天

---

[231] 《十八大以来重要文献选编》上册,中央文献出版社 2014 年版。
[232] 这是 1981 年 1 月里根作为美国第 40 任总统就职演讲中的话,虽然前边有限定词"在目前的危机中(In this present crisis)",但实质上,这句话也适用于平时,尤其公权力机器超过合理规模,更是无条件适用。

下曰'天子'。"在中华历史上,国家大一统主体之所以被尊称为"天子",重要含义就是以天为则,尽可能不伸手,尽可能简化公权力机器及官僚队伍,尽可能无为而治,夫子赞曰:"天何言哉?四时行焉,百物生焉。天何言哉!"[233]

从积极面讲,西方经济学把自由市场的真谛不无诗意地称为"看不见的手",中华语文更有一个漂亮说法,没有"看不见"的神秘,但字面上十分传神地点破尽可能不伸手的要义,这就是"垂拱"——显而易见即手不伸的意思。被认为中华最早史书的《尚书》记载:"惇信明义,崇德报功,垂拱而天下治。"《周易·系辞》也记载:"黄帝、尧、舜垂衣裳而天下治。"作为国家大一统主体之唯一"我",代表并看护国家整体利益,真的垂拱可为?这首先取决于国家整体利益是什么。

四、整体利益生性单一:必不可少

"人一上百,形形色色。"个体利益是丰富多彩甚至千差万别的,不同的个体会追求不同的利益,即便同一个体,在不同的时点和地点,也可能追求不同的利益。但公有整体利益应该是单一的,甚至字面上,就可以感觉到"整体"一词所洋溢的单一意味。技术上讲,整体原本不可分割的整体,整体利益原本不可分割的整体利益,天然就是单一。

拿"公地悲剧"所涉草场来讲,牧民可根据自己的能力决定放养牛羊的数量,由于能力不尽相同,每位牧民放养牛羊的数量也不尽相同。但整体利益有且只有一项,那就是对放养的牛羊总量进行管制,既保证草场的畜牧产出,又保障草场自身的休养生息。用技术语言讲,草场的整体利益就是划定并看护牛羊总量管制红线,舍此之外,都不属于草场整体利益,都不得以整体利益之名,这就是整体利益的单一性。

国家当然不比草场,但就性质而言,国家整体利益也应该是单一的。理论上讲,国家整体利益可归结到治安及司法,即为"万类霜天竞自由"打造并维护和平舞台。但现实上,国家整体利益还不只是治安及司法,尤其在国际竞争的环境下,至少应加上国防及外交,甚至特定形势下的

---

[233] 《论语·阳货》。

国际竞争目标。比如在当前的全球化态势下，落后就得受气甚至挨打，国家综合实力竞争难以避免，大国更不可能置身事外，你追我赶不可避免。为保障长治久安，国家整体利益还少不了社会总体均衡。

概括起来讲，国家整体利益不外乎治安及司法、国防及外交、特定国际竞争目标、社会总体均衡四大方面。当然会有一些衍生，比如为保证长治久安，特定地区可能涉及生态环境安全，典型如中华历史上的治水，尤其黄河的治理，也可以归属于国家整体利益。但不管如何衍生，都可以肯定，国家整体利益相当单一。

更准确讲，整体利益极其单一，单一到不能够再单一，简略到不能够再简略，所谓"必不可少"——整体利益即一个组织内必不可少的利益。略举一例，维护气候稳定是不是一桩大事？毫无疑问，系关人类命运！是不是千头万绪？显而易见，涉及各方各面各行各业各国各家！要如何才能完成这一桩人命关天而又纷繁复杂的大事呢？诚可谓"给我一个支点，我就可以撬起整个地球"，维护气候稳定只需要一个必不可少的"数字"，这就是对温室气体排放进行总量管制，既保证人类当前的温室气体排放权益，又保障地球气候系统的安全稳定，实现整体利益最大化。在维护气候稳定上，除温室气体排放总量管制之外的其他利益，都不属于整体利益，这就是整体利益的极其单一——必不可少。

五、"举重"为何"若轻"

但国家整体利益的极其单一仅只是政府（公权力）垂拱而治的必要条件，更重要的还在于充分条件，这就是政府本身！作为国家大一统主体之唯一"我"组织而来的公权力机器，政府本身存在一个有效边界。不只是政府存在有效边界，任何组织都不得不接受有效边界的约束，症结乃在于组织自重！

所谓自重，即组织规模大到一定程度，自身的管理容易失控，典型如官僚化导致组织低效甚至贪腐横行。国际商业机器公司（**IBM**）前总裁郭士纳曾表示："据我所知，大公司中最让人感到惊奇和沮丧的是：公司中各个不同的部门之间都十分不合作甚至互相争斗，而且其程度非常严重。这还不是个别或反常现象,而是普遍存在的正常现象——无论是公司、大学,还是某些政府机构都普遍存在着这种现象。"[234]这不是夸张之辞,而就是实话实说。事实上,组织因自重而导致有效边界,堪称常识,一个反证即不言而喻:一个组织,如规模愈大,就实力愈强,岂不天下可一举而清,不断扩大组织规模即可,还需要管理学么?

只要是组织,哪怕是两人组合,也会存在自重。任何组织都不可能铁板一块,"亲兄弟"还需要"明算账","我们"原本就不是一块铁板。区别是在于自重的大小,"亲兄弟"的自重明显很小,很容易一致对外,所谓"兄弟阋于墙,外御其侮"。有个成语叫"举重若轻",特别适合于组织的规模问题:只要自重控制在一定限度,组织是可以举重的;但如果自重超过一定限度,组织的举重能力必定大打折扣,甚至不能举重,乃至本身被自重压垮。很简单,举重必先举己,然后方能举物。如果连自身都举不起,何以举物?这正是为什么"治国必先治吏",政府(公权力)连自身也治不了,何以治国?

中华历代王朝由盛而衰乃至最后倾覆,最明显的原因应该就是官僚队伍大面积膨胀,并伴以官僚队伍大面积腐败,进而形成恶性循环。以明朝为例,建元之初的洪武年间,文武官员为2.4万余名;一百年后的明宪宗时期,官吏达到8万余名;至明晚期,官员数量更是初期的十余倍。[235]但发人深思的是,能办事的官员反而越来越少,万历末年,从中枢到各级行政系统,办事官员"十缺六七",比如内阁大学士应有五六人,但实到办公的只有叶向高一人。[236]明王朝可能称得上被自重所累、终被压垮的典型。

六、政府为什么会有边界

打破沙锅问到底,那组织的自重从何而来?终极根源在于一个毋庸置疑的事实——"我"本有限!时间极其有限,精力极其有限,生理极

---

[234] [美]郭士纳:《谁说大象不会跳舞》,中信出版社2006年版。
[235] 金观涛、刘青峰:《兴盛与危机》,法律出版社2011年版。
[236] 《明神宗实录》。

其有限,有形的一切都极其有限,"我"不可能逾越一个颠扑不破的铁律——边际效应递减!由于"我"极其有限,由于边际效应递减,无论"我"做什么,从交朋处友到建功立业,都会存在一个有效半径,也就是边际效应递减至零之前的长度,在此之内,收入大于支出,可以继续做;在此之外,收入小于支出,停!搞组织也不例外,"我"能够组织的组织也是有限的,一样不可能超越边际效应递减,一样存在有效边界,组织的有效边界反映的正是"我"本有限的事实。

这得到管理学和社会学的诸多佐证,并能根据实际经验给出具体的人数边界。据称,按管理学的研究,一个人再英明神武,能直接管理的人也就七八个人,可称为"八人定律"。无独有偶,作家刘震云先生曾耐人寻味地写道:"上至国家主席,下至平民百姓,看起来需要面对很多人,但其实不然。每个人真正需要应付的不过也就是七八个人。把身边的这七八个人应付好了,日子就太平了。这七八个人摆不平,日子就不好过。这就需要拿出你的全部人生智慧来应付。"[237]

作为中共党政决策机构,从中央政治局常委会到各级行政区党委会的常委席位,一直以来都相当受控,似乎也能佐证八人定律。根据《公司法》,无论有限责任公司,还是股份有限公司,作为公司决策机构,董事会的席位一般也相当受控,似乎也能佐证八人定律。当然,具体多少人还可以再推敲,八人定律成立与否还可以再斟酌,但毋庸置疑的是,"我"能够直接管控的人数存在一个有效边界。

七、政府边界实是"我"的生理边界

国家大一统主体亦不例外,再以公为私、再以国家为己任、再以百姓之心为心、也包括再英明神武的大一统之主,也是"我","大我"再恢宏阔"大"也仍然是"我",一样的血肉之躯,一样的极其有限,一样的受制于边际效应递减。由国家大一统主体之唯一"我"组织而来的政府(公权力)亦不例外,不管讲法治,还是不讲法治,抑或半讲法治,都必须接受边际效应递减的约束。这与法治与否无关,只与"我"

---

[237] 刘震云:《一地鸡毛》,人民文学出版社 2006 年版。

本有限相关。即便法治，也需要成本，一样接受边际效应递减的制约。如果政府的规模超过一定的限度，甚至越过边际效应为零的界线，政府的低效甚至腐败就不可避免。

无论西方政治学，还是西方经济学，都强调并信奉"有限政府"。可政府为什么得有限呢？西方政治学强调权力制衡甚至人性恶，西方经济学强调"守夜人"功能与市场自主。这种种都不算错，但都不究竟，直接导致对逻辑上紧挨着的另一个问题手足无措：承认有限政府，可政府有限到什么程度呢？打破沙锅问到底，政府之所以不得不有限，答案是且只是一个：作为公权力机器，政府原是国家大一统主体之唯一"大我"，而不管"我"如何"大"，"我"都是有限的，必须接受边际效应递减的约束。说到底，政府的效力边界来自于唯一"我"的生理边界，政府的有限程度取决于唯一"我"的生理边界。

"真传一句话，假道万卷书。"在自由、市场、民主及相关问题上，西方思想界一代接一代精英前赴后继，费尽九牛二虎之力，相关著作图书汗牛充栋，但却不能够让人简明扼要地心领神会，重要原因就在于西方思想没有完成对人的抽象，不能够从真实而具体的人格"我"出发，忘"我"思考，逻辑缺乏一致性和稳定性，导致云里雾里，剪不断、理还乱——"有限政府"便是最新的例证，如果懂得政府的边界就是"我"的生理边界，有限政府还需要"论"吗？不言而喻矣！

八、政府天生垂拱而治的"范"

这就是垂拱而治的来历，一方面是国家整体利益极其单一，并常常表现为最优均衡唯一点，作为必要条件决定了政府（公权力）能够垂拱而治；一方面是国家大一统主体之唯一"我"极其有限，边际效应递减，作为充分条件决定了政府必须垂拱而治，两方面共同决定政府能够垂拱而治，也必须垂拱而治，尽可能不伸手，尽可能缩减公权力，尽可能缩减政府规模，直至必不可少。

西方哲学有个叫"奥卡姆剃刀"的方法论原则，亦堪称宇宙节能原则，意思就是"如无必要，勿增实体"。这特别适用于治国理政，作为国家大一统主体之唯一"我"组织而来的公权力机器，政府原本代表看护国家整体利益，一旦国家整体利益得到保障，政府就必须"非请勿入"，公权力只能必不可少，政府规模只能必不可少，原本国家整体利益就是必不可少的利益。在西方思想界，政府（公权力）通常被称为"必不可少的恶"，暂且不论性之善恶，至少以"必不可少"定位，堪称睿智。

客气讲，政府尽可能不伸手是垂拱而治；不客气讲，政府尽可能不伸手即袖手旁观，岂能谋求国家整体利益最大化？殊不知，政府伸手，反而不能做事，实现不了国家整体利益最大化；政府不伸手，反而能做事，轻松实现国家整体利益最大化。这不仅是"举重若轻"所提示的：举重必若轻，若重不举重！也得到民间一个流行说法的印证，所谓"甩手掌柜"，意思是当掌柜的要尽可能甩手，被现代管理学奉为做领导的最高境界。事实上，从分工与合作讲，政府（公权力）代表看护国家整体利益，眼观六路、耳听八方、胸怀全局，原本就不是具体做事的，如果具体做事，怎么通观整体并掌控全局？说白了，政府天生就是垂拱而治的"范"。说政府天生当袖手旁观，亦不为过。

九、市场招标实现跃进

政府尽可能不伸手，垂拱而治，似乎可借用一句比较流行的猛话讲，砍掉高层管理的手脚。这不仅可以实现国家整体利益最大化，而且能够实现非同寻常的国家整体利益最大化，典型如国际竞争下的国家特定发展目标。落后就要挨打，在国际竞争激烈甚至后进赶先进的严峻压力下，政府完全可以依据国家整体利益提出特定的发展甚至跃进目标，说白了，政府要大干一场了。但即便国家跃进，政府也能够举重若轻，无须手忙脚乱，大可袖手旁观，只需把跃进标的向自由市场发标，然后就万事大吉，坐等捷报频传。

政府袖手旁观而实现国家跃进，这一点得到历史与现实的反复佐证。明治维新后日本所实现的国家大跃进，主要是政府通过向市场发标招标实现的；《共产党宣言》不厌其烦描写的资产阶级所实现的人类大跃进，也主要是政府通过向市场发标招标实现的。20世纪60年代初，为反省深思"大跃进"为什么失败,毛泽东主席集中研读了有关苏联社会主义建设的专著,并作了不少笔记,如 1960 年元月读《政治经济学教科书》时明确写道:"人类历史一百来万年中,资产阶级统治的三百年是一个大跃进。资产阶级都能够实现大跃进,无产阶级为什么不能实现大跃进?"[238] 这话错又不错,不错的地方是毛主席在反省深思后再次肯定大跃进是可能的,历史上的资产阶级就是实现了人类的大跃进;错的地方是毛主席不知道资产阶级是通过向市场发标招标而实现了大跃进,无产阶级并没有做市场发标招标的工作。

十、垂拱而成的改革开放

更有力的事实发生在当前!改革开放后,即因为启动了自由市场,中国就在相当大程度上实现了跃进,不仅已经"赶英",而且正在"超美",跃进正未有穷期。小平同志原本提出到 2000 年实现"工农业总产值翻两番"的战略标的,但实际上 1995 年就已提前实现,这不是市场实现的跃进?暂不论贫富差距和人均目标,从总量讲,如今中国已是全球第二大经济体、制造业第一大国、货物贸易第一大国、商品消费第一大国,这不是市场实现的跃进?

再看一个微观层面的事实,拿作为主要建筑材料的水泥来讲,据美国地质调查局和中国国家统计局的历史数据,中国 2011 年和 2012 年两年内的水泥产量就超过美国在整个 20 世纪的水泥产量,这不是市场实现的跃进?钢铁被称为"工业的骨架",中国过去"以钢为纲"乃至"全民炼钢",欲跃进而盘桓,如今已是难以撼动的钢铁大国,不仅首屈一指,而且冠压群雄。中国 2015 年的粗钢产量是 8.04 亿吨,占全球钢铁产量的 49.54%,接近于其他所有国家的粗钢产量总和,[239] 这不是市场实现的跃进?

---

[238] 《毛泽东在上海会议上的讲话(1960 年 1 月 9 日)》,见《无产阶级文化大革命资料汇编》第 1 卷。
[239] 相关数据出处,请参阅导读《为人类求解命运共同体的中国方案》。

十一、市场是专门做事的

资源配置不只是经济学的原核（原始+核心）问题，不只是治国理政的原核问题，也是人类社会运转的原核问题，甚至堪称宇宙运转的原核问题。可谁能够优化配置资源呢？不是别的，就是市场。如果说做事，市场是专门做事的！为什么说市场是政府（公权力）自身利益最大化也即政府实现国家整体利益最大化的最佳选择呢？道理其实再简单不过，市场不是别的，而就是选秀机制，唯有市场能够通过优胜劣汰选拔优配资源的秀，进而实现国家整体利益最大化。

原本，国家整体利益也不是无源之水，而是由民众的个体利益组成；国家整体利益最大化也不是无风起浪，而是通过民众的个体利益最大化实现的。从功能讲，市场是专门做事的；从人格言，民众是专门做事的。政府（公权力）实现国家整体利益最大化，是政府从国家整体利益最大化所要求的资源最优配置的均衡出发，为民众指引个体利益最大化的方向目标，通过市场上一个个交易者也就是民众做事而完成。拿维护气候稳定来说，专门负责气候大事的联合国政府间气候变化专门委员会（IPCC）并不直接减排，它只是为人类社会划定温室气体排放总量的管制红线，从而让温室气体排放转化为商品，成为市场上的个体利益，通过市场上一个个交易者对个体利益最大化的追逐而实现减排。

再拿"公地悲剧"所涉草场来讲，作为草场大一统的产权主体，政府追求草场的整体利益最大化，这一点毫无疑问。但政府并不亲自养牛放羊，也不安排谁养牛放羊，谁擅长养牛放羊，由市场在民众中选秀，市场通过优胜劣汰也必定能够选秀，把养牛放羊做得最好，实现草场整体利益的最大产出。显而易见，政府如果亲自养牛放羊，无疑就妨碍市场选秀，破坏市场优配资源的能力，不仅劳心费力，而且费力不讨好。那政府（公权力）做什么呢？只做一桩事，那就是计算并保护整个草场资源最优配置的均衡点，管制整个草场的牛羊总量，打击劣配资源的滥放滥养，如此便了。毫无疑问，政府不是事务主义的角，市场是专门做事的角，政府在一旁看着市场做事，不亦垂拱而治乎？

第24章
最优政府是"必不可少的善"

内容提要

由于不能够循环"自"证,人类天生命运共同体,个体利益只能屈居整体利益之下,自由民主只能是整体利益及其最大化之下的自由民主,整体利益及其最大化才是自由民主的灵魂。没有代表看护整体利益的政府(公权力)的保驾护航,个体利益及其最大化就失去方向与目标,自由民主就失去方向与目标,"公地悲剧"就不可避免。从体量上讲,最优政府即"必不可少";从外形视觉上讲,最优政府即"看不见的手";从境界上讲,最优政府即"大公无私";从善恶上讲,最优政府乃"必不可少的善"。

一、政府是自由市场的灵魂

在自由市场上,政府(公权力)是市场优化配置资源的必然结果,不管过程多么艰难,只要是自由市场,就必定走向大一统,就必定需要大一统之主,就委托代理不可或缺,从而诞生为大一统之主代表看护国家整体利益的政府,为个体利益最大化指引方向目标,这是资源优化配置决定的,不以任何个人的意志为转移。

在一国内部,市场是政府自身利益最大化也即政府实现国家整体利益最大化的最佳选择,不管过程多么曲折,任何一个理性政府,都必定选择自由市场,发挥民众的积极性与创造性,通过个体利益最大化实现国家整体利益最大化,这也是资源优化配置决定的,同样不以任何个人的意志为转移。这就是政府与市场的圆融无碍,相交于资源优化配置的起点,相拥于资源最优配置的均衡,原本人类社会的运转就有且只有一个资源配置的问题。

但政府(公权力)与市场的关系并非完全平等,虽然内生于自由市场,但政府后来居上,恰恰构成自由市场的灵魂——如果说"举",自由市场首先就必须是举国体制,举国一盘棋是自由市场不可或缺的前提。此中症结就在于整体利益,自由市场虽以个体为市场主体,并以个体利益最大化为基本动力,但灵魂并不在个体利益及其最大化,而在于整体利益及其最大化。从资源配置的角度讲,整体利益才符合市场优化配置资源的方向,整体利益最大化才代表市场最优配置的均衡。

站到基本理论的高度,由于不能够循环"自"证(注目礼),"我"不得不依赖于"他","他"原本是"我"生命不可分割的一部分,人类原本命运共同体,整体利益及其最大化才代表人类社会的前进方向。正因为整体利益及其最大化构成自由市场的灵魂,遂有政府构成自由市场的灵魂,因为政府原是国家大一统主体之唯一"大我"组织而来的公权力机器,目的就是代表看护国家整体利益。

二、政府不是民主的对立面

在西方思想史上,政府似乎一直不属于善类,特别近现代以来,几乎更成为的"恶"的代名词。众所周知,马克思、恩格斯反对资本主义,但不太为人强调的是,马克思、恩格斯对政府的反对更坚决也更彻底,恩格斯明确主张"国家(相当于本书所讲的公权力及政府——注)再好也不过是在争取阶级统治的斗争中获胜的无产阶级所继承下来的一个祸害",[240]憎恨之情溢于言表。在西方经济学尤其"看不见的手"的洗礼下,也包括在资产阶级革命和社会主义革命的冲击下,政府(公权力)的性质与功能后来得到进一步的疏理,被概括为"必不可少的恶",虽然"必不可少"的定位堪称睿智,但依然是"恶"的定性,不仅常常被当作市场的对立面,而且往往被视为民主的对立面。

但实质上,政府既不是市场——这里称"自由"可能更适合——的对立面,也不是民主的对立面。不是自由的对立面,即意味着不是民主的对立面。西方主流思想长期以来标榜自由民主,但对自由与民主之间的关系,至今也没有清晰的疏理,导致自由与民主的割裂。西方政治学虽然远没有讲透,但的确既讲自由、也讲民主,至少表面上是不偏废的;西方经济学表现出明显的偏废,从头到脚都是自由的标签,由内而外都是自由的主张,把自由强调到了极致,民主似乎不入法眼。

这不仅佐证了政治学与经济学在西方主流思想中的割裂,也有力佐证了西方经济学的蜻蜓点水。作为专门的利益之学,西方经济学的利益逻辑相对清晰而务实,不像西方政治学那样动辄理念化甚至口号化,原本应该更好地把握自由与民主的内在联系。但遗憾的是,西方经济学并没有从自由演绎出民主的概念,民主似乎不是主流经济学的问题,更非主流经济学的概念。

三、市场也是民主机制

殊不知,民主不是与自由无干,而是与自由紧密联系在一起,自由市场也属于民主机制。就像从头到脚都是自由的标签一样,自由市场从头到脚也都有民主的印记。自由市场从自愿开始,任一个交易方都必须尊重对方的意愿,不得强买强卖,这不正是民主?不仅从民主开始,自

---

[240] 恩格斯:《〈法兰西内战〉导言》(《马克思恩格斯全集》第22卷)。

由市场也终于民主，这就是均衡。没有均衡，就无所谓自由市场。而均衡正是民主的均衡，没有民主，就无所谓均衡。随便拿一次价格谈判来讲，要是没有双方的自主同意，谈判会有所谓的均衡？

另一方面，自由市场是专门做事的，市场之所以能做事，是因为市场能优配资源；市场之所以能优配资源，是因为市场能选拔优配资源的秀；市场之所以能选拔优配资源的秀，是因为市场面向民众，充分发挥民众的积极性和创造性，这就是民主！显而易见，作为选秀机制，市场是扎扎实实的民主机制。

事实上，在自由市场上，民众随时随地都在以自己的货币"投票"对商品作出自己的选择，这就是"选举"！尽管市场交易平常不被认为是选举，但实质上，这就是货币投票的选举。与一般政治选举之不同是在于，它通过货币进行投票，而非凭借"一人一票"的政治选举权。拿杏花村开酒店的故事（详情请参阅本书第7章《投机在市场上会怎样自由发生》）来讲，仿做酒的李四压倒真做酒的张三，这属于"劣币驱逐良币"。但形式上，李四也是消费者以货币投票选举出来的王者，符合民主程序，属于民主结果。

市场不只是民主机制，在自由市场上，任何一次成交，对一方意味着自由，对另一方即意味着民主，自由与民主一体两面：自由在哪里，民主就在哪里；自由从哪里开始，民主就从哪里开始；自由在哪里结果，民主也在哪里结果；自由是什么性质，民主就是什么性质；自由有什么功能，民主也有什么功能。自由不是为自由而自由，而是有方向并目标的，方向即优化资源配置的方向，目标即资源最优配置的目标。相应的，民主也非为民主而民主，而是有方向并目标的，方向即优化资源配置的方向，目标即资源最优配置的目标，自由与民主如影随形。

四、政府为自由民主保驾护航

太史公曰："天下熙熙，皆为利来；天下攘攘，皆为利往。"无论自由，还是民主，抑或别的东东，都不是无缘无故的，主角都是个体利益，动力都是个体利益最大化，自由是个体利益及其最大化的自由，民主也是个体利益及其最大化的民主,脱离不了个体利益及其最大化。这正是自由与民主为什么都必须有方向、目标、限度,因为个体利益最大化不是无节制的,而是有区间的。从利益角度讲,个体利益最大化必须符合而不是偏离整体利益及其最大化;从资源配置角度讲,个体利益最大化必须符合而不是偏离资源优化配置的方向,个体利益最大化能且只能在从开始优化资源配置到实现资源最优配置的区间。

还是拿"公地悲剧"所涉草场来讲,当牛羊之数在草场资源最优配置的均衡所允许放养的总量之内,牧民尽可能多养多放是优配资源的行为,属于正当的自由、正当的民主、正当的个体利益最大化,值得倡导;一旦牛羊之数超过草场资源最优配置的均衡所允许放养的总量,牧民再要求多养多放即劣配资源的行为,属于过分的自由、过分的民主、过分的个体利益最大化,必须禁止,否则,悲剧不可避免。资源配置是人类社会运转的原核问题,无论自由,还是民主,抑或别的好东东,都必须是优化资源配置的,这一点毋庸置疑。

这正是自由市场为什么会内生出政府(公权力),从利益角度讲,因为整体利益及其最大化的需要;从资源配置角度讲,因为资源优化配置及其最优配置的需要。任何一个自由市场,只要向着资源优化配置抑或整体利益最大化的方向,都必定走向产权清晰大一统,都必定诞生代表看护整体利益实际上也就是代表看护资源优化配置的政府。这也正是自由民主为什么必须接受政府的节制,从利益角度讲,因为政府代表看护国家整体利益;从资源配置角度讲,因为政府代表看护资源优化配置;纯粹从方向目标讲,因为政府代表着自由民主的方向目标,没有政府的节制——实是保驾护航——自由民主就会迷失自我,"劣币驱逐良币"不可避免,"公地悲剧"势不可当。

五、"必不可少的善"是政府本心

那政府还是"必不可少的恶"吗?纯就理论逻辑而言,政府不是自由的对立面,亦非民主的对立面,更不是"必不可少的恶",而就是"必不可少的善"!不仅构成自由民主的灵魂,也是整个国家的灵魂所在。

长期以来，西方政治学之所以不能够准确把握政府（公权力）的性质与功能——尽管已认识到政府"必不可少"，但依然视政府为"恶"——症结不在别处，而就是西方政治学对个体及个体利益与整体及整体利益之间的界线未曾厘清，尤其是对整体及整体利益认识不清，从而不能准确认清政府的诞生源于整体利益的需要、政府的作用在于代表看护整体利益、政府的本质系于整体利益的本质。

作为国家整体及整体利益的化身，政府的确天生高个体及个体利益一等，这是无可奈何的，甭不服气。由于不能够循环"自"证（注目礼），人类天生命运共同体，个体利益只能屈居整体利益之下，自由民主只能是整体利益及其最大化之下的自由民主，整体利益及其最大化才是自由民主的灵魂。

这也就注定了政府（公权力）的"必不可少"！所谓必不可少，包含两层构成递进关系的意思，首先是政府的公权与规模必须少，公权不能多，规模不能大；更重要的是，政府的公权与规模必须尽可能少，公权少到不能再少，规模少到不能再少。政府之所以必须少到不能再少，症结不在别处，正因为政府所内禀、所依据、所代表、所看护的国家整体利益，是国家整体利益决定了政府必须少到不能再少。

六、民主也是市场机制

整体利益固然"天授"，但就整体利益在管制红线下的最大化而言，任何组织的整体利益都不脱离个体利益，而就是由个体利益组成，没有一个个成员的个体利益，就没有整体利益；没有一个个成员的个体利益最大化，就没有整体利益最大化。国家整体利益及其最大化亦不例外，同样建立在民众个体利益及其最大化的基础上，由一个个民众的个体利益及其最大化组成。政府实现自身利益最大化也即国家整体利益最大化，并非政府亲自营利，而是"袖手旁观"市场做事，通过民众的个体利益最大化而实现，也唯有通过民众的个体利益最大化才能实现。当一个个民众实现个体利益最大化时，国家整体利益最大化也自然而然地实现。从这一意义上讲，民主也是市场机制。

拿公地悲剧所涉草场来说，如果不划定整体利益安全管制红线（以下简称安全红线或管制红线），即既保障草场的蓄牧能力不浪费、又保证草场本身的再生能力不破坏的牛羊总量管制线，就不能够实现草场的整体利益最大化，尽管某些牧民可能通过滥放滥养实现个体利益最大化，但总体上，滥放滥养属于资源配置扭曲，必定导致草场的整体利益最小化，乃至悲剧。

一旦划定安全红线，牧民们想方设法，更充分地利用既有资源，更充分地挖掘将有潜能，甚至发明种种节约资源的小窍门，比如更科学地搭配各类型牛羊甚至各成长阶段的饲料量，实现自己的个体利益最大化，乃至最终发现并达到整个草场资源最优配置的均衡，实现草场整体利益最大化。

显而易见，作为草场整体利益产权主体（大一统之主），政府以整体利益为己利，并不直接营利，更不放牛养羊，就是袖手旁观的范，唯一做的就是划定一条安全红线，草场整体利益最大化是通过一个个牧民的个体利益最大化实现的。

七、"看不见"乃政府外形

蓦然回首，没政府时的草场与有政府时的草场，唯一的区别的就是有政府时多了政府所划的指向甚至代表资源最优配置的安全红线。这也是真自由市场与伪自由市场的区别所在，不过是多了一条安全红线而已。有安全红线，即真自由市场，市场优化配置资源，直至实现整体利益最大化；没有安全红线，即伪自由市场，甚至无主公地，投机扭曲资源配置，趋向整体利益最小化，直至公地悲剧。岂止少到不能再少，更准确讲，政府不是必不可少，而就是"虚"！不过是多了一条安全红线，不亦虚乎？

这正是政府的本位，作为由国家大一统主体之唯一"大我"组织而来、代表看护国家整体利益的公权力机器，政府原本以国家整体利益为"己"任，本身就是"虚"！理论上讲，政府可以虚到仅有国家整体利益产权主体一个人，即国家大一统之主不组织政府，但代表看护好国家整体利益。不是说"看不见的手"吗？政府让自身少到不能再少，以至于虚无，这就是"看不见"。不是说"大公无私"吗？政府让自身少到不能再少，以至于虚无，这就是"无私"。

八、毛主席尚"虚"

是不是可以对政府（公权力）的性质与功能作一下总结了？从体量上讲，最优政府即"必不可少"；从外形视觉上讲，最优政府即"看不见的手"；从人格境界上讲，最优政府即"大公无私"；从善恶上讲，最优政府是"必不可少的善"。

有意思的是，毛泽东主席提示过政府应该尽可能"虚"！在对经济社会的管理上，尤其在处理中央与地方的关系上，毛主席曾提出要"虚君共和"，比如1958年在中央春节团拜会上表示："中央集权太多了，是束缚生产力的。这就是上层建筑和经济基础的关系问题。我是历来主张'虚君共和'的，中央要办一些事情，但是不要办多了，大批的事放在省、市去办，他们比我们办得好，要相信他们。"根据毛主席的指示，中央开始下放权力，尤其中央企业下放给地方的力度非常大，轻工部达96.2%，纺织工业部达100%，化工部达91%，其他各部下放企业均超过60%以上。[241]

---

[241] 毛泽东的说法及相关数据，请参阅《"虚君共和"构想的两次实践及其意义》（《南方日报》2011年12月24日），作者徐俊忠（中山大学马克思主义哲学与中国现代化研究所），可网上查看。

第 25 章
西式民主是怎样一个错误

内容提要

专制是"若重举重"的政治幻觉，国家整体利益最大化的奥秘在于"政府无政府"——民主！西式民主的要害在于"公权民授"，本质归于整体利益民作主，虽冠冕堂皇，但逻辑上讲不通，招致两个没法克服的困难：摆不脱的"代理人困局"和没折扣的"多数人暴政"。真民主是民的地盘民作主，民主的本分乃个体利益民自主。整体利益原本不可分割，如何能民众主之？整体利益原本天授，怎么能民众主之？整体利益原本单一，又何需民众主之？西式民主属于人类的耻辱。人类迫切需要深入思考民主，复苏理性精神！

一、政府为何成了民主对立面

据称，老子是个惜言如金的人，但《道德经》两次惊天动地点拨赢的无上秘诀。一是第 7 章有言："以其无私，故而成其私。"二是第 66 章有言："夫唯不争，故天下莫能与之争。"这就是造化神奇，无私竟然是私的手段！由于不能够循环"自"证（注目礼），人与人的相互作用（抑或说人与人的博弈）不可避免，但一个人要在人际相互作用中成就自己的私，必须虚己受人、先人后己，乃至大公无私，以无我成就大我，以不争成就大争。

这同样适用于政府（公权力），准确讲，这最适用于政府。政府原是以国家为"己"任的"大我"，一个政府要实现自身利益最大化也即国家整体利益最大化，必须尽可能大公无私，切实做到以国家整体利益为"己"任而没有自己的私利；本心上，可用毛泽东主席念兹在兹的话来讲，政府必须全心全意为人民服务；外形上，可用一句颇显玄机的话来表达，政府必须尽可能无政府。无政府是绝对不行的，"公地悲剧"是前车之鉴，必须有政府。但有政府并非为政府而政府，政府必须尽可能少，公权少到不能再少，规模少到不能再少，以至于自由市场上仅只是因为政府而多了一条指向资源最优配置、必不可少的安全红线。概言之，国家整体利益最大化的奥秘在于"政府无政府"。

如果说民主，这正是民主——最大可能的民主！除了一条必不可少的安全红线之外，政府在自由市场上没有任何痕迹，不曾为民作主，更不曾替民作主，真正是民众自主。显而易见，民主不是抽象空洞的理念，而就属于资源配置的利益问题，并且是实实在在的利益最大化，这就是资源最优配置的均衡。民主实质上意味着市场均衡，不仅是民众个体利益最大化的实现，而且也是作为国家大一统主体的政府自身利益也即国家整体利益最大化的实现。作为资源最优配置的均衡，民主不仅是民众追求利益最大化的动力，而且也是政府实现利益最大化的手段。可从经验事实看，尤其近现代以来，首先在西方世界，民主谈不上作为政府利益最大化的手段，反成为政府的对立面，势不两立——咋回事？

二、专制是"若重举重"的政治幻觉

原因就在于国家大一统主体偏离自由市场之道!作为实现自身利益最大化也即国家整体利益最大化的最佳选择,市场原本是大一统之主举重若轻的选择,正可谓垂拱而治。如果说同盟军,市场及其背后的民众是大一统主体之唯一"我"最坚强有力的同盟军。但大一统之主仍然不可能一个人包打天下,为整体利益划一条安全红线,的确只需要一个人,甚至一根手指。可保障整个市场在安全红线下运行,明显不是一个人能对付的,必须建构公权力机器,必须组织官僚队伍。这正是政府的由来,它是大一统主体之唯一"我"组织来代表看护国家整体利益安全红线的,通俗讲,政府即大一统之主的左右手。

政府作为国家大一统之主的左右手是不错的,问题是大一统之主在使用左右手的过程中,容易养成对政府及其官僚的依赖。尤其大一统之主如果追求一己之利,比如大兴土木抑或穷兵黩武,更容易产生把政府及其官僚当作同盟军的错觉,甚至涌起"若重举重"的政治幻觉,大力扩张公权力机器,大举扩充官僚队伍,以至于国家浑身上下都是"看得见的手",整个国家被专制于股掌,自由市场一命呜呼!

更可怕的是,当政府及其官僚变得臃肿,国家大一统之主不仅难以驾驭,甚至反被绑架,公权力机器"异化"为官僚阶层统治全社会的工具——不正是马克思、恩格斯高度警惕的"国家和国家机关由社会公仆变为社会主人",[242]及列宁晚年特别担心的"国家机关异己化"?[243]

一旦偏离自由市场之道,由于选秀机制被扼杀——具体表现就是民众的积极性和创造性受到抑制——整个国家丧失优配资源的能力,民众个体利益与国家整体利益同时趋向最小化,就像在自由市场中同时趋向最大化一样。正可谓"屋漏偏逢连夜雨",由于产出最小化,分配之争更形紧张,政府及其官僚更可能向民众大伸"看得见的手",横征暴敛,甚至驱使公权力机器直接侵犯民众个体利益,资源配置越来越扭曲,生产力愈来愈低下,形成恶性循环。结果不是外部民变,就是政府内讧,

---

[242]《马克思恩格斯全集》第22卷。
[243]《列宁全集》第二版,第43卷。

抑或民变与内讧同时爆发，专制独裁被推翻，大一统一地鸡毛，"公地悲剧"重现。在资源优化配置的内力作用下，英雄逐鹿，攻无道而伐不义，最后江山易主——新的国家大一统主体重新恢复大一统。

三、西式民主是如何兴起的

江山易主被中华历史上的改朝换代一再印证。既因为殷鉴不远，也因为成长于斗争之中，一代开元皇帝往往都励精图治，不仅注意节制政府规模，而且注重与民休养生息，甚至直接以古之三皇五帝垂拱而治为范。典型如明一代开元皇帝朱元璋，为限制政府规模扩张，甚至创造了固定政府财政收入的独特政策（详情请参阅第27章《低税率才是真民主》相关内容），不能不说别具匠心。

但由于"帝制"的固有局限，后来的皇帝都"生于深宫之中，长于妇人之手"，往往是"崽卖爷田心不疼"，政府规模不知不觉间就膨胀开来。仍以明代为例，建元之初的洪武年间，文武官员为24000余名；一百年后的明宪宗时期，官吏达到80000余名；[244]至明晚期，官吏数量更是初期的十余倍。无疑，这是明朝走向衰弱乃至最终倾覆的重要原因。

更彻底的江山易主发生在欧洲。虽然今天的欧洲在努力走向一统，但在史上大部分时间里，欧洲大陆都是小国林立，最多的时候高达1000多个国家。史料显示，到公元1500年，欧洲大陆仍然遍布500多个国家。[245]可想而知，无论国土面积，还是人口规模，绝大多数欧洲国家都属于"迷你"型。

这导致一个严重的恶果，那就是专制在欧洲大有市场，在文艺复兴乃至启蒙运动之前，更是风行不衰。一者因为国家太小，国王搞专制的成本较低；二者由于国家之间相互威胁，在敌国外患下，国王对专制的需求极大升高。纯粹经济上看，欧洲国家的问题恐怕不只是专制，而是

---

[244] 金观涛、刘青峰：《兴盛与危机——论中国社会超稳定结构》，法律出版社2011年版。易中天先生在《帝国的终结》（复旦大学出版社2007年版）中也谈到明朝官吏数量的膨胀。北宋也有类似的冗官问题，仁宗朝"庆历新政"一个重要目的便是治冗。

[245] [美]贾雷德·戴蒙德：《枪炮、病菌与钢铁——人类社会的命运》，上海译文出版社2006年版。

近乎奴隶制,这从"庄园经济"上充分彰显。相当程度上,西欧封建社会是封建制与奴隶制的杂糅,从国王到为数不多的庄园封臣,主要表现为封建制;从封臣到最大多数的庄园农奴,主要表现为奴隶制,总体上可归属为奴隶制。

随着资本主义的兴起并资产阶级革命的到来,不仅专制被革了命,而且不少国王上了断头台,乃至背后的产权清晰之"一"道也被革了命,诚可谓把革命进行到底,不比中华历史上的王朝更替,换汤不换药。随之而兴就是人民主权——民主!更准确讲,应该称"西式民主",因为它诞生于西方,至今也主要运用于西方。

四、西式民主:整体利益民作主

专制必须革命,这一点毫无疑问。古今中外,莫不如此,岂独欧洲?岂独资产阶级革命?但鲁迅先生说得好,倒洗澡水前,记得把婴儿抱出来。产权清晰之"一"道是不是也连同洗澡水一起倒掉呢?先分析一下取而代之的西式民主。对个体利益,民的地盘民做主,"风可进,雨可进,国王不能进",这是自然而然的,毋庸置疑。

现在的问题是:由于不能够循环"自"证(注目礼),人天生是社会人,人与人走到一起必然产生不可分割的公有整体利益,整体利益由谁做主呢?应该讲,这就是西式民主的来由,乃整体利益所伴生!西式民主的提出,不是针对个体利益而言,而是针对整体利益而来,也只是针对整体利益而来。要不是整体利益,如没有整体利益,扯什么民主?

西式民主以自己的特有形式,佐证了整体利益的真实不虚。问题是西方主流思想蜻蜓点水,对整体利益认识不清,尤其对整体利益的来源认知错误,想当然以为整体利益来自于民授——既然民授,当然民主!夫复何疑?近现代以来,经过文艺复兴以至启蒙运动所鼓吹的个体主义与自由主义的长期洗礼,西方主流思想虽不至于完全否认政府(公权力)的存在及价值,但的确旗帜鲜明主张——整体利益"我们"的、整体利益"我们"主!这就是西式民主,要害在于"公权民授",本质归于整体利益民作主。

五、西式民主之无厘头

西式民主虽建基于整体利益，但由于对整体利益犯了想当然的认知错误，在革了专制之命的同时，也把产权清晰之"一"道干掉了，严重不合整体利益的鲜明特性——天授、必不可少、不可分割和单一，岂不别扭？理论上的别扭，必定导致实践中的梗阻；理论上的别扭或许尚可凑合，实践中的蹩脚必定难以容受。西式民主的梗阻几乎从一开始就是不争的事实，这充分反映在北美新大陆"山巅之国"的论证建构中。

史料显示，在长达 116 天的费城制宪会议上，民主饱受美利坚合众国建国之父和制宪代表们的大声挞伐。被誉为"美国宪法之父"、后并成为美国第四任总统的麦迪逊（James Madison）就指出："政府若采取民主的形式，与生俱来的就是麻烦和不方便，人们之所以谴责民主，原因就在这里。"建国之父和制宪代表们拟议中的政府，不是"民主政府"，而是"共和政府"。这一点颇显睿智，"共和"明显属于博弈双方，是一种关系，不像民主只是民众单方面的意味。

不是博弈关系，没有国家整体利益主体在先，一个巨大的疑问号迅即从天而降：谁不让民主了？跟谁讲民主去？缺失主体在先，没有先在主体，民主事实上不知所云，逻辑上根本讲不通，无厘头！有点像一场大会，即将热烈召开，但却连主持人也没有——主持人不过是最起码的整体利益的代言人，远谈不上作为整体利益主体——闹哄哄一团。"公地悲剧"有力显示，如果整体利益得不到保障，个体利益也不可能得到保障；唯有整体利益归于一主，才有个体利益得于民主，要不，所谓"天下为公"，不过是公地悲剧罢了。

从民众角度讲，个体原本一盘散沙，虚。唯有先确立代表国家整体利益的主体，才能由虚而实。实际上，一旦确立先在国家主体，民众不只是实起来，而且会在主客体的互动中转化为先在国家主体的换位主体，与先在国家主体平起平坐。在特定语境中，民众甚至高于先在国家主体，就像老板说"顾客就是上帝"一样。古代的孟轲就明确提出："民为贵，社稷次之，君为轻。"现代的毛主席更是喊出崇拜人民的最强音：

"人民，只有人民，才是创造世界历史的动力！"这才是民主名正言顺的逻辑起源，也正是"中式民主"（相对西式民主而称之，核心即"党的领导、人民当家作主、依法治国三者有机统一"）的内在意蕴。

六、摆不脱的"代理人困局"

西式民主的本质归于整体利益民作主——那民众怎么为整体利益作主呢？既然是大家的利益，当然就大伙一起主，自然是共同决策，乃至共同行为。三五十人是可以同时决策的，但国家岂止三五十人？当民众超过一定的数量，"我们"必定无法同时行使任何行为，岂止是决策？的确可以铺天盖地操办公投，实现全体"我们"同时行动，但国家整体利益的决策，岂能每一次都全民公投？

代理于是不可避免，"代理人腐败"甚至"代理人控制"，乃至"代理人造反"，也都随之而来，不可避免！理论上讲，西式民主再怎么健全完善，再怎么查漏补缺，再怎么精雕细琢，都不可能突破"代理人困局"——因代理而招致的各种问题之统称。这就是"城头变幻大王旗"吧，"君主专制"不复存在，迎来的却是不可避免的代理人困局。

七、没折扣的"多数人暴政"

既然代理人困局不可避免，干脆取消代理，凡国家整体利益的决策，每一次都公投，全体人民"一人一票"，如何？暂不考虑有没有操作性，投票表决能实现国家整体利益最大化吗？每一位民都偏好自己的利益，为什么国家整体利益要由民作主呢？技术上讲，一个个民都想作主，甚至 N 位民有 N+1 种作主的方案，正可谓"东风吹，战鼓擂，这个世界谁怕谁"，怎么办？

没得办，唯有听天由命！与优化资源配置已经八竿子打不上，与占卜问卦没任何两样——并非危言耸听，彰显于美国大选之年的"十月惊奇"。按美国选举规则，总统大选正式投票前的最后一个月往往是该年10月份，10月份发生的意外事态常常直接影响大选，甚至改变大选进程和结果，此之谓十月惊奇，反映了普选的不靠谱、偶然性和非理性。

更致命的是，票决天生少数服从多数，岂不就是"多数人暴政"？既然是公有整体利益，既然人民主权，既然人人生而平等，凭什么少数人的权利要牺牲给多数人呢？显而易见，民主不只招致"公地悲剧"，也不仅因票决而导致"多数人暴政"，最严重的恶果就是整体分崩离析，与资源优化配置完全背道而驰。国家，也包括其他的人类组织，如贯彻所谓的民主，后果只能是分离，乃至最后沦为一盘散沙，你走你的阳关道、我过我的独木桥，每位民都是主嘛。

民主之所以在现实上并没有导致一盘散沙，症结正在于它并非真正的民主，是且只是多数人对少数人的暴政！2016年6月23日，英国进行举世瞩目的"脱欧"公投，支持派以3.8%的微弱优势获胜，岂不就是多数人暴政？美国总统大选一人一票，但有所谓"选举人团"的制度安排，算是对"多数人主义"的约束甚至纠偏，但终归摆不脱"多数人主义"，充其量是对"多数人暴政"的某种修订。

八、民众主不了整体利益

由于对整体利益的认知错误，因为想当然的"公权民授"，西式民主的本质归于整体利益民作主，理论上步入误区，实践中陷入泥潭，把国家整体利益层面的资源配置搞成了一场众声喧哗的闹腾，堪称笑话，属于人类智慧的耻辱！拿"公地悲剧"所涉草场来讲，在什么样的一个蓄牧总量安全线内，既不浪费草场的生养能力，又不破坏草场自身的再生能力，实现草场整体利益的最大产出，这是个纯粹专业问题，动辄票决，岂不荒唐？

民主的问题，在西方思想史上剪不清、理还乱。但实质上，民主与市场不相分割，而就是一体两面，真正的市场就是真正的民主，真正的民主也是真正的市场。归根到底，就像市场的本质一样，民主的本质也在于个体整体利益关系，要害亦在于划清个体整体利益界线。真正的市场是个体利益民自主，真正的民主也是个体利益民作主。性质上讲，整体利益原本不可分割，如何能民众主之？来源上讲，整体利益原本天授，怎么能民众主之？功能上讲，整体利益原本单一，又何需民众主之？由于想当然的"公权民授",西式民主误把民主搞成了整体利益民作主,让人笑掉大牙,扔给老鼠的牙齿吧!

九、民主如何沦为民粹

与西式民主紧密联系在一起的,还有一人一票的选举。选举不仅是西式民主的重要标签,而且被西式民主当成灵丹妙药,难道也扔给老鼠的牙齿?甭说在纯粹技术领域,就是在选举组织领导人的问题上,一人一票的民主也不一定选举出好的领导人,而更可能让投机客上位。由于完全竞争是限定系统内的竞争,人类社会的好东东都是限定系统内的好东东。民主亦不例外,也是限定系统内的民主。如果不限定系统,简单搞一人一票的民主,就像自由必定沦为投机一样,民主也必定沦为民粹。

事实上,就像自由(市场)与民主一体两面一样,投机与民粹也称得上一体两面,同属于资源配置扭曲的不同侧面,区别在于:投机更主要属于主动扭曲资源配置,民粹更主要属于被动扭曲资源配置。作为民主的重要形式,一人一票的选举权来自于由不能够循环"自"证(注目礼)所决定的不认同之基本人权,原本大好事一桩,但全民普选不限定系统——更准确讲,系统虽然限定,但半径过大,极大超出充分完全竞争的范围——结果搞成了大糗事一件,民主活生生地沦为民粹。

十、限定系统内的微观民主才是真民主

从西式民主出发,注目礼学说把民主分为宏观和微观两层面。本书主要探讨宏观层面的民主,也就是国家大一统之主与民众的关系,实质上是宏观层面的个体整体利益关系。对真实而具体的个体"我"而言,宏观民主虽然重要,但微观民主更重要。道理很简单,相对于宏观民主的"远在天边",微观民主"近在身边",更加关连每个人的切身利益。

因为时任总统特朗普的独立特行与鲜明个性,也因为突然袭击的新冠疫情,2020年的美国总统大选,民众投票十分踊跃,美国全国广播公司曾预计将创下1900年以的投票率纪录,达到66.8%[246]——不仍然

---

[246] 请参阅相关新闻报道。

有超过30%的"沉默的非少数"吗？为什么一直有不在少数的民众对选举漠不关心呢？与民众切身利益干系不大，应该是重要原因。

在限定系统内，由于系统相对封闭稳定，大伙儿都在一个圈子里，不是"打一枪换一个地方"，亦非"井水不犯河水"，内部是相互依赖、相互制约甚至相互垄断的，以力服人容易被淘汰，不认同的基本人权得到充分保障，信息也容易对称，每个个体都会自然趋向理性，追求长远利益甚至根本利益，不仅各方博弈趋向充分完全，而且利益的交换、对接、对冲、转换、组合乃至跨时空交融更容易深入细致，各取所需，各得其宜，从而保障各方利益价值最大化，甚至实现资源最优配置的均衡，民主不言而喻。如果不得不为某事进行票决选举，也应该是高度理性的。[247]民主不是空话，必须有相应的机理机制保障，限定系统便是民主最简易也最有力的保障。

十一、普选怎样沦为民粹游戏

毫无疑问，选举活动属于交易，是投票人即选民与候选人"我"之间的交易。"我"要获得投票人的投票，不仅需要展示自己的理念及能力，更需要让投票人理解自己的理念及能力，也就是克服"我"与投票人之间存在的认知差异，这就是交易。既然是交易，由于"我"本有限，像别的任何理性交易一样，理性选举也必定有限，能且只能在限定系统内进行，绝对不可一窝蜂。

如果一窝蜂，投票人或许想理性地投票，但由于时间和精力有限，难以对候选人"我"作出认真研究，甚至对"我"的信息也难辨真假，很容易作出非理性投票行为；候选人"我"或许也希望理性地拉票，但更因为时间和精力有限，难以对投票人作出细致的解释，而且还必须应对竞争对手的作为，更容易作出非理性拉票行为。两相叠加激荡，全民普选几乎不可能理性，而极其可能沦为一场煞是热闹、充满做作甚至"劣币驱逐良币"的民粹游戏，就像杏花村开酒店的故事中，仿做酒的李四

---

[247] 对微观民主的更多论述，请参阅《注目礼》对"三角博弈""窝里斗"的论述、《别了（下）》第九篇《自由的真谛在中华智慧》，及"别了，西方思想"体系其他著作。

压倒真做酒的张三一样。（关于交易的定义，请参阅本书第17章《"我"是逻辑秩序的保障：以交易为例》）

归根到底，就像对"社会契约"论的迷信一样，[248]西方世界对全民选举的迷信，亦因为西方思想缺失主语主人公，不能从"我"出发来思考，导致思想不真实、不务实、不切实，引发种种非理性，形成各种各样一知半解、似懂非懂、似是而非的思想理念。一旦回归"我"逻辑，一旦恢复"代入感"，一旦设身处地，就能最清楚不过地发现，由于"我"本有限，理性的选举极其有限，能且只能在限定系统内进行。

十二、人类呼唤新启蒙：从民主切入

既然是地道的民粹游戏，全民普选为什么还成为"环球同此凉热"的浩荡潮流，乃至动辄就闹要一人一票搞普选呢？不仅因为当今世界被西方主流思想洗脑，教条主义盛行，整个人类缺乏真正的独立思考；原因也在于全民普选大多关于政治，不仅多年一遇，更重要的是结果不好检验，仁者见仁、智者见智，难以对政治普选作出有效评判，导致全民普选的严重问题长期以来被遮蔽。

"最高明的骗子，可能在某个时刻欺骗所有的人，也可能所有的时刻欺骗某些人，但不可能在所有的时刻欺骗所有的人。"这是林肯的名句，但可能不适用于全民普选。在全民普选中，由于系统太大，狡猾的政治投机客完全可以玩弄民粹于股掌，一骗再骗，乃至于有生之年所有的时刻欺骗所有的人。

从近现代历史看，无论民主，还是自由，甚或市场，原本都是文艺复兴与启蒙运动的产物，寄托的更是人类的理性精神。但从当今世界的民主、自由乃至市场现实状况看，情况相当糟糕，更多的只是理念上的鹦鹉学舌与实践中的形式主义甚至教条主义，真正的理性精神恰恰已薪尽火灭。人类迫切需要新一次启蒙运动，尤其当以深入思考系关国运民生的民主为切入口，重新复苏理性精神！

---

[248] 对社会契约论之错误的分析，请参阅本书第21章《自然选择大一统》。

第 26 章
光明正大大一统

内容提要

"理论是灰色的,生命之树常青"——这句话并非对理论一棍子打死,而是批评那些别扭的理论。西式民主理论否认产权清晰之"一"道,但现实上不得不被动回归一道。美国联邦政府和总统制都力证一道,但尚非"大一统",总统制更属于责任归一"小一统"。产权乃责任的极值,构成最稳定的责任,产权清晰正是最高的责任归一,产权归一才是大一统。不只是合内外公私,产权清晰大一统还是心理状态上的心神合一。"代理人"天生心神不一,资源劣配不可避免——心神不一本身即心理能量的配置扭曲。

一、大一统天命不可违

西式民主让民众处置国家整体利益,越俎代庖,违背整体利益的鲜明特性——天授、必不可少、不可分割和单一,偏离产权清晰大一统,只能喧嚣折腾,徒留闹剧一场。蓦然回首,正如"风可进,雨可进,国王不可进"所提示的,民主的适用范围就是个体利益的地盘,民主是个体利益及其最大化的民主,个体利益民作主,才是民主的本分。

由于不能够循环"自"证,人的本质在社会性,"他"人原本"我"不可分割的一部分,命中注定大一统。"一"是人类任何组织的根本属性,大一统是人类任何组织的本质要求,定于一尊是人类任何组织的内在要求。这是客观规律,乃天道之常,不以任何人的意志为转移。因为不能够循环自证,人追求的是"他"人对"我"的认同,所谓认同,不就是一统?求同求一求统,乃人的基本心理与行为动机,谁违抗?谁能违抗?怎么违抗?无非是谁统谁的差别而已!

大一统天命不可违,一旦违抗,必定导致实践对理论的不信任。"理论是灰色的,生命之树常青"——这句话并非要对理论一棍子打死,而是批评那些别扭的理论。近现代以来,西方政治学陷入分裂,一方面不承认产权清晰大一统,但另一方面却否认不了政府(公权力)的存在及意义,现实上更是不得不承认政府、准确讲是唯"一"政府代表看护国家整体利益的事实。

二、美国联邦制力证大一统

这明显体现于美利坚合众国的建国过程,作为欧洲失意人士(包括经济上的失意者,主要则是被流放的清教徒;包括英国人、法国人、荷兰人和西班牙人,主要则是英国人)漂洋过海而开启的移民国家,美国原本不是一个整体及整体利益的存在,最初只是一些松散的社团,高度崇尚"五月花号公约"所强调的自治,出于对旧大陆政府专制性格的恐惧,甚至不希望政府的出现,但最后之所以不得不也组织所谓"联邦政府",的确因为需要有跨社团的组织来合众为一,协调必不可少而又不可分割的整体利益。

不得不提的是，在唯一联邦政府出现之前，美国社会进行过多次大一统的努力，并在1777年通过《邦联条款》建立"邦联政府"，但松散而脆弱，被称为"一只头脑听从四肢指挥的怪物"，[249]归于失败。毫不夸张地讲，美国联邦政府的曲折诞生过程，强有力反证了"一"政府代表看护国家整体利益的存在及意义。或许正因为此，美国1787年联邦宪法在序言中就开宗明义大一统，即 **We the people of the United States, in order to form a more perfect Union**。显而易见，毋庸置疑，**Union**——大一统者，美国宪法之的之睛之魂也！

三、美国联邦制只是"小一统"

从事实看，美国联邦政府代表看护国家整体利益，包括外交、国防、造币、移民和贸易诸事务，符合大一统的真谛。与此相应，美国各州的自主权相当大，也符合大一统的真谛。从一与多的角度讲，大一统虽然是一，但也确实是多，原本意味着充分的自由民主，一是一于必不可少、不可分割并极其单一的整体利益，其他的一律自由民主。

这种种都有力反映美国建国之父们的英明睿智，但美国宪法规定，各州政府不是联邦政府的下属，即联邦政府与各州政府不存在委托代理关系。尽管从历史看，各州政府原是联邦政府的现象先在，怎么是联邦政府的属下？可从更根本的逻辑讲，联邦政府当是各州政府的精神先在，怎能不是各州政府的上峰？或许由于缺乏历史经验，但更可能因为观念障碍，建国之父们被不究竟的平等、自由、民主误导，在州政府与联邦政府的关系上，美国宪法大犯糊涂。由于不存在委托代理，各州政府与联邦政府颇显平行，各州仿佛"国中小国"，削弱了美国的大一统。一定意义上，由各州合众而成的美利坚，仿佛"国家集团"。

与中华历史相对照，美国联邦政府与各州政府的关系，更接近于先秦"分封制"，而且一统性更弱于分封制。分封制原本属于大一统，只

---

[249] 这是被誉为"美国宪法之父"的美国第四任总统麦迪逊对"邦联"政府的评价，可参阅《联邦党人文集》第44篇。《联邦党人文集》是汉密尔顿、杰伊（John Jay）、麦迪逊三人为争取批准新宪法以"普布利乌斯"为笔名在报刊上发表的一系列论文的集合，详情可参阅商务印书馆在1980年出版的中文版图书（下同）。

是一统性后来被消解，始皇帝通过委托代理重新恢复了被消解的一统性，此之谓秦后"郡县制"。总之，美国虽有联邦政府，但其实属于"弱中央"，并没有实现真正的大一统，远非美国1787年联邦宪法所追求的 **perfect Union**，充其量算"小一统"——也就是一统的力度未到位，谈不上真正归一。

四、美国总统制力证大一统

发人深省的是，在具体的权力运行上，近现代西方政治学也不否认"一"。这也反映在美国的治国理政中，被誉为"美国宪法之父"的美国第四任总统麦迪逊在被誉为"美国宪法原理"的《联邦党人文集》中以援引例证的形式写道："一百七十三个专制君主一定会像一个君主一样暴虐无道。凡是对此有所怀疑的人，不妨看看威尼斯共和国的情况！即使他们是由我们选举，也不会有什么益处。"[250]

无独有偶，作为美国建国之父之一的汉密尔顿（Alexander Hamilton）也明确写道："权力被置于少数人手里，他们的利益和观点是很容易由手段高明的领导人予以统一的，于是权力就比在一人手中更易陷于滥用，而权力被数人滥用也比为一人所滥用更有危害；而一人掌权，唯其只有单独一人，就会更密切受到监督，更容易遭到嫌疑，也不可能像许多人一起那样联合起来形成较大的影响。"[251]

美国是首创总统制的国家。极其可能，美国总统制就是这样炼成的："家有千口，主事一人"，国家最高权力与其掌握在一群人手里，不如掌握在一个人手里。说白了，与其定于多尊，不如定于一尊，此之谓"总统"。事实上，按汉密尔顿不太清晰通顺的说明，在行政权上，美国总统"与英国国王有类似之处，它也同样类似于土耳其皇帝"。[252]

2020年抗疫期间，为与各州州长们"争权"，时任美国总统的特朗普曾当众发飙说："当一个人是美国总统的时候，就有完全的权力（the

---

[250] 《联邦党人文集》第48篇。
[251] 《联邦党人文集》第70篇。
[252] 《联邦党人文集》第69篇。

authority is total）。那是完全的，那是完全的（It's total，It's total）。"[253]
特朗普一贯疯言疯语，但这句话并非空穴来风。事实上，美国总统也被称为"选出来的君王"，一定意义上是旧国王改名换姓的新版本。

五、美国总统制只是"小一统"

但就像美国联邦政府只属于"小一统"一样，美国总统制也只是实现了"小一统"，不属于真正的大一统。没错的，这首先是因为公权力在宏观层面被人为切割，所谓"三权分立"，固然保障了政治竞争与制衡，但难免甚至容易流于为竞争而竞争、为制衡而制衡，大一统被活生生地掐死，三个和尚没水吃。

可三权分立尚不至于对大一统致命。如果说三权分立给了大一统当头一棒，另有机制直接给了大一统背后一刀。这便是微观权力运行上的任期制，即美国总统是有明确任期的，四年一任，即便连任，也不得超过两届。任期制毫不隐讳地曝光了美国总统制的家底：总统不是真正的国家大一统之主，不过是公权力代理人，说白了，临时工而已！

总之，美国总统制属"一"，但不是产权归一，而只是责任归一。责任只是一时的责任，不稳定，不持久，不长远，作为代理人甚至临时工，责任主体心神不一，责任归一不是真正的大一统。相较而言，产权意味着稳定、持久、长远的责任，产权主体心神合一，没有临时工心理和代理人心态，产权归一才是真正的大一统。从至关重要的心神合一讲，美国总统虽被称为"选出来的君王"，抑或所谓"强权国家元首"，但性质上已经与过去的英国国王不是一回事，不可同日而语。

六、美国参议院为何高于众议院

本书第9章《限定系统让投机自然消融》曾论述"流则为寇，坐则为王"，就像流动性堪称投机的土壤，稳定性堪称善政的母体。产权归一之所以比责任归一要高要强要好，唯有产权归一才是真正的大一统，重要原因就在于稳定性。应该说，无论美国联邦制，还是美国总统制，

---

[253] 可参阅相关新闻报道。

都紧扣了稳定性的要害,但都没有把稳定性的逻辑贯彻到底,真正归一。但建国之父们还算胸中有数,稳定性的设计也同样体现在美国政治体制机制的其他方面,典型还有作为民意与立法机构的国会两院制——参议院和众议院。

众议院似乎更体现直接民意,它基于各州的人口划分选区,不仅席位总数大,目前有 400 多席;而且流动性大,任期只有 2 年,作为小选区选民代表,议员也相对草根化。参议院似乎更体现稳定民意,它在各州平均分配,每州仅 2 个席位,不仅席位总数小,目前共 100 席;而且流动性小,任期高达 6 年,长于一届总统任期,每 2 年仅重新选举 1/3 的席位,作为州代表,议员也更加精英化,乃作为"精选而稳定的组成部分"[254]——这正是参议院为什么会成为美国政界重要的人才库,它实质上高于众议院。事实上,参议院的英文名称 **Senate** 来自 **Senatus**,源于古罗马权倾一时的"元老院",应该说天生就高众议院一等。

作为民意与立法机构,一个众议院足矣,为什么要头上安头,在众议院之外设置参议院,并让参议院实质上高于众议院呢?汉密尔顿明确写道:"鉴于民意机构(众议院)由于其成员不断更迭而产生的不稳定性,政权中设置某一稳定机构(参议院)实在是必要的。人员变动,必然引起意见的改变;而意见改变,又必然引起措施的改变。即使是好的措施,如果不断改变,也是极不明智,极难实现的。"[255]一言以蔽之,之所以别开参议院并抬举之,目的在于稳定性。简言之,众议院以民意之名,参议院防无常之害。在政治体制机制设计中,建国之父们如果把防无常之害的逻辑进行到底,会是什么呢?毫无疑问,首先的、根本的就是把国家整体利益归属落实某唯一"我"——产权清晰大一统!

七、心神合一大一统

近现代以来,西方政治学偏离产权清晰大一统,动辄二道,不仅大讲政治竞争与制衡,而且大搞人为格式化的三权分立。但却在经验事实

---

[254] 《联邦党人文集》第 63 篇。
[255] 《联邦党人文集》第 63 篇。

层面，不得不承认唯"一"政府代表看护国家整体利益的必要，也不得不承认权力归"一"的必要。为何？原因显而易见，现实上行不通，别扭的理论是灰色的！与其被动、暗渡陈仓、支支吾吾地搞小一统——责任清晰归一；不如主动、光明正大、直言不讳地行大一统——产权清晰归一。

产权清晰大一统是公私合一的结果，也是内外合一的结果，还是心理上心神合一的结果。事实上，"一"道一点儿也不新异。纯粹从心理状态讲，产权归一让人心神合一，不是使人心神不一，属于人的最佳心理状态。从资源配置讲，心神合一应该就是心理能量的最优配置。仅此一点，产权清晰大一统即足以发人深思，甚至让人首屈一指。事实上，柳宗元就是从人的心理状态论证的"公天下之端自秦始"，他并没有"公地悲剧"的概念，不过是紧扣了"私情"与"公"而已。[256] 任何一种真理，如得不到人类心理状态的支持，都无疑需要再琢磨。就此而言，心神合一绝不是小事，而恰恰扼住了真理的咽喉。

程子曰："凡人避嫌者，皆内不足也。圣人之至公，何避嫌之有？"[257] 毛主席指出："彻底的唯物主义者是无所畏惧的！"[258] 大一统是至彻至真至大至公之理，不是别别扭扭的，而是理直气壮的，光明正大大一统吧！顺便提一下，通常说的"中国道路"，无论古代，还是现代，都是光明正大一条道——大一统。不像西方政治学近现代以来陷入理论与经验的分裂，支支吾吾搞小一统，中国共产党成功创造了现代大一统的新型式，让中华古老的大一统实现了凤凰涅槃！一定意义上真正化解了美国建国之父努力化解而终究未能彻底化解的政治体制机制难题。[259]

八、心神合一开启资源优配

有必要辨别一下"责任清晰"与"产权清晰"，这也是既有经济学

---

[256] 请参阅本书第 20 章《颠扑不破大一统》。
[257] 《近思录》卷六。
[258] 《在中国共产党全国宣传工作会议上的讲话》，见《毛泽东选集》第 5 卷。
[259] 部分论述可参阅本书第七篇《中国为什么"能"》，详论请参阅"别了，西方思想"体系其他著作。

常常要谈到的，以至于有相提并论甚至合二为一的说法——"产权（责任）清晰"。尽管"责任"的含义原本就是"我"分内的事，但在通常的语境与措词中，责任仍然是有区分的，如时间长短的不同，有短期责任与长远责任；如性质轻重的不同，有一般责任与根本责任。即是说，责任并没有全面彻底落实到"我"，仍然可以打折扣。

所谓"产权"，如果从责任的角度来定义，堪称责任的极致，是最稳定的责任，是最长远的责任，是没有任何折扣的责任，可称之"无限责任"。通常讲的责任，只是有限责任。借用数学语言表达，产权乃责任的极值。产权清晰归一即无限责任的落地与实现，把责任无保留地归属落实到某唯一"我"。这正是为什么产权清晰称大一统而责任清晰只能称小一统，也正是产权清晰为什么让人心神合一而责任清晰仍难免心神不一。从责任归一到产权清晰，不只是量的变化，更是质的升华。

小一统而不大一统，责任归一而产权不归一，"代理人困局"就不可避免，因为责任主体仍然是代理人。代理人天生心神不一，资源劣配不可避免——心神不一本身即心理能量的配置扭曲。一个称之为"花钱矩阵理论"的四句话在坊间十分流行："花自己的钱办自己的事，既讲节约，又讲效果；花自己的钱，办人家的事，只讲节约，不讲效果；花人家的钱，办自己的事，只讲效果，不讲节约；花人家的钱办人家的事，既不讲效果，又不讲节约。"[260]代理人"花人家的钱为人家办事"，典型的心神不一，怎么可能不扭曲资源配置？[261]

---

[260] 据称是诺贝尔经济学奖得主弗里德曼（Milton Friedman）的名言。
[261] 关于责任清晰（代理人）与产权清晰（主人）导致的不同资源配置，可参阅本书第9章《限定系统让投机自然消融》对"流则为寇，坐则为王"的论述。

第 27 章
低税率才是真民主[262]

内容提要

大一统开启资源优配，也让民主站到了坚实的利益基础上，乃国家大一统主体实现自身利益最大化的最佳选择，诚为民主最有力的保障与前提，大一统之主越精明，民主越饱满——简称"精民主"。从最靠谱的利益逻辑讲，精民主才是真民主！专制原本"若重举重"的政治幻觉，其实是大一统主体"害民先害己"。交税是民众不可推卸的义务与责任。经历反复博弈及试错，宏观历史应能发现指向甚至代表公权力与民众之间资源最优配置均衡的税率。宏观上看，税率才是民主的最终量化指标，低税率才是真民主。

---

[262] 关于民主的更深论述，特别是民主的微观协商本质，请参阅"别了，西方思想"体系其他著作，本章主要在宏观层面就国家大一统主体与民众之间关系对民主进行论述。

一、朱元璋为何甘当"劳模"

彻底消灭资源配置扭曲,必须一刀斩断是非根,从根本上消灭代理,杜绝"临时工",让"代理人"翻身,光明正大做主人,把公有整体利益归属落实到某唯一"我"——产权清晰归一,从而保障心神合一!一旦产权归一,主人翁精神油然内生,资源扭曲配置就结束了,资源优化配置就开始了,而且就从国家大一统之主的心神合一开始。

明开元皇帝朱元璋堪称"一代劳模",曾亲训群臣曰:"吾自有天下以来,未尝暇逸,于诸事务惟恐毫发失当,以负上天付托之意。戴星而朝,夜分而寝,尔所亲见。"[263]牛皮不是吹的,史料显示,洪武17年9月14日到21日,仅8天,明太祖处理奏札1160件,涉事3291种,日均处理奏札145件、事411种。[264]作为帝王,明太祖完全有骄奢放逸的资本,可他为什么不骄奢放逸、反至于不敢稍息呢?固然因为丞相制度被废除而导致大小事务集于皇帝一身,但症结更在于朱元璋是"花自己的钱办自己的事",他是心神合一的主人!

二、"精民主"才是真民主

那还有民主吗?在一部分人的心目中,大一统就是自由民主的对立面。与此相应,自由民主不被认为与中华的历史文化联系在一起,而是与西方世界联系在一起。不能说西方对民主的追求不真诚,但由于理论上的别扭,西式民主现实上流于糟糕的"代理人困局""多数人暴政",并非丘吉尔(Winston Churchill)所说的"最不坏",而就是"漂亮的空话",乃至"漂亮的错话",它混淆了个体整体利益关系,把原本的个体利益民自主,误成了整体利益民作主——从南极错到了北极。

实际上,大一统不是自由民主的对立面,而恰恰构成自由民主的前提,正是民主的保障,先有大一统,才有真民主;唯有大一统,才有真民主;没有大一统,就是民悲剧。产权清晰大一统,让民主站到了坚实的利益基础上,民主从此成了国家大一统主体的切身利益,而且是大一

---

[263] 《明史·列传·卷三》。
[264] 关于朱元璋勤政的记载,《明实录》和其他史籍中可谓比比皆是。

统之主实现自身利益最大化的最佳选择，诚为民主最有力的保障，国家大一统主体越是精明，民主越是饱满——简称"精民主"。马克思说得好："'思想'一旦脱离利益，就一定会使自己出丑。"[265] 从最靠谱的利益逻辑讲，精民主，才是真民主。说一千，道一万，如果民主不是国家大一统主体的切身利益，民主算什么呢？民主能算什么呢？精民主的座右铭是：让民主来得更猛烈些吧！

还是拿明太祖朱元璋来说，这位被毛泽东主席赞为"做得最好"的明朝皇帝，在治国理政上，特别注重还民于民，无为而治，不扰民，堪称"精民主"的典范。这鲜明反映在"卫所制"。所谓卫所制，是明王朝在国防建设上的重要制度设计，简单讲，军粮用之于军，取之于军，而非取之于民，曰："吾京师养兵百万，要令不费百姓一粒米。"[266]

更特别的是，为了防止子孙后代扩大政府（公权力）规模，朱元璋釜底抽薪，创造了固定政府财政收入的制度设计，可谓匠心独运。决非口头上"钦此"，的确落实在明王朝的实践中，并有力反映到现实结果。历史纵向看，无论领土，还是人口，明王朝都比宋王朝大得多，但明朝的政府财政收入反而比宋朝低，而且低一大截。史料显示，宋真宗时代，政府财政收入1.6亿两白银，但明王朝在1570～1580年间，平均每年财政收入为3078万两，仅只是宋朝的19%。[267]

三、"大明"为何比"小宋"穷

这遭致一部分历史学人的批评，典型如黄仁宇先生，不仅批评朱元璋的做法保守、僵化、落后，而且不无嘲讽地称之为"洪武型财政"，并上纲上线，斥之为"王安石新法失败后的一种长期的反动"。[268] 应该说，黄仁宇有点简单化了，甚至有先入之见，知其一不知其二。

从朱元璋的目标看，"大明"比"小宋"还穷，或许正称得上心想事成，至少政府（公权力）规模的确得到了节制。1371年，即洪武四

---

265 《神圣家族》（《马克思恩格斯全集》第2卷）。
266 [明]陆深：《俨山外集》卷三四。
267 黄仁宇：《十六世纪明代中国之财政与税收》，三联书店2007年版。
268 黄仁宇：《十六世纪明代中国之财政与税收》，三联书店2007年版。

年，地方文官总数仅有 5488 名，甚至整个明朝的官吏数量都相当受控，即便到晚期，吏的数量膨胀到 5.1 万名，文官数量也仅略过 2 万名。[269] 公权力规模受限，意味着"看得见的手"受限，意味着不扰民，意味着民自主——难道明太祖费尽心机追求民主？

症结乃在于朱元璋是大明心神合一的主人，而非心神不一的代理人，他首先考虑的不是民主，而是私情，即他自己的"子孙帝王万世之业"，但他的考虑符合民主，也是为了人民，正属于广大民众的福祉；同时也是为了国家天下，可带来明王朝的长治久安。公与私在此融合，大一统与民主在此融合，大一统之主与民众在此融合。技术上讲，原本这就是资源最优配置的均衡，乃各方利益最大化的交汇点。

四、专制其实是"害民先害己"

有了国家大一统主体，政府（公权力）才有了灵魂，才能够得到驾驭，才不会随便出轨，才不是无头怪兽，才能够防止专制。专制原本"若重举重"的政治幻觉，偏离民主、偏离自由、偏离市场搞专制，首先就对大一统之主不划算，可以说是"害民先害己"。原因很简单，专制不是天上掉馅饼，也不是空手套白狼，而依赖于庞大的公权力机器与官僚队伍，要不然，大一统之主一个人凭什么专制一个偌大的国家？这正是害民先害己！因为国家大一统主体打造庞大的政权机器与官僚队伍，首先就是对自身的巨大消耗，不仅要付出大量的时间与精力，而且要随时应对内部的代理人腐败甚至代理人造反，安全感大幅下跌，弄不好都丢掉大一统之主的宝座。与其强调专制害民误国，不如说专制首先是国家大一统主体费力不讨好，害己误己。

事实上，稍英明的国家大一统之主都不会轻易扩张公权力机器与官僚队伍，就像精明的私人企业老板不会在企业内部随便增岗添人一样。由于代理难以避免的心神不一，英明的大一统之主更不可能把代理人当自己的同盟军，而只会对作为代理人的政府及其官僚系统保持高度警惕，就像美国前总统里根所说的："政府不能解决问题，政府本身就是

---

[269] 黄仁宇：《十六世纪明代中国之财政与税收》，三联书店 2007 年版。

问题。"[270]一代开元皇帝朱元璋"比里根还里根",大力推行地方自治并精简官吏,对官僚系统近乎本能地警惕,从严治吏,高压反腐。在现代社会,反腐不仅需要以人民的名义,甚至需要领导人巨大的政治担当。朱元璋整饬吏治,虽然饱含人民情怀,但首先不过是凭借他内心油然而生的私情。一古一新两种体制机制带来的差别悬如宵壤,令人感慨。

五、"反贪官不反皇帝"的来由

不得不提的是,在西方思想史上,像政府与市场的关系一样,政府与民主的关系也得不到疏理,直至今天也没有得到真正的厘清。具体表现就是西方政治学自相矛盾,一方面一直不能否认政府(公权力)的存在及意义,另一方面一直认为政府不是善类,所谓"必不可少的恶"。背后的症结不仅在于对国家整体利益的性质与功能认识不清,也在于西方政治学没有完成对人的抽象,不能从"我"出发,不知道政府本质上是以国家为"己"任之唯一"大我",虽然由作为国家大一统主体的"大我"组织而来,但官僚系统与大一统之主并非铁板一块,而只是代理人与委托人的关系,利益并不完全重合。

现实上讲,由于代理难以遏制的代理人困局——从"代理人腐败"到"代理人控制"乃至"代理人造反",专制完全可能是官僚队伍不守本分甚至作恶多端的结果,不一定是国家大一统主体的主动作为。因为事理一清二楚,专制完全与大一统之主的利益最大化背道而驰。这可能正是在中华王朝时代,即便发生民变,起义者往往也主动把"贪官"与"皇帝"切割并"反贪官不反皇帝"的原因。

六、税率是个重大问题

英明的大一统之主行民主,利民也利己;蠢笨的大一统之主搞专制,害民先害己。是行民主还是搞专制,决于国家大一统主体是英明还是蠢笨。这属于明显的人治,是不是也存在某些硬性指标,既可方便判别民主与专制,更能对大一统之主的施政行为进行约束呢?明开元皇帝朱元

---

[270] 请参阅本书第23章《市场是国家整体利益最大化的最佳选择》。

璋固定政府财税收入的办法,即属于硬性约束、硬指标,还有没有别的硬办法及硬指标呢?

国家大一统主体代表并看护国家整体利益,原本不事生产;为代表并看护国家整体利益,由国家大一统之主组织而来的公权力机器与官僚队伍,原本也不事生产。但代表看护国家整体利益是需要资源消耗的,毕竟国家整体利益包括治安及司法、国防及外交、特定国际竞争目标、社会总体均衡四大方面,政府不可能凭空运转。这一点毫无疑问,天下没有免费的午餐——怎么办?

办法就是向民众征税!民众为个体利益从事生产,有自己的生产收益,从生产收益中提取一部分上缴政府以保障国家整体利益,是民众不可推卸的义务与责任,要不然,生产秩序何以保证?个体利益怎么保障?如果国家整体利益得不到保障,个体利益最终也难以保障,"公地悲剧"不可避免!

需要商讨的是征多少税即税率高低的问题,这可是个重大的政治问题。税率太低,政府(公权力)恐怕难以运转,国家整体利益恐怕难以保障;税率太高,民众生产会没有积极性,政府也可能因过多的税收而不务正业。由于民众是一盘散沙而政府高度组织化,不仅征税的主动权掌握在政府手中,而且税率高低的谈判权也主要掌握在政府手中。从短期看,税率高低取决于政府的意愿良心,由于意愿良心的主观软性,税率更可能从高。从长远看,税率高低取决于政府与民众之间的博弈均衡。但为江山永不变色计,精明的国家大一统之主应该主动找到适当的均衡税率。在长时间跨度内,由于经历反复博弈及试错,宏观历史应该至少能发现适当的税率管制红线——即指向甚至代表公权力与民众之间资源最优配置均衡的税率,既保障公权力机器的运行,又保障民众的生产积极性与幸福感,两全其美。

必须强调的是,这里所讲的税,系关的是不事生产的公权力机器的运行成本,属于税的起源基本含义,不可简单比于通常所谓的税,倒与"官民比例"紧密相连,堪称一体两面。通常所谓的税,虽由公权力而起,但内含外延已极大拓展,并不简单只是关乎公权力的运行。

七、"廉价政府"是民主的真谛

但有一点毋庸置疑,那就是专制导致税率走高。道理很简单,专制以暴力服人,依赖于庞大的公权力机器与官僚队伍。如果没有巨大的资源投入,庞大的公权力机器就运转不起来,庞大的官僚队伍更运转不起来。这还只是表面上的直接投入,更关键的是,臃肿的政府必定导致低效与腐败,间接浪费更加巨大。对专制政府而言,"苛政猛于虎"属于势所必然,在横征暴敛下,民众恐怕只能落荒而逃,就像捕蛇者对柳宗元反映的那样:"曩与吾祖居者,今其室十无一焉。与吾父居者,今其室十无二三焉。与吾居十二年者,今其室十无四五焉。"

与专制导致税率走高相反,民主能够使税率下行。因为民主意味着政府规模最小化,原本垂拱而治,无需庞大的资源投入。马克思曾高度赞赏巴黎公社"实现了所有资产阶级革命都提出的'廉价政府'这一口号",[271] 毫无疑问,"廉价政府"的要害正在于税率低。为寻找民主的真谛,马克思踏破铁鞋,曾明确写道:"全部问题在于确定民主的真正意义。"[272] 蓦然回首,低税率廉价政府正是民主(宏观民主)的真谛!

与政党竞争无关,与全民普选无关,与其他任何因素无关,这才是民主的最终量化指标——低税率!说政府"大公无私"也好,称政府"必不可少的善"也罢,别的种种也行,不管什么漂亮说辞,最后都必须落实到低税率。民主不是用来做秀的,而是个扎扎实实的技术活,低税率才体现"必不可少",低税率才证明"善",低税率才符合"大公无私",低税率才是真民主。一个真民主国家,政府必定低税率,甚至近于零。如的确零税率(内在对应于人际博弈一般均衡中的"自我均衡不动点",请参阅《别了(下)》第9章《求解两人系统的一般均衡》),不正是西方经济学所顶礼膜拜的"看不见的手"?看不见的手,用税率来表达,就是税率看不见了,政府仿佛不存在,政府无政府,零!

---

[271] 《法兰西内战》(《马克思恩格斯全集》第17卷)。
[272] 《马克思恩格斯全集》第7卷。

第 28 章
政府如何"大权独揽"

内容提要

任,既是放任,也是责任;先是责任,后是放任,任是责任与放任的统一。"大权独揽"就是政府(公权力)为市场指明方向并目标,好比确定"标的",然后向市场"招标"。但政府不能随心所欲,必须始终紧扣代表并看护国家整体利益的本分与正道,经济层面尤其要防止两极分化。尽管建立宏观调控体系的初衷即避免两极分化,但收效不大,症结在于政府难以驾驭资本,反被资本左右。节制乃至驾驭资本,迫切需要人类进行新的探索!如何与资本和谐相处并驾驭资本,更是摆在中共面前的一道现实难题。

一、同盟军谁：政府还是市场

某种意义上讲，治国理政是国家大一统主体之唯一"我"、政府（公权力）及其背后的官僚、市场及其背后的民众之间的三角演义。如果说同盟军，谁是大一统之主真正的同盟军呢？不像市场及其民众离得远，并且缺乏组织，不好使唤，政府及其官僚由大一统之主组织而来，天生的左右手，不仅亲，而且近，好使唤，很容易被大一统之主当作同盟军。但实际上，作为大一统之主的代理人，政府及其官僚的作用虽然不能否认，但不太可能成为大一统主体的同盟军，而更容易变成治国理政的包袱，甚至走向大一统主体的对立面，从"代理人腐败"到"代理人控制"以至于"代理人造反"！政府及其官僚，对大一统之主甚至整个国家而言，与其说是天生的左右手，不如说是天生的双刃剑。对政府及其官僚，大一统主体若不能自由驾驭，左右手几乎必然变成双刃剑。

大一统之主对此必须高度警惕，再重复一下美国前总统里根的忠告："政府不能解决问题，政府本身就是问题。"政府及其官僚的"异己化"，也是人类历史上第一个社会主义大国的缔造者列宁同志所深切感慨的，精兵简政更是老人家卧病在床甚至临终都关注思考的重大问题，"宁肯少些，但要好些"[273]更堪称老人家在治国理政上最重要的心得总结，明确指示："如果不进行有系统的和顽强的斗争来改善国家机关，那我们一定会在社会主义的基础还没有建成以前灭亡。"[274]后来的事实发展证明了列宁的远见卓识，苏共倒台及苏联解体，重要原因就是官僚队伍严重脱离群众，"异化"为骑在人民头上的特权统治者。

二、"累死市场"

国家大一统主体真正的同盟军是市场及其背后的民众。事实胜于雄辩，景德镇瓷器生产源远流长，但明代是一个高峰，所谓"有明一代，至精至美之瓷，莫不出于景德镇"。原因首先应该在于政府高度重视，明朝初年，朝廷就在景德镇设立御窑厂，专门生产皇家瓷器。没有皇家

---

[273] 这是列宁逝世前病中口授的几篇内容的标题之一，收入《列宁全集》第43卷。
[274] 《列宁全集》第32卷。

专用,没有御窑厂设立,景德镇瓷器生产难以辉煌,这一点应该没什么疑问,毕竟当时皇家是瓷器的最大买主。但高潮并没有因御窑厂的设立而到来,随着瓷器需求的增加和生产成本的提高,朝廷感到难以负荷,不得不甩手,不得不民营化,于是"官搭民烧",御窑厂烧造部门的任务被分派给民间,始有景德镇瓷器生产的蓬勃发展。史料显示,嘉靖年间,同等燃料消耗的情况下,平均每一座民窑,不仅瓷器产量达到官窑的三倍,而且瓷器品质也比官窑的更优。[275]如果说以政府及其官僚为同盟军,大一统之主事倍功半;那以市场及其民众为同盟军,大一统之主举重若轻。

这得到现代管理学和领导学的佐证,被誉为"世界第一CEO"的美国通用电气公司前总裁韦尔奇(Jack Welch)说过一句十分流行的话:"管得少,就是管得好。"这听起来有点极端,甚至让人感觉不可思议,怎么"管得少"会"管得好"呢?但实际上,这还不算极端的说法,另一个说法更"雷"人,叫"累死别人"。在政府与市场的分工合作中,市场是专门做事的,政府(公权力)就是垂拱而治、毋宁说袖手旁观的"范",充其量是根据资源最优配置的均衡划出安全红线。英明的国家大一统主体不仅要懂得"管得少就是管得好",尽可能缩减政府及其官僚的规模;更应该懂得"累死市场",充分发挥市场选秀优配资源的功能,要不就是累死自己——市场其实累不死,反而越累越生猛。一句话,大一统之主必须走出"若重举重"的政治幻觉!

三、任:责任与放任的统一

市场及其民众才是国家大一统主体的同盟军,宁可更多相信、依赖市场及其民众,也不宜更多相信、依赖政府及其官僚。资源配置是人类社会运转的原核问题,无疑也是治国理政的原核问题。就资源配置而言,市场堪称万能,因为市场就是专门解决资源优化配置问题的。甚至可以说,凡需要人的地方,都是市场能够优化配置资源的地方,因为市场原本就是选秀机制。即便政府配置资源,不也得通过人并由人来配置吗?

---

[275] 徐贻军、何德平:《制度的笼子》,中信出版社2016年版。

市场不就是通过竞争找到更能够优化配置资源的人么？如的确存在无须考虑资源配置及其效率的领域，那市场可以退避三舍，要不然，市场都应该当仁不让。

但一部分人，尤其某些激进的自由主义者——其实是伪自由主义者，往往把自由市场强调到过分的地步，甚至把自由市场当成目标本身，为自由而自由、为市场而市场。殊不知，自由市场只是工具，不是别人的工具，而就是国家大一统之主及其政府的工具。这一点诚如小平同志所指出的："计划和市场都是经济手段。"[276]无论就资源配置而言，还是从选人机制讲，市场本身都无所谓方向，也无所谓目标，不构成主体人格，是且只是工具，服务于并服从于国家大一统主体代表看护国家整体利益，就像计算机是且只是人的工具并为人所用一样。也就像使用工具的人必须为工具指点方向目标一样，大一统之主必须为市场指点方向目标。由代表看护国家整体利益所决定，国家大一统主体既需要驾驭政府（公权力），也需要驾驭市场。

还是中华语文的一"任"字道尽天机，既是放任，也是责任；先是责任，后是放任，任是责任与放任的统一。不得不说的是，对如何做好管理者、领导人，中国共产党、中国人民解放军、中华人民共和国的主要缔造者和领导人毛泽东主席十分有心得体会，曾作出一个极其精辟的概括，叫"大权独揽，小权分散"，1953 年就形成明确说法，后并在 1958 年正式写入《工作方法六十条（草案）》。[277]实际上，这不只是做好管理者、领导人的方法，也是国家大一统主体及其政府代表看护国家整体利益的方法，要代表看护国家整体利益，大一统之主及其政府就必须敢于举国、大权独揽，就必须小权分散甚至一事不做，就必须在敢于举国、大权独揽的时候小权分散甚至一事不做——垂拱而治！还是老夫子说得好："天何言哉？四时行焉，百物生焉，天何言哉！"[278]

---

[276]《在武昌、深圳、珠海、上海等地的谈话要点》（《邓小平文选》第 3 卷）。
[277]《毛泽东文集》第 3 卷。
[278]《论语·阳货》。

四、"大权独揽"即政府掌握定义权

那国家大一统主体及其政府（以下简称为政府）如何"大权独揽"呢？这仍然由政府（公权力）所代表看护的国家整体利益决定。国家整体利益不外乎治安及司法、国防及外交、特定国际竞争目标、社会总体均衡四大方面，相应地，政府也必须掌握四大方面的控制权，这是代表看护国家整体利益不可或缺的基本保障，也是代表看护国家整体利益的具体标志，要不然，政府就谈不上大权独揽，自然也谈不上代表看护国家整体利益。比方说，由于"打一枪换一个地方"造成"流则为寇"，商业导致社会流动性高涨，容易造成投机泛滥、两极分化和道德堕落，在中华王朝时代，"重农抑商"堪称基本国策，始皇帝一统天下后，几乎每个王朝都实行重农抑商，这就有力彰显了王朝的大权独揽。[279]

理论上讲，大权独揽就是政府掌握定义权，敢于举国、善于举国，从国家整体利益出发，为市场指明方向目标，相当于给出定义，然后交市场演绎；也好比确定"标的"，然后向市场"招标"。这不值得大惊小怪，整体利益及其最大化才是自由市场的灵魂，作为国家整体利益的代表并看护者，政府原本构成自由市场的灵魂，甚至市场本身就是政府直接启动的，不像纯粹从逻辑上演绎，政府由市场本身内生。[280]

拿"公地悲剧"来讲，草场的政府就必须代表草场的整体利益划出新陈代谢与蓄养牛羊之间的安全红线，然后才有牧民的自由放牧。再拿气候变化来说，联合国气候大会就必须代表人类社会的整体利益划出地球平均气温的升幅安全红线，然后才有温室气体排放权的自由交易。形式上讲，政府大权独揽即政府对国家整体利益进行数字化管理，为市场确定规定什么不能做、什么能做、能做到什么程度。

五、防止两极分化是政府头等大事

但大权独揽并非随心所欲，作为以国家为"己"任的担当者，政府

---

[279] 对作为中华王朝基本经济制度的"重农抑商"的更多论述，请参阅《别了（下）》第九篇《自由的真谛在中华智慧》、第十篇《中国方案：迈向道德竞争的自由社会》。
[280] 请参阅本书第22章《政府是市场优配资源的必然结果》。

（公权力）必须大公无私，光明正大，始终紧扣代表看护国家整体利益的本分与正道，这里容不得"私"字一闪念。政府尤其必须保证社会总体均衡发展，国际而言，不会落后挨打，要不然，政府就可能从外部掀翻；国内而言，没有两极分化，要不然，政府就可能从内部推翻。

一般而言，政府（公权力）更需要警惕的是两极分化，不仅因为内部失衡常常引发外部失衡，更因为内部容易两极分化，尤其在当前的西式市场经济模式下。相对于马克思的时代，西式市场经济模式已有相当大的调整修正，但"一极是财富的积累，一极是贫困的积累"的劣根性丝毫也没有改变。任何国家的政府都必须高度警惕两极分化，把防止两极分化作为政府头等大事。

两极分化虽属于社会现象，但首先应该在于经济层面。从国家整体利益讲，两极分化首先偏离的是经济层面的国家整体利益。历史和现实一再表明，两极分化构成经济危机的主要原因。政府如何大权独揽才能避免两极分化、从而也防止经济危机呢？理论上讲，政府只需要限定系统，两极分化自然手到病除。一旦系统限定，竞争自然充分，信息自然对称，投机自然消融，博弈方自然习得，各方力量自然对称，整个系统自然理性，尤其在"精神原子弹"也就是自愿原则、不认同权力的作用下，整体均衡势不可当。原则上讲，由于不认同的基本人权的保障，对自由市场而言，任何类型的两极分化都不可设想，相反，自由市场避免、节制、弥合两极分化。（有关两极分化的详细分析，请参阅本书第13章《两极分化是怎样造成的》）

六、宏观调控：对整体利益"迟来的爱"

但由于限定系统被打破，"小国寡民"更是一去不复返，尤其在西式市场经济模式下，资本如虎添翼，不仅高积累性、高聚合性，而且高流动性，限定系统被完全打碎，一地鸡毛，资本轻而易举席卷世界"剪羊毛"。那政府要如何才能避免两极分化、从而也防止经济危机呢？正是在一次次经济危机的打击下，也包括在社会主义革命的冲击下，资本主义国家的政府一个个学乖了，慢慢习得"看得见的手"，在"看不见的手"之外一步步建立了政府对经济事务的宏观调控体系,算是对国家整体利益"迟来的爱"。

当然,政府宏观调控体系现实上也有利于实现作为国家整体利益重要组成部分的国际竞争目标,并非只是为了防止经济危机,并不只是为着避免两极分化。但应该承认,政府建立宏观调控体系最主要的初衷就是避免两极分化、防止经济危机。一定意义上,"宏观经济学"也是这么来的,重要初衷就是研究如何保障国民经济总体平衡,从而避免经济社会发展出现失衡、陷入危机。

殊不知,自由市场原本整体的自由市场,均衡原本整体利益的均衡,整体均衡原本自由市场的题中之义,宏观经济学早该有之,原本就是微观经济学不可分割的双胞胎,应该一体同生。这再次有力彰显西方经济学的蜻蜓点水,满口子自由市场,却不知自由市场原本就是整体均衡的自由市场,以至于宏观经济学姗姗来迟——迟至被誉为"宏观经济学之父"的凯恩斯于1936年发表《就业、利息和货币通论》,主流经济学才算正式建立宏观经济学。

政府对经济事务的宏观调控体系一般包括法律手段、行政手段和经济手段。行政手段尤其法律手段,不仅带有强制性,更重要的是与经济事务本身的民事性与复杂性匹配度不高,更主要是发挥某些基础性作用。经济手段灵活多样,一般包括财政政策、产业政策、税收政策、货币政策、信贷政策、价格政策、收入分配政策甚至汇率政策,不仅能够与经济事务本身的民事性与复杂性高度匹配,兵来将挡、水来土掩;而且主要体现引导功能,符合自由市场本身天然的自由性,堪称政府宏观调控体系中的主要武器。

七、中国政府尚没有驾驭市场

顺便提一下,中国五年一次的经济社会发展大规划,也可以归属于经济手段。五年规划原本计划体制下的标准动作,但在改革开放后向市场经济的转型中,五年规划仍被作为政府宏观调控的重要节目保留。这无意中歪打正着,不仅切中自由市场的目的正在于刚性规划、并且目标就在于资源最优配置的本分,而且切中政府代表看护国家整体利益的正道。中国如真的能实现既有必要整体规划、又有高度自由竞争的市场经济,中国或将超越当前风行世界的伪市场经济模式,成长为名副其实的真市场经济国家。

相比于西方,中国政府宏观调控的经济手段似乎更为灵活多样。这引起部分非议,以至以美国为首的部分国家至今不承认中国的市场经济。在市场经济体制机制建设上,中国肯定还可以不断努力并完善,但绝对不能简单把"权威政府"与非市场经济联系在一起,恰恰相反,大权独揽的有为政府正是自由市场的内在需要,"举国体制"正是自由市场名正言顺的必然要求——顺便说一下,突如其来的新冠疫情,让包括美国在内的西方世界也不得不一个个封城甚至锁国,是不是正有力提示一"举"字正是人类社会的题中之义?

可从多年来对房地产市场的调控看,如果不是虚情假意,中国政府尽管敢于举国,但根本谈不上强势,反倒有陷入"塔西佗陷阱"之嫌,[281]房价正是在政府的调控中一路飘升乃至泡沫化的,这一点全世界有目共睹。以宏观调控体系驾驭自由市场,心手相应,这属于政府(公权力)最高境界,代表着国家整体利益的最大化。中国政府远没有达到最高境界,这尤其表现在两极分化。

尽管改革开放在"先富带动后富、实现共同富裕"的承诺中起步,而且市场经济一启动就戴着"社会主义"大盖帽,并且保留一大批被认为"保障人民共同利益"的国有企业,但中国的两极分化并没有因此而踟蹰不前,似乎还比大多数资本主义国家来得更快。这已在"基尼系数"上有反映,在长达 8 年的空窗后,国家统计局在 2013 年元月一口气发布了过去 10 年的基尼系数,其中最近的 2012 年为 0.474,高于世界银行发布的全球基尼系数平均值 0.44(2010 年)。但按多家第三方研究机构的测算,中国的基尼系数早已超过警戒值 0.5。中国家庭金融调查

---

[281] 所谓塔西佗陷阱,简单讲,当公权力失去公信力时,无论说什么做什么,都会受到社会质疑。这是时任国务院研究室副主任的韩文任先生在《"四个陷阱"的历史经验与中国发展面临的长期挑战》(可网上查阅)的文章中明谈到的陷阱之一。

与研究中心在 2012 年底公布的中国家庭金融调查结果显示，2010 年中国家庭的基尼系数高达 0.61，报告表示："当前中国的家庭收入差距巨大，世所少见。"[282]

八、旗帜鲜明节制资本

两极分化是不是充分反映出政府宏观调控体系的软弱无力？避免两极分化、从而也防止经济危机，原本是政府建立宏观调控体系的重要初衷，但现实却是两极分化越来越严重。这在全世界几乎都没有例外，2013 年 9 月，由美国加州大学伯克利分校、法国巴黎经济学院和英国牛津大学的众多经济学家联合完成的一项研究表明，美国 1%的最富有人群在 2012 年的收入占全民年收入的 19%以上，创下 1928 年也即"大萧条"以来的最高纪录，[283]两极分化的风光"今朝更好看"。为什么政府宏观调控体系对两极分化奈何不得呢？

重要原因就是政府没有旗帜鲜明站到处于弱势的劳动一边！[284]如本书第 13 章《两极分化是怎样造成的》所分析，两极分化的祸根在于资本天生超出限定系统，打碎限定系统，让限定系统的界线化为乌有，极大削弱最起码的自愿原则，极大剥夺最起码的不认同权力，极大强化资本对人的主宰。真正避免两极分化，必须毫不犹豫节制资本的力量！但从目前世界各国对经济事务的宏观调控手段看，只有极少数具有节制资本的性质，更大多数仍然是放任资本的"赢者通吃"，甚至替资本为虎作伥。尽管各国政府都自认为站在最大多数劳动者的立场上，但只要资本的力量没有得到节制，资本赢者通吃的局面得不到改变，最大多数劳动者的命运就不可能改观。不仅最大多数劳动者的命运不可能改观，而且经济危机最终也无法避免。两极分化必然导致消费不足，消费不足必

---

[282] 2012 年 12 月 9 日，西南财经大学与中国人民银行总行金融研究所共同成立的公益性学术调查研究机构——中国家庭金融调查与研究中心在北京举办中国家庭金融调查报告发布会。有关基尼系数相关数据，请参阅《京华时报》对该发布会的报道文章《我国家庭收入差距大，远高于全球平均水平》（2012 年 12 月 10 日）。
[283]《美国贫富差距创新高》，《人民日报》，2013 年 9 月 13 日。
[284] 关于资本为什么压倒劳动，及前边提到的资本三性——高积累性、高聚合性、高流动性，请参阅"别了，西方思想"体系其他著作。

然招致经济危机。

解铃还须系铃人！两极分化的症结在于资本，必须旗帜鲜明节制资本的力量。就当前的西式市场经济模式而言，首先可以在削减资本的高积累性、高聚合性、高流动性上下功夫！《共产党宣言》已提示这一点，比如它明确提出"废除继承权"，这就是一刀砍掉资本从上一代往下一代的代际持续积累。当今一些资本主义国家，比如美国，虽然没有废除继承权，但是征收遗产税，甚至连赠与也不幸免，而且比例还不低。按自由教条主义，这不仅严重侵犯神圣不可侵犯的私有财产，而且严重侵犯个人自由。但由于不能够循环"自"证（注目礼），人的本质在社会性，天下为公、均衡为大，从作为国家整体利益的社会总体均衡出发，政府征收遗产赠与税义不容辞、责无旁贷。可社会主义中国，有遗产赠与税么？连不动产税都还没有正式普遍开征，"只闻楼梯响，不见人下来"，这是导致大量资本投机炒作房地产进而招致房价高度泡沫化的重要原因之一。

九、马克思为什么呼唤革命

在几乎不限定系统的西式市场经济模式下，旗帜鲜明为处于弱势的劳动代言，这是政府进行宏观调控必须站稳的立场，不站到最大多数劳动者一边，再怎么宏观调控，也达不到社会总体均衡的目标；毫不犹豫节制资本的力量，这是政府进行宏观调控必须瞄准的靶心，不节制资本的力量，再怎么宏观调控，也达不到社会总体均衡的目标。站到最大多数劳动者的立场节制资本，其实是节制资本冲击限定系统的洪水，并非宗派主义，更非民粹主义，而就是光明正大的国家整体立场，是在经济层面代表看护国家整体利益的内在必然要求。这应该是马克思呼吁以革命行动炮打资本主义的终极原因，如当时政府的宏观调控能有效节制资本的力量，成功避免两极分化，马克思或许也不会呼唤暴力革命。

在马克思所处的时代，政府对自由市场是有干预的，这一点应无疑问；但政府对自由市场缺乏有效的宏观调控，更没有成功建立起对经济事务的宏观调控体系，这一点毫无疑问。总体讲，马克思所处的时代，资本主义仍然处于相当原始甚至野蛮的时期，政府不能够有效代表看护经济层面的国家整体利益，尤其不能够有效保障社会总体均衡，经济危机一波接一波。这从《共产党宣言》上得到间接印证，比如在介绍无产阶级利用自己的政治统治应该采取什么措施时，《共产党宣言》提到的第五条内容为："通过拥有国家资本和独享垄断权的国家银行，把信贷集中在国家手里。"[285] 显而易见，连集中掌握国家信贷的中央银行，当时大多数国家也都没有。史料显示，美国中央银行即通常所说的美国联邦储备局，直到1913年才正式成立。

十、驾驭资本是全球治理的重要难题

问题是如今政府宏观调控体系已相对健全，相对于马克思的时代，岂止今非昔比，简直是"换了人间"。但资本的力量仍然得不到节制，两极分化越发严重。更严重的是，资本左右政府而非政府驾驭资本的情况十分普遍，号称强势的中国政府也未免俗。尤其经济危机的时候，哪怕风吹草动，各国政府首先想到的可能就是宽松货币、印发钞票，导致资本的洪水愈发凶猛。1997年3月发生的泰国金融危机有力表明，仅仅是全球机动的国际热钱，就足以冲击一个普通国家的金融稳定。毫无疑问，资本的力量得不到节制，革命的幽灵必定再次"徘徊"！

2015年9月28日，在纽约联合国总部召开的第七十届联合国大会进行一般性辩论时，中国国家主席习近平表达了对资本力量的担忧："2008年爆发的国际经济金融危机告诉我们，放任资本逐利，其结果将是引发新一轮危机。缺乏道德的市场，难以撑起世界繁荣发展的大厦。富者愈富、穷者愈穷的局面不仅难以持续，也有违公平正义。"[286] 节制乃至驾驭资本，既是全球治理的重要目标，又是全球治理的重要手段，更是全球治理的重要难题，迫切需要全人类进行全新的探索！

就国家层面而言，应该大力引导甚至规范资本为国家整体利益服务。整体利益及其最大化才是自由市场的灵魂，作为国家整体利益的代

---

[285] 《马克思恩格斯全集》第4卷。
[286] 《习近平谈治国理政》第二卷，外文出版社2017年版。

表看护者，政府必须理直气壮驾驭资本，而不是被资本所左右。成熟的真自由市场，就是政府驾驭资本，而非资本左右政府，毕竟资本追求的只是个体利益最大化，充其量是小盘面局部利益，而政府（公权力）代表的是偌大的国家整体利益。

具体而言，资本为国家整体利益服务主要有两个侧重，一者对内，主要是服务于国家均衡发展，重点是利用资本的力量缓解甚至化解在内部金钱竞赛中因资本而导致的两极分化；一者对外，主要服务于国际竞争，利用资本的力量提升在国际金钱竞赛中的国际竞争力，尤其要提升科技竞争力，大力支持科技创新。[287]

十一、中国政府迫切需要驾驭资本

遗憾的是，尽管是最大的发展中国家，而且是社会主义国家，并且承诺"先富带动后富、实现共同富裕"，但在引导规范资本为国家整体利益服务上，中国各级政府的表现都令人难以恭维，不仅连资本主义国家普遍开征的遗产税也没有，甚至相当大一部分社会资本也是为投机客所用，而非服务于国家整体利益。拿作为重要资本力量的银行资本来讲，尽管中国的银行体系主要是国有的，但从近十多年来的情况看，银行信贷在扶弱济困上的力度远远不够，支持科技创新的力度也远远不够，反而主要是为投机客所用。

这在房地产市场有充分表现，中国房地产市场的巨大泡沫相当程度上就是银行信贷豢养的。据中国人民银行2016年2月中旬发布的数据，到2015年末，中国个人购房贷款余额14.18万亿元，全年增加2.66万亿元，同比多增9368亿元，比上年末增长23.2%，增速比上年末高5.7%，比各项贷款增速高8.9%。[288]什么人在占用购房贷款，是真正需要帮助的人，还是投资人甚至投机客呢？中国人民银行似乎并没有公布相关信息，不知道是否有意回避。但种种迹象显示，中国的住房信贷主要被投

---

[287] 关于利用资本与国际金钱竞赛，详论请参阅《别了（下）》第十篇《中国方案：迈向道德竞争的自由社会》。
[288] 综合整理自相关新闻报道。

机客一手支配，胡润研究院发布的《2013年中国千万富豪品牌倾向报告》的调查数据显示，房地产被64%的中国富豪作为投资首选，而且多年以来一直冠压群选。[289]2014年6月，中国家庭金融调查与研究中心发布《城镇住房空置率及住房市场发展趋势2014》，报告显示，截至2013年8月，空置住房占据4.2万亿元的住房贷款余额，占全国住房贷款余额的46.67%。[290]从现实情况看，这完全可信，购房贷款余额主要为投机客所占用，在相当大程度上没有帮到真正需要帮助的人，更谈不上扶弱济困。空置房占用近一半的住房贷款余额，岂止资源浪费了得！

作为马克思主义政党，共产党追求国家乃至全人类的整体利益最大化，自然要求驾驭资本。从《共产党宣言》看，驾驭资本堪称共产党人最原始的"初心"，这也正是共产党政府通过公有制国有企业直接经营国家经济事务即计划经济的来历（详情请参阅《别了（下）》）。作为马克思主义执政党，中国共产党对资本的认识经历了一番曲折的探索，从建国前后的有限利用，到建国初期的全面改造，到"文革"中的大力肃清，到改革开放后的逐步恢复，以至于如今资本成为一股重要力量，如何与资本和谐相处并驾驭资本，是摆在中共党和政府面前的一道现实难题，不仅考验着中共的执政能力，而且考验着中共的勇气与智慧！

---

[289] 请参阅"胡润百富"网站相关内容。
[290] 数据来自于相关新闻报道。

第六篇

真自由市场：以楼市为例

第 29 章
真自由市场长什么样

内容提要

这就是真自由市场的模样——整体利益安全红线下的自由竞争！安全红线意味着公权力，意味着规划，意味着限制。自由市场从一"限"字开始，与陈云比方的"笼子里的鸟"颇显呼应，与改革开放之初提出的"有计划的商品经济"颇显唱和。但不幸的是，当代中国的市场化改革后来陷入误区，自由开放绰绰有余，系统限定严重不足，甚至系统无限开放，导致投机泛滥成灾，房地产市场就是典型的例证。症结也在于中国经济学界被认贼作父的西方经济学洗脑，跟风把伪自由市场当真自由市场！

一、自由与限定的统一

现在是不是可以勾勒一下自由市场的模样了?首先映入眼帘的是自由竞争!这并非自由市场的独特性,凡有人的地方,首先都是人与人的自由竞争,自由竞争是由"逻辑之王"不能够循环"自"证(注目礼)决定的。就资源配置的原核问题而言,没有自由竞争,就没有"价高者得",就不可能有资源优化配置,就不是自由市场。但没有无缘无故的爱,也没有无缘无故的恨,人的行为都是有缘有故的,自由竞争也不是为自由竞争而自由竞争,从利益角度讲,自由竞争是向着个体利益更大化的方向,以个体利益最大化为目标;从资源配置的角度讲,自由竞争是向着资源优化配置的方向,以资源最优配置的均衡为目标。

这就需要限定系统,如果系统不限定,根本就不存在资源最优配置的均衡,也根本不存在个体利益最大化;只有系统限定,才谈得上资源最优配置与个体利益最大化的问题。更重要的是,限定系统并非人为限定系统,而是自由市场上的任一个交易者"我"都天然生活在现实的限定系统之中,而且"我"天生就属于整体,技术上讲,"我"是在资源约束条件下求解资源最优配置的问题;利益上讲,"我"只能追求整体利益及其最大化之下的个体利益及其最大化。从最高意义上讲,"我"就是"我"自身的限定系统,时间极其有限,精力极其有限,生理极其有限,有形的一切都极其有限,"我"对个体利益最大化的追求也会存在一个资源最优配置的均衡,当达到均衡,"我"会自觉停止对个体利益最大化的追求。[291]

二、市场与政府的统一

于是就需要实施系统限定的整体利益大一统之主,对国家而言就是政府(公权力)。从政治角度讲,政府代表整体利益大一统;从利益角度讲,政府代表整体利益及其最大化。无论政治角度,还是利益角度,都可以归结为资源配置的问题。从资源配置的角度讲,政府意味着对扭

---

[291] 关于自"我"约束限定,请参阅本书第16章《"我"是自由的起点并终点》。

曲资源配置的投机的管制，代表着资源优化配置，并指向资源最优配置的均衡，实际上也代表着个体利益及其最大化。通常都把人性自利当作自由市场的灵魂，殊不知，个体利益最大化只是自由市场的内在基本动力，政府才真正称得上自由市场的灵魂，没有代表整体利益及其最大化的政府，自由就没有方向，更没有目标，必定导致投机，"公地悲剧"不可避免。

但政府（公权力）只是自由市场"必不可少的善"，本心上"善"，但外形上"必不可少"，即少到不能再少，极致就是"看不见"。作为以国家为"己"任的国家整体利益大一统主体，如果说利，政府以国家整体利益最大化为利，并通过民众个体利益最大化而实现国家整体利益最大化，绝非政府亲自做事。市场是专门做事的，市场通过选秀实现资源优化配置，政府看着市场做事，天生就是垂拱而治乃至袖手旁观的"范"。政府代表看护国家整体利益，其实就是代表看护国家整体利益安全管制红线（简称安全红线）。理论上讲，自由市场有政府与没政府的区别，仅仅是有政府时多了一条政府划出的、指向甚至代表资源最优配置的整体利益安全红线，其他一切"外甥打灯笼——照旧（舅）"。

三、安全红线下的自由竞争

这就是真自由市场的模样——安全红线下的自由竞争！安全红线意味着限制，简单讲，自由市场从一"限"字开始。还是拿"公地悲剧"所涉草场来举例说明，技术上讲，由于面积和草料有限，草场存在一条整体利益安全红线，即草场能够载荷的牛羊总量存在一个最大限度，低于此限度，草场平稳运行；超出此限度，草场再生能力受到破坏，日益衰竭，悲剧不可避免。科学放牧的关键是在安全红线之下，既保障草场的蓄牧能力不浪费，又保证草场本身的再生能力不破坏，从而实现草场整体利益最大化的产出，也就是草场资源最优配置的均衡。毫无疑问，这依赖于整个草场的"大一统"，也就是代表并看护整体利益的政府（公权力）的出现。

如果没有政府（公权力），整体利益及其安全红线缺乏保障，牧民们对个体利益最大化的追求，会趋向滥放滥养，可能有少数牧民先富甚至暴富，但由于资源配置扭曲，总体上，草场整体利益最小化，乃至悲剧发生；一旦有了政府，整体利益及其安全红线得到保障，牧民们尽管仍追求个体利益最大化，但更充分地利用既有资源，更充分地挖掘将有潜能，甚至发明种种节约资源的小窍门，比如更科学地搭配各类型牛羊甚至各成长阶段的饲料量，最终发现并达到整个草场资源最优配置的均衡，实现草场整体利益最大化的产出。显而易见，草场有政府与没政府的唯一区别就是有政府时多了一条代表草场整体利益、指向草场整体利益最大化的牛羊总量安全红线，安全红线让自由市场正式起步。

四、西方经济学认贼作父

近三百年来，西方经济学拿自由市场高谈阔论，不仅激扬文字，而且指点江山，如今近乎"寰球同此凉热"。但不幸的是，西方经济学虽然口若悬河，但并没有建构出自由市场的一般模式——这也是西方经济学不懂自由市场的铁证（第5章《结论：西方经济学不懂自由市场》谈到诸多铁证，可参阅）！正可谓"一条胡同奔到黑，不撞南墙不回头"，直到代表全人类整体利益的生态环境"公地悲剧"到了不能再忽视的地步，主流经济学才勉强摸到自由市场的窍门，建构了环境权益自由市场的模式，这就是第8章《投机为什么不属于自由》已提到的"总量管制与交易"的新机制，它把"总量管制"扣在"自由交易"之先。

所谓总量管制，实质就是整体利益安全红线。拿温室气体排放来说，如何启动一个之前没有的温室气体排放市场呢？首先必须根据人类社会生存发展与气候稳定之间的平衡，确定一个温室气体排放最大限度，超出此一限度，气候稳定就没有保障，人类社会生存也失去保障，此之谓整体利益安全红线。一旦温室气体排放总量确定，温室气体就有了稀缺性，排放权就成为商品，自由交易就可以开启，此之谓自由市场——温室气体排放权市场。

但西方经济学并没有窥斑知豹,从温室气体排放权市场进一步抽象出自由市场的一般模式,原本环境权益市场也是危机倒逼而非西方经济学自觉领悟。现实上,自由市场的模式往往被概括为"三化"——私有化、市场化、自由化,大讲个体利益,不讲整体利益;大讲自由竞争,不讲安全红线;大讲自由开放,不讲限定系统。客气讲,这是对自由市场知其一不知其二;不客气讲,这就是对自由市场一窍不通,割裂自由市场的肉与灵!真自由市场是肉与灵的统一,是自由竞争与安全红线的统一,是个体利益与整体利益的统一,是自由开放与限定系统的统一。知其一不知其二,其实是"一二都不知"。割裂自由市场的肉与灵,就是对自由市场无知。毫不夸张地讲,西方经济学认贼作父,把伪自由市场当真自由市场!

五、"新自由主义"实伪自由主义

这正是以所谓"新自由主义"为核心的"华盛顿共识"归于失败的原因,由于简单强调"一私了之",它首先会带来一次财富大流动,甚至掀起一波财富大冲浪,给一个国家的局部带来繁荣,一部分先富甚至暴富起来;但由于一二都不知,它更可能给一个国家的全局带来痛苦,正可谓"眼看他起朱楼,眼看他宴宾客,眼看他楼塌了",因为它原本就不是真自由市场的质地,而只是伪自由市场的把戏。一部分人(通常是所谓左翼人士)喜欢念叨"新自由主义是华盛顿的阴谋",实际上,新自由主义与其说是损人利己的阴谋论,不如说是误人误己的懵懂论。甭说新自由主义,也包括老自由主义,乃至西方思想史各式各样的自由主义,都不真正懂得自由,充其量算自由教条主义,实则伪自由主义!

西方经济学,也包括西方政治学,不仅背离自由主义,也背离一贯标榜的"所有者到位"甚至个体逻辑,并没有让自由市场上的全部利益都个体化。建构自由市场,实际上最简单不过,就是让利益各有其主。市场上存在两种利益——比比皆是的个体利益与必不可少的整体利益。个体利益都是有主的,每个个体天然充当自己个体利益的主,值班看护自己的个体利益。关键是让不属于任何个体的整体利益也有值班看护的主,一旦整体利益归于一主,市场上的全部利益就都所有者到位,根本上断了投机的空间,在竞争的激荡下,资源优配自然而然。可西方经济学却对自由市场上确凿无疑并举足轻重的整体利益视而不见,岂不开口就错?

六、陈云的英明:"笼子里的鸟"

走笔至此,不得不感慨"实践出真知",自由市场的奥秘与模式早已被一位只读过小学、但好学善思、长期在一线从事财经工作的行家一"喻"道破,与安全红线下的自由市场颇显呼应,这就是"笼子里的鸟",发明人是陈云同志——被誉为"中国社会主义经济建设的开创者和奠基人之一"。1980年12月2日,在第五届全国人民代表大会第五次会议上,陈云与上海代表团谈到这样一席话:

"搞活经济是在计划指导下搞活,不是离开计划的指导搞活。这就像鸟和笼子的关系一样,鸟不能捏在手里,捏在手里会死,要让它飞,但只能让它在笼子里飞。没有笼子,它就飞跑了。如果说鸟是搞活经济的话,那么,笼子就是国家计划。当然,'笼子'大小要适当,该多大就多大。另外,'笼子'本身也要调整,比如对5年计划进行修改。但无论如何,总得有个笼子。就是说,搞活经济、市场调节,这些只能在计划许可的范围内进行,而不能脱离开计划的宏观指导。"[292]

陈云虽不是直接谈自由市场的本质,也没有点破资源最优配置的均衡问题,而只是谈论计划指导与市场调节之间的关系,但显而易见,"笼子里的鸟"符合自由市场的真谛,甚至符合资源最优配置的均衡:自由不是为自由而自由,而是有方向并目标的区间自由,是优化配置资源并向着资源最优配置的自由,是安全红线之内的自由。如果打比方,自由市场原本笼子里的鸟,这就是陈云的英明!实际上,大自然的鸟也都是

---

[292] 《陈云文选》第3卷。

笼子里的鸟，鹰可以击长空，但能击到空气稀薄甚至缺乏氧气的长空吗？任何鸟，都是限定系统之笼中鸟！

七、中："有计划的商品经济"

不得不提的是，1984年10月中旬，根据历史的经验、教训并改革开放的新现实，中共十二届三中全会对计划经济作出四点新概括，第一点就破天荒地提出："就总体说，我国实行的是计划经济，即有计划的商品经济，而不是那种完全由市场调节的市场经济。"[293] 所谓"有计划的商品经济"，既区别于原教旨计划体制，也区别于原教旨市场体制，可谓独具一格，一举击中自由市场之肯綮。如果说计划指导，自由市场原本就是计划指导之下的市场；如果说计划经济，市场经济原本就是有计划的市场经济。

如本书第15章《市场选"我"优配资源》所阐述的，市场不是规划的对立面，原本也是规划，而且目标鲜明而刚性，那就是通过选秀优化资源配置直至资源最优配置的均衡。计划体制与市场体制的区别，不在于是不是规划，而在于如何实现规划，市场通过反馈试错形成人的联网计算，正是一架计划经济的"超级计算机"。计划体制之所以被淘汰，症结并不在于经济规划，而在于计划能力太低，不能够实现经济规划。

"有计划的商品经济"符合安全红线下的自由市场，甚至颇显唱和，某种意义上还属于对市场经济的传神写照。但不幸的是，中国后来的经济体制改革似乎并没有按图寻宝，一部分市场化改革带有为市场化而市场化的味道；尤其中共十四大正式明确"我国经济体制改革的目标是建立社会主义市场经济体制"以来，市场化改革步伐更快，"商品经济"似乎挣脱了"有计划"，自由开放绰绰有余，系统限定严重不足，甚至系统无限开放，资源配置缺失基本的方向性约束，更甭提代表整体利益及其最大化的安全红线，造成市场经济相当意义上沦为投机经济，乃至形成系统性的经济结构畸形。

---

[293]《中共中央关于经济体制改革的决定》（中国共产党第十二届中央委员会第三次全体会议一九八四年十月二十日通过），可登录中央政府门户网站（www.gov.cn）查阅。

这在房地产市场建设中有充分表现，某种意义上，房地产市场的建设堪称当代中国市场化改革的缩影。可能主要出于审慎，房地产市场化改革一开始提出的目标是"建立以中低收入家庭为对象、具有社会保障性质的经济适用住房供应体系和以高收入家庭为对象的商品房供应体系"，[294]后来更明确为"建立和完善以经济适用住房为主的住房供应体系"。[295]这多少带有"限定市场"的性质，能与"市场是限定系统的市场"相匹配。但由于种种因素，以经济适用住房为主的住房供应体系现实上近乎流产，既没有"建立"，更不曾"完善"。由于缺乏系统限定，更没有安全红线，有关当局反而惊天地泣鬼神地在政策上允许以信贷杠杆购买多套房，导致投机泛滥成灾，房地产市场近乎沦为投机专场！

八、市场建设从一"限"字开始

由于房价非理性上涨，可能也因为感觉到投机过于严重，国务院亡羊补牢，于2010年4月下发"新国十条"即《关于坚决遏制部分城市房价过快上涨的通知》（国发〔2010〕10号），首次提出"限购限贷"，要求"严格限制各种名目的炒房和投机性购房"。但一部分以自由市场为标榜的人群起而攻之，叫嚣"限购就是限制人权"，放言"限购就是限制货币权利"！清华大学经济学教授李稻葵先生，原本也认为限购限贷属于权宜之计，仅仅只辩护了一两句，即被批评为"斯文扫地，学界悲哀"。2011年10月，在回答全国人大有关质询时，时任住建部部长的姜伟新先生回应说，住房限购是个"不得已而为"的"行政办法"。[296]潜台词跃然纸上：限购限贷会随时终止！这是否无意中暴露了当代中国的经济学界乃至决策层对自由市场知其然而不知其所以然的真相？这是否也无意中暴露了当代中国的市场化改革被西方经济学乃至新自由主义主导并误导的真相？

自由市场是整体利益安全红线下的自由市场，原本从一"限"字开始。作为亡羊补牢之策，限乃是政府管理自由市场的常态手段，不仅可

---

[294] 《关于深化城镇住房制度改革的决定》（国发〔1994〕43号）。
[295] 《关于进一步深化城镇住房制度改革加快住房建设的通知》（国发〔1998〕23号）。
[296] 关于经济学者与政府官员对限购限贷的评论，请参阅相关新闻报道。

以、而且应该、并且必须根据市场的实际情况进行不同的限，限期开发、限期销售，限房型、限面积、限购买、限用途、限空置、限贷款、限信贷杠杆，甚至限年龄购买，把一限字细化到底，深化到底，具体入微，从而把投机扼杀在摇篮当中！

　　具体就限购限贷而言，市场之所以能优化配置资源，是基于真实需求，不是基于投资投机需求，限购限贷不是"过街老鼠"，反而最正当不过。如果没有限，缺失安全红线，市场就不可能优化资源配置，而只会扭曲资源配置，结果是投机泛滥成灾，就像中国房地产市场一样，用陈云的比方讲，鸟飞出笼子，越飞越高，不仅飞跑了，而且飞晕了，没有方向，没有目标，飘飘荡荡，不知所以，危矣！

第30章
如何认清中国楼市的形势

内容提要

楼市的泡沫早已形成,但迟迟不破,反而一路膨胀,重要原因在于中国经济的体量与韧性为危机的扩散转移提供了空间和时间。泡沫的膨胀造成房地产超量吸纳经济、社会乃至政治资源,但具体承载者首先是作为消费终端的广大购房者。只要购房者依然争相入市,不断有新的人头带着资源补充进来,泡沫就能够继续膨胀。"零首付"实是动员广大普通家庭继续为泡沫充当接盘侠,好比非法传销中的拉人头,表明泡沫到了饥不择食的程度!房价泡沫敲骨吸髓,给经济社会发展带来重重恶果。

一、红线下的市场运行：以楼市为例

自由市场从整体利益安全红线开始，那在安全红线之下，自由市场如何运行呢？本书从第二篇到第五篇，都在探讨自由市场的运行问题，下边进一步结合房地产市场的个案，具体谈一谈自由市场在安全红线下的运行。之所以选择房地产市场作为具体个案，也因为房地产市场非同一般的典型性。房屋作为民生基本必需品系关千家万户，而且称得上家庭"大宗消费"，房地产市场因而体量巨大，一方面可能充分释放了西式市场经济的生产力，另一方面也可能集中暴露了西式市场经济的弊病，堪称剖析自由市场的难得标本。

从历史经验看，房地产市场曾在不同的国家引发过大大小小的经济危机。最有名的恐怕就是日本 1991 年的楼市崩盘引发日本经济衰退，最新的恐怕就是美国 2008 年的楼市次级按揭贷款债务危机引爆全球金融海啸。改革开放以来，尤其 1998 年 7 月正式确立住房改革市场化方向以来，中国房地产业发展突飞猛进，不仅各大中小城市"东风吹来满眼楼"，甚至一定程度上重整了中国的山河大地，但一度被视为"中国经济百病之源"，至今也被视为金融安全上的最大"灰犀牛"。[297]这更加突显了房地产市场作为自由市场个案的意义，可以一叶知秋，能够窥斑见豹。

二、中国楼市有没有泡沫

无论从市场内在的逻辑看，还是从市场本身的事实看，都可以肯定中国房地产市场存在明显的泡沫。不否认快速城市化形成并积累的住房刚需极其猛烈，但纯粹从产能上讲，与其说住房刚需太过巨大，不如说住房产能太过强大。以中国超富人力资源及国民性所形成的恐怖产能，几乎所有商品都能过剩，一部分商品即便供应全球，也绰绰有余，为什么住房就不能过剩？

---

[297] "灰犀牛"之说非常权威，出自于中国人民银行党委书记、中国银保监会主席郭树清先生，并多次强调，可参阅刊发于 2020 年第 16 期《求是》杂志的文章《坚定不移打好防范化解金融风险攻坚战》。

土地资源倒算个硬性约束，虽然中国不算土地紧张的国家，但供应目前由政府一手垄断。这无疑影响甚至制约房地产市场的发展，但住宅高空化的突飞猛进，事实上极大对冲土地的刚性制约。有数据显示，仅上海一地，15层以上的高楼即超过美国全部的高楼总量。[298]

事实上，如本书第10章《信息不对称令投机如鱼得水》所论述的，从信息不对称的严重程度看，中国房地产市场正是一团"伸手不见五指"的信息黑洞，最适合投机，现实上也正是投机泛滥，是且只是资源配置扭曲，能且只能形成泡沫，泡沫不言而喻，没有泡沫才是咄咄怪事，泡沫不过是信息不对称的别名！

三、泡沫为何迟迟不破

但一部分人仍然坚持否认泡沫的存在，实际上，当前中国的房地产市场早已不是有没有泡沫的问题，如果要质疑的话，真正有意义的问题是：既然房地产市场存在泡沫，而且极其严重，那极其严重的泡沫为什么迟迟不破呢？如本书第12章《投机经济是如何形成的》所阐述的，如果系统不限定，资源高度流动变化，经济危机完全可以扩散甚至转移，微观问题可通过系统开放向宏观层面扩散，局部问题可通过系统开放向全局层面转移。甚至社会危机乃至文明危机也可以扩散转移，某种意义上，今天的全球化就是欧洲资本主义经济社会危机向欧洲之外扩散转移的结果。但扩散转移并非危机的化解，实是危机向宏观全局层面升级，危机的爆发、而且是更大的爆发不可避免，所谓"蓄之既久，其发必速"。即是说，泡沫也会有泡沫自身的生老病死，它可以通过扩散转移偷生，并非说破就破。

中国房地产市场的泡沫早已形成，之所以迟迟不破，反而一路膨胀，不仅因为泡沫会偷生，更重要的还因为中国经济的体量与韧性，经济体量巨大，为危机的扩散转移提供了空间；经济韧性高强，为危机的扩散转移提供了时间，房地产通过危机的扩散转移吸纳了超量的经济、社会乃至政治资源。由于中国政府对经济全局的控制力也不同于一般的市场

---

[298] 《上海15层以上高楼总和超美国》，解放网，2015年5月21日。

经济体，只要政府刺破泡沫的意愿不够强烈坚定，在一定的时空内，房地产就能够继续吸金，房价泡沫就可以继续膨胀。不只是房地产泡沫，任何泡沫，只要有新的资源不断补充进来，都可以继续膨胀。这有点像非法传销中的拉人头，只要不断有新的人头进场，游戏就能接着玩。

四、敲骨吸髓的房价泡沫

但在一定的时空范围即限定系统内，一个社会的资源总是有限的，此处资源超配，必然导致彼处资源低配，更准确讲，必然以彼处资源低配为代价，甚至得不到起码的资源配置。如果资源超配与低配也即资源错配的局面长期得不到改变，必定导致经济社会发展畸形。房地产业的资源超配，尤其房价高度泡沫化，至少已造成三大直接后果：一是直接抬高生产生活的基础成本，给整个经济社会发展蒙上阴影。二是直接挤占其他消费的增长空间，导致内需不足。三是直接挤压其他产业的发展空间，扼杀实体经济创造力，导致"去实业化"甚至"产业空心化"，大抵"三百六十行，行行做房产"之谓也。

这已不是一般的资源超配，而就是房地产业在敲骨吸髓。拿消费来讲，2016年3月，高盛集团发布《新一代中国消费者崛起》，报告显示，中国主流消费群体日均消费额仅为7美元，不仅远远低于美国人97美元的日均消费额，而且在旅游、餐饮、体育和娱乐方面的消费支出也远远低于其他国家，每日消费高出100元人民币的消费群体仅为人口总数的2%。[299]除了居民收入增长缓慢并两极分化的因素之外，原因应该也在于房价畸高的挤压，没买房的不敢消费，要攒钱当"房奴"；做上房奴的也不敢消费，要月月还房贷。

五、房价泡沫化的重重恶果

房地产业资源超配的间接后果难以计数，典型如弥漫在中国企业家群体甚至整个社会中的投机气息，与房地产业财富畸形积累应该存在某种关连。再比如两极分化，房价高度泡沫化不是最重要的原因，但无疑

---

[299] 数据来自于高盛中国官网发布的调查研究报告《中国新一代消费者的崛起》。

属重要原因，畸高的房价直接打造了两极，一极是不劳而获的房地产食利集团，一极是被压迫得难以喘气的"房奴"。另外还有低结婚率和低生育率，尤其是低生育率——2020 年出生并已到公安机关进行户籍登记的新生儿共 1003.5 万，[300]再次断崖式下跌，刷新改革开放以来的新生人口低点。分析起来可能也复杂，但房价高度泡沫化，极大抬升人生基础成本，无疑是背后重要原因，甚至是关键所在。

更有迹象显示，中国楼市泡沫已经在消耗中国的国际竞争力！2016 年 3 月下旬，牛津经济研究院发布的研究报告显示，如果将生产率纳入考量范围，美国制造业每单位产出所消耗的劳动力成本，仅比中国高 4%。2015 年 8 月，美国波士顿咨询集团发布题为《全球制造业的经济大挪移》的研究报告，也有相近的结论，简单讲，如今在美国花费 1 美元生产的东西，在中国的成本是 96 美分。[301]国际纺织制造商联合会的数据甚至显示，纺纱业在中国的成本比在美国高出 30%。事情来得有点突然，波士顿咨询集团的高级合伙人西尔肯（Harold Sirkin）不无惊讶地表示："所有人都觉得，中国的成本永远会更低，但情况正在发生变化，速度超过了所有人的想象。"[302]如果相关说法属实，中国低成本优势的部分沦丧，房价高度泡沫化与有功焉！

六、泡沫膨胀的边界在哪

那房地产泡沫的膨胀是不是也存在一个边界呢？换句话说，对房地产的资源超配能维持到什么时候呢？由于个人住房按揭贷款制度，银行虽然加入了为房地产泡沫继续膨胀补充资源的行列，但核心力量还是作为消费终端的广大购房者。只要广大购房者依然争相入市，不断有新的人头带着资源补充进来，泡沫就能继续膨胀。

但入市也是有门槛的，尽管有银行按揭贷款的支持，可购房者也必须首先支付一笔钱，所谓"首付"，比例一般在住房全价的 20%以上。

---

[300] 数据来自于公安部 2021 年 2 月发布的《2020 年全国姓名报告》。
[301] 数据来自于相关新闻报道。
[302] 数据与说法均来自于《纽约时报》2015 年 8 月 4 日刊发的报道分析文章《产业链大逆转，中国纱厂登陆美国》，观察者网曾全文转载。

如果连首付款也不需要，应该意味着房地产市场已发展到饥不择食的地步，可视为泡沫膨胀的边界。但这可能还非最终边界，房价泡沫还可以继续膨胀，一直到购房贷款按揭的月供超过广大购房者每月可支配的收入。这才是泡沫无法继续膨胀的终点，因为泡沫的绞索已经把广大购房者的脖子勒到最紧，再紧一下，广大购房者就没气了，无人充当"接盘侠"，准确讲，拼尽吃奶的力也充当不了拼盘侠，泡沫不破也得破。

七、饥不择食：拉人头的"零首付"

有迹象显示，中国房地产市场的泡沫可能已膨胀到接近最终边界。最明显的，房地产市场已到了对接盘侠饥不择食的程度，不仅一些地方政府正想方设法拉农民工入市，而且"零首付"甚至"首付贷"一度在各地或明或暗地涌现。毫无疑问，零首付不是房地产商的良心发现，银行虽然钱多，可以向房地产市场漫天灌水，但零首付也不属于银行的善意，其实质主要是房地产商与银行携手一道，动员广大普通家庭继续为泡沫充当接盘侠。说白了，零首付就是纯粹拉人头的！要说动机，这里的动机可能真的居心叵测。

中国房地产市场早已泡沫化，但之所以泡而不破，是因为人头如潮，不断有普通家庭男女双方甚至祖孙三代拼尽吃奶的力为泡沫充当接盘侠。如果没有接盘侠，更准确讲，如果不是普罗大众充当拼盘侠，泡沫早就破了。从压力传导讲，普罗大众不仅构成最终消费端，而且最缺乏团结，一盘散沙，根本不是利益集团的对手，压力必然向千千万万个普通家庭传导，柿子挑软的捏嘛。实际上，也只有普罗大众充当接盘侠，泡沫才能够继续维持，甚至继续膨胀。就此而言，零首付是中国房地产市场泡沫化的必然发展，不在今天出现，就在明天发生。

幸运的是，近几年来，在党中央"房住不炒"的高压下，不仅房地产业拉人头的游戏得到遏制，而且给房地产贷款划定了红线，算是给房地产业拧紧了信用贷款的"水龙头"。[303]

---

[303] 具体请参阅中国人民银行、中国银行保险监督管理委员会在 2020 年 12 月底发布的《关于建立银行业金融机构房地产贷款集中度管理制度的通知》（银发〔2020〕322 号）。

八、勒到最紧：超高房租收入比

更严重的是，在一些中心城市，住房按揭贷款的月供正在超过广大工薪族的平均工资。以深圳为例，数据显示，截至2015年12月15日，2015年二手房平均贷款为163万元，平均月供为8543元。[304]深圳工薪阶层的月工资在什么水平呢？中国南方人才市场2015年9月发布的《南方人才年度广东地区薪酬调查报告》显示，深圳平均月薪在广东连续3年居于榜首，为7631元。[305]显而易见，广大工薪阶层的平均月薪低于住房贷款平均月供一大截，远高于月供收入比30%的合理标准——30%的月供收入比被认为是一个国际标准。

殊不知，中国一线城市的房租收入比也已经碾压30%，即平均每月的住房租金超过工薪阶层每月平均工资的30%。英国非牟利组织"全球城市商业联盟"在2016年4月发布的调查显示，北京的房租成本达到平均工资的123%，是全球房租收入比失衡最严重的城市。[306]这就是中国房地产泡沫的穷凶极恶，它真的心狠手毒地把绞索勒到了最紧，充分彰显房地产对中国经济社会的敲骨吸髓——怎么办？

---

[304] 数据来自于深圳链家市场研究中心，请参阅《羊城晚报》报道文章《二手房平均月供高过平均月薪》（2015年12月25日）。

[305] 请参阅《羊城晚报》报道文章《深圳平均月薪居榜首，广州平均月薪6911元排名第二》（2015年9月16日）。

[306] 请参阅英国《金融时报》中文网报道文章《英国机构调查：北京房租负担排名全球第一》（2016年4月21日）。

第31章
如何划定房价管制红线

内容提要

对房地产市场的管理,政府只需要做好一桩事——划出反映房地产业价值资源最优配置的管制红线,让房地产在其所在、得其所得。那房地产业的价值资源最优比在多少呢?这是一道高难数学题,但具有一定历史的市场经济国家所"发现"的房地产业价值资源最优比值得参照,尤其3~6倍的房价收入比区间值,符合常识,可以信任,即一对平均收入水平的夫妇共同用不超过6年的时间解决平均水平的住房问题。房价管制红线是房地产真市场的灵魂,各方各面都必须朝此而优化配置资源!

一、对房地产泡沫麻痹不得

亡羊补牢,犹未为晚!趁房地产泡沫目前还没有破裂,政府应该真心实意采取措施化解,首先是"外科手术"控制,保证泡沫不再继续膨胀;然后是"内科手术"慰疗,使泡沫慢慢收缩;最后才可能有软着陆,让泡沫在市场的自然调适中化于无形——概括起来讲,扼制泡沫增量,挤压泡沫存量,逐步达到房地产业的行业价值均衡。如果政府继续麻痹大意,甚至听之任之,一旦泡沫破裂,危机绝不仅仅停留于房地产市场,而必然会是系统性、全局性甚至摧毁性的经济社会危机。

纵观世界经济史,近百年来,几乎每一次大的经济危机都与房地产市场联系在一起,甚至都由房地产市场引发。殷鉴不远,日本房地产泡沫危机和美国次贷危机都是前车之鉴。如果中国房地产泡沫破裂,引发的危机可能只会比日本和美国有过之而无不及。这不仅因为房地产本身在中国经济中的分量已经超大,应该远远超过其他国家;而且因为房地产关联的产业超多,尤其关联的金融资产过大,可能也远远超过其他国家——据称上市银行70%以上的信贷都是以房地产作为金融抵押物,另有说法称40%的银行信贷资产是以房地产作为抵押物。[307] 兹事体大,全社会都不能够对房地产泡沫麻痹大意!!

二、政府为何费力不讨好

如何补牢?1998年7月正式确立住房改革市场化方向以来,中国中央政府为房地产市场做了不计其数的工作,会议一次接一次,文件一个接一个,政策一项接一项,堪称焦头烂额、手忙脚乱、心力交瘁!但费力不讨好,房价节节攀升,不仅百姓怨声载道,而且还成为悬在政府头上的"达摩克利斯之剑",甚至政府还不得不背上建设保障房的包袱。这一切是怎么发生的呢?

说一千道一万,化为一句,那就是:因为不懂得自由市场,所以不

---

[307] 可能因为属于商业机密或统计不足,未见相关公开数据。两种说法均缺乏权威数据支持,但毫无疑问,中国房地产关联的金融资产规模不小。

能够建立房地产市场！如果真懂得自由市场，政府不仅无须背上建设保障房的包袱，而且只需要做一桩事，那就是创建房地产真市场，更明确讲，就是为房地产市场划出一条整体利益安全管制红线——简称安全红线或管制红线！该安全红线指向甚至反映整体利益最大化或者说资源最优配置的均衡，但不一定就是整体利益最大化或者说资源最优配置的均衡，它是安全线，不是最优点。

三、房地产业应获得多少资源配置

那政府如何为房地产市场划出整体利益安全红线呢？这取决于房地产业作为一个行业的价值在哪里，也就是房地产业在各行各业中的相对价值位置，由房地产业的相对价值位置决定给予房地产业多大比例的资源配置。如果该配而不配，房地产业的价值就无法体现，不属于资源优配；如果该多配而少配，房地产业的价值就部分抹杀，也不属于资源优配；如果该少配而多配，房地产业的价值就部分膨胀，也不属于资源优配。让房地产业在其所在、得其所得，不多不少，恰到好处，才是对房地产的最优资源配置，才是房地产的行业价值均衡，可称为"结构均衡"——即房地产业对社会贡献的价值与房地产业从社会取得的资源之间的平衡，也即房地产业的价值资源最优比。

那房地产业应配置多大比例的资源才是在其所在、得其所得，才符合房地产本身的行业价值，才是对房地产业的资源最优配置均衡点呢？与第9章《限定系统让投机自然消融》所提到的种地施肥问题一样，这也是一个纯粹技术问题，但比种地施肥问题要复杂得多，必须考虑诸多方面的因素。拿一个城市来讲，要求解房地产业的行业价值资源均衡，必然考虑该城市既有的人口数量、可供使用的建设用地面积、建成的住房面积、居民收入水平，也必须考虑该城市的人口流出与流入、各年龄阶段人口分布、经济发展潜力、社会发展水平，甚至还必须考虑该城市的资源优势、产业布局、发展短板。如果从数理上求解，这将是一道非常有难度的数学题。

四、如何求解某个行业的价值均衡

均衡堪称西方经济学最核心的概念，为求解一般均衡，一代接一代的经济学家绞尽脑汁，才勉强玩了一把数理游戏。但对具体某一个行业的价值资源最优配置的均衡问题，主流经济学似乎视而不见，似乎从来不曾在数理上求解过。原因不仅在于西方经济学对均衡的肤浅理解，症结应该更在于均衡问题技术上超级复杂，须考虑的变量太多，数理求解更近乎难于上青天，于是主流经济学顺手把问题推给了市场，让市场说话，让市场检验，让市场淘汰。

自由市场的确能够求解均衡问题，就是再复杂的技术问题，市场也能够求解。因为市场原本就是人的联网计算，通过反馈和试错构成一架"超级计算机"。也正是在计算机的意义上，均衡问题而今或许也能够人为求解，而不必再被动通过市场的反复试错来求解，因为今天已经有超级计算机，只要设计好模型，超级计算机能够处理超级复杂的均衡技术问题。

五、如何判定资源最优配置的均衡

那市场"计算"出的房地产业价值资源均衡点在哪里？主流经济学发现多个答案，有宏观层面的，也有微观层面的。宏观层面的答案包括房地产投资在全社会固定投资中所占到的比例、房地产业增加值在GDP中所占到的比例、土地出让金收入在国家公共财政收入中所占到的比例；微观层面的答案包括住房价格对城市居民家庭年收入的比值、住房消费在家庭总消费中所占到的比例、房屋月租金对房屋总售价的比值。

作为一种公共资源，尤其作为一种非正常资源转移特权（详论请参阅本书第34章《坚决而逐步压缩房地产信贷》），信贷杠杆的配置举足轻重。一个行业所获得的信贷杠杆配置，特别能代表该行业对经济社会资源的占用和汲取。因此，宏观层面的答案还可以包括房地产贷款余额在各项贷款余额中所占到的比例，微观层面的答案还可以包括居民住房贷款按揭月供在居民每月可支配收入中所占到的比例。

以上种种比例或比值，无疑都能反映房地产作为一个行业的相对价值，但是不是代表房地产作为一个行业的价值资源最优配置均衡点呢？更尖锐的是，凭什么判定某一个比值就是房地产业价值资源最优配置均衡点呢？拿宏观层面的房地产投资在全社会固定投资中所占到的比例来说，合理标准被认为在 10% 之内，高于 10% 属于房地产投资趋热，可凭什么认定 10% 就是合理标准呢？拿微观层面的居民住房贷款按揭月供在居民每月可支配收入中所占到的比例来说，安全标准被认为在 30% 之内，超过 30% 属于消费畸形甚至存在贷款信用风险，可凭什么认定 30% 就是安全标准呢？再拿来租售比来讲，合理范围被界定在 1:200~1:100 之间，租售比的倒数值如低于 100（代表租不如买）、超过 200（代表买不如租），即被认为不正常，可凭什么认定 100、200 就是正常与不正常的临界转折点呢？

六、国际惯例为什么值得参照

市场作出了响亮的回答：事实胜于雄辩！由于西方经济学通过市场本身即经验事实而非数理技术求解房地产业价值资源最优配置的均衡问题，它不能作出逻辑高度的科学回答，而只能作出经验层面的事实回答，即事实就是如此。可这样的事实是不是真正胜于雄辩呢？更准确讲，这样的事实是不是也符合科学的逻辑呢？

市场经济在西方国家已通行好几百年，房地产市场的存在应该也已有相当长一段历史，如果说竞争，它应该已经历充分竞争；如果说试错，它应该已经历反复试错；如果说尘埃落定，它应该已经尘埃落定，甚至水落石出。不像中国房地产市场的建设才过 20 年，对房地产业来说，20 年或许算不得一个饱和反应时间，尤其中国经济体量巨大而且韧性高强，系统无限开放，会极大滞延饱和反应时间。

20 世纪 90 年初，海南省会海口的房地产泡沫之所以有如快闪，原因正在于海口一市毕竟属于小系统，反应会迅速饱和，泡沫能迅速膨胀到边界。正因为还不是一个饱和反应市场，仍没有走完一个正式的市场周期，当前中国的房地产市场可能不具有标本意义，它仍是一个正在剧烈反应中的市场，尘埃未定。

西方国家或许也有自己的特色甚至特殊性，导致标本性或者说一般性不足，但具有一定历史的市场经济国家所"发现"的房地产业价值资源配置比，不说完全符合科学逻辑，但至少值得参考。如果该比值不只是出现在一个市场经济国家，而且落定于多个具有一定历史的市场经济国家，无疑更具有标本性，极其可能，该比值就是房地产业价值资源最优配置比例的近似值（或者说房地产行业相对价值的近似值）。要不然，该比值不会反复出现，并反复出现在不同的国家。在这一意义上，至少就某个行业的价值资源最优配置问题而言，国际惯例是有道理的，不是别的什么道理，只因为它是反复多次试错甚至充分完全竞争的结果，能够接近限定系统内充分完全竞争达到的资源最优配置均衡点。（有关某个行业的价值资源最优比的深层论述，请参阅本书第 12 章《投机经济是如何形成的》）

七、房价收入比为何最靠谱

在市场计算或发现的多个关于房地产业价值资源最优配置的比值中，哪一个最堪信任呢？宏观上应该是房地产业增加值在 GDP 中所占到的比例，相比于房地产投资额度占比，房地产增加值占比应该更能代表结果；微观上应该是"房价收入比"，相比于住房消费占比尤其是租售比，房价收入比应该更加入木三分。

但宏观与微观相比，显而易见是微观层面的答案更贴近也更直观，不仅更准确反映房地产业的价值资源配置情况，更重要的是落实到每个家庭的钱袋子，称得上扣人心弦，能让人扪心自问，真正代表最终结果。即是说，房价收入比最值得信任。[308]天地之间有杆秤，房价收入比近乎

---

[308] 在 2012 年的全国"两会"答中外记者会中，时任国务院总理温家宝曾间接提及"房价收入比"可作为判断房价是否合理的范畴。

为房地产业价值资源最优配置问题造了杆秤。资料显示，联合国人居署曾提到房价收入比是"住房市场和住房支付能力的最全面的指标"。

八、房价收入比多少为宜

那房价收入比称出的最能够反映房地产业价值资源最优配置的合理值在多少呢？舆论有不同的说法，但比较一致的区间值是在3~6倍之间，即一个拥有当地平均收入水平的家庭，用3~6年的收入能买到所在地平均居住面积的一套住房。这被认为是"国际标准"，有的说来自于世界银行发布的报告，有的说来自联合国人居署发行的资料，虽然都没有查到原始出处，但应该不是空穴来风。更重要的是，3~6倍的区间值比较符合常识。

住房是一个家庭的大宗消费，额度之大应该仅次于子女养育。但在生产力高度发达的现代社会，如果一对平均收入水平的夫妇共同用6年时间都还不能解决平均水平的住房问题，这就是不合理甚至畸形，代表着房地产业对经济社会资源的侵占，甚至反映出房地产业对人生价值的剥夺。从22岁大学毕业参加工作开始，以60岁退休为结束，6年是一个人一生有效工作时间的近1/6。一对夫妇共同用近1/6的生命"建造"一套住房，解决最起码的住的问题，平心而论，这已经充分彰显住房及房地产业的价值。

考虑到女人生儿育女及家务工作，现实上是一个平均收入水平的男人必须用12年即有效工作时间的近1/3来解决平均水平的家庭住房问题。应该说，6倍值的房价收入比已非常之高。过去生产力不发达尚可以理解，现代社会生产力高度发达，房屋建造更是高度工业化甚至流水线生产，尤其中国的住宅楼大量社区化并高空化，集成规模效应该大幅降低房屋成本，房价收入比更合理的区间应该不至于超过3倍，即一个平均收入水平的男人只需要用不超过6年的工作时间解决平均水平的家庭住房问题。

九、北京房价管制红线怎么划

根据不超过 6 倍值的房价收入比，可以推算出反映一个城市房地产业价值资源最优配置的房价安全红线。拿首都北京来讲，2014 年度，北京全市职工平均工资为 77560 元，月平均工资为 6463 元。[309]以职工年平均工资乘以房价收入比区间值最高的 6 倍，再乘以夫妻双职工所带来的 2 倍，便是一套平均居住面积的住房总价，数值为 930720 元。

那平均居住面积在多少呢？2007 年 8 月 7 日，国务院曾发布《关于解决城市低收入家庭住房困难的若干意见》，其中规定："经济适用住房套型标准根据经济发展水平和群众生活水平，建筑面积控制在 60 平方米左右。"应该说，这属于低标准，原本不是商品房，而且针对的是低收入家庭。姑且从低不从高，就以 60 平方米作为新婚家庭住房的平均居住面积。住房总价为 930720 元，平均居住面积为 60 平方米，得到单价为 15512 元/平方米，这就是北京市 2014 年度的房价安全红线，即房价最高不超过 15512 元/平方米。

事实上，按中国当前的经济社会发展水平，特别是结合中国人的文化传统与生活习惯——比如与夫妻双方之一的父母一起居住生活，一套新婚家庭住房平均面积应该在 80 平方米左右。如果以 80 平方米计算，北京市 2014 年度的房价安全红线是 11634 元/平方米，即房价最高不超过 11634 元/平方米。

但据某房产机构的统计，2014 年，北京纯商品住宅成交均价 25286 元/平方米，远超房价安全红线。根据中国社会科学院 2015 年 5 月上旬发布的《房地产蓝皮书：中国房地产发展报告 No. 12 (2015)》，2014 年，北京商品房、住宅的均价分别为 18833 元/平方米、18499 元/平方米，[310]也远超房价安全红线。

---

[309] 数据来自于北京市人力资源和社会保障局、北京市统计局 2015 年 6 月 5 日下发的《关于公布 2014 年度北京市职工平均工资的通知》。
[310] 数据来自于相关新闻报道。

十、房价管制红线是楼市之魂

房价安全红线就是为房地产市场划出的指向甚至反映一个城市房地产业价值资源最优配置的管制红线,价格超过管制红线,就是资源配置扭曲;价格大大超过管制红线,就是投机泛滥成灾;价格低于管制红线,属于资源优化配置;如价格反复落定于管制红线下的某个点位,应该就是代表资源最优配置的均衡价格。房地产市场能且只能在房价安全管制红线下优化资源配置,优化优化再优化,直至资源最优配置的均衡。

自由市场原本资源优化配置的自由市场,房价管制红线代表着资源最优配置的均衡,就是房地产真自由市场的灵魂!政府土地部门必须在房价管制红线下规划土地出让并确定土地均衡价格,银行必须在房价管制红线下规划信贷总量及杠杆大小,住房中介公司必须在房价管制红线下提供信息服务。

退一万步讲,即便投机,也必须在房价管制红线下投机。事实上,在房价管制红线下,投机空间几乎已经被压缩殆尽,充其量是些微的拾遗补缺、调余济需的价格涨跌空间。走笔至此,一个严重的问题油然而生:自由尤其房地产商作为企业家的自由在哪里呢?

第32章
管制红线开启房地产商的自由

内容提要

房价红线管制的只是可能的投机,保障的正是房地产商发挥自己优配资源能力的自由天地,保障的正是实现资源最优配置的均衡目标。谁能在房价红线下造出价廉物美的房,谁就接近均衡点,谁就赢得消费者,谁就是成功的房地产企业家。没有管制红线,房地产商自己都不知道房价涨到何处,说优配资源,笑话!房地产库存之所以严重过剩,重要原因正在于房地产商心不在焉、粗制滥造、投机取巧。如果划定房价管制红线,绝对不可能发生"很多房没人住"与"很多人没房住"并驾齐驱的畸形不对称危情局面。

一、管制红线只是安全线

房地产市场能且只能在房价管制红线下优化资源配置,或问:首先就是管制,而且还是价格管制,并且价格能低不能高,不能越过管制红线一步,这不是地道的计划经济吗?哪是什么市场经济呢?房地产商的自由在哪里呢?

价格管制红线只是最起码的安全线,它指向甚至反映资源最优配置的均衡价格,但它本身不一定就是资源最优配置的均衡价格。这就像温室气体排放权市场,由不高出2摄氏度的升温目标所推算出的温室气体排放总量,只是保障地球生态安全及人类社会生存最起码的红线,本身并非均衡点。就当前的现状而言,温室气体排放越小,地球生态无疑越安全,但问题是人类现行的生活方式不允许,这就需要寻找一个均衡点,既保障人类现行的生活方式,又保障地球的生态安全。同样道理,房价管制红线也只是最起码的安全线,真正的均衡点仍在未定之天,正等待房地产市场去发现并实现。

二、管制红线给出房地产商的自由

在价格管制红线下,房地产商享有充分的自由。具体到价格,房价红线之下的价格区间都属于房地产商自由竞争的天地。当然,巧妇难为无米之炊,房地产开发是有成本的,因而也是有底价的。更准确讲,从成本底价到房价红线之间,就是房地产商自由竞争的天地,房地产商可以该区间的任意价格卖房。

均衡房价正是从成本底价到房价红线之间的某个点,高于成本底价,低于管制红线价格。但具体在哪里,正呼唤房地产商发挥自己优化配置资源的能力去发现并实现。这正是房地产业的行业价值,也正是房地产商的价值,谁能在房价红线下造出价廉物美的房,谁就接近甚至代表均衡点,谁就赢得消费者,谁就是成功的房地产企业家!

事实上,只有划定房价管制红线,才能启动房地产商自由而精明的算计,才能发挥房地产商优化配置资源的特长,才能促使房地产商尽最大努力优化资源配置。原因很简单，无论利润，还是竞争力，都有且只有来自于资源优化配置，房地产商能且只能往价廉物美也就是优化资源配置的方向努力——这不正是自由的合法性所在吗？自由是有方向的，也是有目标的，不是为自由而自由，不是无头苍蝇胡乱碰，更不是弱肉强食野丛林。

三、管制红线开启资源优配思维

只有划定房价管制红线，房地产商才会开动脑筋，认真思考资源优配问题，他们才会更加深入地对项目做前期市场调研，如周边都有哪些公司和社群、客户的消费能力如何、潜在客户的住房需求怎样；他们才会更加周密地对项目作出规划设计，如各种档次的房屋如何匹配、各种面积的户型搭配比例如何、容积率多大为宜、配套什么样的公共设施；他们甚至会前瞻性地调查研究项目所在地的发展潜力，如项目所在地有哪些资源、政府对项目周边有什么规划、项目所在地目前的人口结构怎样，诸如此类，没完没了，房地产商的精明算计大有用武之地。

相反，没有价格管制红线，就像中国房地产市场一直以来的那样，房地产商自己都不知道房价要涨到哪去，用得着深入调研、周密规划、前瞻性展望吗？实在讲，此情此势，认真是不正常，不认真才正常；不投机是不正常，投机才正常；优化配置资源是不正常，扭曲配置资源才正常！不客气讲，凭什么为资源优配去费脑筋？反正躺着都赚，猪都会飞，根本不愁自己的房子卖不出去。中国庞大的房地产库存是怎么来的？表面的原因纷纭复杂，真正的原因正在于缺失价格红线，房地产市场根本没有方向与目标，导致房地产商不认真，心不在焉、粗制滥造、投机取巧。

一旦划定价格管制红线，房地产商就不得不老老实实从客户的真实需求和真实购买力出发，就不得不一本正经、绞尽脑汁甚至殚精竭虑地算计自己的项目，岂只是深入调研、周密规划、前瞻性展望？甚至房地产商原本没有优配资源的能力，也激发出优配资源的能力，绝对不可能造出卖不掉的房子，绝对不可能有日本房地产泡沫危机，绝对不可能有美国次贷危机，绝对不可能有中国当前"很多房没人住"与"很多人没房住"并驾齐驱的危情局面，这样的畸形不对称，是房地产市场缺乏方向和目标的恶果，离真正的自由市场十万八千里！

四、市场为何总是"巧媳妇"的样

西方经济学一直批评计划体制对资源的配置低效而浪费，这大抵不假，一者由于系统过大，会容易存在各种各样的不对称；一者因为系统下的企业运行机制有问题，产权不清晰，二者共同作用，致使计划体制不可避免地发生资源错配。但耐人寻味的是，主流经济学似乎对市场体制下的资源浪费着墨不多，大抵以"市场失灵"一笔带过。实际上，如果系统不限定，不首先划定整体利益安全红线，市场体制对资源的错配丝毫也不亚于计划体制，世界历史上一次次的经济危机不就是明证？

可有意思的是，在经济危机爆发之前，市场总是一副优配资源的"巧媳妇"样，不太给人一种浪费资源的印象，以至中国房地产市场"很多房没人住"与"很多人没房住"并驾齐驱、长驱直入、席卷天下，而主流财经界却仍在高谈阔论市场优配资源的高能，这是为什么呢？先讲一个在中国社会可能司空见惯的现象：

社区门口有个店铺，张三相中并租下，郑重装修一番，经营自己比较拿手的室内花卉，但大半年过去，效益不好，张三不得不退租。两三个月后，李四看中并租下，砸掉原来的装修并重新布局，经营自己拿手并看好的儿童服饰，但大半年过去，也效益不好，李四不得不另作打算。三个月后，王五觉得店铺不错，于是开始新一番装修和经营……该店铺就这样被一次次蹂躏，资源最优配置的均衡点在哪里呢？谁也不知道！

市场上每天都在发生诸如此类的资源浪费，如果系统缺乏限定，博弈高度流动化和短期化，打一枪换一个地方，浪费更是难以估计。但由于各个市场主体分布在广大的市场上,他们的资源浪费自我负责并自我消化,没有被统计加总,让人感觉不到整个市场的资源浪费,如此而已,并非市场平常就不错配资源。作为两种不同的制度安排,计划与市场错配资源的机制机理也不约而同,那就是信息不对称。只要没有自动克服信息不对称的保障,任何体制机制错配资源都会一样一样的。那自动克服信息不对称的保障在哪里呢?限定系统也!

五、"经济适用住房"为何败北

中国房地产的市场化改革是从经济适用房切入的,目标原锁定于"建立和完善以经济适用住房为主的住房供应体系",政府明显希望经济适用房能够为广大低收入家庭服务。可经济适用房为什么导致各种问题并最后归于失败呢?无可否认,经济适用房不是完全的商品房,带有强烈的计划性与保障性,这原本没有错。为房地产市场划定价格管制红线,如果说计划,这正是地道的计划;如果说保障,这正是正宗的保障,计划性与保障性何错之有?如果说"社会主义",社会主义原本公有整体利益的题中之义!

问题在于经济适用房的管制红线划错了地方,不是准确划在房价安全线上,而是划在了一些七零八碎的地方。典型如划面积红线,规定住房面积在 60 平方米左右。这就越俎代庖了,必然"费力",必定"不讨好"。实际上,只要划定价格管制红线,包括面积在内的七零八碎之事,精明的房地产商自己会考虑,这原本是他们的职责,他们会充分考虑包括消费者真实购买力在内的各方面因素,千方百计去计算并接近现实中的均衡点,如多大面积的住房最能为市场接受。

当然,如的确存在某些特殊情况,也可以结合实际情况划出特定的管制红线。如某城市属人口稀少的自然生态与文化遗产资源型城市,虽然可供建设的住房用地充裕,但自然生态与文化遗产资源保护的压力巨大,城市容积率严重受控。这就需要政府管理部门从现实出发,为房地产市场划出具有管制性的住房面积红线,如规定占总数 80%的套房面积不得超过 90 平方米。

六、楼市由房价管制红线而立

总之,在价格管制红线划定后,房地产商的算计真正启动了,房地产商的自由真正开始了!实际上,管制红线只是管制房地产市场可能的投机,不仅理所当然,而且大义凛然,保障的正是房地产商优配资源的自由天地,保障的正是房地产商作为企业家发挥自己优配资源的特长,保障的正是房地产商追求正向利益而非投机利益最大化的自由。必须重申的是,自由非为自由而自由,而是向着资源优化配置并走向资源最优配置的均衡的自由。只有从指向反映资源最优配置或者说整体利益最大化的价格管制红线开始,房地产市场才真正建立起来!

自由是限定系统内的自由,市场是限定系统内的市场,不限定系统,就没有自由市场,这一点毋庸置疑。房地产市场从房价管制红线开始,也就是市场从系统限定开始,房价管制红线堪称限定系统的最好办法。首先,房价管制红线是价格限定,而非其他限定,在自由市场上具有最大的通适性;其次,房价管制红线直接来自于房价收入比,是城市家庭收入水平限定,而不是其他限定,也在自由市场上具有最大的通适性。总之,价格管制红线虽属于限定,但市场通适性最大,不像其他限定办法——比如身份限定,典型如户籍限定——可能伤及通适性,手段上与自由市场的自由性质有冲突。

第33章
果断改变"价高者得"的招拍挂

内容提要

恢复房地产真市场的第一大举措,就是果断改变土地市场"价高者得"的"招拍挂"!招拍挂指向价高者得,原是指向资源优配,但当前的招拍挂,为高价而价高,不存在反映资源最优配置的均衡点,荒谬——荒唐——荒诞!泡沫起于地产市场,滥于房产市场,通过循环再兴于地产市场,地价泡沫不仅是罪魁祸首,而且是擎天柱石。通过"地价房价比",可以由房价管制红线,确定地价管制红线。土地管理部门以限价招拍挂出让土地,不只是真自由市场的内在要求,也符合所谓"行业利润率"。

一、五大举措恢复房地产真市场

房价安全管制红线指向甚至反映一个城市房地产业价值资源最优配置的均衡，房地产市场能且只能在管制红线下自由运行。像房地产开发商必须在管制红线下卖房一样，其他方面也都必须在管制红线下行动，追求各自的最大化利益。政府土地管理部门必须在管制红线下规划土地出让并尽可能确定土地均衡价格，银行必须在管制红线下规划信贷总量及杠杆大小，住房中介公司必须在管制红线下进行信息服务。唯其如此，市场各方的行为才不是扭曲资源配置的投机，才符合优化资源配置的方向，才能达到资源最优配置的均衡，实现房地产领域的整体利益最大化，保障房地产业的价值在其所在、资源得其所得。

但在中国以划出一条房价管制红线创建房地产真市场已无可能，现实是一个房价远远超出房价管制红线的泡沫化市场真切地摆在面前。资料显示，作为国际大都会，纽约的房价收入比高达7.9。但多方测算表明，中国的房价收入比远超国际水准，随机抽取一个大中城市，都可能"俯瞰"纽约。清华大学政治经济学研究中心2012年3月发布的《房地产买卖行为与房地产政策》的研报显示，中国城镇房价收入比为12.07，一线城市更高达25.25。易居房地产研究院2016年3月发布的2015年度《全国35个大中城市房价收入比排行榜》显示，35个大中城市房价收入比均值为8.7，其中深圳房价收入比全国最高，为23.2；剔除"可售型保障性住房"的统计后，房价收入比更高达27.7。[311] 显而易见，中国的房价收入比俯瞰纽约确实绰绰有余，足见房地产业之穷凶极恶，敲骨吸髓，资源超配严重，泡沫巨大！

那如何使泡沫软着陆、甚至让房价回落到管制红线之内、乃至把房地产伪市场扭转改变为真市场呢？可采取五大措施：（一）以限价"招拍挂"出让土地。（二）压缩信贷总量规模并保证信贷杠杆精准定投。（三）结合城市的特殊情况与特定目标为房地产市场划出相应的指导性甚至管制性红线。（四）坚决打击房地产投机，狙击房地产食利集团。（五）使住房信息更加公开透明，为房地产市场均衡运行保障基础条件。

---

[311] 数据来自于相关新闻报道或研究报告。

二、土地"招拍挂"何陋之有

恢复房地产真市场的第一大举措，是土地管理部门必须果断改变土地市场"价高者得"的"招拍挂"，以限价招拍挂出让土地。万丈高楼平地起，土地是房地产最基础的资源。中国房地产的泡沫起于地产市场，滥于房产市场，两相激荡，恶性循环，导致泡沫膨胀。作为泡沫的源头，中国的地产市场其实算不得真正的市场，虽然采取招拍挂的方式，但由于土地被政府高度垄断，市场优配资源的能力恐怕大打折扣。

有论调批评中国当前的土地招拍挂违背社会主义原则，土地乃国民生活生产最起码的基础资源，土地管理部门不应该拿国民自己的土地向自己的国民招拍挂。这应该属于忠言逆耳，但土地管理部门并非没有自己的辩解，招拍挂的不是土地所有权，而只是土地使用权，土地所有权仍然属于全体国民。更重要的是，土地管理部门还可以反问：如果不搞招拍挂，怎么对土地使用权进行公平合理的分配？招拍挂原本也是从协议出让的方式革新而来，并非随便从外边生搬硬套，协议出让不可避免的人为操作损害公平，导致腐败，用招拍挂革而新之，何陋之有？

三、"价高者得"断不是为高而高

真正的要害并不在于土地管理部门垄断土地"招拍挂"，也不在于"价高者得"，而在于招拍挂是不是符合真正的自由市场模式，是不是有助于资源优配。自由不是为自由而自由，而是向着资源优化配置的自由，真正的自由市场必须从反映资源最优配置的管制红线开始。如果说价高者得，价高者得也是有终点的，不是为高价而价高。地产市场亦不例外，土地管理部门垄断土地招拍挂亦不例外，必须从反映资源最优配置的管制红线开始。像房产市场从房价管制红线开始一样，土地市场也必须从地价管制红线开始。如果招拍挂，土地市场能且只能限价招拍挂，即在土地价格管制红线下进行招拍挂，在管制红线下实行价高者得。

没有价格管制红线，就不是真正的市场，就不是真正的招拍挂。这才是当前中国土地市场真正不合理甚至乖谬的地方，不简单是土地管理部门拿土地"捂盘"甚至"惜售",更重要的是,价高者得没有终点,为高而高!什么地价属于合理均衡,即便涨,地价涨到什么时候,谁都不知道,就像房价一样,反正就是一路涨上去,躺着都赚,猪都会飞,不存在反映土地资源最优配置的均衡,岂不荒唐?

四、地价管制红线怎么划

那如何为地产市场划出地价管制红线呢?有两种办法,第一种办法是求解城市均衡地价。这应该不算高难的数学题,一个城市有多少可供建设住房的用地面积,目前已建成多少可使用的住房面积,城市允许的合理容积率是多少,有多少居民家庭还没有自己的住房,有多少居民家庭需要改善自己的住房,未来 5~10 年内的人口变化态势如何,城市可容纳的最大人口数量是多少,城市居民家庭收入在什么水平……这种种都是可以大致甚至准确测知的,进一步就可以求解该城市的均衡地价。即便不能求解出准确的均衡地价,至少也可以为城市地产市场划出地价安全管制红线,即该管制红线之内的地价对该城市的经济社会发展是健康的,如果城市地价越过该管制红线,会伤害该城市整体的经济社会发展,甚至形成畸形发展,导致经济社会危机。

拿首都北京来讲,作为全国人民乃至世界人民向往并汇集的大都会,北京不仅流动人口规模大,而且人口流入压力大。这让一部分人认为北京的房价会一直涨下去,投机客更是大力下赌押宝。但事实上,任何一个城市都存在自己的宜居均衡点,北京亦不例外,存在自己的饱和常住人口规模和饱和建设用地规模,不可能没有上限。这一点显而易见,属于纯粹技术问题。

事实上,北京市的宜居均衡点已被大致确定。北京市"十三五"规划曾明确提出,北京市常住人口规模必须小于 2300 万人、城乡建设用地规模必须小于 2800 平方公里。[312]从北京市的饱和常住人口规模和饱和建设用地规模出发,结合北京市的职工年均工资及工资增长水平,再

---

312 可参阅北京市政务门户网站"首都之窗"刊发的《北京市国民经济和社会发展第十三个五年规划纲要》。

结合北京市对人口流入的规划，及其他一些必须考虑的变量，可以大致推算出反映北京市宜居均衡点的均衡地价。

第二种办法是由城市的房价管制红线确定地价管制红线。求解城市均衡地价是宏观层面的做法，由房价管制红线确定地价管制红线是微观层面的做法，应该比直接求解城市均衡地价更能够反映该城市房地产业价值资源最优配置的均衡。逻辑链条是这样的：房价管制红线是由得到国际社会公认的房价收入比确定的，房价收入比是由市场"发现"并"计算"的，并得到常识的支持，堪称最准确反映房地产业价值资源最优比的参数，自然而然，由房价管制红线确定的地价管制红线也能更准确地反映房地产业价值资源最优配置的均衡。

五、"地价房价比"多少为宜

那由房价管制红线如何确定地价管制红线呢？更明确讲，地价在房价中占到多大的比例才是地价对房价的资源最优配置呢？这就是所谓"地价房价比"，即每平方米住房所分摊到的土地价格成本与每平方米住房所分摊到的成交价格的比值。在国际层面，可能因为各个国家及城市的人口密度大不一样，市场似乎并没有"发现"相对收敛甚至稳定的地价房价比，不同国家的比值不仅相差悬殊，而且区间值幅度较大，在20%～80%之间。但在一国之内，应该由于人口密度相对稳定，市场还是"计算"出了相对稳定的地价房价比。拿美国来讲，有资料显示，美国的地价房价比长期徘徊在20%～30%之间，[313]称得上相对收敛稳定。

那中国的地价房价比相对均衡合理的比值在多少呢？针对房地产商对中国地价房价比畸高的尖锐批评，原国土资源部曾在2009年中隆重公布一份涉及全国620个房地产案例的地价房价比专项调查，显示的地价房价比平均值为23.2%。按原国土资源部官员的说法，中国的地价房价比不是畸高，而是偏低，低于美国的28%、加拿大的24%、英国的25%～38%、韩国的50%～65%、新加坡的55%～60%、日本的60%～

---

[313] 数据来源于原深圳市规划与国土资源局主办的房地产类综合性学术期刊《中外房地产导报》2005年第7期文章《国外房地产市场地价与房价的关系》。

75%。这可能属于荒唐可笑的与国际接轨，中国的商品房土地制度独具一格，不仅所有权全民所有，而且使用权分割共享，岂能与一般市场经济国家的土地权利相提并论？拿美国来讲，美国20%~30%之间的地价房价比应该是针对产权私有且不可分割共享的私家庭院而言，能与中国当前住宅大量社区化并高空化下的地价房价比同日而语吗？

六、北京的楼面地价怎么定

那怎么确定中国的地价房价比？不能照搬美国20%~30%之间的地价房价比，但应该可以作为一个参照。就人口密度而言，美国地大人少，中国人多地少，中国的地价房价比应该远远高于美国。但中国通过独具一格的商品房土地制度，特别是住宅高空化——与"容积率"存在对应——极大突破土地面积相对不足的瓶颈，中国的地价房价比不应该高于美国，甚至应该比美国更低。

再考虑到中国是社会主义国家，土地原本全体国民共有，土地管理部门不能拿国民自己的土地向自己的国民招拍挂，而应该为国民免费划拨住房建设用地，就像当初对经济适用房免费划拨土地一样。毫无疑问，政府可以整体利益的名义——如加大基础设施建设力度——筹集公共建设资金，但即便政府以筹集公共建设资金之名对住房建设用地收取一定的出让金，也只能从低不从高，尽可能少取。退一万步讲，中国的地价房价比无论如何也不能高过美国的地价房价比，最大不超过30%，这已经是没有底线的底线！

那最终的楼面地价是多少呢？以北京市为例，从房价收入比最大的6倍值出发，根据北京市2014年度的职工平均工资77560元，计算出的管制房价红线为15512元/平方米（住房平均面积60平方米的标准）、11634元/平方米（住房平均面积80平方米的标准），如果将地价房价收入比的安全红线划在30%，那北京市2014年度的楼面地价管制红线就是4654元/平方米（住房平均面积60平方米的标准）、3490元/平方米（住房平均面积80平方米的标准）。北京市政府应该在4654元/平方米的楼面地价管制红线下出让土地，对土地进行限价招拍挂。但原北京市国土局公开数据显示，2015年，全市商品房住宅用地成交22宗，楼面地价全部突破3万元/平方米。[314]2015年10月20日成交的丰台区花乡樊家村宅地楼面地价更是突破7.5万/平方米，创北京住宅类楼面地价历史新高。

从不足5000元/平方米的楼面地价管制红线，到突破3万元/平方米的楼面均价，到突破7.5万/平方米的楼面高价，这已经不是一般的泡沫，把3万元/平方米的楼面地价视为泡沫，乃措词不当，其严重性是"泡沫"一词不堪承受的，这是灾难！这不只是房地产市场的灾难，是经济社会灾难，是国家民族灾难！

中国房地产市场的泡沫原本起于地产市场，滥于房产市场，通过循环再兴于地产市场，地价泡沫不仅是泡沫化的罪魁祸首，而且是泡沫化的擎天柱石，起于斯，兴于斯，盛于斯。但一手掌控土地的各级政府乐于斯，原因很简单，利益巨大！据财政部网站数据，2014年，全国土地出让收入42940.30亿元，全国一般公共财政收入140350亿元，土地出让收入占到公共财政总收入的31%。[315]当然，土地出让收入不只是商业房地产的土地出让收入，还包括其他方面比如工矿仓储用地的土地出让收入，但应无疑问，主要因为商业房地产土地出让收入而水涨船高。

七、理直气壮限价"招拍挂"

在楼面地价管制红线下进行土地限价"招拍挂"，会不会导致房地产商抢购土地甚至市场混乱呢？实际上，限价招拍挂并非新鲜事，已有近似的现实操作。由于"价高者得"的招拍挂饱受诟病，原北京市国土局2009年曾试点"限房价、竞地价"的出让方式，2010年曾试点"限地价、竞配建政策性住房"的出让方式，2011年曾试点"限地价、竞房价"的出让方式，都属于某种意义的限价招拍挂，据称都取得成功，并获得原国土资源部的肯定。2013年3月30日，北京市人民政府办公厅并下发第17号文件，明确表示："继续完善土地出让方式，通过'限

---

[314] 数据来自于相关新闻报道或整理计算。
[315] 数据来源于相关新闻报道或整理计算。

房价、竞地价'等方式增加自住型、改善型住房的土地供应。"[316]但从后来的现实看,限价招拍挂似乎并没有得到全面落实,更没有在全国推广。这里面可能有利益的作祟,但更可能因为理论上未透,不懂得什么是真正的自由市场,不懂得真正的自由市场从一"限"字开始,从而导致现实上操作"限"政策时,理不直气不壮。

对土地限价招拍挂会导致市场混乱的担心,完全是多余的!由于房价管制红线已经划定,房地产商的利润空间事实上已经锁定,房地产商会一丝不苟算计自己各方面的成本,首先可能就是土地成本,绝对不可能随便抢购土地,自己是不是适合购买某地块;如果可以购买,自己应该以什么样的价格购买该地块,房地产商无疑会作出精明计算,他们才不会抢购烫手山芋。过去的地产市场之所以动辄抢拍,乃至"地王"不断,是因为缺失管制红线,市场没有方向和目标,导致投机泛滥。所谓地王,实是投机泛滥的反映,也是投机泛滥的结果。

八、"行业利润率"呼应限价"招拍挂"

必须重申的是,在任何自由市场,合理的利润空间都是有限的,就是从成本底价到均衡价格之间的合理范围。这不只是真自由市场的内在必然,应该也是所谓"行业利润率"要表达的意思。利润不是商人心想事成,而由客户决定,由"群众路线"决定,由限定系统内多数客户通过购买力以货币"投票"决定。任何一个竞争性行业,乃至任何一个行业,经过反复的博弈并时间的沉淀,都必然存在自己的利润合理区间,必定有自己的行业利润率。[317]

限价招拍挂原本招拍挂的题中之义,不限定系统的价高者得原本就是投机做法。还是老话一句,务必紧扣资源配置的原核问题谈论自由市场,自由不是为自由而自由,市场不是为市场而市场,一切为了资源优化配置,直至资源最优配置的均衡!

---

[316] 第17号文件即《贯彻落实<国务院办公厅关于继续做好房地产市场调控工作的通知>精神进一步做好本市房地产市场调控工作的通知》(京政办发〔2013〕17号)。
[317] 关于价格与利润及行业利润率,可参阅本书第11章《房价是怎样非理性上涨的》。

第34章
坚决而逐步压缩房地产信贷

内容提要

信贷使经济活动不再实打实,"一分钱"挣脱了"一分货"。没有信贷的支持,难以想象泡沫的出现,更难以设想泡沫的膨胀。逐步压缩房地产信贷总量,既能扼制泡沫增量,又能挤压泡沫存量。银行归集的是社会资本,信贷是"四两拨千斤"的公共资源,信贷配置属于最重要的供给侧。39%的贷款余额被配置给房地产,极不健康;"认贷不认房"为信贷而信贷,堪称"反动"。多购必须高价,而且不得贷款。住房信贷必须精准定投给低收入家庭,扶弱济困,这才是住房贷款按揭制度的初衷本意。

一、"一分钱"怎么挣脱了"一分货"

创建房地产真市场的第二大举措，是政府货币管理部门必须坚决压缩房地产信贷总量规模，并保证信贷杠杆精准定投。这是为什么呢？经济活动是实打实的利益现象的总和，不仅"一分钱一分货"，而且一环扣一环，原本难以脱离基本面，绝对不可能发生某种商品的价格脱离真实需求尤其真实购买力的现象。道理很简单，就逻辑而言，客户的真实需求尤其真实购买力是在先的，是决定性的；商品的生产及定价是在后的，是附属性的，是被客户的真实需求尤其真实购买力决定的。

但由于金融资本的插足并支持，一分钱一分货的经济活动变得可以凌空蹈虚，商品的生产及定价不从客户的真实需求甚至真实购买力出发，消费者可以透支未来的支付能力，甚至"挥霍"别人的支付能力。于是就不再实打实的一分钱一分货，于是就一分钱三分货、五分货甚至九分货，于是就凌空蹈虚，于是就泡沫飞舞，成为现代经济体系中可怕的"掠食者"。这在房地产信贷消费上有充分表现，信贷，特别高杠杆信贷，无疑正是中国房地产泡沫形成并膨胀最重要的推手。

二、泡沫的膨胀实是信贷的膨胀

房产市场原本只有两方，即房产商和购房者，但现在多了一个第三方，这就是金融机构，在中国主要即银行。作为包括闲散沉淀资金在内的社会资本的归集者，银行具有充裕的资本，能够垫付资金先把房子从房产商手中买下并交付购房者，然后由购房者逐月向银行还贷付息。这就是通常所谓"个人住房按揭贷款"，堪称信贷消费主力军，其实质是允许用未来的支付能力现行消费，极大突破实打实的一分钱一分货，属于非正常资源转移，原本是不能允许的，至少不能够随便允许，即作为国家整体利益代表并看护者的政府（公权力）只能够在某些特殊情况下另行许可——特许。

但从局部看，尤其从当事人的角度看，住房信贷消费称得上完美的三赢，房产商卖了房，购买者买了房，银行当然也不是吃素的，它做了贷款的生意。其中的事理与过程可简单概述为：由于价格泡沫化，购房者拿不出真金白银，在实打实的维度，房产商与购房者原本已经闹掰。但如今在银行信贷的撮合下，购房者通过按揭以一部分真金白银即"首付"实现买房，正相当于用杠杆实现"四两拨千斤"。原本已陷入僵局的房地产市场就这样被信贷重新唤醒激活，市场一片红火。没有信贷的支持，甚至都难以想象房地产泡沫的出现，即便一时出现，也难以设想泡沫的持久甚至膨胀。完全可以讲，泡沫的膨胀就是信贷的膨胀。一分钱一分货，实打实，怎么泡沫？何以膨胀？

三、楼市信贷"休克疗法"不可取

解铃还须系铃人，要化解房地产市场的泡沫，也需要从信贷入手！如果一下子完全掐断对房地产的信贷，房地产业不得使用任何信贷，重新回归一分钱一分货，房地产泡沫分分钟窒息破灭。只需要中国人民银行上午宣布停止个人购房贷款按揭，房地产市场下午就会迅速反应，房价暴跌，跌去七八成甚至八九成，也是完全可能的。随便问问身边的买房人，有几个是用真金白银实打实买的房？绝大部分是杠的！

但一下子完全掐断房地产的信贷，相当于"休克疗法"，震荡非常大，难免引发经济社会危机。整个经济社会是有机的统一，即便治病救人，也需要一个相对自然的调适过程，不能够随便使用休克疗法。但逐步压缩对房地产的信贷总量规模，包括压缩个人购房贷款总量，极其必要，迫在眉睫，堪称有效调控房地产市场的不二法门。仅仅只需要给出预期，即中国人民银行宣布今后将逐步压缩对房地产的信贷总量规模，都不必急于公布逐步压缩的具体节奏，房地产市场就会作出反应，投机客就会千方百计尽快出清，既能有效扼制泡沫增量，又能有效挤压泡沫存量。

四、信贷杠杆原本"特许权"

据中国人民银行2021年1月下旬发布的数据，2020年末，金融机构人民币各项贷款余额172.75万亿元，其中人民币房地产贷款余额为

49.58 万亿元，虽然连续 29 个月回落，但占比仍然高达 28.70%。[318]这是一本正经的官方数据，考虑到多方面的特殊国情，也没把外币计算在内，实际的房地产贷款占比应该远高于此，实际使用的资金占比更是远高于此。这不是猜测，同样来自于一本正经的权威说法。2020 年 12 月初，中国人民银行党委书记、中国银保监会主席郭树清先生发表重要文章《完善现代金融监管体系》，就此专门写了一笔："目前，我国房地产相关贷款占银行业贷款的 39%，还有大量债券、股本、信托等资金进入房地产行业。"[319]

不说 39%，即便 28.70%，也是不合理即不符合资源优化配置的。作为最大的发展中国家，中国迫切需要提高自己的国际竞争力，信贷更需要指向科技创新、高端制造业、农业现代化，甚至还需要指向生态环境修复，而非把超过 1/4 的信贷资源指向房地产——准确讲，不能把超过 1/4 的信贷资源输入房地产投机经济，在热点城市，尤其是一线城市，房地产市场已非正常市场，而沦为了投机专场。

必须指出的是，无论国有银行，还是商业银行，抑或其他银行业金融机构，归集的都是社会上的资本，金融信贷本质上属于公共资源，不得随便使用。如果说商品，金融信贷绝非一般的商品。尤其信贷杠杆"四两拨千斤"，让一分钱挣脱了一分货，属于非正常转移资源，原本就是"特许权"，并非一般的商业行为，务必善加使用。金融信贷虽然混迹商场，服务商业，但本质上有点像"枪杆子"，应该为公权力高标准严格把控运用，原则上只能服务于社会整体利益的特定目标。

五、"调结构"从调配信贷开始

对信贷资源的分配，作为管理当局的中国人民银行应该提出最优方案，指向什么行业，不指向什么行业，该行业能获得多大的信贷杠杆支持，如何以信贷杠杆支持国家最需要发展的行业，货币管理部门必须有

---

[318] 数据来自于中国人民银行发布的《2020 年金融机构贷款投向统计报告》。
[319] 可参阅《<中共中央关于制定国民经济和社会发展第十四个五年规划和二〇三五年远景目标的建议>辅导读本》（人民出版社 2020 年版）》。

用宝图，而不能够胸中无数——如果说"供给侧"，信贷供应无疑属于最重要的供给侧。拿住房消费信贷来说，它必须尽可能扶弱济困，帮助真正需要帮助的人，而非像过去长期以来的那样，以信贷杠杆支持投机客在房地产市场放肆炒作。

种种迹象显示，中国经济的结构失衡，甚至包括多方面的社会失衡在内，与信贷资源的指向与配置密不可分，厥功至伟。如果说"调结构"，调结构应该首先从信贷资源的调配开始，对已经发展过度的产业压缩甚至终止信贷支持，对亟需发展的产业开辟甚至超大信贷支持，必要时使用特殊信贷杠杆力挺，集中全社会的力量打歼灭战，充分发挥信贷杠杆超常转移资源实现特定目标的长处。

这里不得不提一个数据，世界银行关于知识产权的使用付费数据显示，2013年，美国出让知识产权而获得的收入高达1280亿美元，不仅傲视全球，而且是处在第二位的日本的四倍还多；中国则主要是大规模进口技术，出让技术的收入不到10亿美元。[320]中国迫不及待需要把信贷资源引流投向科技创新！！

六、住房信贷定投低收入家庭

在房地产市场刚兴起时，以一定的信贷资源支持房地产，无疑是正确的选择。不仅因为房屋建造也算大宗生产，有一定的生产周期；也不仅因为房地产业关联度大，能带动一大批产业的发展；更重要的是，房地产市场当时对国人而言属于新生事物，的确应该以一定的信贷资源先行进场，让国人树立对房地产市场的信心。但时过境迁，现在到了必须逐步压缩对房地产的信贷总量规模的时候！一定意义上，压缩信贷总量就是压缩房地产泡沫，压缩信贷总量自然压缩房地产泡沫。甚至可以说，不压缩信贷总量的房地产调控，都是假的，都属于忽悠！只有彻底把控流向房地产的资金，才是房地产真调控。

---

[320] 数据来自于共识网文章《为什么中国无法超越美国》，原载美国《外交事务》（Foreign Affairs）杂志2016年5/6月刊，原标题为 The Once and Future Superpower，作者为美国达特茅斯学院两位教授。

即便允许以一定的信贷支持房地产，也不能够不分青红皂白，而必须精准定投，把作为公共资源的信贷配置给那些真正需要帮助的人，扶弱济困。道理在于：房价管制红线是根据房价收入比确定的，而房价收入比中的"收入"是根据平均水平确定的，比如北京市 2014 年度的职工平均工资 77560 元，[321] 这是个平均数，有职工超过平均数，也有职工低于平均数。超过平均数的职工或能在房价收入比所在的 3～6 年之内比如 4 年内实现购房，低于平均数的职工则可能 6 年甚至 12 年乃至 18 年也不能实现购房，怎么办？这就需要从国家整体利益出发，根据社会总体均衡的目标，支取作为公共资源的信贷进行支持，以住房贷款按揭帮助困难群体圆梦"居者有其屋"。住房信贷必须精准定投低收入困难家庭，这应该也是个人住房贷款按揭制度的初衷本意。

七、"认贷不认房"是怎样的"反动"

但在中国的房地产市场，信贷资源主要不是用来扶弱济困，而是指向了富裕家庭，甚至投机客，乃至房地产商本人，完全偏离住房贷款按揭制度的初衷本意。事实凿凿，铁证如山，货币管理当局长期以来允许贷款按揭购买第二套房甚至第三套房。住房是民生必需品，不是投资品，更非投机标的，尤其在人多地少的中国，尤其是住房紧张的时期，尤其在万众抢购的热点城市，原本不允许多购——这也是不少市场经济国家的惯例。但中国竟然一直允许以贷款按揭购买第二套房甚至第三套房，荒唐莫此为甚，可能举世无双，也可能史无前例！

不否认确有投资性需求，甚至有一些还属于改善性需求，但在中国的法纪环境下，多购几乎无疑就是投机。即便不是投机，在房价节节攀升的情况下，多购也几乎无疑转化为投机。更荒诞的是，2014 年 9 月 30 日，银行业金融机构主管部门发布《关于进一步做好住房金融服务工作的通知》，公开实行"认贷不认房"，不仅出乎意料地颠覆了通常的"首套房"概念，甚至还匪夷所思地放松了对第三套房及以上的信贷，

---

[321] 数据来自于北京市人力资源和社会保障局、北京市统计局 2015 年 6 月 5 日下发的《关于公布 2014 年度北京市职工平均工资的通知》。

使信贷完全偏离正道，沦为地地道道的为贷款而贷款，堪称"反动"！种种政策不仅导致住房贷款按揭制度很大程度上与低收入困难家庭无关，反而进一步抬高房价，为房地产投机推波助澜，让低收入困难家庭雪上加霜。

八、为什么必须禁止贷款多购

当务之急是在逐步压缩对房地产的信贷总量规模的同时，同时为贷款按揭多购果断拉闸，即原则上禁止贷款按揭购买非首套房。政策上不必一步到位，比如从60%的首付开始，循序渐进提高首付比例，直至回归实打实，"一分钱"重新链接"一分货"。在长期以来法纪宽松的环境下，即便以改善性需求购买第二套房，也必须要求对第一套房作出二手上市的处理。在房地产真市场上，不仅必须禁止贷款按揭购买第二套房，一个家庭如果出于投机投资性目的需要多购，也不能按管制红线以下的价格，而必须施以高于管制红线的价格。

此中之道理是在于，房地产真市场是从确立房价管制红线开始的，而房价红线属于安全线，是基于社会平均水平并真实需求，不是基于投资水平及投资需求，投资水平应该远远高于社会平均水平，这正是为什么对多购不能够信贷支持、反而必须施以高价的原因。蓦然回首，中国房地产市场何曾有自由竞争、何曾见资源优配、何曾是真市场，盲人骑瞎马也！

第35章
房价红线一抓就灵

内容提要

当前对房地产市场众说纷纭的背后，是主流财经界的昏聩，乃至整个经济学界的昏庸，不知道市场的方向与目标在哪：如房价昂首上攻，涨到哪呢？没谁说得清！如房价扭头下行，跌到哪呢？也没谁说得清！"两个说不清"导致各方无所适从，加剧市场的非理性，大伙儿都只能"盲人骑瞎马，夜半临深池"。作为房地产业价值资源最优比的反映，房价红线为市场指明方向目标，诚为"定海神针"。最高决策层已然定调"坚决遏制房价上涨"，但依然没有对房价红线"射门"，楼市仍然缺失不可或缺的房价红线。

一、如何划定其他管制红线

恢复房地产真市场的第三大举措,是政府必须结合城市的特殊情况与特定目标,为房地产市场划出相应的指导性甚至管制性红线。原则上,房地产真市场只需要一条房价管制红线。在指向甚至反映房地产业价值资源最优配置的房价管制红线下,市场能够发现房地产业价值资源最优配置的均衡。但由于不同的城市往往有自己的特殊情况,有时候还有自己的特定目标,这就需要从实际出发,在房价管制红线之外,再划出其他的指导性甚至管制性红线。

比如某城市属于人口稠密的山地型城市,可供建设的住房用地极其稀缺,这就需要政府管理部门从现实出发,为房地产市场划出具有指导性的住房面积红线,如规定占总数75%的套房面积不得超过85平方米。再比如某城市属于人口净流入的移民型中心城市,不仅要为原住民解决住房问题,还要为外来移民解决住房问题,这就需要政府管理部门从现实出发,为房地产市场划出具有指导性甚至带有管制性的购房资格红线,从而保障有序购买,如规定移民人口必须在该城市具有一定时长的社会保障费与个人所得税交纳资历才有资格购买住房,甚至可以适当收取移民人口购买房屋时的附加费用。道理很简单,原住民不仅资源与贡献都在该城市,而且人生的活动半径也主要集中在该城市,理所当然应该比外来移民享有优先购房权。

在中国最初启动房地产市场化改革时,考虑住房建设也属于大宗生产,产能一时间难以供应充足,尤其在移民型中心城市,政府管理部门确有必要再为购买资格划出一道管制红线,从而防止无序抢购哄抬房价。但经过近二十年的建设,尤其考虑到中国大到有点可怕的产能,今天的问题已不是供应不足,而就是过剩,房地产投机泛滥成灾,各中心城市的均衡调控重点应该放到遏制投机上,这就必须为信贷的指向划出管制红线,即绝对不能够再允许以贷款按揭多购,改善性需求或许还可以支持,但改善性多购同样必须禁止贷款按揭。

二、狙击房地产食利集团

恢复房地产真市场的第四大举措，是政府必须坚决打击房地产投机，狙击房地产食利集团。从经济角度讲，住房是民生最起码的必需品；从政治高度讲，住房属于基本人权。任何时候、任何地方的政府，都不应该允许把房地产作为投资品甚至投机标的。中国不仅地少人多，而且是最大的发展中国家，尤其作为社会主义国家，更不允许把房地产作为投资品甚至投机标的。

但由于指导理论严重错误，中国房地产市场的建设几乎一开始就陷入误区，后来更是招致重重投机，沦为投机专场，直接豢养了一个以投机房地产为职业的食利集团。曾有数据显示，中国大约有30万亿元的游资，不少就在房地产市场出没。房地产投机扭曲资源配置，必须毫不犹豫打击之！这一点绝对不能含糊，不能抱任何侥幸。政府相关管理部门过去有一些错误甚至荒谬的做法，典型就是"认贷不认房"，几乎是公开鼓励投机炒房。

三、房产税该不该收

顺便回应一下千呼万唤的房产税。毫无疑问，房产税增加持有房屋的成本，是打击房地产投机的好办法，也符合国际惯例。有资料显示，房产税收入占到美国州以下政府全部税收的75%，欧洲国家的比例亦普遍在20%以上。在房价中，中国政府收取的各种税，无论绝对值，还是相对值，应该都不少于其他国家，比例据称超过60%。[322]但直接就增加房屋持有成本的房产税而言，无论绝对值，还是相对值，中国可能都少于其他国家。这主要归因于中国独具一格的商品房土地制度，房屋虽然是商品房，但对土地并不具有所有权，而只是享有使用权，并且一次性交了70年的土地使用费。法理上，无论从土地所有权属于全民的高度讲，还是从一次性交纳70年土地使用费的角度讲，政府再征收房产税，似乎都合法性不足。

---

[322] 数据来自于相关新闻报道。

但凡事都须观大局、识大体、明大节，而不能执于枝节，甚至迷于枝节，亦如子夏所言："大德不逾闲，小德出入可也。"[323]房地产市场泡沫深重，这是当前中国的最大现实，政策法规的制定应从这一最大现实出发，而非偏执于某个理念。房产税有效增加投机客对房屋的持有成本，能精准打击投机炒作，这就是房产税难以替代的现实价值，也正是房产税最大的合理性。对房地产市场的均衡而言，尤其对高度泡沫化的中国房地产市场而言，房产税有比无好，早比晚好。

四、均衡房价预期比房产税更关键

不仅有房产税立法在酝酿中，近些年来，对房地产市场的调控确实大动真格。中共十九大报告明确提出"坚持房子是用来住的、不是用来炒的定位"，2018年7月31日的中共中央政治局会议甚至要求"坚决遏制房价上涨"，一改之前"遏制房价过快上涨"的惯常口吻。[324]毫无疑问，这都是对炒房投机旗帜鲜明亮剑，力度不能说小，可投机客仍然出没，房价不仅上涨，一些地方甚至不时快涨——为何？

症结当在于缺乏房价预期！预期决不是小事，套用政治语言讲，预期就是方向，预期就是目标，预期就是旗帜。无论购房者，还是房地产开发商，也包括精明的投机客，各方面都不知道合理的房价应该落位于哪，遂致投机心态不可避免。由作为原核问题的资源配置决定，在房地产市场的建设上，均衡房价预期比房产税更基本更直接，因而也更关键。当务之急是划出房价管制红线，一旦划出管制红线，房价向管制红线下行的预期便自然建立，立竿见影，各方面都有了方向与目标，投机客必然出清手中的房子，不会惜售，更不会捂盘，而会且只会"跑得快"。

五、信息如何成了黑洞

恢复房地产真市场的第五大举措，是政府必须让住房信息公开透明，为房地产市场均衡运行保障基础条件。如本书第10章《信息不对

---

[323] 《论语·子张》。
[324] 可参阅新华社权威新闻报道。

称令投机如鱼得水》所论述的，信号正常传递是任何一种机制运行最起码的基础，市场机制也不例外，没有对信息不对称的克服，甚至信息严重混乱，市场就不可能发挥优化配置资源的功能，反而是投机如鱼得水，导致资源配置扭曲。

但中国房地产市场信息严重不对称，正好比"伸手不见五指"的信息黑洞，尤其是广大购房者，毫无"制信息权"，人为刀俎、我为鱼肉，只能冲动，只能血拼，只能自相残杀，手忙脚乱抢购，胸无点墨赌命。一定意义上，中国房地产市场的泡沫就是广大购房者因伸手不见五指的信息黑洞而"抢"出来的（详论请参阅本书第 11 章《房价是怎样非理性上涨的》）。

信息原本都光天化日之下，为什么会成为黑洞、并让购房者毫无制信息权呢？技术上的原因有三：首先，房地产市场动辄一个城市的规模，系统过大，信息过多，不对称是难免的。其次，房地产开发商释放散布种种于自身有利的信息，真真假假，难免三人成虎。第三，房地产市场诸多问题都具有专业性，但专家队伍鱼龙混杂，观点难免莫衷一是，甚至无良"砖家"居心叵测。仅此三者，及此三者的混合交叉作用，就足以形成信息黑洞。任何一个个体购房者，要克服这里面的信息不对称，几乎都不可想象。

对当前中国的房地产假市场而言，当务之急是让住房信息更加公开透明，这就需要政府管理部门履行自己的职责。中国有一竿子捅到底的居委会，在今天的信息技术下，澄清伸手不见五指的房地产信息黑洞毫无问题，现实上取决于政府的意愿。

六、信息为何成了黑洞

以上五大举措都指向房价管制红线，其中第一大举措即以限价"招拍挂"出让土地是直接从房价管制红线来的，即房价管制红线确定地价管制红线，其他四大举措都间接指向房价管制红线。房价红线原本指向甚至反映资源最优配置的均衡，现实代表房地产业价值资源最优比值，乃房地产真市场的灵魂所在，各方各面围绕房价红线做文章，才是恢复真自由市场的真法子。

一夫当关、万夫莫开，一旦有了房价管制红线，房地产市场完全可驾一驭万，从房价红线驾驭各方各面的万千措施，水来土掩、兵来将挡，得心应手，实际上已经让其他措施显得多余，即房价红线完全可以对房地产市场无为而治。拿作为第五大举措的信息公开透明来讲，如果有了房价红线，即便信息不对称最严重，完全一抹黑，比地狱还黑，天会塌下来吗？哪怕房地产商及其豢养的专家颠倒黑白，甚至指鹿为马，可他们能把房价忽悠到红线以上吗？否！

说白了，如果有了房价红线，再怎么在信息上投机，把信息搅浑，已经徒劳无功，也不会有人相信。正因为没有房价红线，才让人乘虚而入，信息才被人投机搅浑，乃至成为信息黑洞。更发人深思的是，只要缺失房价红张，哪怕有专门的信息服务部门，恐怕也无济于事，反而有可能让信息黑洞来得更黑一些——**Why**？

七、房价红线乃楼市定海神针

众所周知，房屋中介公司就是因信息而生，目的正在于为房地产市场各方解决信息不对称的问题。但现实上却是"权力寻租"与"部门利益"，中介公司"靠信息吃信息"，很大程度上已因自己建立的信息"部门"、已凭自己拥有的信息"权力"异化为搅局者甚至投机客，以至政府相关管理部门不得不在 2016 年 7 月联合出台了《关于加强房地产中介管理促进行业健康发展的意见》——是不是令人唏嘘？

这就是叠床架屋，这就是疲于应付，这就是举重若重，乃违背自由市场真谛、缺失房价红线而不得不付出的代价！房屋中介公司的异化堕落，有力佐证了自由市场因房价管制红线而立，房价红线才是房地产市场的核心与灵魂。措施上讲，唯有房价红线，才是举重若轻乃至驾一驭万的根本大计，诚可谓"定海神针"。要说"锚"，房价管制红线才是房地产市场必不可少的价格锚。

就中国当前的房地产形势而言，如不想被泡沫所挟持，而是希望泡沫软着陆，各方面的调控政策就必须以房价管制红线为基准、为方向、为目标，一切围绕管制红线制定并实施政策，让房价一步步稳妥回落，从远远超出管制红线回落到管制红线附近，乃至回落到管制红线之内，直至最终落定于代表资源最优配置的均衡房价。即是说，尽管当前的现实房价远远超过管制红线，但管制红线指明方向与目标，给出预期，市场各方不再无所适从，房地产市场从此有了定海神针，即便不能立竿见影，但渐入佳境是一定的！

八、房价红线对治"两个说不清"

就像一个人最怕没有方向与目标一样，市场也最怕没有方向与目标。说到底，当前对房地产市场见仁见智乃至众说纷纭的背后，是主流财经界的昏聩，乃至整个经济学界的昏庸，根本不知道市场的方向与目标在哪里：如果房价昂首上攻，可究竟涨到哪里呢？没谁说得清，主管部门都说不清！如果房价扭头下行，可究竟跌到何处呢？也没谁说得清，主管部门也说不清！

"两个说不清"导致市场各方无所适从，政府主管部门也无所适从，从而加剧市场的非理性，大伙儿都只能"盲人骑瞎马，夜半临深池"。市场化改革以来的中国房地产市场不正是这样吗？更要命的是，不管政府如何调控，乃至政策百出，但收效甚微，过去如此，近几年似乎略有改观，但房价涨声依旧。最高决策层已然定调"坚决遏制房价上涨"，意思应该就是不许房价上涨，但依然没有对房价管制红线"射门"，楼市仍然缺失房价红线，现实上，房价还在继续上攻。唯有房价管制红线的定海神针，才能够对治两个说不清，根本上扭转盲人骑瞎马的局面，踏上阳光灿烂的自由市场正道。

第 36 章
维护管制红线就是为人民服务

内容提要

价格管制红线实质上也属常识,每个行业都有自己的行业价值与行业利润率,并不需要格外的、更多的、多余的人为自由竞争。承认房价红线将腰斩政府的房地产收入,需要政府自我革命。作为最起码的安全线,管制红线管制的只是投机,实是人民利益保障线,也包括保障房地产商甚至投机客的本分利益在内。看护管制红线,正是政府最务实也最真诚的为人民服务!蜻蜓点水、鹦鹉学舌、似懂非懂、似是而非的西方经济学才是中国房地产市场也是整个市场化改革的最大忽悠。别了,西方经济学!

一、有例可循的卷烟价格红线

唯有房价管制红线，才是房地产市场的定海神针，各方面的调控政策都必须以房价红线为基准、为方向、为目标，一切围绕房价红线制定并实施政策——岂不是如假包换的计划经济？还是自由市场吗？自由在哪里呢？

殊不知，即便从计划与市场的关系看，市场原本也是规划，目标鲜明而刚性，那就是资源优化配置直至最优均衡。[325]必须把西方的、陈旧的、不成立的、荒唐的自由市场理论，彻底扔给老鼠的牙齿！再重申一下，必须紧扣资源配置的问题来看待自由市场，必须紧扣资源最优配置的均衡来看待价格管制红线，自由不是为自由而自由，市场不是为市场而市场。"两个说不清"已有力彰显缺失房价红线之"盲人骑瞎马，夜半临深池"，价格管制红线是真自由市场的标准配置！

实践出真知，价格管制红线事实上不是新生事物，政府已经为某些行业划定过，还真的有例可循，尽管不是有意识的真自由市场政策行为。为治理卷烟零售价格炒作，及由之而来的卷烟过度包装，国家烟草专卖局曾在 2008 年下发专门的红头文件，明确规定卷烟零售价一律不得超过 1000 元/200 支，[326]才终于遏制泛滥猖獗的"天价烟"。这是行政指令行为，看起来属于计划经济，但实质上属于正宗地道的市场经济，符合行业价值资源最优配置。

每个行业都有自己的行业价值与行业利润率，并不需要格外的、更多的、多余的人为自由竞争。抽烟损害健康，不过是习惯成俗的消遣，1000 元/200 支已是高看三眼，属于极大的资源超配。划定烟价管理红线，并非取消卷烟市场，更不否认卷烟业的自由竞争，而恰恰是建设维护了真正的卷烟市场。1000 元/200 支以下的价格空间，便是卷烟业自由竞争的天地。竞价到 1000 元/200 支以上，偏离卷烟业本身的价值，不是过度包装，便是人为炒作，何自由之有？

---

[325] 请参阅本书第 15 章《市场选"我"优配资源》。
[326] 请参阅《关于切实加强卷烟价格管理的通知》（国烟计〔2008〕549 号）。

二、"紧缩银根"必奏效

就当前房地产市场的形势而言,最有力的调控恐怕莫过于第二大举措:压缩信贷总量规模,并保证信贷精准定投。泡沫的膨胀实是信贷的膨胀,没有信贷的膨胀,就难有泡沫的膨胀;泡沫的压缩就是信贷的压缩,没有信贷的压缩,就难有泡沫的压缩。毫无疑问,只要中国人民银行宣布逐步压缩对房地产的信贷总量,中国房价必定回落,信贷压缩有多快,房价回落就有多快。同样毫无疑问,只要中国人民银行宣布信贷必须扶弱济困,精准定投低收入家庭,禁止使用作为公共资源的信贷按揭购买非首套房、多套房,中国的房价也必定回落,禁止多购的力度有多大,房价回落的力度就有多大。

这不是纸上谈兵,得到了血的检验,并且殷鉴不远。20世纪90年代初,刚建省不久的海南经历了一场房地产泡沫,但当时负责主抓相关工作的朱镕基副总理该出手时就出手,及时控制了火势,关键举措就是"紧缩银根",不仅压缩房地产信贷总量,而且全方位防止资金流入房地产市场,包括果断终止房地产企业上市,结果立竿见影。

更有力的检验可能来自于日本,同样在20世纪90年代初,日本的房地产泡沫之所以在房价一路高涨中突然掉头下行,通常都把原因归结到日元大贬值。但似乎有证据显示,真正的原因是日本政府有意并主动捅破泡沫,管理当局希望把信贷资源引向实体经济特别是科技创新,而非流向房地产投机。1990年3月,针对当时仍一片繁荣的房地产业,日本管理当局发布《控制不动产融资总量的通知》,房地产泡沫从此开始收缩,踏上漫漫"熊"途。[327]

三、亡羊补牢的房地产贷款管理

第二大举措即压缩信贷总量规模并保证信贷精准定投的落实,需要第三大、第四大、第五大举措的支持,更准确讲,在实践操作上,如果有第三大、第四大、第五大举措的配合,第二大举措会落实得更快更好。

---

[327] 张捷:《日本地产泡沫:热钱的滑铁卢》,中国证券报,2011年3月31日。

一旦第二大举措得到落实，终结"漫天灌水"房地产，停止房地产"一分钱九分房"，房价必定回落。

令人高兴的是，在 2020 年最后一天，中国人民银行官网发布了《关于建立银行业金融机构房地产贷款集中度管理制度的通知》，对各类型银行的房地产贷款占比作出分档规定，中资大型银行属于占比最高的第一档，房地产贷款占比上限为 40%，个人住房贷款占比上限为 32.5%，时间从 2021 年开始。尽管亡羊补牢，尽管姗姗来迟，尤其占比上限仍然高高在上，结构上严重偏离信贷资源优配，但也算政府有关部门在准备关上房地产信贷的"超级水龙头"。

一旦超级水龙头被关上，投机必被遏制，泡沫必被挤压，房价自然回落，压力自然传导到地产市场，地价也必定回落，进而形成连锁反应，促使房价更快回落，形成良性循环，经过一段时间的充分甚至饱和反应，泡沫自然缩减甚至消失，房价自然进"笼"——回落到房价管制红线之内，直至落定于均衡房价本身，达到房地产业的价值资源最优比，实现对房地产业的资源最优配置均衡，成为真正的房地产市场！

四、房地产收入只是政府的小利

毫无疑问，房价管制红线是房地产真市场的核心与灵魂所在。这原本是政府在房地产市场化改革之初就应该首先划出的，可今天已是现实房价远远超过管制红线的形势，政府还能够把自己的调控工作甚至调控目标恢复回归到管制红线吗？的确不容乐观！原因很简单，相当程度上，政府正是房地产泡沫化的最大利得者。

早在 2009 年的全国"两会"上，全国工商联提交了一份名为《我国房价为何居高不下》的大会发言，主要内容是全国工商联房地产商会于 2008 年 7 月至 10 月就"房地产企业的开发费用"在 9 个城市、选取 62 个不同规模的房地产开发企业的 81 个项目所作调查而得到的结论：在房地产企业的总费用支出中，流向政府的部分所占比例为 49.42%，一线城市尤高，最高的上海达到 64.5%。该结论得到相当一部分房地产业内人士的认可，但时任全国工商联房地产商会轮值主席的任某某认为，全国工商联房地产商会的调查没有把政府从房地产收取的税费全部计算在内，政府从房价中所得的份额实际上远远超过70%。[328]如果承认房价管制红线，房价将被腰斩，地价将被腰斩，政府在房地产市场的收入无疑也要被腰斩——政府愿意吗？

五、为人民服务：看护房价红线

但房地产的收入只是政府的小利，并相当程度上是政府的非分小利。作为国家整体利益的代表看护者，国家整体利益最大化才是政府的本份大利！房价管制红线指向、反映甚至代表房地产业价值资源最优比，代表房地产领域的国家整体利益，正是政府应坚决保障并维护的，义不容辞，责无旁贷。

更重要的是，经济社会是一个整体，房地产泡沫不除，危机必定向其他领域扩散转移，经济社会无法行稳致远，甚至酿就全面危机，可谓后患无穷。决不应因小失大，绝不能饮鸩止渴，就像日本管理当局当年主动捅破房地产泡沫一样，中国管理当局也需要主动承认房价管制红线，从而千方百计逐步实现泡沫的软着陆。道义上讲，理性的政府应该去非分而守本分；利益上讲，理性的政府应该舍小利而取大利。

这就需要政府壮士断腕，正如习近平总书记所强调的，政府全面深化改革首先要刀刃向内，敢于自我革命。中国的各级政府原本就是"为人民服务"的宗旨，为广大低收入家庭腰斩已极大扭曲整个经济社会资源配置的房地产收入，逐步实现房价向管制红线的回落，让普通百姓享受更大的获得感，赢得民心，天下归心，值！还是习近平总书记说得好："民生连着民心，民心关系国运。我们党和政府做一切工作出发点、落脚点都是让人民过上好日子。"[329]

事实上，作为自由市场最起码的安全线，管制红线管制的只是投机，代表的却是全体民众的整体利益——包括房地产商和投机客的本分利益在内，实质上是一条人民利益保障线，政治上看，还是一条社会主义

---

[328] 数据来自于相关新闻报道。
[329] 2013年3月7日，习近平在全国"两会"期间参与辽宁代表团审议的讲话。

保障线。政府代表看护管制红线，正是最务实也最真诚的为人民服务，正是最落地也最漂亮的社会主义！

六、西方经济学乃最大忽悠

另一方面，实事求是讲，尽管政府是房地产市场最大的利得者，但当前楼市泡沫化的局面，也不是政府所希望的，至少不是中国中央政府所希望的。这充分反映在地价的泡沫化上，土地出让的招拍挂原本是对协议出让的革新，目的正在于规避协议出让难以避免的人为干扰甚至腐败。硬要说政府的初衷就是通过招拍挂的"价高者得"来抬高地价甚至制造"地王"，这无疑不公平，更重要的是不符合事实。

回首房地产市场化改革的历程，乃至回首整个改革开放的历史，中国中央政府的步子一开始都是稳健的，房地产改革以"经济适用住房供应体系"为主攻目标，经济体制改革以"有计划的商品经济"为主攻目标，问题似乎是走着走着就脚下生风，自由开放绰绰有余，系统限定严重不足，系统限定的步伐跟不上自由开放的步伐，急于求成了！

中国房地产市场之所以陷入泡沫化困局，罪过最主要还是错误的自由市场指导理论。如果说"忽悠"，缺失安全红线的"价高者得"才是中国房地产市场也是整个市场化改革的最大忽悠！错误的自由市场指导理论才是中国房地产市场也是整个市场化改革的最大忽悠！蜻蜓点水、鹦鹉学舌、似懂非懂、似是而非的西方经济学才是中国房地产市场也是整个市场化改革的最大忽悠！

七、别了，西方经济学

走笔至此，抚今追昔，感慨万千。1776 年，斯密历经 12 年写作的《国民财富的性质和原因的研究》问世，这部被简称为《国富论》的皇皇论著，标志着经济学作为一种学科的正式诞生，斯密也因此而被尊奉为"经济学之父"。从《国富论》算起，西方经济学已近 250 年久矣。如果追溯到 1615 年法国重商主义者蒙克莱田（Antoine Montchrtien）出版《献给国王和王后的政治经济学》，西方经济学更超 400 年之久，可谓历史悠久。尤其对一门社会科学而言，历经400年的淬炼与检验，不说炉火纯青，至少也勉强凑合吧？

西方经济学不只是历史悠久，而且冠盖云集。自斯密开创经济学以来，也因为资本主义的兴起、发展和繁荣，西方世界一代接一代的精英殚精竭虑，前赴后继，为西方经济学谋篇布局，添砖加瓦，开疆拓土。这里面不仅有纯粹的经济学精英，也包括一大批数学精英，乃至别的跨界科学精英，把自己的心思智慧乃至全部精神，贯注到西方经济学的建设与完善之中，不说止于至善，至少也马马虎虎吧？

但莫斯科不相信眼泪，事实胜于雄辩。且不提"高大上"的价值问题，[330]在最基本最起码的资源配置问题上，在既原始、还核心的资源配置问题上，在自认为孜孜以求、殚精竭虑的资源配置问题上，西方经济学遭遇不折不扣的"滑铁卢"！没能够区分投机与自由，疏忽了最不该疏忽的限定系统，甚至不曾揭示市场作为选秀机制，实际上对资源优化配置胸无点墨，引发一系列严重的理论和实践错误，典型如缺失整体利益的概念、一私了之的私有化策略、经济危机的周期性发作，为祸世界，不亦悲哉？

——别了，西方经济学！

---

[330] 价值问题是《别了（下）》探讨的主题，更加彰显西方经济学之胸无点墨，完全是一塌糊涂、乱来一气。

第七篇

中国为什么"能"

第 37 章
中国道路：实践出真自由市场

内容提要

理论如不能紧扣资源配置展开，一开始就是概念游戏的耍流氓。建构市场两步走：大一统确定方向目标，个体利益最大化追求配给动力。产权清晰大一统，正是史上中华"黄河九曲终归海"背后的逻辑，也正是中国共产党一元化领导背后的逻辑，岂偶然乎？岂特色哉？一元化领导让国家整体利益归于一主，奠定了市场的基石；改革开放解压了个体利益追求，匹配了市场的动力，这就是中国无意中建构的真自由市场——"核心+仁心"，成就了当代中国在 GDP 上的坐二望上，并将继续把中国送上冠压群雄的宝座。

一、诺奖级问题："读懂中国"

当代中国的改革开放已趟过40年。从历史长河看，40年不过转瞬，但改革开放的40年不仅让超10亿人口经历了时空转换，从农业时代进入工业时代直至信息时代，如今正跃入大数据人工智能时代；而且让中国作为第一人口大国实现了飞跃，从站起来到富起来到强起来。如果说"崛起"，当代中国的崛起集三次转型、连升三级于一身，就是从世界历史观之，亦堪称华丽。

正如注目礼概念所提示的，讲成绩尤其不能够自说自话，外界的反应才是最真实、最有力的评价——2017年12月18日，时任美国总统特朗普发布上任后首份《美国国家安全战略报告》，史无前例地提及"中国"达33次之多，并史无前例地将中国定义为"战略竞争者"。不到三年，特朗普当局公开挑唆对华新冷战。2020年7月23日，时任美国国务卿的蓬佩奥（Mike Pompeo）特意赶到开启美国对华"接触"战略的美国前总统尼克松的故居，发表题为"共产主义中国与自由世界的未来"的演讲，冷战的意味扑鼻而来，被外界认为是"新铁幕演讲"[331]——这算不算对中国成就的某种高规格承认？

那中国成就该怎么解释呢？这是一个问题，不仅中国在思考，而且全球都在思考，一个诺奖级的大问题！诺贝尔经济学奖得主弗里德曼（Milton Friedman）曾明确表示："能解读中国经济改革的人，应该荣获诺贝尔奖。"[332]无独有偶，雅克也从另一个侧面敏锐指出："理解中国将是21世纪的巨大挑战之一！"[333]应该正是为面对挑战、破解难题，中共中央党校原副校长郑必坚先生发起"读懂中国"国际会议，已召开多次大会，并于2020年3月得中共中央批准，正式机制化。[334]可怎么

---

[331] 请参阅相关新闻报道。
[332] 林重庚：《中国改革开放过程中的对外思想开放》，可参阅《中国经济50人看三十年》（中国经济出版社2008年版）。曾任世界银行研究部首席经济学家、著有《全球不平等》一书的美国纽约城市大学教授米兰诺维奇(Branko Milanovic)有与弗里德曼相近的说法。在经济学界之外，中国人民大学国际关系学院教授金灿荣先生也有类似的说法，曾撰写专门文章，标题就叫《谁解释好中国，该拿诺贝尔奖》，旗帜鲜明。
[333] [英]马丁·雅克：《当中国统治世界：中国的崛起和西方世界的衰落》，中信出版社2010年版。
[334] 请参阅相关新闻报道。

真正读懂中国呢？谁能真正读懂中国呢？

二、市场优配资源成就中国

马克思说得好："'思想'一旦脱离利益，就一定会使自己出丑。"[335]只是"利益"一词似乎有点煽情，讲"资源配置"应该更显客观。社会科学的理论如不能紧扣资源配置展开，一开始就是概念游戏的耍流氓。因为资源配置是人类社会毋庸置疑的"原核问题"——既"原始"还"核心"的问题。阐释中国道路尤其改革开放的经济成就，无疑更应该紧扣资源配置，因为经济成就本身就属于毫不含糊的资源配置问题。

从最靠谱的资源配置讲，对中国为什么华丽崛起，正是一个最标准的西方式答案：市场优化配置资源的结果！尤其改革开放以来的经济成就，更是有力佐证了西方主流经济学一直秉持、信奉并强调的市场优化配置资源，中国道路无意中吻合了真正的自由市场逻辑与模式。在经济上，特别就 GDP 而言，自由市场已经将中国送上坐二望一的宝座，并还将继续把中国送上冠压群雄的宝座。[336]在某些方面，比如就制造业而言，金灿荣先生风趣讲到的"之后全球只有两个国家，一个叫中国，一个叫外国"，[337]战略上看，不会是调侃，极其可能在不远的将来变现。

三、大一统才是建构市场的前提

主流经济学认为市场的逻辑始于个体对个体利益最大化的追求，这不能说错，但属于"只见树木、不见森林"。那是不是"先见树木、后见森林"呢？非也！市场逻辑的第一条是且只是"见森林"并"先见森林"——整体利益。

这是毫无疑问的，如果不先见森林，个体利益最大化的追求就缺失方向，导致整体利益侵蚀，直至整体利益悲剧，不仅危及个体利益最大

---

[335] 《神圣家族》（《马克思恩格斯全集》第 2 卷）。
[336] 这一点几乎已是国际社会共识，但对 GDP 上中国超越美国的具体时点，国内外不同专家、机构有不同的预估，乐观的认为在 2026 年（前），积极的认为在 2028 年（前），保守的认为在 2035 年（前），可网查相关新闻报道。
[337] 请参阅金灿荣先生就相关话题的演讲视频。

化的追求，甚至连起码的个体利益也失去保障。这已经为"公地悲剧"所强力反证，数学上讲，个体利益最大值不应该、也不能超过整体利益最大值。从与整体利益一体两面的限定系统讲，资源配置最优是且只是限定系统内的资源配置最优，这是数学上确证的，毋庸置疑。

仅仅"先见森林"仍不够，为防止整体利益被投机被侵蚀被悲剧，还须把整体利益进一步归属落实到某唯一"我"，这就是"产权清晰大一统"。[338]没有大一统，个体利益最大化就会偏离资源优配的方向，整体利益被侵蚀、负外部性乃至"公地悲剧"就不可避免。要注意的是，哪怕归属落实到唯二"我们"，也不符合产权清晰大一统，因为在唯二"我们"之上还会存在共同的"公地"，一旦存在公地，就会让人对公地有不臣投机之心。[339]这是由整体利益的不可分割和"我们"的可拆分解共同决定，人群中凡可以分割的利益，都不属于人群的整体利益。[340]

四、大一统是中华历史浩荡潮流

这就是建构市场的第一步——大一统，堪称自由市场的前提条件。也正是历史上中华道路最鲜明的特点——国家整体利益大一统！应该因为对人性的彻底洞察，中华民族一大早就发现并实现大一统。"百代皆行秦政制"，这一点属实。但秦始皇与其说是大一统的开创者，不如说是大一统的集成者。这主要彰显于秦始皇用"郡县制"强化了先秦有点脆弱的大一统，由于郡县制内禀的委托代理关系，其一统刚性强于先秦的"封国土，建诸侯"。

尽管中华在历史上也几经曲折，甚至有南北朝划治而治，乃至三国鼎立于世，但"黄河九曲终归海"，大一统乃中华历史不可阻挡的浩荡潮流。近现代亦不例外，鸦片战争一声炮响，西方帝国主义破门而入，中华文明陷入"三千年未有之变局"。但"一"道不可违，限定系统内资源最优配置的均衡势不可当，经过近百年的艰难探索，中华重归大一统，不再是郡县制，更不再是分封制，而是中国共产党的"一元化"领

---

[338] 详论请参阅本书第19章《大一统即整体利益归属落实到某唯一"我"》。
[339] 例证可参阅本书第8章《投机为什么不属于自由》所举"冰淇淋商贩难题"。
[340] 详论请参阅本书第19章《大一统即整体利益归属落实到某唯一"我"》。

导——提示一下，所谓一元化，指的是领导制度，即通常所讲、也是现行《中国共产党章程》明确写入的"党政军民学，东西南北中，党是领导一切的"，而非政党制度。新中国的政党制度独具一格：共产党领导、多党派合作，共产党执政、多党派参政。领导体制与政党制度有联系，但绝不能与政党制度混为一谈！[341]

五、"一元化"让大一统浴火重生

从世界政治现状看，一元化领导颇显孤立。西方世界尤不以为然，把一元化领导等同于"专制"。中共自身当然信心满满，于党章国法中强调"中国共产党领导是中国特色社会主义最本质的特征和中国特色社会主义制度的最大优势"，[342]就具体理据而言，大抵不外乎两点：一者"历史（人民）的选择"，一者"中国特色"。这两点属实，但理论逻辑还可以加强。拿历史（人民）的选择来讲，这只是再次重申了事实，而现在的问题是解释事实。说白了，历史（人民）的选择背后是不是也存在理论逻辑、存在什么样的理论逻辑。

从历史纵向看，中国共产党一元化领导不过是大一统的浴火重生！这不是牵强附会，更非主观臆断，彰显于一元化领导所内禀、并已在名称上点破的"一"逻辑，中共一元化领导并不止于国家层面，而是步步深入，直至定于一尊——一位核心领导，可把一元化领导体制称为"核心制"。[343]党是国家的核心，中央委员会是党的核心，政治局是中央委员会的核心，政治局常委会是政治局的核心，总书记是政治局常委会的核心，这是一个核心核心再核心的过程，直至归一。小平同志掷地作声："任何一个领导集体都要有一个核心，没有核心的领导是靠不住的。"[344]这与既有经济学八竿子打不上，但实质也属于经济学，既有力反证"公地悲剧"，也有力佐证限定系统内资源最优配置的均衡点之唯一性。

---

[341] 《中国政党制度研究报告2018》，人民出版社2020年版。
[342] 这是中共十九大报告的正式说法，后来写入《中国共产党章程》，"中国共产党领导是中国特色社会主义最本质的特征"并写入《中华人民共和国宪法》。
[343] 关于核心制的更多更深论述，请参阅"别了，西方思想"体系其他著作。
[344] 《第三代领导集体的当务之急》（《邓小平文选》第3卷）。

核心化逻辑充分表明，一元化领导的实质不是别的，就是大一统。无独有偶，大一统也彰显于中共另一个常用的党建术语，并且与核心化颇显呼应，这就是所谓"同心圆"！核心化主要是对内而言，同心圆主要是对外而言，用于外部统战场合。[345]显而易见，同心圆的本质也在于归一，要不然，就无所谓同心，更无所谓同心圆。同者，一也。三相对照，区别是在于，大一统更主要是宏观描述，核心化强调了分层分级以归一，同心圆强调了分层分级以同一。

一——产权清晰大一统，正是史上中华一以贯之大一统背后的理论逻辑，也正是"黄河九曲终归海"背后的理论逻辑，也正是近现代中国重归大一统背后的理论逻辑，也正是中国共产党一元化领导背后的理论逻辑。历史（人民）的选择背后，正是逻辑的选择，乃逻辑的选择决定了历史（人民）的选择，岂偶然乎？岂特色哉？

六、改革开放后的经济增速为何更快

建构市场的第二步才是主流经济学所强调的启动个体对个体利益最大化的追求。产权清晰大一统让整体利益归一，指引了资源优配的方向，个体利益最大化的追求从此可以自由、尽情而安全地迸发，万类霜天竞自由。另一方面，由于边际效应递减，大一统主体之唯一"我"代表看护整体利益，并非自己亲手做事，也非简单组阁做事，而是还归市场，让人民自治，整体利益最大化必须通过个体利益最大化而实现。

这似乎得到改革开放前后两个时期经济增速的佐证。据《中国统计年鉴 2004》，中国 GDP 在 1953 年只有 824.00 亿元，1978 年达到 3624.10 亿元，25 年间增长 4.4 倍，年均增长 6.2%，这已经相当快速了。但改革开放后更快，根据国家统计局 2013 年 11 月发布的数据，1979 年至 2012 年，中国经济年均增速达到 9.8%。[346]

---

[345] 在外部统战场合，中共甚至有"同心圆工程"的概念。
[346] 两个历史时期的数据来自于新闻报道与整理计算。另，对改革开放前后两个时期的 GDP 增速也有不同看法，症结被认为在于 GDP 统计范畴与方法不一样，具体可参阅昆仑策研究院副院长王立华先生"论毛泽东时代中国与世界主要国家的经济发展速度"的相关主题文章。

同属一元化领导，改革开放为什么较前三十年增长更快？根本大计应该就是市场启动，改革开放启动了前三十年因种种原因而被抑制的个体利益最大化追求。这有点类似于"宗教改革"之后资本主义在欧洲大地的狂飙突起，宗教改革之所以让资本主义狂飙突起，重要症结即在于宗教改革让个人追求钱财在信仰上也变得神圣起来，极大释放之前被抑制的个体利益最大化追求。[347]

七、"总量管制下的交易"是市场一般模式

建构市场即两大步骤：大一统确定方向目标，个体利益最大化追求配给动力。西方主流经济学言必称市场，但由于"只见树木、不见森林"，其实不知市场底里，对市场如何配置资源一知半解，过分强调个体利益最大化的动力，明显忽略大一统的前提。这不仅表现在主流经济学缺失整体利益及限定系统的概念，也表现在宏观经济学姗姗来迟、并且与微观经济学一直处于割裂的状态上。[348]

但"愚者千虑，必有一得"，主流经济学以亡羊补牢邂逅了真正的自由市场。这彰显于新兴的环境权益交易模式——"总量管制下的交易"，大一统的"总量管制"扣在自由的"交易"之先，实质是以整体利益为自由指引方向。拿温室气体排放权市场来说，为启动市场，必须首先由地球温度安全线确定温室气体排放总量，唯其如此，温室气体才具有稀缺性，排放权才成为商品，交易才能进行，降低排放才有利可图，并成为资源优配的方向。虽属环境权益市场的个案，但总量管制下的交易模式是一般的，市场原本大一统总量管制下的市场。

八、实践出真自由市场

实际上，建构自由市场，也无所谓两步走，最简单不过，就是让利益各有其主、各在其位、各得其宜。市场上存在两种人格及利益——比

---

[347] [德]马克斯·韦伯：《新教伦理与资本主义精神》，三联书店1987年版。
[348] 关于西方主流经济学之宏观经济学姗姗来迟并与微观经济学割裂，本书第12章《投机经济是如何形成的》、第13章《两极分化是怎样造成的》、第28章《政府如何"大权独揽"》各有论及。

比皆是的个体及个体利益,与必不可少的整体及整体利益。个体利益都是有主的,每个个体天然充当自己个体利益的主,值班看护自己的个体利益。关键是让不属于任何个体、位于个体利益之外的整体利益也有值班看护的主,一旦整体利益归于一主,市场上的全部利益就都"所有者到位",根本上断了投机的空间,在自由竞争的激荡下,资源优配自然而然,水到渠成。

一元化领导让国家整体利益归一,奠定了自由市场的基石;改革开放解压了个体利益追求,匹配了自由市场的动力。这正是中国道路尤其改革开放成就非凡的根本原因,不是别的,没有别的,除了市场优配资源,还是市场优配资源!是不是感觉忒简单以至于难以置信?正反映了大道归一的简洁性,化繁为简,驾一驭万,谈笑间,樯橹灰飞烟灭!

这就是中国无意中建构的真自由市场——"核心+仁心",产权清晰大一统,国家整体利益清晰归一,此为"核心",大一统统于核心;万类霜天竞自由,国家整体利益最大化通过个体利益最大化以实现,此为"仁心",市场自治发于仁心。新中国之所以发展迅速,归根到底就是"两心",一直坚持核心领导不动摇,保障了国家整体利益产权清晰,实现了国家整体利益最大化;改革开放后的仁心更突出,民众的积极性与创造力得到释放,因而国家整体利益最大化的步子更快更有力。毫无疑问,继续推进国家整体利益最大化,仍必须坚持两心同行,以核心成仁心,以仁心保核心,在大力坚持核心领导的同时,大力以仁心促进市场化改革,进一步还民于民,直至资源最优配置的均衡。

或问:"核心+仁心"是真自由市场的一般模式,那中华王朝时代几乎都属于两心模式,特别在新兴王朝的早期,往往核心也坚强、仁心亦温暖,岂不真自由市场?既如此,国家整体利益最大化的产出在哪里呢?尽管中华在 GDP 上长期以来独占鳌头,但一个明摆着的事实是,工商科技文明并没有兴盛于中华而首先崛起于欧洲,怎么解释?这是个严重的问题,涉及的不只是自由市场的模式,更关连着自由市场的归宿——价值问题,说白了,什么才是人乃至人类真正的利益。是物质财富吗?这已不是本书要回答的问题,且待《别了(下)》分解端详。

第38章
问苍茫大地，谁主沉浮

内容提要

由"负外部性"决定，中美之间某种形式、某个时段的冷战，恐难避免，直接比拼的将主要是政治体制。大一统无法否认，亦西方经济学的正理。问题是谁的大一统、什么样的大一统、如何实现大一统。实践超前理论的中国核心制，实事求是归"一"，名正言顺民主，"山巅自信"休矣！在中美博弈中，谁也不可能打败谁，只是美国会被自己的心魔折腾，不战自败；中国不过是做好自己，让历史自然选择而已。"两心"论中国方案，不过就是"我"与"他"的人际关系在宏观层面的放大，极简极明，普天大道也！

一、国家"存在感":国际"羡慕嫉妒恨"

正如注目礼概念所揭示的,人天生是需要"存在感"的动物。就像人与人的关系一样,国与国的关系也是围绕存在感——毋宁说就是国际社会的排座次——而展开,国家也天然是需要存在感的实体。由于中国经济实力坐二望一,势头持续看好,美国老大的存在感相对衰弱,引发"更年期不适",近些年来对中国不时"翻白眼",甚至希望中国的奶牛立即死掉——讲个有关存在感抑或说"羡慕嫉妒恨"的小故事:

> 三个人,称 A、B、C 吧,救了魔瓶里的老妖,老妖答应满足他们各一个愿望。A 说:我要栋别墅,比我最要好的朋友的房子还多间浴室。B 说:我要一位美女,比我最要好的同事的妻子更加婷婷玉立。C 的邻居有头产量高而又品质好的奶牛,"我要这头奶牛,"他对老妖说:"立刻死掉!"

这不是玩笑,刚下台的特朗普当局公开叫嚣让中国的奶牛死掉,具体表现就是发动损人不利己的对华贸易战,不择手段乃至不惜一切,挑唆对华新冷战。包括现任总统拜登(Joseph Biden)在内,无论谁入主白宫,都不太可能改弦更张,遏制甚至阻击中国崛起,乃美国朝野两党相当程度的共识。从西方的历史传统看,特别因为"一山难容二虎"的西式对立思维;从人类全局看,如果大一统要变现,也意味着"一山难容二虎"的形势,两者共同作用,中美之间某种形式、某个时段的冷战,恐怕难以避免!要不,世界第一乃至世界唯一的宝座怎么易位?

二、难以避免的中美冷战

不同于西方传统上的"民族国家",中国超越一般意义上的民族国家,属于"文明型国家"。[349] 但头把交椅的换位,确实不是"请客吃饭"。在 GDP 上,中国已经坐二望一,换位并不难。实际上,按国际货币基金组织(IMF)的"购买力平价"计算,早在 2014 年,中国就已经以 17.6

---

[349] 所谓文明型国家,被复旦大学中国研究院院长张维为先生、英国学者雅克先生讲得流行了,可能源于英国历史学家汤因比先生(Arnold Toynbee)对中国的看法。

万亿美元的经济规模，超越美国经济总量的 17.4 万亿美元，即中国成为全球最大经济体都快小 10 年了。[350]

难的是心理精神上的易位，这涉及意识形态和价值观。看起来好像轻飘飘，但实质上是兹事体大的人心归属问题，堪称注目礼上的终极对决。既然是人心归属问题，相关各方原本最应该充分展示"软实力"，"恒久忍耐"乃至"温良恭俭让"。[351]但经验一再表明，冲突几乎不可避免。当年的美苏冷战之所以没能避免，固然有势力范围的地盘因素，但很大程度上正因意识形态和价值观不同而冲突。

美国已有权威意见指出，中国崛起带来的真正挑战，既在于经济与地缘政治，更在于意识形态！2020 年 12 月，美国党派主义与意识形态研究中心主席哈纳尼亚（Richard Hanania）发表文章，旗帜鲜明一语道破，标题就叫 China's Real Threat is to America's Ruling Ideology——"中国真正威胁的是美国主流意识形态"——实则整个西方阵营的主流意识形态！这不是危言耸听，文章反躬自问："如果（西式）民主不是历史的终结，甚至也不是人类实现和平、发展、繁荣的必要条件，那么美国该如何对自己在世界上扮演的角色进行合理化解释？当美国不再是全世界最富裕、最强大的国家，当美国被一个对（西式）民主制度连表面的赞美之词都不愿表达的东方国家超越，美国将如何对自己的制度进行合理化解释？"[352]是不是推心置腹？

不得不提一下，"意识形态威胁"论有力提醒中国方面：单纯强调"中国和平论""中国机遇论"甚至"中国贡献论"，恐怕都无济于事！要尽可能理解美国，更亟待全新理解中国自身，加快打造中国话语——如果能融通中西，甚至以夷制夷，用西方话语讲好中国故事，乃至以中国话语一统西方话语，实现对西方话语的包容式提升，无疑求之不得！唯此，才符合帕累托改进，更容易规避意识形态和价值观冲突。

---

[350] 《IMF：以购买力平价计算，中国已成世界第一大经济体》，中国新闻网，2014 年 10 月 9 日。
[351] "恒久忍耐"是《新约·哥林多前书》对"爱"的界定之一；"温良恭俭让"出自于《论语·学而》，原本是子贡对孔子的称赞，后成为儒家君子美德的重要界定。
[352] 原文 2020 年 12 月 14 日刊发在美国 Palladium Magazine 网站，观察者网 2021 年 2 月 23 日刊登有马力先生的译文。

三、"陷阱"可跳,"负外部性"不能逃

为何中美冷战难以避免?正如哈纳尼亚推心置腹的反躬自问所揭示的,设身处地站到美国的立场,中国崛起确实给美国带来尖锐问题,美国不能不感觉"压力山大"。咋说呢?美国即便没有"卧榻之侧,岂容他人酣睡"的逼迫,也至少会有"珠玉在侧,觉我形秽"的压力。这一点不以中国的真心实意甚至谦卑示弱为转移,说白了,就是怀璧其罪,中国超越美国了,自动构成美国的"负外部性"。这是由比较利益、人的社会性本质、"逻辑之王"不能够循环"自"证决定,毋庸置疑。[353]

可即便负外部性,也不一定意味着"修昔底德陷阱"。[354]这一点同样毋庸置疑,并为历史经验有力佐证,典型如美国在20世纪替换英国成为世界老大,纯和平过渡,何陷阱之有?负外部性是不是发展为修昔底德陷阱,取决于彼此怎么待人,尤其是双方如何自处。无论守成者,还是新兴方,不能正确看待自己与对方,甚至容不得别人比自己出色,都属于自我心魔,从而招致修昔底德陷阱,哪怕同种同族同文,冲突亦难以避免——与其说陷阱不可跳越,不如说负外部性不能逃脱!

在美消中长的负外部性下,美国硬是心魔发作,非得发动对华新冷战,也有难度。毕竟中国不是当年的苏联,美国亦非当年的美国,世界更非当年的世界。虽然同为共产党领导的社会主义大国,但中国与当年的苏联大不一样,尤其历史文化大相径庭。中国原本最会"太极",若反制高明,甚至以无招胜有招,化对华冷战于无形也不是不可能。

现退一万步讲,美国成功挑起新冷战,"五眼国家"迅速跟进,与中国有这样或那样纠葛的国家也一个个入伙,甚至作为世界重要一极的欧盟也表态支持。一时间,泱泱神州,敌军围困万千重——天会塌下来么?神州要陆沉乎?

四、有种优越感叫"山巅之光"

冷战不是热战,但同样以军事实力为后盾,甚至包括军事实力的较

---

[353] 对外部性的论述,请参阅本书第18章《整体利益最大化才是市场均衡》。
[354] 关于修昔底德陷阱,请参阅引言《为人类求解命运共同体的中国方案》第31脚注。

量，但的确不是军事实力的直接比拼，以今天的武器装备，特别是核大国之间，也不允许直接比拼军事实力，而更主要是意识形态与价值观之争，直接比拼的乃位于意识形态与价值观头部位置的政治体制。

这一点得到美苏冷战的印证，苏联之所以败而美国之所以胜，原因似乎复杂，但事实胜于雄辩，美国并没有打苏联，更不曾打败苏联，不过是苏联自我解体，不战而败。应了时任美国驻苏联临时代办、后被誉为"冷战之父"的凯南（George Kennan）早在美苏冷战初启时的论断："美国不必击败苏联，只需要比它活得更久就行。"[355]美国前总统尼克松（Richard Nixon）写有一本书，叫"不战而胜"，应该就源于凯南此言，高度写意美国对苏联"制约（Containment）"战略的精髓。

接过凯南的话讲，中美两国谁会活得更久？应该说，这取决于意识形态与价值观，现实上取决于集中反映意识形态与价值观的政治体制。那在政治体制上，中美两国孰优孰劣呢？美国精英对自己的政治体制高度自信，在他们心目中，美国政治体制堪称人类的"灯塔"，美利坚合众国就是人类的"山巅之国"。这非一般描述，大有来头，出自于《马太福音》："你们是世上的光。城造在山上，是不能隐藏的。"[356]

事实上，自认为山巅之光、举世瞩目并放之四海而皆准的政治体制，正是美国方面发动对华新冷战的重要起心动念，也正是美国方面对中国高高祭出并踌躇满志的屠龙剑。以美国为首的西方世界，常常指责中国的一元化领导体制为"专制独裁"，甚至也因此而不承认中国的市场经济地位，一部分西方政客、如蓬佩奥之流更是公开把中国共产党与中国人民对立起来，都是这种叫"山巅之光"的政治优越感在作怪。

五、从大一统化解"挨骂"问题

近现代以来，中国的突出遭遇被归结为"三挨"：过去的"挨打"，曾经的"挨饿"，当前的"挨骂"。当务之急是破解挨骂问题——这是

---

[355] 请参阅《苏联行为的根源》，这是凯南 1947 年 7 月化名 **X** 在美国《外交》季刊发表的文章，被称为"**X** 报告"，冷战制约战略即出于此。
[356]《马太福音》第 5 章第 14 节。

习近平总书记明确要求的，并把挨骂与中国哲学社会科学总体上"还处于有理说不出、说了传不开的境地"紧密联系在一起。[357]在高度西方化的今日世界，中国最明显、最主要的挨骂之处，应该是政治体制，尤其一元化领导，更是近乎招致西方世界群起而攻之。这也正是美国方面敢于挑唆对华新冷战的重要原因，颇显登高一呼嘛。

殊不知，一元化领导所内禀并外形于名的"一"，乃人类任何组织的根本属性，大一统是人类任何组织的本质要求，定于一尊是包括私人企业和国家天下在内的任何组织的内在要求。如果说"举"，任何一个正常的人类组织，都自然、当然、必然是"举组织体制"。[358]

自由市场的要害正在于"一"，大一统构成自由市场不可或缺的前提。与自由市场同步，自由民主的要害也在于"一"，大一统同样构成自由民主不可或缺的前提。这已经为"公地悲剧"所强力反证，没有大一统的总量管制，牧民必定投机，滥养滥放，最后集体悲剧，何自由、市场、民主之有？[359]西方世界以一元化领导体制而批评甚至攻击中国，好为人师倒无关紧要，紧要的是以其昏昏使人昭昭，贻笑大方。

因为不能够循环"自"证（注目礼），人的本质在社会性，人类原本就是整体，大一统不过是为整体正名而已。个体原本为整体之下的个体，无论自由，还是市场，抑或民主，都不能偏离大一统，都必须以大一统为前提，大一统之下的自由、市场、民主，才是逻辑上名正言顺的真自由、真市场、真民主。这一点毫无疑问，用经济学的术语讲，大一统不过是限定系统内资源最优配置的均衡而已；进一步从数学上讲，大一统不过是约束条件下的求极值而已，自然之道也，何专制之有！

---

[357] 2016年2月19日，习近平在党的新闻舆论工作座谈会上的讲话；2016年5月17日，习近平在哲学社会科学工作座谈会上的讲话。

[358] 详论请参阅本书第五篇《政府的逻辑：为了整体利益》，特别是其中第19章《大一统即整体利益归属落实到某唯一"我"》、第20章《颠扑不破大一统》、第21章《自然选择大一统》、第26章《光明正大大一统》。

[359] 关于大一统（政府）与自由、市场、民主的关系，请参阅本书第五篇《政府的逻辑：为了整体利益》，其中第24章《最优政府是"必不可少的善"》有对政府（公权力）性质与功能的总结。

六、大一统亦西方正理

在谈到对外传播时，习近平总书记指出："要创新对外话语表达方式，研究国外不同受众的习惯和特点，采用融通中外的概念、范畴、表述，把我们想讲的和国外受众想听的结合起来"。[360]实际上，一元化领导之所以挨骂，主观自省讲，重要原因也在于"有理说不出、说了传不开"，话语表达不到位，理论深度不足，融通中外不够。

那大一统是不是也可以用西方的话语来表达呢？"条条道路通罗马"，某真理可用中华话语来论证，就必定也能用非中华话语来论证。唯其如此，方是真理。就在西方经济学，而且就在西方所钟爱并强调的私人企业，就毋庸置疑地有着大一统，私人企业原本诞生于大一统，私有产权原本是公权力，私人企业的真名原本叫"大一统企业"。[361]大一统即产权清晰，原本是西方经济学的大中至正之理，岂仅中华传统？

近现代以来，西方政治学否认"一"，但西方世界在现实上也不得不心向一，问题是力不足，支支吾吾。[362]作为美国建国之父之一的汉密尔顿指出："集权力于一人最有利于明智审慎，最足以取信于人民，最足以保障人民的权益。"[363]但由于对整体利益缺乏起码的认知，西方政治学不曾领悟大一统，至今西方国家的政府，都不是唯一政府，而是"轮流坐庄"；至今西方国家的最高实权领导人，都属于国家整体利益"临时工"，充其量算"小一统"，稳定性严重不足。

事实上，在大一统问题上，西方世界嘴上说不要，但身体很诚实。美国曾把与中国外交用一个 Engagement（即"接触"，准确的翻译应是"拉入"）的词相称，并且一度毫不讳言"和平演变"，背后的深层理念就是大一统。西方世界把西式自由民主当"普世价值"处处推广移植，滔滔天下，更明显也是"同一个世界、同一种价值"——大一统。至于西方的基督教，乃至与基督教同源的伊斯兰教，都强调唯一的神或主，更属于如假包换的大一统。蓦然回首，人同此心、心同此求，注目

---

[360] 2016 年 2 月 19 日，习近平在党的新闻舆论工作座谈会上的讲话。
[361] 详论请参阅本书第 22 章《政府是市场优配资源的必然结果》。
[362] 详论请参阅本书第 26 章《光明正大大一统》。
[363] 《联邦党人文集》第 70 篇。

礼（不能够循环"自"证）清晰显示，求同乃人的基本心理和行为动机，作为同一，大一统是没法否认的，原本植根于人的灵魂最深处。[364]真正要探讨的是谁的大一统、什么样的大一统、如何实现大一统。

七、"试看天地翻覆"

鸦片战争以来，中华民族先是肉体上被"坚船利炮"打败，后是精神上被"欧风美雨"冲垮。直至1949年10月1日，毛泽东主席在天安门城楼向全世界庄严宣告："中国人民从此站起来了！"稍后不久的援朝抗美战争的胜利进一步令中国人民扬眉吐气，彭德怀总司令感慨系之："西方侵略者几百年来，只要在东方一个海岸上架起几尊大炮，就可以霸占一个国家的时代，一去不复返了！"[365]

但精神上的自信仍没有真正鼎立，司徒雷登走了，幽灵依旧徘徊。曾几何时，不仅"美国的月亮比中国圆"，甚至美国就是"彼岸"，"像美国一样"成为相当一部分人的口头禅——极其可能，这正是 **American** 当初被译为"美利坚"的原因。"美玉在侧，觉我形秽。"两相对照，"中华"几乎沦为不堪的同义词，中华民族就是丑陋，中华道路就是专制，中华历史就是愚昧，甚至中华医药乃至中华汉字都该废掉……

蓦然回首，至少就兹事体大的政治体制而言，中美两国看似大相径庭，实则同根同源，都肯定政府的存在及意义，都强调责任的清晰并稳定。区别是在于，因对整体利益的认知深浅不同，政府的存在被中华民族视为"必不可少的善"，而非近现代西方政治学所谓"必不可少的恶"。就权力机制而言，中国"核心制"更体现责任的清晰并稳定，近乎实现产权清晰大一统；美国"总统制"仅做到责任清晰，充其量算小一统。

从民主的角度讲，西式民主想当然认为"公权民授"，把民主误成了整体利益民作主，一开始就是逻辑无厘头，实则"代理人困局""多数人暴政"；"中式民主"以大一统为前提，实事求是归一，名正言顺

---

[364] 可参阅本书第3章《工具：大道归一——不能够循环自证》对注目礼的介绍。
[365] 可参阅中央广播电视总台"国家记忆"大型纪录片《抗美援朝保家卫国》第16集《以打促谈》中彭德怀《关于中国人民志愿军抗美援朝工作的报告》的视频录音。

民主，属于个体整体利益关系范畴，如整体利益得到保障，民主就是个体利益民作主。[366]那中美两种政治体制孰是孰非？

鉴于长期以来"西风压倒东风"的世界形势，鉴于长期以来"外国的月亮比中国圆"之民族自卑，此时此刻，毛主席的诗句来得最为解气："不须放屁，试看天地翻覆！"极其可能，美利坚建国之父们要建的国，不是美国，而是中国。如果说彼岸，彼岸也不是美国，而就是中国——"山巅自信"休矣！[367]

八、谁将"不战而胜"

"不畏浮云遮望眼，只缘身在最高层。"逻辑已清晰显示，经验也有力佐证，政治体制不是美国的屠龙剑，而恰恰是美国的"银样蜡枪头"；自由民主不是美国的专利，而恰恰是美国的误区；由于历史的长度与积淀不够，包含意识形态和价值观在内的"软实力"，更不是美国的优长，而恰恰是美国的短处。这就注定了美国在与中国竞争中难以取胜，如果新冷战不可避免，相对于历史悠久、曾经沧海、文化灿烂、底蕴深厚的中华文明，美国只有失败一途。借用凯南的话讲，谁会活得更久呢？历史已作出雄辩而响亮的回答：中华文明五千年一贯！

但原因并非中国打败美国，不同于西方历史上的"国强必霸"，中国在国际关系中颇有仁风，不争霸，能怀柔，懂韬晦，不会刻意打谁，更不会刻意败谁，即便服人，也讲求以德服人，追求心悦诚服。这是深入中华民族性格乃至灵魂的精神基因，西方人动辄平等、自由、民主，这种种都不算错，但人的本质在社会性，一切都不可能脱离人际相互作用，从而也就决定了：真正的自由民主，首先要求国民有一种最起码的素养——不以力服人，借西方经济学的术语讲，尊重"自愿原则"。[368]

---

[366] 中式民主大体符合注目礼学说关于民主的演绎，详情请参阅本书第25章《西式民主是怎样一个错误》、第26章《光明正大大一统》、第27章《低税率才是真民主》。关于民主的更多论述，请参阅"别了，西方思想"体系其他著作。

[367] 关于美国政治体制机制的分析，请参阅第五篇《政府的逻辑：为了整体利益》，尤其是其中第25章《西式民主是怎样一个错误》、第26章《光明正大大一统》。

[368] 关于自由民主与注目礼及社会性之间关系的更多论述，请参阅《别了（下）》相关篇章，尤其第7章《"我"为什么是社会人》、第34章《回家》。

中美博弈中，中国不会以力服美国，美国也不可能以力服中国。问题在于美国如果不作出改变，就必定会被自己的心魔折腾——美国2020年遭遇的抗疫危机、总统大选风波和"国会山暴乱"就是事实——以至于败，自己打败自己，就像苏联那样，在美苏博弈中不战自败。自败的结果，不仅是世界第一的宝座易位，而且美国自身也将发生某种质变，可能是某种程度的解体，也可能是美国政治经济体制作出重大修正，这是不用怀疑的。值得中国乃至全人类高度警惕的是，随着实力下降并光环不再，正如"特朗普旋风"已提示的，美国甚至可能发生某种程度的民粹化、海盗化甚至法西斯化。中国不过是脚踏实地做好自己，让历史自然选择而已——此诚君子，此诚王道，此诚"不战而胜"也！[369]

顺便说一下，不战而胜，不仅是典型的中华王道智慧，而且属于典型的中华君子人格，堪称中华民族的拿手好戏，原本不是西方人的看家本领，更非美国人的优点与长处。凯南提出冷战"制约"战略，一定意义上脱离西方的历史文化传统，不如说是核时代现实上不得已而为之。因为核武器改变了大国博弈的方式，说白了，只能制约，不能碰撞；只能冷战，不能热战。从西方世界标榜的自由民主讲，不战而胜不是暴力比拼，反对强加于人，付诸自主演化，以"多行不义必自毙"为则，正属于自由民主的题中之义。就此而言，美国人并不会玩不战而胜，在国际关系中动辄暴力，严重违背其自身标榜的自由民主。

九、"世上的光"：普天大道

两千多年前，孟夫子就自豪呐喊：夫天未欲平治天下也，如欲平治天下，当今之世，舍我其谁！[370]两千多年后，在庆祝中国共产党成立95周年大会上，中共中央总书记习近平铿锵提出："中国共产党人和中国人民完全有信心为人类对更好社会制度的探索提供中国方案。"[371]这就

---

[369] 2020年11月28日，在观传媒大型年终秀"答案"C场圆桌论坛上，复旦大学中国研究院咨询委员会主席李世默先生"山寨"了凯南的遏制战略长电报，给美国发了一封"短电报"，内容上颇显不战而胜的王道智慧，可网上查阅相关报道。
[370]《孟子·公孙丑下》。
[371] 2016年7月1日，习近平在庆祝中国共产党成立95周年大会上的讲话。

是从注目礼即不能够循环"自"证演绎的"两心"论中国方案——核心+仁心，核心是不可分割的国家整体利益落定于不可拆解的唯一核心领导，大一统也；仁心即仁政是唯一核心领导实现国家整体利益最大化的最佳选择，自由市场也。两心相得益彰，本质在于一核心，核心是仁心前提，仁心从属核心；实质归于一仁心，核心生发仁心，仁心是核心归宿，两心原为资源最优配置的均衡一心。

两心论没有政治学与经济学的分野，一旦中国方案实现核心与仁心的圆融，就不仅拥有西方政治经济发展模式上的优长，而且拥有西方政治经济发展模式无法具备的功能；既超越西方经济发展一直以来的伪自由困境，也超越西方政治体制无法避免的"代理人困局"，真正保障个体整体利益的界线，真正实现资源最优配置的均衡，堪称人类社会万世太平唯一大道！这才是《马太福音》上耶稣所讲到的"世上的光"。

大道至简，衍化至繁！亦如《中庸》所云："君子之道，造端乎夫妇，及其至也，察乎天地。"[372]如果说简易，两心论中国方案，已然臻于极简，不过就是"我"与"他"的人际关系在宏观层面的放大，每个人都能在平常的为人处世中切实亲证核心与仁心。每个人都围绕"我"在转，可谓核心，"我"是每个人的核心，有点像地球自转的味道；但由于不能够循环"自"证（注目礼），用马克思的话讲，"人的本质不是单个人所固有的抽象物"，"我"不得不依赖"他"证，围绕"他"转，先"他"后"我"，由"他"证"我"，"无我"而"大我"，正是仁心，有点像地球绕太阳公转的味道。

任意个人都是核心与仁心的统一，心在"我"即核心，心在"他"即仁心。电影《霍元甲》有句台词说得响亮："活着从来不是一个人的事！"那是几个人的事呢？中华语文一"仁"字作出精妙回答："仁，亲也，从人，从二。"一个人其实意味着两个人，"他"人并非"外"人，而是"我"不可分割的一部分，"我"和"他"原本"命运共同体"。十八大以来，习近平总书记无数次提及命运共同体的思想，两心论中国方案者，人类命运共同体的制度样板，放之四海而皆准，普天大道也！

---

[372]《中庸》第 12 章。

附 录
注目礼学说的逻辑链与常用词简释

【注目礼】注目礼学说唯一的基本概念，意思极其简单，就是不能够循环"自"证——自说自话自卖自夸自娱自乐，任何的自我循环论证，都是不能成立的："我"必须透过别人"看"自己，从"别人认为的我"解"我"，以"别人眼中之我"证"我"，好比照镜子，别人是"我"的镜子，"我"不得不活给别人"注目"——用习近平同志的话讲："人以自我为中心，却又只能在他物、他人中去实现自我"。作为大道归"一"的一，注目礼大无大有：一方面，不能够循环自证并未涉及任何具体内容，什么都没说！另一方面，由于不能够循环自证，遂有依赖，遂有互动，遂有交互作用，遂有纷繁复杂，遂有万千气象——注目礼立于驾一驭万、深入浅出的巅峰，自然不过地推导演绎天下事，包罗万象，什么都说了！之所以能够由一而万、驾一驭万，原因乃在于注目礼由不能够循环自证架构了人与人的相互作用，注目礼学说实则研究相互作用的科学。从相互作用的本质看，像物理学上的力学一样，注目礼学说也是力学，与物理学上的力学并无二致，毋宁称"人性力学"。由于不能够循环自证，"我"不得不出离自"我"而及于人，追求别人"注目"致"礼"，自然与别人发生相互作用。人际之"礼"（人际相互作用）必然涉及"注目"，也就是视线关系。作为人类行为的刻画，"注目"二字并非由外添加，实是从"礼"本身自然释放，"注目"礼堪称中华古"礼"之浴火重生。"学苟知本，六经皆我注脚！"注目礼的佐证无处不在。西方史学界所谓"承认的斗争"，正是注目礼所推演的基本人际博弈。从人性讲，注目礼符合马克思所谓"人的本质不是单个人所固有的抽象物，在其现实性上，它是一切社会关系的总和"，也就是人的本质在社会性。详情请参阅本书第3章《工具：大道归一——不能够循环自证》、第4章《无处不在："社会空气"注目礼》。

【我】注目礼学说的主语主人公,由注目礼概念内禀,可称为"我"逻辑(与不能够循环自证的"自"对应,也可称"自"逻辑),既是注目礼学说最独特之处,也是注目礼学说一举超越其他种种思想理论的地方。注目礼学说从真实而具体的个体人格"我"开始,紧扣"我",贯穿"我",从"小我"到"大我",构成一部"我"演义,不仅跟踪描绘了一个具体而真实的个体在社会上的心理演变及博弈进化,而且把所有人整合在同一个命题,构成唯一真实并普适全人类的思想理论。相对西方主流思想的个体主义,"我"不仅符合个体主义,而且使个体主义落实于"我",不再凌空蹈虚;更重要的是,"我"从一而终,保障了利益逻辑的最稳定,并且方向明确,在"我"演义中,"我"超越"小我",归于"大我",以至于"无我",最后达致"自我解释"之大圆满。世上根本没有"人",而只有一个个的"我",人都由一个个"我"构成。别问"我"是谁,"我"是每个人,"我"是所有人,"我"才是"人"的抽象,就"我"而论人方是正道。思想理论不从"我"出发,扯谈是必然的,不扯谈是偶然的。中华古典哲学,特别是儒释道三家思想,实质上都是以"我"作为主语主人公,这彰显于儒家的"修齐治平"并"修身为本",经典中所谓"身""己"甚至"君子",实构成"我"的代称与符号。西方思想不曾从"我"出发,缺失主语主人公,没有"代入感",不能设身处地,导致思想不真实、不务实、不切实,形成各种各样一知半解、似懂非懂、似是而非的思想理念,乃一切混乱的根源。详情请参阅本书第14章《"我"才是"人"的抽象》。关于"我"逻辑的博弈演进,详细请参阅专著《注目礼》,大略见本书第13章所附《"我"的利益价值最大化征程图》。关于"我"逻辑对西方思想理念的种种澄清厘定,请参阅本书第四篇《谁的限定系统》、第五篇《政府的逻辑:为了整体利益》多个章节,及《别了(下)》多个章节。

【产权清晰大一统】"我"逻辑在组织体制上的自然反映,属于"我"逻辑一级次生定律。"我"逻辑自始至终贯穿"我",一"我"到底,原本已是产权清晰,不用赘言。注目礼学说会通中西,对西方经济学的产权清晰与中华思想的大一统互参互证，重新定义了产权清晰，也真正界定了大一统。所谓产权清晰，即整体利益必须归属落实到某唯一"我"，实质上是关于人与人走到一起、从而形成人的集合、进而导致公有整体利益的一个概念，由整体利益的确凿存在、不可分割并"我们"的可拆分解共同决定。产权清晰的本质，并不在于西方经济学所强调的"所有者到位"之私有制，而在于整体利益不可分割的大一统，产权清晰即大一统，所以也并称"产权清晰大一统"。产权清晰让外部成本内部化，大一统一合内外公私，正是公权力的诞生，乃资源优化配置的必然，内生于自由市场，属于自然选择。企业私产权和政治公权力有个一模一样、毫无二致、千真万确的共同起源并本质——大一统！不得不提的是，产权清晰大一统属于中共良知正道，邓小平同志讲："任何一个领导集体都要有一个核心，没有核心的领导是靠不住的。"没提产权清晰、大一统的概念形式，但实质意思在于产权清晰、大一统：没有核心的领导集体，不是产权清晰大一统，集体领导极其可能沦为"集体不领导"。中国共产党成功创造了现代大一统的新型式，让中华古老的大一统实现了凤凰涅槃！详情请参阅本书第19章《大一统即整体利益归属于落实到某唯一"我"》、第20章《颠扑不破大一统》、第21章《自然选择大一统》、第26章《光明正大大一统》并相关章节对大一统的论述。

【边际效应递减与均衡】"我"逻辑在相互作用中的必然现象，属于"我"逻辑一级次生定律。由于"我"本有限，时间极其有限，精力极其有限，生理极其有限，有形的一切都极其有限，所以"我"的任何行为都有成本，人际博弈的收益率必定衰减，这就是"边际效应递减"，乃主流经济学的公理，甚至堪称哲学社会科学的公理。由于边际效应递减，"我"在人际相互作用中自动趋向内在收敛，当边际效应递减至零，内在收敛到达终点，形成自我均衡，"我"与别人的相互作用也相应达致均衡。作为西方经济学的核心概念，均衡是边际效应递减的必然，可作为边际效应递减的次生概念。作为人际博弈终点，自我均衡——可与数学上的"不动点"对应——是判别一个社会的基本属性如进步、民主、文明、普世与否的根本准绳。通常所谓均衡，属于西方经济学所讲的狭义均衡，即便对一般均衡的求解，主流经济学也没有抽象到最一般的人际博弈层面。所谓对一般均衡的数理证明，纯是主流经济学的一场游戏一场梦。详情请参阅《别了（下）》对均衡及一般均衡的专门论述，尤其是第一、二、三、四、五篇；本书第9章《限定系统让投机自然消融》、第13章《两极分化是怎样造成的》、第16章《"我"是自由的起点并终点》，并论述"大一统"的各章节，对均衡问题都有涉及。

【限定系统】"我"逻辑在相互作用中的边界要求，属于"我"逻辑二级次生规律。虽然边际效应递减势不可当，均衡的到来不可避免。但如果系统不限定，边际效应递减至零的过程会被延长，极大阻滞迟延均衡的实现。理论上，不管系统多大，通过充分相互作用（所谓"完全竞争"），市场都能达致均衡；但现实上，作为市场主体的"我"都是有限的，均衡只能够在限定系统内实现。如果系统不限定，就不会是真正的市场，也不会有真正的均衡，而只会是投机流行、价值流失和资源劣配。数学上讲，均衡属于求极值，如非限定系统，何有极值问题？均衡是限定系统内的均衡，市场是限定系统内的市场，自由是限定系统内的自由，这一点毋庸置疑。系统的限定不是人为，而是自我限定，即因"我"有"限"而"定"，实质在于"我"的生理边界。详情请参阅本书第9章《限定系统让投机自然消融》、第10章《信息不对称令投机如鱼得水》、第11章《房价是怎样非理性上涨的》、第12章《投机经济是如何形成的》、第13章《两极分化是怎样造成的》、第16章《"我"是自由的起点并终点》并相关章节对限定系统的论述，及《别了（下）》第33章《乡村是"我"的理想家园》、第34章《回家》。

【整体利益】与限定系统一体两面，整体利益是限定系统的整体利益。在限定系统内，个体利益不足以判断资源配置优化的程度，整体利益才是衡量资源配置优劣程度的唯一指标，整体利益最大化才是衡量资源最优配置的唯一指标。似乎不能说西方经济学不讲整体利益，特别在宏观层面。可至少在微观层面，西方经济学并不承认整体利益。但实质上，整体利益首先是个微观概念。自由市场上存在两种人格及利益——比比皆是的个体及个体利益，和必不可少的整体及整体利益。西方经济学知个体而不知整体，知个体利益而不知整体利益，导致对市场如何优配资源胸无点墨，陷入三百年的"伪自由主义"。由于不能够循环"自"证，"他"人并非"外"人，而是"我"不可分割的一部分，人类原本就是整体，个体乃整体之中的个体，个体利益乃整体利益之下的个体利益。但整体利益并非随便主张，乃"天授"整体利益，特性鲜明——必不可少、不可分割和单一。产权清晰大一统，正主要因为整体利益的不可分割，大一统首先是整体利益不可分割的大一统。详情请参阅本书第18章《整体利益最大化才是市场均衡》并后续相关章节对大一统的论述，及《别了（下）》相关章节的论述，典型如第17章《公有整体利益》、第28章《社会性的要义归于道德竞争》。

【比较游戏】注目礼的一级次生概念，由于不能够循环"自"证，"我"不得不依赖于对方的"他"证，可对方也不是"孙子"，一样是"我"，也依赖于对方的"他"证，遂有"他"来"我"往，遂有相互作用，针尖对麦芒，比较不可避免！人生就是一场比较的游戏，社会正是比较游戏的舞台。所谓"人比人，气死人"，不是要人不比，而是提示人要正确地比，见贤思齐，见不贤而自省。人也不可能不比，"红花还需绿叶衬"，所谓"衬"，实质也在于比较。从认识论哲学的最高度讲，比较是最基本的认知方法，被誉为"近代哲学开幕人"的尼古拉（Nicholas Cusanus）甚至表示，"一切研究都是比较"。揭示"我"的存在，尤其度量"我"的价值，也属于典型的认识论问题，必须通过比较。迄今为止，人类社会主流比较游戏主要是两款：一者道德竞争，古老的中华文明即以道德竞争作为主流比较游戏，堪称道德竞争的自由社会；一者金钱竞赛，近现代资本主义文明即以金钱竞赛作为主流比较游戏，属于金钱竞赛的自由社会。在金钱竞赛中，尽管每个人仍然透过别人"看"自己，但目光一律先指向金钱，通过金钱"看"自己，谁能够赚钱,谁就有价值;谁赚的钱更多,谁的价值更大,不再把别人直接当镜子,不再需要别人直接作证,有钱就是大爷!主流经济学内禀的比较游戏,当今风行全球的比较游戏,便是金钱竞赛,导致害己害人害天害地的严重恶果。详情请参阅本书第 3 章《工具:大道归一——不能够循环自证》、第 4 章《无处不在:"社会空气"注目礼》、第 13 章《两极分化是怎样造成的》,及《别了(下)》相关篇章,特别是第 6 章《注目礼架构相互作用》、第 18 章《一般真自由市场长什么样》、第 26 章《金钱竞赛怎样害人害己害天害地》、第 28 章《社会性的要义归于道德竞争》、第 32 章《道德竞争如何取代金钱竞赛》。

【市场机制】比较游戏的一级次生概念,注目礼的二级次生概念。有比较方有鉴别,有鉴别才能选择,市场是一种择优选秀机制。既不姓"社",也不用"资",市场是一种选"我"择优并通过优"我"实现资源优化配置的机制。市场机制不仅适用于经济领域,也适用于非经济领域,一切存在资源配置问题的领域,都适用市场机制;一切需要更优人才的领域,市场机制都同样适用。没有哪一种社会能拒绝市场机制,就是在最极端的计划体制内,也会存在选人择优的情形。"我"逻辑进一步揭示,市场不仅是选优机制,还是均衡机制,还是民主机制,还是自组织机制,最高本质还是公有制——这并非"我"逻辑的颠覆,而原本是均衡的题中之义,唯公才稳,唯公方久,公才是核心,公才是对均衡最传神的定义,没有公,谈何均衡?以公私论,自由市场与其因起于个体、起于私而称私有制,不如因终于均衡、终于公而称公有制。市场机制不只属于金钱竞赛的自由市场,更属于道德竞争的自由市场。由于知个体而不知整体,知个体利益而不知整体利益,三百年的西方主流经济学根本不知道自由市场是一种怎样的机制。所谓"看不见的手",实则愚昧无知也。详情请参阅本书第15章《市场选"我"优配资源》与相关章节,及《别了(下)》相关篇章,尤其是第17章《公有整体利益》、第18章《一般真自由市场长什么样》。至于通常的经济市场例证,请参阅本书第六篇《真自由市场:以楼市为例》。

跋
学有本源，降维打击

我是弄基本思考、终极思考的，发愤之作就叫《东方红——人世真理和人类命运》——注目礼学说的母体——可归之为哲学。对经济学原本外行，不客气讲，经济学根本不入法眼。但到北京接触制度经济学后，发现自己的思考内在贯彻的正是经济学的利益逻辑，可归之于制度经济学，尤其与制度经济学所追求的"经济学帝国主义"不谋而合。恰好经济学是当世显学，于是也凑起热闹来，注目礼学说第一本专著不仅以经济学定性，而且直接以经济学称名，叫《天下事——中华文明的经济学证明》，旗帜鲜明叫嚣"颠覆超越西方经济学"——亦堪称西方经济学的发展创新，而且属于地道的"包容性"发展创新。[373]

但一直到2007年，我都不怎么看财经报刊。原因很简单，看不大懂！可因为入职财经媒体，不得不关注宏观经济，并先后介入当时争得热火朝天的楼市问题和人民币汇率问题，结果是"不看不知道，一看吓一跳"，我发现主流财经界和经济学界连最起码的经济学概念——典型如市场机制如何优化配置资源与货币是一种什么东西——都没有搞清楚，所谓的大争论，纯是一派胡闹！

这更加坚定了我"颠覆超越西方经济学"的信念，之前更主要是基于人性分析的微观自信、基础自信，从此也有了基于现实经济问题的宏观自信、直接自信，前后陆续写作并推出一系列颠覆性文章，微观方面如《经济学的"范式"革命：从"经济人"到"注目礼人"》《何谓交易？何谓交易费用？何谓"科斯定理"》《自由市场原本共生均衡公有制》，宏观方面如《准确认清市场机制，真正确立市场信心——对楼市大争论的疏理澄清》《"汇率"是个伪命题——对货币问题的基本思考》

---

[373] 请参阅本书第3章《工具：大道归一——不能够循环自证》对注目礼演绎含义"人需求人"的解读。

《一般均衡的实质是普世信用——从注目礼学说看经济学的一般均衡》，并在 2013 年中国制度经济学年会上向经济学界公开喊话告诫："西方经济学这个谈不必再扯了！"

不少朋友感觉我的思考非同凡响，希望我系统论述一下注目礼学说究竟如何颠覆超越了西方经济学。实质上，《天下事——中华文明的经济学证明》（中国文联出版社 2006 年版）《注目礼——利益最大化的博弈之道》（北京出版社 2011 年版），都已经毫不含糊地展示注目礼学说对西方经济学乃至整个西方思想的颠覆超越，而且返本归元，并正本清源、另起炉灶。

但问题恰恰出在返本归元、正本清源、另起炉灶，因为绝大多数人在学问上是半路出家、人云亦云，浅尝辄止"半桶水"，何曾返本归元？何能正本清源？何敢另起炉灶？注目礼学说返本归元、正本清源、另起炉灶，一定程度上脱离既有的学术话语（实是彻底澄清、真正厘定了既有的概念话语，典型如本书第 17 章对交易及交易费用的澄清厘定），反而让他们手足无措。这就需要更有针对性的甚至现实应用上的具体展示，于是就有了"别了"上下两部（上部《别了，西方经济学——构建命运共同体中国方案》，简称《别了（上）》；下部《别了，西方思想——构建命运共同体中国方案》，简称《别了（下）》），它们正属于注目礼在经济学上的应用，具体而详实地呈现了对西方经济学的颠覆超越，实质上也是对西方政治学乃至整个西方思想系统的颠覆超越。

可能因为颠覆超越性有点大，《别了（上）》在内地正式出版时不得不有所删节，至于颠覆超越性更大的《别了（下）》，更不得不延后出版，目的就是给广大读者并哲学社会科学界予以理解消化的缓冲，循序渐进，渐入佳境。但平心而论，注目礼学说对西方经济学的颠覆超越实在是自然不过，毫无意外——任何一个对西方经济学的基础逻辑、内在机理与深层结构有真正了解的人，恐怕都不得不承认这一点。

万丈高楼平地起，任何一种理论都是由理论基础和上层建筑两部分组成。上层建筑虽然巍峨高耸，但并非决定性的，看不见的基础才是决定性的，上层建筑或由基础延展而来，或由基础演绎而有，它是立于基础之上的，没有基础，就不会有上层建筑；基础不牢，再高的上层建筑也会"眼见他楼塌了"。

正因为如此，凯恩斯在《就业、利息和货币通论》的序言中指出："如果正统经济学有错误的话，其病不会在其上层建筑，而在其前提之不够明白、不够普遍，上层建筑在逻辑上总是很少可非议的。"[374]科斯也在《企业的性质》开篇中写道："过去，经济理论因一直未能清楚地陈述其假设而备受困扰。经济学家们在建立一种理论的时候往往忽略了对其赖以成立的基础进行考察。然而，这种考察是必不可少的。"[375]

由于追根溯源、返本归元、正本清源，乃至大道归一，注目礼概念无意中重新审察了西方经济学赖以立足的基础，并动摇了西方经济学最根本的基石——人性需求，更准确讲，是以唯一的注目礼概念一举完成了西方经济学早就应该完成、但现实上却没有完成的对人性的理论抽象，可归结为两点：一者把人抽象到"我"，不再像西方经济学那样凌空蹈虚地谈论所谓人或人性，而替之以一个活生生的真实人格"我"；一者把人的利益抽象到"人与人之间"的"比较利益"，不再像西方经济学那样简单假设人的需求追求在于财富最大化，而替之以更具包容性、也更有现实感的人际比较利益。

正因为注目礼（不能够循环"自"证）毫无疑义歧意地完成了对人性的理论抽象，西方经济学最根本的人性基石被动摇，西方经济学被颠覆超越，西方政治学也被颠覆超越，乃至整个西方思想系统都被颠覆超越，就这么简单，简单得出乎意料，甚至难以置信！十来年前，一位学界大咖当面亲口对我说：君山，你要颠覆超越西方经济学，作为你的理想未尝不可，但得下真功夫。西方经济学下面那么多专业学科，哪个专业、哪个学科有什么问题，你要脚踏实地，一个一个去颠覆超越。这不头都大吗？经济学旗下至今已有40个左右的学科专业，如果一个一个去弄，那不累死人啊！注目礼学说的颠覆超越是釜底抽薪，举重若轻，一招致胜，真正应了老百姓一个说法："会者不难，难者不会。"

---

[374] [英]约翰·凯恩斯：《就业、利息和货币通论》，商务印书馆1999年版。
[375] [美]罗纳德·科斯：《企业、市场与法律》，上海三联书店1990年版。

科幻小说《三体》中有句耐人寻味的话，叫："我消灭你，与你无关！"这特别适合于描述注目礼学说对西方经济学的颠覆超越。事实上，注目礼学说颠覆超越西方经济学，真的与西方经济学无关。就像我原本经济学票友一样，注目礼学说的一切，原本都与西方经济学毫无瓜葛，她只是做好了自己，返本归元开创了真正的基准理论，如此而已。从利益逻辑的角度讲，作为基准理论的注目礼学说也是经济学；进一步与西方经济学对照看，作为基准理论的注目礼学说颠覆超越了西方经济学。这如果不算顺手牵羊，大抵也就是"得其大者可以兼其小"吧。

如果在话语上赶时髦，注目礼学说对西方经济学的颠覆超越，堪称"降维打击"，可借用心理学家荣格（Carl Jung）一句名言来解释："冲突一向无法在其固有层次得到解决，必须提升至更高的层次与视野才行。"[376]蓦然回首，这可能正是好一些经济学专业人士百般主意发展创新西方经济学而不济的原因，就事论事，层面太低，维度不够，唯有返本归元，降维打击，才能化繁为简，举重若轻，一招致胜。

一部分人之所以认为颠覆超越西方经济学不可能，对注目礼学说一清二楚三摆着的颠覆超越视而不见，把西方经济学当神学，不只是因为对注目礼学说缺乏基本了解，也不仅因为对西方经济学缺乏深刻理解，重要原因还在于缺乏基本的逻辑、哲学、科学素养，思想理论功底太漂太浮太浅，反借青年毛泽东的话讲，学无本源，不亦浮云乎？[377]王安石诗云："不畏浮云遮望眼，只缘身在最高层。"真良言也！

走笔至此，想起数学史上一段佳话：在辞旧迎新的1900年，国际数学家大会在法国巴黎召开，当时的数学界领袖人物、同时也是著名哲学家的彭加勒兴致昂扬地向全世界宣告："数学绝对严密性的目标，已经达到了！"[378]但事过二年，同样也是数学家、哲学家的罗素发现"集合论悖论"，就像当头一记闷棍，整个数学界甚至逻辑学界都陷入恍惚，一片手忙脚乱，史称"第三次数学危机"。

---

[376] [美]史蒂芬·阿若优：《生命的轨迹》，云南人民出版社2007年版。
[377] 青年毛泽东的原意为"学有本源"，出自于1917年8月致老师黎锦熙信，原话为："欲动天下者，当动天下之心，而不徒在显见之迹，动其心者，当具有大本大源。"可参阅《毛泽东早期文稿》（湖南人民出版社2008年版）。
[378] 请参阅克莱因著《数学：确定性的丧失》（湖南科学技术出版社1997年版）。

当是时也，大名鼎鼎的数理逻辑学家弗雷格（Friedrich Frege）耗时长达十二年的心血之作《算术的基本法则》第二卷正在付印，他不得不急急忙忙在书的末尾郑重申明："对一名科学家来说，没有什么比这更难堪的了，即在他的工作刚刚完成时，突然发现它的基石垮掉了。罗素先生的一封信，把我置于这种境地。"

无独有偶，作为"数学王子"高斯（Johann Gauss）的高足和现代实数理论的奠基人，数学家狄德金（Julius Dedekind）也如梦方醒，果断与昨日之我揖别，把自己的《连续性与无理数》第三版付印稿一休了之，坦诚表示，集合论悖论已经使该书变成一篇接一篇的"废话"。[379]

科学容不得丝毫的马虎与含糊，科学的进步需要卓越的认真和坦诚。注目礼学说开启人类新启蒙事业，更需要学风优良，至真至诚！要不，就真的可能"叫不醒装睡的人"。自从我呐喊"颠覆超越西方经济学"以来，一直奢望中国思想界首先是中国的经济学理论界能够脚踏实地，实事求是，认真反思检讨西方经济学，甚至有高风亮节的睿智之士从西方经济学的迷梦中恍然醒悟，这真的奢侈吗？学问为公，注目以俟当世君子！

初稿于 2012 年 8 月
定稿于 2016 年 5 月
重订于 2017 年 5 月
又订于 2020 年 8 月
再订于 2021 年 3 月

北京香山玉皇顶

---

[379] 关于集合论悖论，请参阅本书第 14 章《"我"才是"人"的抽象》；关于第三次数学危机，可参阅北京大学数学学院院刊《心桥》第 24 期文章《数学史上的三次危机》，详情请参阅克莱因著《数学：确定性的丧失》（湖南科学技术出版社 1997 年版）。